U0140511

三聯學術

参赞化育

惠栋易学考古中的大道微言

谷继明 著

Classics & Civilization

生活·讀書·新知 三联书店

图书在版编目（CIP）数据

参赞化育：惠栋易学考古中的大道微言 / 谷继明著. —北京：生活 · 读书 · 新知三联书店，2024.1
（古典与文明）
ISBN 978-7-108-07645-8

Ⅰ. ①参… Ⅱ. ①谷… Ⅲ. ①惠栋（1697-1758）－《周易》－哲学思想－思想评论 Ⅳ. ① B249.95 ② B221.5

中国国家版本馆 CIP 数据核字 (2023) 第 072254 号

责任编辑 钟 韵
装帧设计 薛 宇
责任校对 张国荣
责任印制 宋 家
出版发行 生活·讀書·新知 三联书店
（北京市东城区美术馆东街 22 号 100010）
网 址 www.sdxjpc.com
经 销 新华书店
印 刷 河北鹏润印刷有限公司
版 次 2024 年 1 月北京第 1 版
2024 年 1 月北京第 1 次印刷
开 本 880 毫米 × 1092 毫米 1/32 印张 21
字 数 414 千字
印 数 0,001－4,000 册
定 价 99.00 元
（印装查询：01064002715；邮购查询：01084010542）

“古典与文明”丛书
总 序

甘阳 吴飞

古典学不是古董学。古典学的生命力植根于历史文明的生长中。进入21世纪以来，中国学界对古典教育与古典研究的兴趣日增并非偶然，而是中国学人走向文明自觉的表现。

西方古典学的学科建设，是在19世纪的德国才得到实现的。但任何一本写西方古典学历史的书，都不会从那个时候才开始写，而是至少从文艺复兴时候开始，甚至一直追溯到希腊化时代乃至古典希腊本身。正如维拉莫威兹所说，西方古典学的本质和意义，在于面对希腊罗马文明，为西方文明注入新的活力。中世纪后期和文艺复兴对西方古典文明的重新发现，是西方文明复兴的前奏。维吉尔之于但丁，罗马共和之于马基雅维利，亚里士多德之于博丹，修昔底德之于霍布斯，希腊科学之于近代科学，都提供了最根本的思考之源。对古代哲学、文学、历史、艺术、科学的大规模而深入的研究，为现代西方文明的思想先驱提供了丰富的资源，使他们获得了思考的动力。可以说，那个时期的古典学术，就是现代西方文明的土壤。数百年古典学术的积累，是现代西方文明的命脉所系。19世纪的古典学科建制，只不过是这一过程的结果。随着现代研究性大学和学科规范的确立，一门规则严谨的古典学学科应运而生。但我们必须看到，西方大学古典学学科的真正基础，乃在于古典教育在中学的普及，特别是拉丁语和古希腊语曾长期为欧洲中学必修，才可能为大学古典学的高深研究源源不断地提供人才。

19世纪古典学的发展不仅在德国而且在整个欧洲都带动了新的一轮文明思考。例如，梅因的《古代法》、巴霍芬的《母权论》、古朗士的《古代城邦》等，都是从古典文明研究出发，在哲学、文献、法学、政治学、历史学、社会学、人类学等领域带来了革命性的影响。尼采的思考也正是这一潮流的产物。20世纪以来弗洛伊德、海德格尔、施特劳斯、福柯等人的思想，无不与他们对古典文明的再思考有关。而20世纪末西方的道德思考重新返回亚里士多德与古典美德伦理学，更显示古典文明始终是现代西方人思考其自身处境的源头。可以说，现代西方文明的每一次自我修正，都离不开对其古典文明的深入发掘。正是在这个意义上，古典学绝不仅仅只是象牙塔中的诸多学科之一而已。

由此，中国学界发展古典学的目的，也绝非仅仅只是为学科而学科，更不是以顶礼膜拜的幼稚心态去简单复制一个英美式的古典学科。晚近十余年来"古典学热"的深刻意义在于，中国学者正在克服以往仅从单线发展的现代性来理解西方文明的偏颇，而能日益走向考察西方文明的源头来重新思考古今中西的复杂问题，更重要的是，中国学界现在已经超越了“五四”以来全面反传统的心态惯习，正在以最大的敬意重新认识中国文明的古典源头。对中外古典的重视意味着现代中国思想界的逐渐成熟和从容，意味着中国学者已经能够从更纵深的视野思考世界文明。正因为如此，我们在高度重视西方古典学丰厚成果的同时，也要看到西方古典学的局限性和多元性。所谓局限性是指，英美大学的古典学系传统上大多只研究古希腊罗马，而其他古典文明研究例如亚述学、埃及学、波斯学、印度学、汉学，以及犹太学等，则都被排除在古典学系以外而被看作所谓东方学等等。这样的学科划分绝非天经地义，因为法国和意大利等的现代古典学就与英美有所不同。例如，著名的西方古典学重镇，韦尔南创立的法国“古代社会比较研究中心”，不仅是古希腊研究的重镇，而且广泛包括埃及学、亚述学、汉学乃至非洲学等各方面专家，在空间上大大突破古希腊罗马的范围。而意大利的古典学研究，则由于意大利历史的特殊性，往往在时间上不完全限于古希腊罗马的时段，而与中世纪及文艺复兴研究多有关联（即使在英美，由于晚近以来所谓“接受研究”成为古典学的显学，也使得古典学的研究边界越来越超出传统的古希腊罗马时期）。

从长远看，中国古典学的未来发展在空间意识上更应参考法国古典学，不仅要研究古希腊罗马，同样也应包括其他的古典文明传统，如此方能参详比较，对全人类的古典文明有更深刻的认识。而在时间意识上，由于中国自身古典学传统的源远流长，更不宜局限于某个历史时期，而应从中国古典学的固有传统出发确定其内在核心。我们应该看到，古典中国的命运与古典西方的命运截然不同。与古希腊文字和典籍在欧洲被遗忘上千年的文明中断相比较，秦火对古代典籍的摧残并未造成中国古典文明的长期中断。汉代对古代典籍的挖掘与整理，对古代文字与制度的考证和辨识，为新兴的政治社会制度灌注了古典的文明精神，堪称“中国古典学的奠基时代”。以今古文经书以及贾逵、马融、卢植、郑玄、服虔、何休、王肃等人的经注为主干，包括司马迁对古史的整理、刘向父子编辑整理的大量子学和其他文献，奠定了一个有着丰富内涵的中国古典学体系。而今古文之间的争论，不同诠释传统之间的较量，乃至学术与政治之间错综复杂的关系，都是古典学术传统的丰富性和内在张力的体现。没有这样一个古典学传统，我们就无法理解自秦汉至隋唐的辉煌文明。

从晚唐到两宋，无论政治图景、社会结构，还是文化格局，都发生了重大变化，旧有的文化和社会模式已然式微，中国社会面临新的文明危机，于是开启了新的一轮古典学重建。首先以古文运动开端，然后是大量新的经解，随后又有士大夫群体仿照古典的模式建立义田、乡约、祠堂，出现了以《周礼》为蓝本的轰轰烈烈的变法；更有众多大师努力诠释新的义理体系和修身模式，理学一脉逐渐展现出其强大的生命力，最终胜出，成为其后数百年新的文明模式。称之为“中国的第二次古典学时代”，或不为过。这次古典重建与汉代那次虽有诸多不同，但同样离不开对三代经典的重新诠释和整理，其结果是一方面确定了十三经体系，另一方面将四书立为新的经典。朱子除了为四书做章句之外，还对《周易》《诗经》《仪礼》《楚辞》等先秦文献都做出了新的诠释，开创了一个新的解释传统，并按照这种诠释编辑《家礼》，使这种新的文明理解落实到了社会生活当中。可以看到，宋明之间的文明架构，仍然是建立在对古典思想的重新诠释上。

在明末清初的大变局之后，清代开始了新的古典学重建，或可称为"中国的第三次古典学时代"：无论清初诸遗老，还是乾嘉盛时的各位大师，虽然学问做法未必相同，但都以重新理解三代为目标，以汉宋两大古典学传统的异同为入手点。在辨别真伪、考索音训、追溯典章等各方面，清代都取得了巨大的成就，不仅成为几千年传统学术的一大总结，而且可以说确立了中国古典学研究的基本规范。前代习以为常的望文生义之说，经过清人的梳理之后，已经很难再成为严肃的学术话题；对于清人判为伪书的典籍，诚然有争论的空间，但若提不出强有力的理由，就很难再被随意使用。在这些方面，清代古典学与西方19世纪德国古典学的工作性质有惊人的相似之处。清人对《尚书》《周易》《诗经》《三礼》《春秋》等经籍的研究，对《庄子》《墨子》《荀子》《韩非子》《春秋繁露》等书的整理，在文字学、音韵学、版本目录学等方面的成就，都是后人无法绕开的，更何况《四库全书总目提要》成为古代学术的总纲。而民国以后的古典研究，基本是清人工作的延续和发展。

我们不妨说，汉、宋两大古典学传统为中国的古典学研究提供了范例，清人的古典学成就则确立了中国古典学的基本规范。中国今日及今后的古典学研究，自当首先以自觉继承中国“三次古典学时代”的传统和成就为己任，同时汲取现代学术的成果，并与西方古典学等参照比较，以期推陈出新。这里有必要强调，任何把古典学封闭化甚至神秘化的倾向都无助于古典学的发展。古典学固然以“语文学”（philology）的训练为基础，但古典学研究的问题意识、研究路径以及研究方法等，往往并非来自古典学内部而是来自外部，晚近数十年来西方古典学早已被女性主义等各种外部来的学术思想和方法所渗透占领，仅仅是最新的例证而已。历史地看，无论中国还是西方，所谓考据与义理的张力其实是古典学的常态甚至是其内在动力。古典学研究一方面必须以扎实的语文学训练为基础，但另一方面，古典学的发展和新问题的提出总是与时代的大问题相关，总是指向更大的义理问题，指向对古典文明提出新的解释和开展。

中国今日正在走向重建古典学的第四个历史新阶段，中国的文明复兴需要对中国和世界的古典文明做出新的理解和解释。客观地说，这一轮古典学的兴起首先是由引进西方古典学带动的，刘小枫和甘阳教授主编的“经典与解释”丛书在短短十五年间（2000—2015年）出版了三百五十余种重要译著，为中国学界了解西方古典学奠定了基础，同时也为发掘中国自身的古典学传统提供了参照。但我们必须看到，自清末民初以来虽然古典学的研究仍有延续，但古典教育则因为全盘反传统的笼罩而几乎全面中断，以致今日中国的古典学基础以及整体人文学术基础都仍然相当薄弱。在西方古典学和其他古典文明研究方面，国内的积累更是薄弱，一切都只是刚刚起步而已。因此，今日推动古典学发展的当务之急，首在大力推动古典教育的发展，只有当整个社会特别是中国大学都自觉地把古典教育作为人格培养和文明复兴的基础，中国的古典学高深研究方能植根于中国文明的土壤之中生生不息茁壮成长。这套“古典与文明”丛书愿与中国的古典教育和古典研究同步成长！

2017年6月1日于北京

目　录

引　言

一

在一般的中国哲学史和思想史看来，清代是一个思想黯淡的时代。可我们仍然不得不面对它，近现代的学术与之有千丝万缕的联系。清代学术被认为“整理总结”了整个古典的学术形态——仿佛它本就要为古典学术画上终点，以迎接现代学术到来一般。历史不容许我们假想：如果乾嘉之后，中国没有遭遇西方的船坚炮利，没有被迫地进入近现代，清代的学术思想会发展成何种模样。

因历史不容假设，清代学术史、思想史的建构便呈现出目的论的样态。这目的论自然遮蔽了清代学术思想复杂的面相，可我们又不能说它是凭空捏造。毕竟建立近现代学科的诸大师，从清学那里学了不少的本领。

历史具有连续性。中国并不是在1840年一下子就从古典世界进入现代世界，从此冰火两重天；中国的思想和学术也不是从古典学术忽然跳入现代学术，从此古今相忘于江湖。中国近现代的文科学术，是清代的旧学与西方学科相互激荡的结果。看看现在文史哲学科里的常列书单就很清楚了。即便是哲学系，一旦涉及读中国古代的书，也少不了推荐《清人十三经注疏》和《新编诸子集成》。这两部丛书多是清学的成果，一部分是有清学传统的现代学者的成果。

梁任公的《中国近三百年学术史》可谓是中国思想史学科的代表作。此书讲完明末清初之后，以“清代学者整理旧学之总成绩”四章来概括乾嘉以来的学术。“整理”二字颇为关键。清末民初大师们，从乾嘉那里学来的，主要就是整理的本领。“整理”一转手，就是“总结批判”了。

如果我们把“考据”约略等于语文学，把“义理”对应于现在的哲学，总会觉得二者充满紧张。现实中，确实也有过文献学家 / 考据学家与哲学家相互揶揄的桥段，哲学系和文史系相互排调的故事。出于这种分判，人们会对戴震感到困惑：考据学的伟大导师，竟然在私下里对他徒弟说，我最重要的不是考据，而是我的哲学。[1]这种看似分裂的状态，使得余英时不得不借狐狸与刺猬之说来辩护，以为戴震的考据不过是谋生和学术主流的压力，内心则向往义理之学，[2]于是戴震变成了一个“披着狐皮的刺猬”？我们大可不必如此为难戴震或者怀疑他的真诚度。考据与义理的张力，并没有看上去的那么大。

在戴震那里，考据与义理已然分家。就现代学术而言，考据对应于语文学，义理对应于哲学。哲学与语文学的分立，也是现代学术体系建立的重要特色。哲学负责思想，语

---

〔1〕 戴震说：“仆生平最大论述者，为《孟子字义疏证》一书。”

〔2〕 余英时：《论戴震与章学诚》，生活 · 读书 · 新知三联书店 2005 年，第 143 页。

文学负责“科学”地研究语言、文本，二者看似对立，实则体现了极强的分工精神和专业精神。

此种专业和分工精神，在戴震那里一转手便能对接，无怪乎适之先生对戴震竭力表彰。他认为戴震的考据是“科学”的考据，其哲学是“科学”的哲学。[1]这里的哲学与语文学并没有本质上的冲突，而是实证精神造就的双生子。[2]戴震既通考据，又善义理，只能说明他精力充沛同时擅长两个领域，并不能说明他自己在学术精神上有多么冲突或分裂。

可是学术史的叙事习惯了单线程，要对其成就分别勾勒。伟大的东原，因为兼擅这两个领域，在两个“史”的回顾中都具有很高的地位。就语文学史而言，戴震无疑是崇高的。看看他的“弟子”如段玉裁、高邮二王、阮元、焦循便知。考据学的核心技术，古音、天算、礼制，戴学皆有传人。中国现代学术的语言学、古典文献学等受其恩惠颇多。至于哲学史这条线，戴震在清代更是独步。漫长的中国哲学史叙述，到了清代中期以后突然失语，竟然找不到符合标准的大哲学家，只好把东原请出来。[3]按照余英时的叙述，东

〔1〕 胡适《戴东原的哲学》:“戴氏的人生观，总括一句话，只是要人用科学家求知求理的态度与方法来应付人生问题。”(《胡适文集》第7卷，北京大学出版社1998年，第279页)

〔2〕 胡适所表彰的戴震之学，欲接引科学。然现代科学精神与胡氏所设想的实验主义及清代的考证学仍有较大差别。故此处但云实证精神。

〔3〕 胡适说:“清朝的二百七十年中，只有学问，而没有哲学；只有学者，而没有哲学家。其间只有颜、李和戴震可算是有建设新哲学的野心。”(《胡适文集》第7卷，第281页)

原生前迫于学术界主流，不得不装成狐狸的样子，怀着“正人心之要”的义理之宝去世。竟未想到一百多年后有许多大师表彰他的哲学思想，使其成为盛清黑暗死寂的思想天空中一颗璀璨之星。近八十年，这颗星被穿成一串，其他几颗是张载、罗钦顺、王廷相、王夫之等。另一种穿法是王夫之、黄宗羲、顾炎武、颜元等。于是休宁戴东原，与衡阳王船山一起，成为批判理学、反对专制、提倡启蒙、解放情欲，推动新思潮的代表。

集大成的必须坐在后面，可坐在后面的不一定就能集得成。船山谓之集大成，东原实则是一个开新的人。船山融冶了北宋五子以及朱子阳明，上溯孔孟。于《孟子字义疏证》，我们看到的只是对于宋明理学的批评。

二

在当时同为学界领袖且为东原前辈的惠栋（松崖）呢？我们似乎很难给他定位。前面提到两条线，东原皆在其中有崇高的地位。然而拿来测量一下松崖，都没有太重要的地位。

一代文宗、兼采汉宋的大儒翁方纲读了松崖《周易本义辩证》，睥睨道：“惠氏之学，其初亦是举子空谈耳，至后撰《易述》，则又漫衍自恣矣。”[1]作为乾隆十七年（1752）

[1] 惠栋:《周易本义辩证》，复旦大学图书馆藏抄本，翁方纲批校，第3册，第13页。

的进士，举子业中的佼佼者，翁方纲当然有资格对这位终身未中举，连朝廷访求经师（乾隆十五年）都被淘汰的“征君”不吝评点了。[1]

袁枚不喜考据，更不喜汉学。他在书信中讥讽惠栋“以说经自喜”，[2]还写过一首《考据之学莫盛于宋以后，而近今为尤，余厌之，戏仿太白嘲鲁儒》的诗谓：“或争《关雎》何人作，或指明堂建某处。考一日月必反唇，辨一郡名辄色怒。干卿底事漫纷纭，不死饥寒死章句。……或者收藏典籍多，亥豕鲁鱼未免误。招此辈来与一餐，锁向书仓管书蠹。”[3]

对于袁枚这种“不喜佛，不喜仙，兼不喜理学”的“真性情”来说，他不喜欢惠栋倒也正常。但是考据学家也不怎么喜欢惠栋。著名的考据学家王引之在给焦循写信时就说：“惠定宇先生考古虽勤，而识不高，心不细。见异于今者则从之，大都不论是非。”[4]惠栋对于明道、朱子的肯定，对于虞翻部分条目的批评或不用，或许心细的王伯申先生没有读到？

既然批评惠栋“识不高，心不细”，想来伯申先生是识高、心细之人。何谓识高、心细？我倒是联想到了适之先生的一句口号：“大胆地假设，小心地求证”。大胆亮出创新观

〔1〕 戴震好歹还被赐同进士出身，任翰林院庶吉士。

〔2〕 袁枚：《小仓山房文集》卷一十八，《袁枚全集新编》第6册，浙江古籍出版社2015年，第346—348页。

〔3〕 袁枚：《小仓山房诗集》卷三十一，《袁枚全集新编》第4册，第789页。

〔4〕 王引之：《王引之文集》，《高邮二王合集》，上海古籍出版社2019年，第1585页。

点，不信古人，可谓识高矣；小心地搜集材料，归纳排比，推论出预设的观点，可谓心细矣。

惠栋的弟子们，继承的确实是惠栋的质朴之学。余萧客作《古经解钩沉》，主要工作在辑佚，极为费心劳力，却仍被东原批评为“有钩而未沉者，有沉而未钩者”。然辑佚之学本来就是后出转精，[1]以后人聚书之多以及积累日繁来是非前人，稍失公允。且辑佚岂能代表惠栋的学问？惠栋之学的关键方法论在于师法，其学问目的在于斟酌汉说，重新建构经说（微言与大义）系统。为探求汉代经说，不得不辑佚。惠栋《周易述》，其注文虽来自郑、荀、虞诸家，却是以自己的语言加以融会，疏文中发明易例、提点微言、贯通大义，已远出于汉注之外。此后清儒作诸经新疏，先辑旧注，其疏通则不过是正其训读、考释其名物制度而已。即或其亲炙弟子如江声作《尚书集注音疏》，虽偶于注中参以己说，犹是仅止步于疏解旧注，无复惠栋追求微言大义的志向。然则皖派以“信古而愚”目吴派，亦不为无据。

钱穆先生作《中国近三百年学术史》，矫正梁启超同名著作之失，多有精确之见。其论及惠栋时却说：“夫苏州惠氏专门之学，其意本在于考古，而常州诸贤，乃尊之为大义，援之以经世，此则其蔽也。”[2]惠栋之意果在于考古乎？然《明堂大道》与《易微言》、《易大义》又何说？且考古与

---

〔1〕 当然也不乏“后出转粗”的辑佚案例。

〔2〕 钱穆：《中国近三百年学术史》，商务印书馆 1997 年，第 584 页。

义理，果不可兼容吗？《尚书》一开篇即“粤若稽古”，马融、王肃释为“顺考古道”，今文及郑玄解为“同天”；孔子曰“述而不作，信而好古”。是知考古之义，实蕴含无尽意味，非考据之学所可范围。

三

惠栋信服汉儒之说，已被指责为“株守”。他还有更不为学者所喜的地方，乃其“神秘主义”色彩。章太炎谓：

> 自惠氏为《明堂大道录》，已近阴阳；而孙星衍憙探《道藏》房中之说，张琦说《风后握奇经》，神仙兵符，几于一矣。琦尝知馆陶县，其后山东有义和团。刘逢禄以《公羊传》佞谀满洲。[1]

阴阳家本出于羲和之官，这本是王官学中既尊且正者；《易》云“一阴一阳之谓道”，不言阴阳何以谈《易》。阴阳流于数术，虽有其弊，然《明堂大道录》实不涉及此。章太炎将惠栋之学等同于数术，又以其为义和团之先师，实为欲加之罪。观其注《太上感应篇》，洗去民间俗讲及光怪陆离之解，归本于六经，可知惠栋并非喜言神仙兵符之人。然惠栋确实对道家具有好感。在他看来，道家道教也有古学

---

〔1〕 章太炎：《章太炎全集 · 检论》，上海人民出版社 2014 年，第 491 页。

今学之别：道教道家出于六经，先秦两汉之道家能守师法，是为古学；南北朝以后之道家乃至宋元之道家，则已侈言顿悟，独取心证，毁坏师法，是为今学。两汉道教与谶纬有密切关联，惠栋言《易》常及纬书，因纬书中多先秦古义。《明堂大道录》即取纬书五方帝之说，建立明堂祭祀系统。然五方帝与上帝合为六天，此郑康成已有之成说，惠栋不过略加引申，为何便以荒诞不经视之？太炎所反感的问题，归根到底是天人之际的问题，这个问题在如今被思考了无数次，仍未得到解决。

《明堂大道录》是本奇特的书，表面上考证明堂之礼，却又无处不在言《易》。戴震读后跟钱大昕说此书“如禹碑商彝，周鼎齐钟，蕴藏千载，班班复睹。微不满鄙怀者，好古太过耳”。[1]戴震说“好古太过”是因他嫌恶此书引用、尊信古书太多吗？并不完全是。关键在于戴震并未读懂此书——戴震绝顶聪明，《明堂大道录》中每一处的征引和形制考索他都熟悉；但也因为他太聪明，想去思考惠栋作此书的意图而实在想不明白。从“禹碑商彝”的称赞可知戴震将此定位为考古之书，即完整地勾勒、描述出自神农至周代以来明堂的形制和功能演变。然此书又太过于综罗（杂烩），几乎把汉魏以前跟明堂有关的重要记述皆囊括其中。可以想见，戴震如此精明、追求精确不移的考证学家在面对这种收

〔1〕 杨应芹：《段著东原年谱订补》，《戴震全书》第7册，黄山书社2010年，第149页。按此书信不载于其文集中，见《昭代名人尺牍小传》。

罗大量冲突异说的文本时，其内心是充满疑惑、煎熬的。一方面惠栋的明堂制度不尽合历史上的“事实”，[1]一方面善于算术、喜欢画图的戴震要完全根据惠栋之说将它绘成图纸，也存在诸多扞格。[2]江声亲炙于惠栋，专门就其中问题与惠栋往复讨论，[3]仍感慨“再四思惟，终不通其制”。[4]无怪乎其他人不理解了。

惠栋的明堂之学虽以考古的面貌出现，其实设计的意味远大于考订。若不是恢复明堂古貌，那么是为未来而设计的吗？又不完全是。惠栋不可能不知道，书中所言的古制，在他的时代及以后的百年也不可能实现出来。其《周易述》也与此类似，注文绝大多数本于虞翻、荀爽、郑玄而成，却不注明，有时甚至将两家之说拼凑为一句，或者夹杂以己注，也不说明。但他自己的注，也是推本汉学的，在疏文中又疏解自己的注释。打个比方说，他自己是既要在注中和郑康成融为一体，又要在疏中做孔颖达、贾公彦。就是这种古今之间，考古与构想之间，古师说与己说之间模糊的状态，使其著作仿佛笼罩着一层迷雾。惠栋要在其中寄予“大

---

〔1〕 惠栋讲明堂兴替从伏羲画卦开始，戴震、二王读到此的时候，或许会相当惊讶。

〔2〕 本书后面根据惠栋之说绘制了几幅示意草图，但就具体数据而言，落实到建筑上仍是困难的。

〔3〕 今上海图书馆藏手稿本《明堂大道录》末有江声与惠栋书札，江声誊录惠栋此书，似后来《大道录》之刊刻即出于江声抄本。详见本书第六章之分析。

〔4〕 陈鸿森：《江声遗文小集》，《中国经学》第4辑，广西师范大学出版社2009年，第24页。

道”“微言”，侨居惠栋故里的太炎先生不能理解，蜀地的蒙文通却看得很真切。

惠栋给沈彤写信时提及“此书（《周易述》）若成，可以明道，其理与宋儒不异”——既要“明道”（而非拘于考据），又认可宋明理学内容（而非斥责“以理杀人”）的惠栋，大概也是一个被后来的学术思潮所错认的导师吧。当拥绕着的潮水已经退却，孑然屹立的他又会呈现出何种面貌，带来什么启示呢？

四

惠栋称“四世传经”，将汉学推至曾祖惠有声，实出于自己的建构。通过对比惠士奇与惠栋二人在《周易集解》上的批校“对话”，可见父子在对待汉易态度上充满张力的交流。惠栋虽以“汉学”自立，其早期学术实亦脱胎于宋易。《周易古义》区分今古文、正俗字，最直接的来源即晁说之《古周易》及吕祖谦《古易音训》；而《周易本义辩证》不仅是初步的以汉易训释补充、修订朱子《本义》之作，更是宋代恢复古易风气的延续。本书第一章即检讨惠栋与宋易的具体关系，试图不落入笼统的“学术史”论述，而是具体呈现其学如何从宋易一步步转出来。

惠栋从宋学中走出，其关键方法论在“师法”之建立。师法强调去古未远的汉代经学在先秦渊源有自，其义例应当为经学研究所效法。惠栋倡导汉学，正因为汉人有师法，而宋元说经在惠栋看来是“自得于心”。汉学固然不是学问目的，但却是必经之途。师法所传虽关乎经文训释，但不仅仅是文字、音韵、名物、典章，而更在于义例，义例则为微言与大义之寄托。此则与清代考据学绝不相同。本书第二章即一方面比较师法与宋儒道统，一方面更要讲清楚惠学与乾嘉考据学之区别。

进一步说，惠氏的“考古”实寄托了其微言与大义。其微言见于《周易述》所附《易微言》诸字目，以“元即太极”之说为根本。自元开始，至于天地位、万物育，即是赞化育之大义。于《易》而言，太极分为乾元、坤元，乾坤交通成既济，二五为中，相应为和。第三、四章即分别论述惠栋之微言与大义。“元即太极”说涉及“化育”哲学的根本，惠栋昌之，张惠言、姚配中讨论之，在近现代哲学中亦有其伏脉；“赞化育”则试图贞定人在天地之中的地位和能力。在这两章中，我们也可以看到《周易述》“其理与宋儒不异”的真实情况究竟如何。

惠栋的微言大义，最终要通过政治设计来实现。赞化育是人类（圣王）之事，即需要落实到人类的组织结构。合于天道的组织结构，一言以蔽之曰明堂大道。此为第五章的内容。《大戴礼》谓“明堂，天法也”。在明堂之道的考察中，惠栋再次向我们展现了其经学家而非考据学家的特质，以易道融摄明堂之法，将上古制度与未来理想相融摄，提出了自己的政治设想。天与人，宗教与理性，圣与凡，古代与现代的张力，再次在其明堂之学中体现出来。

惠栋的思想和学术脱胎于宋学，继而以“师法”与宋学对立，而其晚年则试图在“古学”的体系中分判和融摄宋学。这些变化，在他的手稿、抄本不断地增删中可以看出。乾隆十四年（1749），惠栋五十三岁。是年正月二十一日，他在笔记中写道：“道味满于胸中。数年乐境，唯此为最。”〔1〕这段话充满理学气息，所谓“道味”是何味道呢？考虑到本年他给沈彤写信提及刚写完乾坤两卦的经疏，可见“道味”之悟，实即成既济、赞化育及明堂之道。惠栋的易学著作可据此分成前后两个时期。自二十多岁开始到五十岁左右，是惠栋考订汉易、斟酌宋易，以积累潜伏的时期，又大致可分两个阶段。最初的《周易会最》《汉易考》《周易本义辩证》仍不免承接宋易的问题；而雍正十三年（1735）《周易会最》更名《周易古义》，以及《汉易考》改名《易汉学》，意味着他擎起了“汉学”之旗帜，建立了区别于“道统”的“师法”。但此时的“成既济、赞化育”之道犹未发出。五十岁以后，是他真正“以述为作”的时期，其易学著作总体可称《周易述》，又具体包括《周易述》《易例》《易微言》《易大义》《明堂大道录》《褅说》等。惠栋自弱冠治学，至临终犹不辍读书撰述，其传世手稿有多种，增删之迹实为其生命精神的写照。本书第六章即处理其主要著作的各种稿本、抄本、刻本，以期在文献上呈现出惠栋学术宗旨的

〔1〕 惠栋：《九曜斋笔记》，《丛书集成续编》第20册，新文丰出版公司1988年，第634页。

变化及其思想定位。因涉及诸多细节考证，故放在最后。前五章考察惠栋思想发展时亦有时涉及相关文献问题，读者可翻到第六章相应部分查阅。

第一章 家学建构与理学渊源

第一节 “四世传易”的建构

惠栋《九经古义述首》曰：“余家四世传经，咸通古义。”[1]焦循于《易例》《易汉学》《左传补注》亦题赞曰：“东吴惠氏，四世传经。至于征士，学古益精。弼康告退，荀虞列庭。例明派别，祛蔽开冥。学者知古，惟君是程。”[2]这些叙事给人的感觉是，惠氏家族自惠有声开始就笃守古义、传承汉易。尤其是惠栋在《易汉学》自序中的追述：

> 栋曾王父朴庵先生尝悯汉易之不存也，取李氏《易解》所载者，参众说而为之传。天、崇之际，遭乱散佚，以其说口授王父。王父授之先君。先君于是成《易说》六卷。又尝欲别撰汉经师说《易》之源流，而未暇也。[3]

---

〔1〕 惠栋:《九经古义》述首,《贷园丛书》本，第1页。

〔2〕 焦循:《雕菰集》卷六,《焦循诗文集》，广陵书社2009年，第115页。

〔3〕 惠栋:《易汉学新校注》，谷继明校注，中国社会科学出版社2020年，第16页。

据惠栋所说，惠有声就已经提倡汉学。《周易》本就在群经中比较流行，惠有声的时代《周易集解》又重新风行，他对汉易产生兴趣是有可能的。但很难说他因此便会以汉学为宗。因为即使到了惠士奇那里，汉学的特色仍不够明显。在乾隆初年，宋学仍占主导，这从惠士奇在三礼馆的遭遇即可看出。[1]由惠士奇《易说》可见，即使他本人的学术也未能避免宋学风格。

惠士奇对汉易的态度相当游移不定。焦循曾经说："惠士奇《易说》独申己意，其子栋《周易述》则持守旧说。"[2]焦氏谓惠栋"持守旧说"固然不准确，但确实看到了父子二人的差距。陈岘通过考察《易说》指出了惠士奇与汉易的不同："京房、虞翻解易象，非常注重整个《周易》体系的配合与构建，力图将所有的卦变与卦爻象整合在一个完备统一的体系中。这一点并不为惠士奇所完全接受。惠士奇解释卦象更重'实象'，更重视卦象在实际中的表象，而并不拘泥于体系的框架。"[3]《易说》中虽不少援引称赞汉儒注，批评王弼、杜预的内容，但也有批评荀爽、虞翻的话，比如解大有"有孚在道，明功也"，惠士奇谓"必离而后为明，失之固矣"，[4]就是在批评虞翻。

---

〔1〕张涛：《论惠士奇之理学与乾隆初年汉宋学态势》，《台大文史哲学报》2009年，第91期。

〔2〕焦循：《雕菰集》卷十二，《焦循诗文集》，第215页。

〔3〕陈岘：《对惠士奇汉学的再认识》，《宏德学刊》第11辑，商务印书馆2020年，第104页。

〔4〕惠士奇：《易说》卷二，道光间《璜川吴氏经学丛书》本，第8页。

今传《易说》刻本似非完稿。[1]除此书之外，朱邦衡所临的《周易集解》惠氏父子批校，给我们保存了珍贵的资料。检核惠士奇之批注，我们看到他对于汉学虽有偏好，但仍处于初学阶段，有很多不明白的地方。比如：

> 坤卦“臣弑其君子弑其父”，虞注：“坤消至二，艮子弑父；至三成否，坤臣弑君。”〇惠士奇批：“艮子坤臣，不知何出。汉易已亡，不可考矣。”（卷二第11a页）[2]

惠士奇不仅感叹汉易难解，还常常讥诋李鼎祚。比如：

> 坤卦《文言》“易言括囊”，《集解》：“荀爽曰……。孔颖达曰……。”〇惠士奇批：“既取荀说，又引《正义》，何也？”（卷二第13a页）

---

〔1〕惠士奇《易说》有乾隆十四年璜川书局刻本、《四库全书》本、清经解本、道光间《璜川吴氏经学丛书》本等。乾隆十四年璜川吴氏为惠栋所刻为初刻本。据惠栋称，“余与拙庵行人（吴用仪）暨嗣君企晋博士两世论交，有纪群之好”（惠栋：《吴母程太恭人八十寿序》，《松崖文钞》，《续修四库全书》第1427册，第284页）。吴英又谓：“惜其为未成之书，故止有六卷，乾隆己巳版镌于予家，而今版皆坏散。”（吴英：《重刻惠半农先生易说序》，《半农先生易说》卷首，《璜川吴氏经学丛书》本）《周易本义辩证》所引惠士奇说，有些并不见于《易说》。

〔2〕此处所引皆据国家图书馆（后或简作“国图”）所藏朱邦衡临惠氏父子批校《李氏易传》本，朱邦衡过录时用《雅雨堂丛书》本《李氏易传》，本节内所引批校页码皆随文注出，不复出脚注。

涣卦六三《小象》："王弼曰：'涣之为义……'"〇惠士奇批："李鼎祚全不晓事。"（卷十二第3a页）

夬卦九三。〇惠士奇批："夬卦之（此）爻不取虞说，何也？李氏杂乱如此。"（卷九第9a页）

夬卦上九。〇惠士奇批："既取仲翔，又牵辅嗣，是冰炭同器也。"（卷九第10b页）

屯六三"以从禽也"，李鼎祚按语："案《白虎通》云：'禽者何……'"〇惠士奇批："君不读《周礼》，反引《白虎通》。"（卷二第18b页）

前四条批评李鼎祚体例不纯，末一条批评李鼎祚读书不多。初读李鼎祚《周易集解》者，往往会产生杂乱的印象，李鼎祚一会儿引用虞翻，一会儿引荀爽，一会儿引王弼等，看上去没有章法；而站在汉学立场，则会不满于李鼎祚为何还引用了不少王弼和孔颖达的说法。《周易集解》的宗旨在于"刊辅嗣之野文，补康成之逸象"，意即王弼虽有不少"野文"，可取者亦不少；郑玄虽以象说《易》，但犹有不足。以此而言，李鼎祚实欲整齐百家，融冶众说。如潘雨廷指出："此书之旨，在使玄学合易理以权舆三教，犹在改革道教，开创三教合一的新义。"[1]惠士奇则犹未能理解李鼎祚之用心。

〔1〕潘雨廷：《周易集解纂疏前言》，见李道平《周易集解纂疏》，中华书局1994年，第7页。

惠士奇不仅批评李鼎祚，而且批评虞翻。其批评点，一是“改卦”，一是“琐碎”。比如：

“改卦起于仲翔乎？抑汉儒先有之乎？”（卷八第4a页）

睽卦《彖传》“天地睽而其事同”，虞翻注：“五动乾为天，四动坤为地，故天地睽……”〇惠士奇批：“又改卦，亦杂而碎。”（卷八第5b页）

睽卦初九。〇惠士奇批：“改变卦体，曲为之说，是为杂凑，全不成道理。”（卷八第6b页）

解卦六三。〇惠士奇批：“似此皆不成道理，远不如王弼。”（卷八第15b页）

渐卦上九。虞翻曰：“谓三变受成既济，与家人《象》同义。上之三得正，离为鸟，故‘其羽可用为仪吉’。三动失位，坎为乱。乾四止坤，《象》曰‘不可乱’，《彖》曰‘进以正邦’，为此爻发也。三已得位，又变受上，权也。孔子曰：‘可与适道，未可与权。’宜无怪焉。”〇惠士奇批：“舍现在之象而取变动之爻，则何卦之不可变乎？改卦爻以就其说，妄矣。”（卷十一第5a页）

所谓“改卦”，即虞翻的“爻变之正”说。虞翻卦爻分析的体例有三类：卦变、旁通、爻变之正。这三种并非随意变动、毫无章法。卦变说明一卦所从来，旁通（一般限于一阴之卦或一阳之卦）是现在时的对观，爻变之正则指向未来。就爻变之正体例而言，所有的爻最终都需要通过运动变成既济，这样六爻都当位。从不当位运动到当位，是一种自然而然的想法。虞翻对于体例的要求是非常一贯的。

虞翻的这种体例，淹没在大量琐碎的注经中。没有通观全局的归纳，以及细腻的分析、长时间的研究，难以总结出来。惠士奇初读，便认为这种"改卦"太过随意、琐碎。如他批评损卦六五的虞翻注说"亦太琐碎"（卷八第23a 页）、"仲翔说似此皆无足取，以故其书不传"（卷十第15b 页），又说："仲翔谪居南方，饱食终日，穿凿乾坤，自谓梦吞三画，妄矣。"（卷八第 26a 页）虞翻曾声称他的徒弟做过奇怪的梦，梦见虞翻饮了一个道士布在地上的六爻中的三爻。虞翻以此作为他受命注《周易》的符征。这种事情有可能存在，并增加了虞翻注《易》的信心。惠士奇斥之为妄，主要还是不能忍受虞翻注经的风格。在惠士奇看来，虞翻"谪居南方，饱食终日"，才有闲暇这么穿凿附会。[1]他讥讽虞翻："信口乱道，仲谋逐之，宜矣。"（卷八第 15b 页）拿虞翻的政治遭遇来嘲讽，确实有点过分了。

惠士奇甚至认为虞翻的体例不如王弼——那么从某种意义上来说，王弼对汉代取象之学的批判也就具备了合理性。

---

〔1〕 今按《三国志》卷五七《虞翻传》裴注所引《翻别传》，虞翻奏上《易注》，当在被贬之前。又据《太平御览》，孔融亦尝阅读其易注，寄书盛赞其为"东南之美"。由此可见虞翻注绝非贬谪交州所作，惠士奇说非是。

由此可见，尽管惠士奇出于恢复古学的目的攻击王弼、宋学十分激烈；在面对汉注时，他又出现了犹疑。这是因为他并不能从根本上理解汉学的特色，更多地出于“好古”的目的来裁衡汉注与晋宋注。也就是说，惠士奇那里虽然有时褒扬汉注，但还未出现真正的汉学自觉。惠栋对惠士奇的批注也有不满，比如：

> 睽九四：“睽孤，遇元夫。”虞翻曰：“孤，顾也。在两阴间，睽五顾三，故曰睽孤。”〇惠士奇批：“太凿。”〇惠栋批：“《释名》亦训孤为顾，非凿也。”（卷八第8b页）
>
> 丰卦卦辞“勿忧宜日中”，虞翻曰：“五动之正，则四变成离。离日中，当五，在坎中，坎为忧。故勿忧宜日中。”〇惠士奇批：“亦琐碎不成道理。易象难明，又从而乱之。仲翔不如王弼者以此。”夹注：“现有离象，何必又变五为日中。”〇惠栋批：“勿谓无道理，亦自有乾坤。”（卷十一第11b页）

看上引第二条，惠栋应该是读了乃父这么多句“琐碎不成道理”的批注实在忍不住，才写了一句“勿谓无道理，亦自有乾坤”。惠栋已了然虞翻的体例，觉得惠士奇的批注才是不成道理。父子的这种张力，在惠栋自己的著作中体现得不明显，但亦非无迹可寻。《周易本义辩证》（以下或简作《辩证》）兑卦“上六引兑，未光也”一条：

《易说》曰："凡阳称光。未光者，言九五之光掩于上六也。夬萃五上同义。"

我们可以对比一下惠士奇《易说》的原文：

说者谓上应三，三体离，故称光。内卦互见离巽，配火木入金宫，火木两弱，故曰未光。愚谓柔顺刚为巽，柔掩刚为兑。凡阳称光。未光者，言九五之光掩于上六也。说《易》者必离而后为光，固矣。夬五亦曰未光，岂离之谓哉。[1]

惠栋显然对《易说》有所裁取，他把惠士奇对"说者"的批评去掉了。此所谓"说者"谓虞翻。《周易集解》的批校有助于我们解释惠士奇的写作风格。按虞翻注谓："二四已变而体屯，上、三未为离，故未光也。"[2]惠士奇旁批曰"不可解"，又眉批曰"上应三，三体离，故称光。内卦互体见离巽，配火木入金宫，火强木弱，故曰未光。京氏曰：分贫贱于强弱。此之谓也"（卷十六，第27b页）。据此可推，惠士奇开始读不懂虞翻注（旁批），后来做出了一种解释（眉批），最后在纂辑《易说》时便将自己的这种理解当作是虞翻的说法，称作"或说"加以批判。然而这只是以京房法

〔1〕 惠士奇：《易说》卷六，清道光刻《璜川吴氏经学丛书》本，第5a页。
〔2〕 李鼎祚：《周易集解》，中华书局2016年，第357页。

强说虞翻。虞翻注明谓“上、三未为离，故未光也”，亦即兑卦二、四爻变之正，则为屯卦；但三爻尚未变之正，三若变之正，则内卦离为光，且全卦成既济。今既未变之正，故未光。惠士奇全不解虞翻之意，而横加批驳；惠栋觉其批评欠妥而削去，可算得“干父之蛊”了。[1]

惠栋在自己的著作中，对惠士奇《易说》比较谨慎，因自己的著作要传世，表现的是“四世传经”“咸通汉学”的建构；在这个批校本中，我们则发现了流动而充满张力的父子家学。

惠士奇对王弼以及宋易的批评也时常见到，这影响了惠栋。如以下几条：

> 屯上六“泣血涟如”，九家易：“伏离为目，互艮为手。”○惠士奇批：“宋易不讲伏、互，遵晋易也。”（卷二第19b页）
>
> 巽九五：“易学仲翔殿其终，后来居上。辅嗣小儿实启宋儒。”（卷十一第26a页）
>
> 王弼开宋儒而**汉学绝矣**，何故又引其说。（卷八第

〔1〕然彼时惠栋盖亦未尽通虞翻家法，故《辩证》仅刊去惠士奇批判虞翻之辞，而犹用父说。惜《周易述》未及写作到此卦，然核之其他卦“未光”的解释，惠栋或用“离为光”之说，或用“阳称光”之说，是惠栋以此二说可通也。其后李林松作《周易述补》，仍用《辩证》此补之，非惠栋本意。

3b 页）

坤《文言》“非一朝一夕之故”，虞注：“乾为寒，坤为暑。”〇惠士奇批：“乾寒坤暑，必有本。乾为寒冰见于《易》，坤为暑未闻。后世创为《先天图》，乾南坤北，则坤为寒冰，有是理乎？”（卷二第 11a 页）

离卦。〇惠士奇批：“乾为寒冰，安得在南？《先天图》出于道家，康节全是道家之学，朱子笃信之，殊不可解。”（卷六第 27a 页）

前三条是把汉代象数学的消亡归罪于“晋易”，亦即王弼，同时指出宋人恰恰继承了王弼的学风。后两条是直接批评宋人的图书之学。第三条直接提出了“汉学”的名字。

蒙卦。〇惠士奇批：“《参同契》曰：屯以子申，蒙用寅戌，余六十卦，各自有日。案卦图屯子蒙寅，又云申戌，未详。或云子申水生旺之处，寅戌火生库之位。《参同契》又云：朔旦屯直事，至暮蒙当受，昼夜各一卦，用之依次序。亦未悉其详。”〇惠栋批：“四世卦阴主八月，阳主二月。蒙贞于寅，见《乾凿度》。正月为寅。蒙，正月卦也。见孟喜《章句》及《稽览图》。”（卷二第 20 页）

蒙初六，干宝注：“寅为贞廉。”〇惠士奇批：“寅为贞廉，未闻其说。汉易已亡，干宝犹及见之也。”〇惠栋批：“贞廉当作廉贞。廉贞，火也。寅申有生火。”

（卷二第 23a 页）

从上面我们可以看到，惠士奇已经开始着手以《周易集解》《京房易传》《参同契》等为基础来呈现王弼之前的易学面貌。但他未改明末文人矜奇好博的习气，统统取来。又随意批评，尚未确立起对虞翻等人的宗主。这一现象更深层的原因是，“师法”作为惠栋汉学的关键方法，在惠士奇那里还未形成。

惠士奇的浅尝辄止，恰恰给惠栋留下了研究的土地。惠士奇很多地方批注的“未详”，惠栋要努力研究加以解答。在这个过程中，惠栋不仅解决了他父亲的疑惑，而且成功地开辟出了一个新的方向，引领了新的学问潮流。惠士奇批注随处感叹的“汉易已亡”，便是惠栋作《汉易考》（即《易汉学》）的推动力。

《易汉学》自序提到了惠有声“取李氏《易解》所载者，参众说而为之传”，又说惠士奇“尝欲别撰汉经师说《易》之源流”——前者到了惠栋那里就是《周易述》，后者便是《易汉学》。这两部是惠栋易学的核心著述。惠栋皆将之推到家学那里。

第二节　宋学渊源

惠士奇学术虽已开始发扬汉儒经说，然其说经仍不免宋人遗风。惠栋青年时亦如此。惠栋的诸多《易》学著述，或订正宋易，或钩稽故训，或发挥汉易师法。通行的学术史将之概括为“崇汉抑宋”。钱穆对此尤为看重，以之区分吴皖，谓：“今考惠学渊源与戴学不同者，戴学从尊宋述朱起脚，而惠学则自反宋复古而来。”[1]钱氏之证据，尤在李集所载惠栋评《毛诗注疏》之语，曰“栋则以为宋儒之祸，甚于秦灰”。[2]但此语是否惠栋亲言姑且不论，即或有此语，亦偶尔感激之言，不可视为常语，更不可视为惠氏学问之起点。惠士奇以“六经尊服郑，百行法程朱”为楹贴[3]，惠氏汉学之确立，亦非一蹴而成。宋明易学，特别是朱子学一系的易学对惠栋有很大的影响。今详论之。

一 早期用理学家言

自朱子注《易》，其后学又张大发皇之，元代以来最为通行。惠栋少年学《易》，首先接触的便是《本义》《启蒙》等书，亦必习闻宋明诸家性理著作。苏州博物馆藏稿本《周易古义》（以下或简作《古义》）第一条谓：

> 《北史》梁武帝问李业兴云：“《易》有太极，极是有是无？”业兴对曰：“所传太极是有。”案《系辞》云：“易有太极，是生两仪。”刘瓛注云：“自无出有曰生。”然则太极不可言有，太极本无极也。是以《周

[1] 钱穆：《中国近三百年学术史》，第353页。
[2] 李集：《鹤征录》卷三，《四库未收书辑刊》第23册，第596页。
[3] 江藩：《国朝宋学渊源记》，中华书局1983年，第154页。

> 书·命训》云：“通道通天以正人，正人莫如有极，道天莫如无极。”有极者，箕子所以衍畴；无极者，伏羲所以设卦。[《列子·汤问篇》曰：“含天地也，故无极。”又云：“无极之外，复无无极。”][1]

其中所谓“太极不可言有，太极本无极也”，即本之周敦颐《太极图说》。但此条后来删去。与此相对的，即另一条：“天地有盈虚，乾坤有毁息，自然之理，~~此可与周子‘无极而太极，太极本无极’之说相发明~~。”[2]末句被墨笔删去，张素卿对比之后指出：“惠栋早期并不排斥周敦颐‘无极而太极’的观念，还有意发明‘太极本无极’之说；然而遵循汉易，确立主见之后，乃转而强调儒家经典未尝以‘无’言道。”[3]

我们还可以举一例证与此相发明。惠栋注《太上感应篇》“刚强不仁”，引李昌龄《传》：“孔子以刚为近仁，太上以刚为不仁。言岂相戾哉。圣人所取之刚，刚于理者也。太上所戒之刚，刚于气者也。”[4]惠栋评价道：“天锡此注，即

---

〔1〕 惠栋：《周易古义》，苏州博物馆藏手稿本，第1页。

〔2〕 惠栋：《周易古义》，苏州博物馆藏手稿本，第21页。

〔3〕 张素卿：《惠栋〈周易古义〉稿本及其学术价值》，见“第六届中国古典文献学国际学术研讨会”宣读论文。

〔4〕 按今《正统道藏》本《太上感应篇》卷七载李昌龄原注作：“孔子所取之刚乃刚毅之刚，确然不夺乎内，君子之刚也。有杀身以成仁，故曰近仁。又曰枨也欲焉得刚。《太上》所戒之刚，乃刚强之刚。忿然常见乎外，小人之刚也。凌人暴物，焉得仁哉。故以不仁，又曰强梁者不得其死，又曰坚强者死之徒。”盖惠栋以意节引。

周子刚有善恶之说。”[1]

据惠栋序文，《太上感应篇注》作于雍正初（1723），因其母抱病，发愿而作。乾隆十四年（1749）此书刻板。[2]或许刻本有修订，但此书主体显示出早年的特色。比如“遏恶扬善”句，注曰“说本王弼”；[3]“与人不追悔”句，亦用王弼注。[4]再如“作为无益”句引《书》曰“不作无益，害有益”，乃伪古文《旅獒》语[5]，在辨伪古文之前。[6]

《太上感应篇注》提及“周子刚有善恶之说”，即《通书》第七：

> 曰：“性者，刚柔善恶，中而已矣。”不达。曰：“刚善，为义，为直，为断，为严毅，为干固；恶，为猛，为隘，为强梁。柔善，为慈，为顺，为巽；恶，为懦弱，为无断，为邪佞。惟中也者，和也，中节也，天下之达道也。”[7]

又一例，可证《太上感应篇注》作在《辩证》之前。

---

〔1〕 惠栋：《太上感应篇注》卷上，《粤雅堂丛书》本，第 20 页。
〔2〕 惠栋：《太上感应篇注》，序言页。
〔3〕 惠栋：《太上感应篇注》卷上，第 13 页。
〔4〕 惠栋：《太上感应篇注》卷上，第 14 页。
〔5〕 惠栋：《太上感应篇注》卷下，第 22 页。
〔6〕 然“弃法受赂”句引“古文《尚书·吕刑》曰‘五过之疵，维货维求’”（《太上感应篇注》卷上，第 24 页），而伪孔古文“求”作“来”，是此处惠栋不以孔氏古文为真也。或此处后来修订乎？
〔7〕 周敦颐：《周敦颐集》，中华书局 1990 年，第 20 页。

惠栋不仅间取王弼，亦时从朱注。即“妄逐朋党”句谓：

> 《周易》泰之九二曰：“朋亡，得尚于中行。”涣之六四曰：“涣其群，元吉。”孔子作《小象》，皆以光大言之……有党必有仇，丧朋终获庆。[1]

泰卦“朋亡”，坤卦“丧朋”，皆是解散朋党之义，惠氏后来亦无异议。只是涣六四“涣其群”，《周易本义辩证》谓：

> 《吕氏春秋》曰：“涣者，贤也。群者，众也。元者吉之始也。‘涣其群元吉’者，其佐多贤也。”《程传》曰：“天下涣散而能使之群聚，可谓大善之吉也。”其说与古训合。《本义》谓“散其朋党”，君子群而不党，群不可训为党也。散群之说，盖本老泉，未为得也。[2]

《周易本义》本于苏洵之说（见《嘉祐集》卷十四《仲兄字文甫说》），以为“丧其朋党”，惠栋注《太上感应篇》犹用其义。至《辩证》则专门申《本义》之非，转从《程传》，实则据《吕览》为说。

惠栋后来所不同于周敦颐者，一为无极之说，一为“几善恶”之说。后文有分辨。

---

〔1〕 惠栋：《太上感应篇注》卷下，第12页。

〔2〕 惠栋：《周易本义辩证》卷四，省吾堂刻本，第20页。

二　搜集汉易亦可承自宋元

自北宋后期，出现了恢复“古易”之风。此风由晁说之、吕祖谦、朱熹、程迥等倡导，朱子后学又竭力赓续。朱子所欲恢复的“古”与惠栋“求古”之“古”在方法论上有很大差别，但惠栋最初的学术仍与之有关联。今略举数项如下。

（一）朱熹、吕祖谦等人恢复“古易”的努力

朱熹《周易本义》特别注重王弼之前《周易》的文本结构及其文字，且以其博学多识做了最大限度的恢复。就文本结构而言，朱子将上下经与十翼分离；就文字而言，亦多据旧说加以订正。可惜的是，朱子所恢复的《古周易》在流传中又与《程传》混杂，顾炎武谓：

> 洪武初，颁五经天下儒学，而《易》兼用程朱二氏，亦各自为书。永乐中修《大全》，乃取朱子卷次割裂，附之程传之后，而朱子所定之古文仍复淆乱……后来士子厌《程传》之多，弃去不读，专用《本义》，而《大全》之本乃朝廷所颁，不敢辄改，遂即监版《传义》之本刊去《程传》，而以程之次序为朱之次序，相传且二百年矣。[1]

---

〔1〕顾炎武：《日知录校注》，陈垣校注，安徽大学出版社 2007 年，第 3 页。顾氏此语为《周易本义辩证》所引用。

惠栋有鉴于此，在《周易本义辩证·凡例》中指出："今《本义》经文，乃程易，非朱易也。程子从王弼本，朱子一依古易。"[1] 惠栋认为朱子尚未完全恢复古易面貌，但自《本义》以来经传相分的体例，惠栋后来一直坚持，其作《周易述》亦是如此。

吕祖谦为恢复古易，作《古易音训》，汇集了《周易释文》及晁说之《古周易》之说。此书固然多有疏漏，但自汉以来诸家的异文、音释尽列其中，成为惠栋《周易古义》《周易本义辩证》的直接来源。《周易本义辩证·凡例》谓："《音训》一篇，汉魏以后诸儒传《易》之本，异同略备。……今刻《本义》，颇以《音训》附于上，其未备者则取《说文》《玉篇》《广韵》诸书以补之。"[2] 特别是《音训》所载晁说之《古周易》的部分残文，征引汉魏旧说较之《释文》《集解》更加广博，惠栋时有采纳。比如其关键的"利贞者，情性也"，即据晁氏所引郑玄本。[3] 惠栋后来为卢见曾校刻《周易集解》时，也受到晁说之区分今古文、正俗字的影响。考察《辩证》《古义》，所征引的"诸书"还包括《五经文字》《九经字样》《汗简》等。然不可否认，吕祖谦《古易音训》是其治学的主要参考。

---

〔1〕 惠栋:《周易本义辩证》,《续修四库全书》第 21 册，第 289 页。

〔2〕 惠栋:《周易本义辩证》,《续修四库全书》第 21 册，第 289 页。

〔3〕 此问题详见后面第四章对"推情合性"的分析。

（二）宋元易学家对汉易的探求乃是惠栋研究的跳板

宋易并非对于汉易完全否定，即以朱熹而言，其卦变说讨论基于北宋李之才，而李之才之学实源自汉儒。特别是对于要整合历代易学的宋元学者而言，汉易仍具有重要地位。许多宋元易学家皆曾致力于汉易研究，今姑举惠栋著述取材甚多的三部易著：朱震《汉上易传》、王应麟相关易学著作、胡一桂《周易本义启蒙翼传》。

《汉上易传》解释《周易》的体例时说："变动之别，其传有五：曰动爻，曰卦变，曰互体，曰五行，曰纳甲。"〔1〕五种体例皆来自汉易。朱震号称二程后学，缘何与《周易程氏传》立异，欲专门囊括汉代象数之学呢？彼谓：

> 一行所集房之《易传》，论卦气、纳甲、五行之类，两人之言同出于《周易·系辞》《说卦》，而费直亦以夫子十翼解说上下经。故前代号《系辞》《说卦》为《周易大传》。尔后马、郑、荀、虞各自名家，说虽不同，要之去象数之源犹未远也。独魏王弼与钟会同学，尽去旧说，杂之以庄老之言。于是儒者专尚文辞，不复推原《大传》。天人之道自是分裂而不合者七百余年矣。〔2〕

此处朱震展示出一种类似于二程的"道统"意识。不

〔1〕 朱震：《汉上易传》，上海古籍出版社 2020 年，第 3 页。
〔2〕 朱震：《汉上易传》，第 7 页。

同的是，二程以孟子死后的一千多年为道的湮没世；朱震则以王弼之后的七百年为易学的天人分裂世。“天人之道自是分裂”受到李鼎祚的影响，李氏《周易集解序》说：“郑则多参天象，王乃全释人事。且《易》之为道，岂偏滞于天人者哉。”[1]在朱震看来，汉易为天人贯通、象数义理兼备，王弼则独释人事、偏重文辞。然则这种追述与朱震继承的宋代易学又有何关系呢？周敦颐、刘牧、邵雍恰恰是天道—象数的恢复者。朱震要做集大成者：“以《易传》为宗，和会雍、载之论，上采汉魏吴晋元魏，下逮有唐及今，包括异同，补苴罅漏。庶几道离而复合。”[2]《易传》(《周易程氏传》）以辞为中心，以辞明道；而朱震虽声称以《易传》为宗，实际上却又批评“辞”的传统，并有数条不点名地反驳程颐。因此其书实际上是和会汉宋象数之作。其《汉上易传·卦图》有以下数种：

《河图》《洛书》：主刘牧说。

《伏羲八卦图》(先天六十四卦图)、《文王八卦图》：主邵雍说。

《太极图》：主周敦颐说。

按以上三类，即《进周易表》所追溯的、自陈抟而开

[1] 李鼎祚：《周易集解》，第7页。
[2] 朱震：《汉上易传》，第8页。

出的三个易学分支。再往下则是：

> 《变卦反对图》《六十四卦相生图》：主李挺之说，实亦发轫自汉易。
>
> 《卦气图》：主李溉说，实亦本于孟喜、京房。
>
> 《律吕起于冬至之气图》《十二律相生图》：本于京房、《律历志》。
>
> 《乾坤六位图》：即京房纳干支之说。
>
> 《十二消息卦图》：汉易通法。
>
> 《纳甲图》：本京房。

此上虽不免有杂凑而非真正的综合，但涉及了汉易的主要门类，实为元明时代人们了解汉易的一部重要著作。惠栋认真研读过《汉上易传》，推求不合，又加以驳正。

另一对惠栋影响较大的宋学学者是王应麟。王氏曾辑《周易郑康成注》，其序曰：

> 郑康成学费氏易，为注九卷，多论互体。以互体求《易》，《左氏》以来有之……王弼尚名理，讥互体。然注睽六二曰"始虽受困，终获刚助"，睽自初至五成困，此用互体也……隋兴，学者慕弼之学，遂为中原之师。此景迂晁氏所慨叹也。《易》有圣人之道四焉，理义之学以其辞耳，变、象、占其可阙乎？李鼎祚云"郑多参天象，王全释人事，易道岂偏滞于天人哉"。

> 今郑注不传，其说间见于鼎祚《集解》及《释文》、《诗》《三礼》《春秋》义疏、《后汉书》《文选》注，因缀而录之。先儒象数之学，于此犹有考云。[1]

王应麟追溯了汉唐间易学流变，指出王弼易的问题，故欲掇拾汉易之绪。此一做法对清儒有启发。“理义之学以其辞耳，变、象、占其可阙乎”，可见王应麟与朱震的立场是一致的。然王氏在辑佚之初，其搜罗犹不备，故惠栋更为增补。卢见曾为其刻入《雅雨堂丛书》中。其序言虽署名卢见曾，实惠栋代作，可视为惠栋的意见：

> 郑氏之学，立于学官，自汉魏六朝数百年来，无异议者。唐贞观中，孔颖达撰《五经正义》，《易》用王辅嗣，《书》用孔安国，而二经之郑义遂亡。今传者，惟三《礼》、毛《诗》而已。然北宋时，郑《易》犹存《文言》《说卦》《序卦》《杂卦》四篇，载于《崇文总目》。故朱汉上震、晁嵩山说之，俱引其说。至南宋而四篇亦佚。于是浚仪王厚斋应麟，始哀群籍，为《郑氏易》一卷。前明胡孝辕震亨刊其书，附《李氏易传》之后。……汉儒说《易》并有家法，其不苟作如此。第厚斋所集，尚有遗漏。吾友元和惠子定宇，世通古义，重加增辑，并益以汉上、嵩山之说，厘为三

〔1〕 王应麟:《周易郑康成注》，中华书局 2012 年，第 11—12 页。

> 卷。今依孝辕之例，仍附于《李传》之后，用广其传于世。……此书之传，虽不及三《礼》、毛《诗》之完具，然汉学《易》义无多，存此以备一家。好古之士，或有考于斯。[1]

惠栋补充王应麟的，乃“益以汉上、嵩山之说”，即取《汉上易传》和晁说之《古周易》，然《古周易》亦亡，主要保存在吕祖谦《古易音训》中。是其辑佚主要据宋人之书。

在《困学纪闻》和《玉海》中，王应麟还探讨过其他汉易问题，包括互体、纳甲、卦气等，其中引及《京氏易》“积算法”，以及“二至四为互体，三至五为约象”之说，皆为惠栋所采用。

不唯如此，惠栋还曾模仿王应麟辑《周易郑注》之法，辑《尚书郑注》。王鸣盛谓“古学已亡，后人从群书中所引，采集成编。此法始于宋王应麟《周易郑康成注》及《诗考》。昔吾友惠征士栋仿而行之，采郑氏《尚书》注，嫁名于王以为重。予为补缀，并补马融、王肃二家，入之《后案》，并取一切杂书益之”。[2]陈鸿森举丁杰跋文、王鸣盛《蛾术编》条、卢文弨《王伯厚辑古文春秋左传序》指出：“应麟《尚书郑注》、《左传贾服义》及《论语郑注》辑本，当时学者疑

〔1〕 郑玄注，惠栋辑：《郑氏周易》卷首，《雅雨堂丛书》本，第1页。

〔2〕 王鸣盛：《蛾术编》，上海书店出版社2012年，第41页。

为惠氏依托，似非无据。”[1]近来又有学者论定，《雅雨堂丛书》中的《尚书大传》亦为惠栋所辑。[2]

如果说王应麟是朱子门户的别传，那么作为朱子易学正统继承者的胡一桂，其《周易本义启蒙翼传》亦多载汉易之学，是书《外编》载《易纬》《焦氏易林》《京氏易传》《太玄经》《参同契》《洞林》诸家，实为汉易之大端，引据了不少后来亡佚的文献。其论京房世应、起月、飞伏皆甚有条理，惠氏父子亦采其说。只是胡一桂引据诸书的目的除了为象数张目，更主要的是为证成朱子：“若夫《易纬》、焦、京、《玄》、《虚》以至《经世皇极内篇》等作，自邵子专用先天卦外，余皆《易》之支流余裔，苟知其概，则其列诸《外篇》固宜，而朱子之《易》卓然不可及者，又可见矣。”[3]惠栋《周易本义辩证》多引胡一桂之说；《易汉学》京氏易部分，如世卦起月例等，全载胡一桂之说。

（三）朱子学内部发展出来的反心性倾向

上面已可见惠栋早岁仍受朱子学影响。其实黄震、王应麟皆朱子学中重视博物读书的一脉，批评空谈心性。惠栋自可借王应麟等人之学而更进之。钱穆尝论谓：

---

〔1〕陈鸿森：《余萧客编年事辑》，见彭林主编《中国经学》第十辑，广西师范大学出版社 2012 年，第 77 页。

〔2〕侯金满：《雅雨堂本〈尚书大传〉底本来源及成书考实》，《文史》2019 年第 2 期。

〔3〕胡一桂：《周易本义启蒙翼传》，中华书局 2019 年，第 224 页。

朱子之学，大率可分两途。一曰性理之学，一曰经史之学。……朱子言性理，推尊其传自程子。而其经史之学，则跨越二程，直溯北宋诸儒以上接汉唐。固不得谓孔门无此文章一脉也。亦不得谓此文章一脉，乃绝无当于性道也。……东发（黄震）、深宁（王应麟）二人，乃于朱学流衍中，能兼得博文、约礼之二者。惟东发似稍偏于性道，深宁似稍偏于经史。……亭林（顾炎武）、桴亭（陆世仪）之学，于此性理、经史，约礼、博文之二者，各能知一以贯之之意，此则可以上承东发、深宁而无愧，亦不失为朱学之嫡传。……清儒之专治汉学，则始于元和惠氏。惠半农手书楹帖曰："六经尊服郑，百行法程朱。"……以汉学、宋学显分为二，即不啻以性理、约礼之学与经史、博文显分为二矣。〔1〕

余英时承钱说之绪，变换名词，称之为朱学内部"智识主义"的兴起和发展，并将之作为乾嘉汉学兴起的"内在理路"。〔2〕尽管"内在理路"说法引起了不少质疑，〔3〕但钱穆、余英时确实指出了朱子学本身"博学于文"的内在倾向。牟润孙检视顾炎武学术，亦指出："考亭之学本兼尊德性、道

〔1〕 钱穆：《中国学术思想史论丛》（六），联经出版事业股份有限公司 1998 年，第 55—59 页。

〔2〕 余英时：《论戴震与章学诚》，第 355—356 页。

〔3〕 其中最严厉的批判，莫过于张汝伦：《以今度古的诠释：余英时清代思想史研究献疑》，载《现代中国思想研究》，上海人民出版社 2014 年，第 771—811 页。

问学两途。由黄而顾，愈演愈偏……朱学之变为宁人，宛如陆学之变为阳明。"[1]然此一脉络主要给后来的考据学带来较大影响，而惠栋的经学方法、立场与考据学十分不同。故我们只能说，惠栋在早年学习上与理学有关联，其价值倾向亦与程朱不异，但后来在方法裁断上有了根本差别，此点正是下一节所要分析清楚的。

三　晚年犹引理学家说

乾隆十四年（1749）四月，惠栋五十三岁，其《与沈果堂》谓：

> 鄙制乾坤二卦经文，已尘清鉴。近又就二卦《彖》《象》。此书若成，可以明道，**其理与宋儒不异**，惟训诂章句绝不同耳。然都是六经中来，兼用汉法耳。[2]

沈彤与惠栋最为相知，同以昌明汉学自任，此信所谓"其理与宋儒不异"绝非为了考虑对方的宋学立场所作的托辞，而是惠栋本人真实的想法。后面的章节会分析其乾元太极论以及性情论，在"理"上与宋儒也有差异，但他不是反对宋儒，而是试图以自己的系统判摄宋儒。更关键的是"师法"的区别，即所谓"训诂章句绝不同"。又其《周易哲义

〔1〕 牟润孙：《顾宁人学术之渊源》，见氏著《注史斋丛稿》，中华书局2009年，第592页。

〔2〕 王欣夫辑：《松崖文钞续编》，复旦大学图书馆藏稿本。

序略》谓：

> 然则程、朱不如荀、虞乎？曰非程、朱不如荀、虞也。经师亡之故也。夫自孔子殁后，至东汉末，共八百年，此八百年中，经师授受咸有家法，至魏晋而亡，于是王、韩之辈始以异说汩经。惜也程、朱不生于东汉之末也。设程、朱生于东汉之末，**用师法以说《易》，则析理更精**，而使圣人为《易》之意焕如星日，其功当在荀、虞之上。《易》道大明，王、韩、老氏之说岂足以夺之哉？〔1〕

这里点明了师法为分判汉宋的关键。具体的分合后文还有分析，此处仅略举惠栋晚年著作中征引宋儒之例。

《明堂大道录》引《孟子》“毁明堂”章，低一格曰：

> 横渠张子曰：“《孟子》之明堂，必是齐缘周公有明堂以朝诸侯，以天子之礼自处，故作此堂于国中，非周尝置之于泰山之下。”案明堂之制，自有十二月之政。巡守至此，亦暂处尔，焉用设是？〔2〕

张载之说不见于今《张载集》中，乃卫湜《礼记集说》

---

〔1〕 惠栋：《易汉学新校注》，谷继明校注，第118—119页。

〔2〕 惠栋：《明堂大道录》卷五，《经训堂丛书》本，第9页。

所引，即张载所佚《礼记说》。[1]按赵岐注《孟子》以为："泰山下明堂，本周天子东巡狩，朝诸侯之处也。齐侵地而得有之。"[2]如此说，则周朝在中央建明堂之外，又在泰山建明堂，与惠栋的明堂系统有冲突。赵岐是汉经师，惠栋不取其说，反谓"横渠之说，远胜赵岐"，可见他并非一味右汉而左宋。

又《易微言》中，惠栋引大程论性之说："明道程子曰：'民受天地之中以生，天命之谓性也。'"[3]如我们后面所分析的那样，惠栋虽赞同"天命之谓性"，但其对"天命"内容——"天地之中"的界定并非"所以然之理"，而是"生之质"。又"积"字条末引吕祖谦称："吕东莱曰：乾之初九曰'潜龙勿用'，坤之初六曰'履霜坚冰至'。阳者善之类也，坤者恶之类也。善端初发，且要涵养。恶念初生，便须翦除。"[4]可见宋儒的修养方法他也并不完全反对。此外尚有多条，不具引。

第三节　惠栋对宋易的修正

上一节指出宋元儒对汉易的关注，实为惠栋研究的基

---

〔1〕今魏涛从《礼记集说》中辑出，见林乐昌编校：《张子全书》，西北大学出版社2015年，第353页。

〔2〕赵岐注：《孟子赵注》，广西师范大学出版社2018年，第58页。

〔3〕惠栋：《周易述》卷二十三，乾隆间雅雨堂刻本，第17页。

〔4〕惠栋：《周易述》卷二十三，乾隆间雅雨堂刻本，第34页。

础；朱子学本身的致知博学一脉，也对惠栋的学风有影响。但以惠栋为代表的汉学确与宋学不同，其中必然有某种根本的分歧。根据钱穆等人的研究，戴震之反宋学亦闻惠氏之风而起。[1]

然而学界考察宋学到清学的转变，不管是看重其连续性，还是侧重其革命性，多以从义理之学到考据之学的转变为着眼点。梁启超的反动说、余英时的知识主义兴起说，言若相反，实则皆不脱此窠臼。这就把汉学与考据相混淆了。惠栋之学与考据之学虽有交叉，实为二途，他们于宋学各自有其继承和革新。戴震等考据学家于宋学而言，继承其“理性”和“自得”的精神而反对其价值内容，故在哲理上实颠覆了宋明理学，与左派王学接近，可谓之启蒙。

与戴震等考据学家不同，惠栋的学术则是古典式的。在关注政教文明重建的问题意识上，惠栋实同于宋儒，只是方法论与宋儒有别，此即所谓师法。关于师法的问题，下面的章节还会专门论及。今先就惠栋对于宋易具体的继承与批评来作一探究。

一　卦变

惠栋反对朱熹的卦变说。朱熹的卦变说分两个部分，一是《卦变图》，二是《本义》注文对卦变的说明。

---

〔1〕 钱穆谓：“吴学后起，转不以诋宋儒过甚为然矣。盖乾嘉以往诋宋之风，自东原起而愈甚，而东原论学之尊汉抑宋，则实有闻于苏州惠氏之风而起也。”（《中国近三百年学术史》，第355页）

惠栋批评《卦变图》谓：

> 注云："《彖传》或以卦变为说，今作此图以明之。"九图皆出自李挺之，而此图独云"作"者。案挺之说载见朱汉上震《易图》，其卦不重出，以一生二、二生三，至于三而极。朱子谓："汉上卦变止于三爻，某更推尽去方通。"于是泰卦重者十，否卦重者十，复出大壮观之例三十卦，夬剥之例十卦。六十四卦为再重矣。是则李图所无，故云"作此图"也。第《本义》所载卦变，率以二爻相比者而相易，亦不尽如图所云也。[1]

朱熹《卦变图》，在《汉上易传》所载李之才《六十四卦相生图》的基础上做了改动，纯粹以数的逻辑、爻象规律来推卦变。于是泰卦可以逐渐递变为否，否也可以逐渐递变为泰，有重复出现者。这是惠栋批评此图的第一点。其二，惠栋认为"《本义》所载卦变，率以二爻相比者而相易，亦不尽如图所云"，也就是说，《本义》注文所载卦变与《卦变图》不符合。

关于此点，惠栋之前也多有学者指出。如胡一桂、王懋竑等，甚至据此否定《卦变图》为朱子作。但其实这是对朱熹易学的误读，如张克宾指出的："《卦变图》乃是一个纵横互通的系统。虽然它以十二消息卦为根本，以十二消息卦

〔1〕 惠栋：《周易本义辩证》，《续修四库全书》第21册，第291页。

分组统摄诸卦，又依先天卦序从下至上从右至左而序定诸卦之次，但这只是《卦变图》的建构原则而不是它的施用原则，在具体施用时则诸卦不分前后左右而皆周流可通。”[1]王风更是点破《卦变图》的多维属性，指出：“卦变是多维的，用二维图来表达，显得比较困难，于是不得不把原本是相邻关系的两卦拆散开来。如果改用网图，则能够表达出所有的相邻关系。”[2]并认为黄宗羲、胡渭、毛奇龄、王懋竑、白寿彝存在三项误读：第一项误读是混淆《卦变图》与《变占图》，第二项误读是不知《卦变图》用二维图表达多维关系，第三项误读是不知《卦变图》接续相生之义。[3]张克宾、王风对白寿彝等人的批评，也可适用于惠栋。

不过惠栋的批评确实也暴露了朱子卦变说的某些问题，即根据《卦变图》二爻相换的卦变，与《彖传》的义理不一致。其《周易本义辩证·凡例》谓：

> 至于《彖传》卦变，《本义》每以二爻相比者相易，往往与传义多违。今并广以汉儒之说。[4]

比如贲卦《彖传》“柔来而文刚，分刚上而文柔”，《本义》谓：“卦自损来者，柔自三来而文二，刚自二上而文三。

〔1〕张克宾：《朱熹易学思想研究》，人民出版社2015年，第209页。
〔2〕王风：《论本义注文与卷首卦变图之相合》，《周易研究》2004年第2期。
〔3〕王风：《论本义注文与卷首卦变图之相合》，《周易研究》2004年第2期。
〔4〕惠栋：《周易本义辩证》，《续修四库全书》第21册，第290页。

自既济而来者，柔自上来而文五，刚自五上而文上。”亦即朱子认为贲卦来自损卦二、三爻交换，或者既济卦五、上爻交换。涣卦《彖传》“刚来而不穷，柔得位乎外而上同”，《本义》谓：“其变则本自渐卦，九来居二而得中，六往居三，得九之位，而上同于四。”[1]朱子的解释可能存在问题，惠栋引余苞舒说：

> 《本义》说卦变，专取两爻相比而相易，故多失正意。贲与涣，其最著，要当随地而观耳。[2]

这里涉及对于上下、内外的理解。一般认为，上、外指的是外卦，下、内指的是内卦。《本义》把损卦六三往二称作“柔来”，把九二往三称作“刚上”，如果说在方向上还符合上、下的话；那么把既济六二往三位称作“得位乎外”则明显有误了。一是六二进到三位不宜称“外”，二是六三并不当位。《彖传》以六四为“得位乎外（外卦）”，上同于九五，甚为明显。朱子则不得不变通解释成“得九之位，上同于四”。

余苞舒又说：“至于损益，亦是卦变。以其不可用相比相易之例，遂止曰卦体。疑皆未然也。”[3]此处指的是《本

〔1〕 朱熹：《周易本义》，《朱子全书》第1册，上海古籍出版社2010年，第50、83页。

〔2〕 惠栋：《周易本义辩证》，《续修四库全书》第21册，第327页。

〔3〕 惠栋：《周易本义辩证》，《续修四库全书》第21册，第327页。

义》注释损、益二卦的彖传“其道上行”“自上下下”时说“以卦体、卦象释卦辞”。如果依照《卦变图》，益自噬嗑、涣来，损自节、贲来，与《彖传》不符合，故《本义》认为此是以卦体释卦辞。朱子所谓卦体，即上下两体。《本义》又谓：“损上卦初画之阳，益下卦初画之阴。”〔1〕这与汉儒讲卦变，否四之三成益，泰三之四成损，在外观上是一样的。缘何朱子不将之称为卦变呢？因在朱熹看来，卦变乃是“换了一爻”，并且要遵循递变的规律。

问题的关键在于，朱子《卦变图》乃是严格遵循逐爻递变规律来组织六十四卦的产物。如同“加一倍法”一样，它只需要考虑卦象逻辑的问题，而不必考虑《周易》经文。但《彖传》在分析卦象、解释卦爻辞的时候，未必遵循朱子《卦变图》这种一贯的、纯粹性的卦象逻辑。胡炳文已发现其问题：“《本义》以二爻相比者为变，故朱子虽有是疑而不及改正也。”〔2〕朱子既然把《卦变图》这种严格符合递变逻辑的相邻两卦之关系称作**卦变**，则无法用《卦变图》对《彖传》进行解释的只能称作**卦体**。朱子此说有一定的矛盾，因为卦体本指上下两体，所谓：“卦体，如内健外顺，内阴外阳之类。卦德，如乾健坤顺之类。”〔3〕也就是说“卦体”指上下 / 内外两体而言。它是一个静止的概念。但这种静止的概念如何解释《彖传》“损下益上，其道上行”这类运动性的

〔1〕 朱熹：《周易本义》，《朱子全书》第1册，第68页。

〔2〕 胡炳文：《周易本义通释》卷二彖下传，《通志堂经解》本，第16b页。

〔3〕 黎靖德编：《朱子语类》，《朱子全书》第16册，第2233页。

描述呢?

而在汉儒那里，只要是某卦（多为消息卦，或经卦）通过爻的交换形成另一卦，皆称作卦变。由此，**朱子卦变说，与汉儒及惠栋之间的矛盾，即是以纯粹卦象数理为本位与以卦象指示的具体内容（如卦爻辞、天道变化等）为本位的矛盾。**

正是对于朱子卦变说的不满,《周易本义辩证》才要“广以汉儒之说”。今举数例如下，并以“按”说明惠栋之用意。

1.（随卦）随，刚来而下柔。

仲翔曰:“否乾上来之坤初，刚来而下柔。动震，悦兑也。”《程传》言卦变，亦谓自否来。

按:《本义》以随自困、噬嗑、未济来。故惠栋引虞翻与《程传》以折之。

2.（蛊卦）刚上而柔下。

仲翔曰:“泰初之上，故刚上；坤上之初，故柔下。”《程传》言卦变，亦云自泰来。

按:《本义》以蛊自贲、井、既济来。

3.（噬嗑卦）仲翔曰:“否五之坤初。坤初之五。”

愚谓《彖辞》“刚柔分”，谓否也；“动而明”，乃卦变矣。节自泰来，“刚柔分”，谓泰也；“刚得中”，乃卦变矣。

按：《本义》以噬嗑自益卦来。

4.（贲卦）柔来而文刚，故亨。分刚上而文柔。

京君明曰："贲泰取象，上六柔来文刚，九二刚上文柔，成贲之体。"荀慈明、虞仲翔皆同京说。何氏楷曰："分刚上，分刚画居上。"

按：《本义》以贲自损、既济来。

5.（咸卦）柔上而刚下。

仲翔、蜀才皆云"咸自否来，六三升上，上九降三"，故云柔上而刚下，又云男下女。

按：此驳《本义》以咸自旅来。

6.（恒卦）刚上而柔下。

仲翔、蜀才皆云："恒自泰来，六四降初，初九升四，故云刚上而柔下。"

按：《本义》以恒自丰来。

7.（睽卦）柔进而上行。

仲翔曰："无妄二之五，故上行。"

按：《本义》以睽自离、中孚、家人来。

8.（涣卦）刚来而不穷，柔得位乎外而上同。

卦辞注云：其变则本自渐卦，九来居二而得中，六往居三得九之位而上同于四。

六往居三，仍在内卦，《象》云外，何也？六居三为失位，谓之得位，可乎？先儒虞氏、卢氏等皆云涣自否来，乾来居坤，成坎体，坎为通，往来不穷谓之通，故云刚来而不穷。坤居乾四，上承九五，故云柔得位乎外而上同。《象》义如此，而注不云者，胡氏炳文曰："《本义》以二爻相比者为变，故朱子虽有是疑而不及改正也。"

按：《本义》以涣自渐来。

撰写《周易本义辩证》时，惠栋对于虞翻卦变说还没有深入精确的了解，故在反驳朱子、援引虞翻时，还表现了一些疑惑。比如"渐女归吉"条：

此经卦变未详。仲翔谓否三之四，冯氏、朱氏、胡氏皆从其说。兰氏廷瑞曰："六三往外，渐进一位，不躐等，以渐而进者，惟女归为得其义。"义或然也。[1]

《本义》认为渐卦自涣、履来，惠栋引用虞翻说"否三之四"。云"未详"，一方面不用朱子卦变，一方面对虞翻说也有所怀疑。因为虞注"三进四得位"固然可以解释《象传》"进得位"，但后面"进以正，其位刚得中"则无法以此

〔1〕 惠栋：《周易本义辩证》，《续修四库全书》第21册，第337页。

解释。虞翻另以“爻变之正”说释之。此时惠栋还没有完全熟悉虞翻的体例，另外从文气上也觉得应该作一贯的解释，故存疑。又“卦自小过而来”一条：

> 胡氏一桂曰：“蹇本升卦。坤上巽下，坤乃西南，平易之方。自升九二上往得坤体之中，是为‘利西南而往得中’。升九二既往五，则下体成艮二，正东北方卦，所谓‘不利东北，其道穷也’。《本义》谓蹇自小过来，而《彖传》分明自升来，或自既济来，则皆有往西南之象耳。”愚案以卦例求之，蹇不当自升来。仲翔谓观上之三，又与《彖辞》“往得中”不合。慈明谓乾动之坤五，不言自何卦来，未详孰是。[1]

《本义》谓蹇自小过来，从《卦变图》。胡一桂不同意，根据《彖传》“西南”的意思，认为当自升来。惠栋对二说都怀疑，其依据是“以卦例求之”。所谓的卦例，即杂卦要从消息卦变来；朱子、胡一桂或从小过，或从升，皆非消息卦。此“卦例”，是惠栋从汉儒义例那里归纳来的，体现了其对汉易的认可。但问题是，若根据“卦例”应当自观卦来，而虞翻所谓的观上之三，与《彖传》“往得中”不合。虞翻的解释是：“五在坤中。坎为月，月生西南，故‘利西

〔1〕 惠栋：《周易本义辩证》，《续修四库全书》第21册，第325页。

南，往得中’，谓西南得朋也。”[1]惠栋既然有疑问，可见他对汉易卦变例还未形成定见。

惠栋理解的进一步加深，即在系统地作《卦变说》时。其文谓：

> 卦变之说，本于《彖传》。荀慈明、虞仲翔、姚元直及蜀才、卢氏、侯果等之注详矣。而仲翔之说尤备。……其后李挺之作《六十四卦象生图》，以一生二，二生三，至于三而极。朱子又推广为《卦变图》，复出大壮、观，夬、剥两条，视李图而加倍。然其作《本义》，则又拘于二爻相比者而相易，并不与卦例相符。故论者犹欲折中于汉儒焉。[2]

此篇载于《文渊阁四库全书》本《易汉学》卷末的文本，区分了“卦例”和“不从卦例”，及其作《易例》和《周易述》又重新改订了此段文字，认识更加深入。

二　月体纳甲

月体纳甲说，是虞翻注释《周易》非常有特色的体例。它一方面继承自京房纳甲说，而更直接的来自《周易参同契》（以下或简作《参同契》）。虞翻与《参同契》之关系可见潘雨

〔1〕李鼎祚：《周易集解》，中华书局2016年，第239页。
〔2〕惠栋：《易汉学新校注》，谷继明校注，第219—220页。

廷[1]、萧汉明[2]的研究。此处专论惠栋根据《参同契》对宋人纳甲说的校正。按虞翻注《系辞》“悬象著明莫大乎日月”谓：

> 谓日月悬天，成八卦象。三日暮，震象出庚；八日，兑象见丁；十五日，乾象盈甲；十七日旦，巽象退辛；二十三日，艮象消丙；三十日，坤象灭乙。晦夕朔旦，坎象流戊。日中则离，离象就己，戊己土位，象见于中，日月相推，而明生焉。[3]

此实本于《参同契》：

> 三日出为爽，震受庚西方。八日兑受丁，上弦平如绳。十五乾体就，盛满甲东方。十六转受统，巽辛见平明。艮直于丙南，下弦二十三。坤乙三十日，东方丧其明。节尽相禅与，继体复生龙。壬癸配甲乙，乾坤括始终。[4]

此一段可以用图来演示，然《参同契》诸多注本，其唐宋古本见于今者，并无图式。现存最早作八卦纳甲图者，

---

〔1〕 潘雨廷：《道教史发微》，上海古籍出版社 2016 年，第 59 页。
〔2〕 萧汉明：《周易参同契研究》，上海文化出版社 2001 年，第 173 页。
〔3〕 李鼎祚：《周易集解》，第 436—437 页。
〔4〕 阴长生注：《周易参同契》，《道藏》第 20 册，上海书店出版社 1988 年，第 70 页。

为朱震《汉上易传》所附之《易图》(见图 1)。

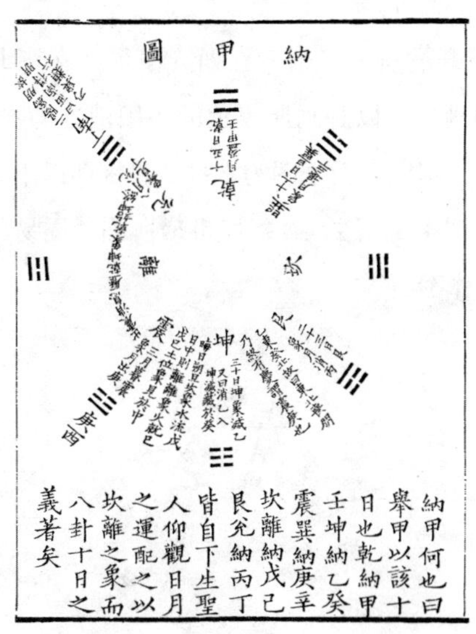

图 1

然朱震并未引及《参同契》，仅据虞翻注立论作图。此图虽然体现了三画卦的阴阳消长，其方位与虞翻注并不完全符合。朱震这么画，显然是有邵雍的先天八卦次序横亘在心中，无怪乎《纳甲图》可以与《先天图》相通了。朱熹说：

> 先天图与纳音相应，故季通言与《参同契》合。以图观之，坤复之间为晦，震为初三，一阳生；初八日为兑，月上弦；十五日为乾。十八日为巽，一阴生；二十三日为艮，月下弦。坎离为日月，故不用。《参同契》以坎离为药，余者以为火候。此图自陈希夷传来，如穆、李想只

收得，未必能晓。康节自思量出来，故墓志云云。[1]

但震巽既纳庚辛，则皆在西，岂得一在东北，一在西南？朱震的画法，以卦画所表示的阴阳消息为本位；《参同契》的画法，则以十天干图为本位。惠栋即以十天干之位配卦而重新作图（见图 2，今据潘世璜所临《周易集解》惠氏批校卷首所作图）：

图 2

惠栋此图针对朱震《纳甲图》而作，他说：“此天地自然之理。宋人作是图者，依邵氏伪造伏羲先天图之位，错乱不可明。今正之，而附汉儒诸说于左方。”[2] 又说：“宋人作

〔1〕 黎靖德编：《朱子语类》，《朱子全书》第 16 册，第 2175 页。

〔2〕 惠栋：《易汉学新校注》，谷继明校注，第 80 页。此句四库本、复旦抄本《易汉学》皆同。然复旦抄本又裁纸覆盖其上，似欲删去。经训堂本则改成双行小注：“《系辞》所云‘在天成象’，又曰‘悬象著明，莫大乎日月’是也。仲翔述道士之言，谓‘易道在天，三爻足矣’，其言旨哉。”盖此后惠栋不愿直斥宋儒，乃隐去其真意。

《纳甲图》，以坎离列东西者误甚。”[1]要言之，惠栋改此图，正是欲恢复汉法，反对先天之学。

此图为惠栋自作无疑，只要排列好十天干的方位，再将卦系上，自然可成。唐宋古本《参同契》见于今者，并无此图式。而胡渭《易图明辨》却又载一纳甲图（见图3）。

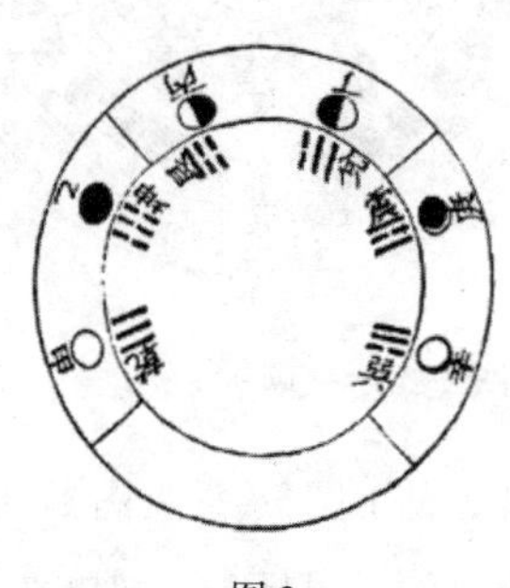

图3

胡渭称：“邹䜣注本，图悉删去，唯存纳甲一环。盖以彭本之《昏见》《晨见》合而为一图也。甲乙丙丁庚辛指月昏旦出没之方，而图移六卦于月体之下，悖矣。《汉上》图较胜，然坎离寄纳戊己，乾坤兼纳壬癸之义，皆不能有所发挥。”[2]今按黄瑞节附录本《周易参同契考异》根本没有任何图式，不知胡渭何据。又其谓此图本于“彭本之《昏见》《晨见》”，然收入《道藏》的《周易参同契分章通真义》只有《明镜图》（见图4），[3]分为多层，里面根本没有纳甲图。

〔1〕 惠栋：《易汉学新校注》，谷继明校注，第82页。

〔2〕 胡渭：《易图明辨》，齐鲁书社2004年，第149页。

〔3〕 彭晓：《周易参同契分章通真义》，《道藏》第20册，第159页。

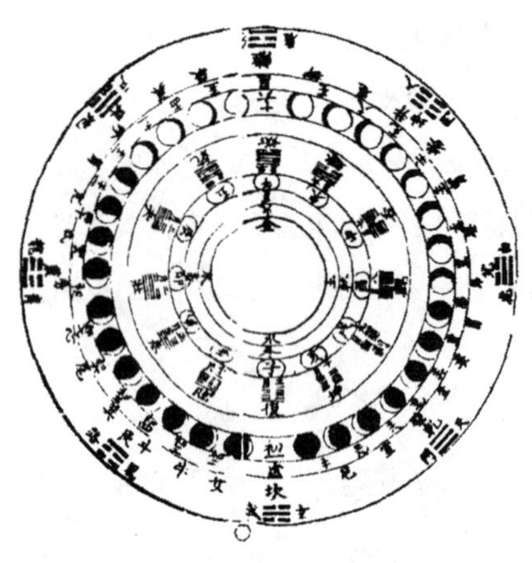

图 4

而所谓《晨现（见）图》《昏见图》（见图 5）目前较早的亦见于明代陆西星的《周易参同契口义》，其所载《八卦纳甲之图》（见图 6）亦仅类似于表格而非圆图。[1]胡渭引毛奇龄之说，以为彭晓本《明镜图》中有《晨见图》《昏见图》，[2]并不确切，吾妻重二已有怀疑。[3]毛氏好奇炫博，甚至还伪造文献。[4]他有可能见到一杂抄增窜的俗本，[5]便以为古来如是，矜为秘宝，其实非也。

---

〔1〕陆西星：《周易参同契口义》，《藏外道书》第 5 册，巴蜀书社 1992 年，第 316 页。

〔2〕毛奇龄：《太极图说遗议》，《毛奇龄易著四种》，中华书局 2010 年，第 100 页。

〔3〕吾妻重二：《太极图之形成》，见吴震、吾妻重二主编：《思想与文献：日本学者宋明儒学研究》，华东师范大学出版社 2010 年，第 180 页。

〔4〕关于毛奇龄《太极图说遗议》部分文献不实的问题，亦可参考田智忠：《毛奇龄太极图遗议考辨》，《周易研究》2009 年第 3 期。

〔5〕易图学、术数以及道教著作，在辗转传抄、坊间传刻中增删改易还是比较常见的。

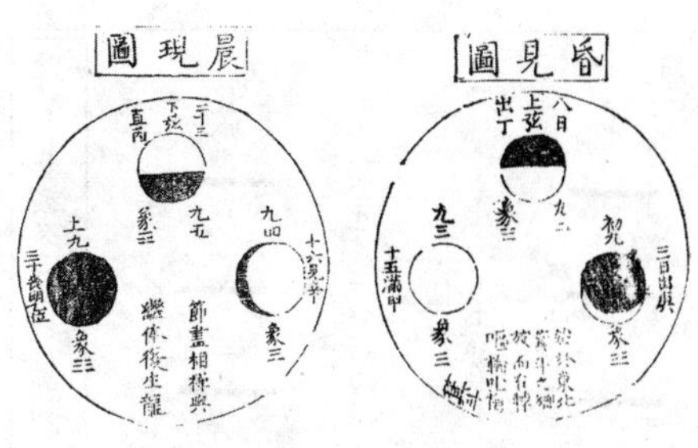

图 5

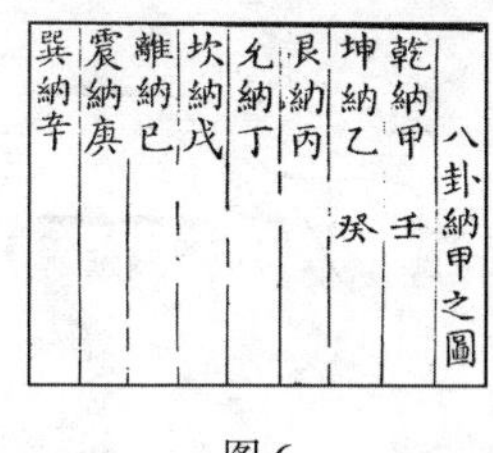

八卦納甲之圖

乾納甲壬
坤納乙癸
艮納丙
兑納丁
坎納戊
離納己
震納庚
巽納辛

图 6

三　爻辰

以十二辰与乐律相配，进而与易卦比类，是汉易中一项十分基础的内容。《太玄》、《三统历》、郑玄皆用此法。朱震对此也有研究。《汉上易传·卦图》有两图与之相关，即《律吕起于冬至之气图》《十二律十二月消息卦》(见图 7—8)。

朱震固然是根据汉易文献来绘制的，但对于文本理解有误，抑或依据的文献有误。他解释说：

> 郑康成注《周礼·太师》云："黄钟，初九也，下生林钟之初六。林钟又上生太簇之九二，太簇又下生南吕之六二，南吕又上生姑洗之九三，姑洗又下生夹钟之六三，夹钟又上生蕤宾之九四，蕤宾又下生大吕

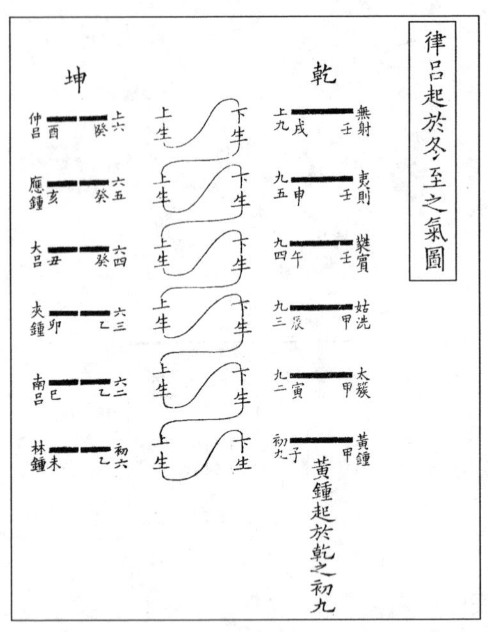

图 7

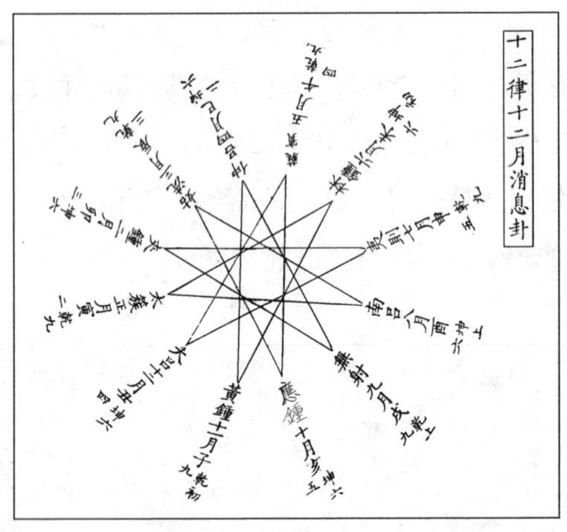

图 8

之六四，大吕又上生夷则之九五，夷则又下生应钟之六五，应钟上生无射之上九，无射下生仲吕之上六。”臣谓：不取诸卦而取乾坤者，万物之父母。[1]

按今《周礼注》，文本当作“姑洗又下生应钟之六三，应钟又上生蕤宾之九四”“夷则又下生夹钟之六五，夹钟上生无射之上九”，引文一错，配比全倒。图7中自下而上为未巳卯丑亥酉，其实当为未酉亥丑卯巳。十二支与十二律相配，基于“隔八相生”之术，具体可参见卢央的研究。[2]而十二律与乾坤十二爻相配的逻辑来自于《三统历》，即以乾坤二卦自初至上的六爻逐次与十二律相生之次相配，亦即初九—初六—九二—六二—九三—六三—九四—六四—九五—六五—上九—上六的顺序，与黄钟—林钟—太簇—南吕—姑洗—夹钟……的顺序相配。朱震不明晓此逻辑，牵合京房的纳甲来配比，即先根据纳甲法，确定乾坤六爻与十二辰的对应关系，然后再通过十二辰来对应相应的律吕。这完全混淆了体例。故惠栋为之改正，新作爻辰图（图9）。

惠栋说：“宋儒朱子发作十二律图，六二在巳，六三在卯，六五在亥，上六在酉。是坤贞于未而左行，其误甚矣。今作图以正之。”[3]

本书上一节提到，朱震《汉上易传》和会汉宋易学，

[1] 朱震：《汉上易传》，第534页。

[2] 卢央：《中国古代星占学》，中国科学技术出版社2007年，第44页。

[3] 惠栋：《易汉学新校注》，谷继明校注，第184页。

图 9

发明京房、虞翻之说，是惠栋研究的跳板。惠栋笔记中专门列“朱震”一条，即可见他早年对朱震之书颇为在意。然《汉上易传》的问题即在于，他试图“和会雍、载之论，上采汉魏吴晋元魏，下逮有唐及今”，[1]结果使其书成了大杂烩。除了本节提到的月体纳甲图和十二律图的错误，《汉上易传》在取象上也不能与汉学相合。虞翻解释《易》辞特别注重卦象与卦爻辞乃至传辞的对应，朱震继承了这个路径，且也因袭了虞翻卦变、爻变之正等变通取象的方法。但问题是，虞翻的方法是一个密切配合的系统，什么时候用卦变，什么时候用爻变之正，在整体系统中是有义理考虑的。朱震杂越引用，人们若通过朱震去了解虞翻，难免会产生“虞翻的体例都是为了解释经文而随机设立条例，穿凿附

〔1〕 朱震:《汉上易传》，第 8 页。

会”这种印象。另外，虞翻虽扩大了取象范围，然大体较为严谨；朱震取象更加泛滥无归，颇有望文生义之病。惠栋批评说：“《汉上易传》颇嫌辞费，亦不能尽通汉学。经师亡之故也。”[1]由是可见，以师法来区分汉宋，乃是惠栋学术的关键，也是惠栋学术较之于清初诸儒的根本区别。至于惠栋对《太极图》《河》《洛》等作的批判，赵晓翠亦有具体论述，[2]兹不赘述。

附论　惠栋对佛道的态度

“清学”反对宋明理学的一个着眼点在于，理学不可避免地受到了异端（佛教或道家道教）的影响。当朱子学学者和阳明学学者在相互指责对方的义理与佛道类似时，“清学”则直接走向了文献和经验的路径，以为那种空谈心性的方式本身即已为佛道所染污。早期的辨伪者如毛奇龄、胡渭、阎若璩皆诉诸此种方法，后来的戴震等也多有与“异端”的辩论。[3]无怪乎周启荣以“净教主义”（purism）[4]来作为概括

〔1〕惠栋：《九曜斋笔记》，《丛书集成续编》第20册，第635页。

〔2〕赵晓翠：《惠栋易学研究——以范式转移为视角》，山东大学2018届博士论文，第51—61页。

〔3〕戴震与彭绍升的辩论，可参见张志强：《从“朱陆”到“儒释”：清代思想史的另一种可能性》，载氏著《朱陆·孔佛·现代思想》，中国社会科学出版社2012年，第53—57页。

〔4〕周启荣：《清代儒家礼教主义的兴起》，毛立坤译，天津人民出版社2017年，第15页。

"清学"的几个特色之一。

然正如我们所说的,"清学"并非铁板一块,它只是一个暂时性的集合而已。"清学"中的各家,对佛道也非同一态度。作为汉学导师的惠栋对佛道又是如何看法?

惠栋虽主张汉代家法,推崇孔子之微言大义,实则对道教研究颇深。比较早注意这个问题的是章太炎、蒙文通。如章太炎谓:"惠氏为《明堂大道录》,已近阴阳,而孙星衍憙探《道藏》房中之说,张琦说《风后握奇经》,神仙兵符,几于一矣。"[1] 杨向奎更具体地论述其原因:

> 汉末道教形成本与今文经及谶纬之学有关。在惠氏易学中,援引道书亦随处可见。儒家与佛道,在魏晋以后,本互相排斥,两宋理学无不排斥二氏,但其实互相渗透,亦间引道书。惠栋既张汉帜,多处与道教合流,而公开引用《参同契》。……汉学家而有浓重道士气息,乃研讨清代汉学的人,未曾注意到的事。[2]

杨向奎还列举了惠栋引用《阴符经》《抱朴子》《灵宝经》等,指出汉学与道教的关系,颇有见地。石立善据彭启丰《惠定宇传》指出惠栋阅读过《道藏》,且惠氏对钱大

---

〔1〕 章太炎:《章太炎全集·检论》,第491页。
〔2〕 杨向奎:《清儒学案新编》第3册,齐鲁书社1994年,第119页。

昕也说过“《道藏》多儒书古本”，可见其对道家典籍的熟悉。[1]他甚至认为道教经典如《参同契》亦纬书，如其笔记引都卬《三余赘笔》曰：“纬书《孝经》有《援神契》，则《参同契》亦《易》纬书类也。纬书之名皆三字。”[2]《九曜斋笔记》还大量考察了正一、全真、五显、吕纯阳等典故，[3]显示出他对道教的浓厚兴趣。但惠栋对道教并非全部认可，这说明除杨向奎揭示的问题之外，有更深刻的原因促使惠栋对于道教有去取抉择。按惠栋《太上感应篇注》自序谓：

> 汉术士魏伯阳著《参同契》，荀爽、虞翻、干宝诸儒采以注《易》。后之言《易》者未能或之先也。盖魏晋以前道家之学未尝不原本圣人。唯是圣人赞化育，以天地万物为坎离；术士炼精魄，以一身为坎离为较异耳。[4]

此段的关键词是“魏晋以前道家”，点明了他所认可的道家学说。又其批注《易纂言》曰：

---

〔1〕石立善：《清代儒学家与〈太上感应篇〉——惠栋〈太上感应篇笺注〉与俞樾〈太上感应篇缵义〉的比较考察》，见《2012国际儒学论坛论文集》，第620页。

〔2〕惠栋：《九曜斋笔记》，《丛书集成续编》第20册，第644页。

〔3〕惠栋：《九曜斋笔记》，《丛书集成续编》第20册，第647—648页。

〔4〕惠栋：《太上感应篇注》，《粤雅堂丛书》本，序言页。

> 说《易》而自得于心，便是道家。汉魏以前，道家与圣人不异，后世道家，圣经之贼也。[1]

由此可见，曹魏实为道家之分水岭，决定了惠栋对道家道教的两种态度。然则道家道教到底在魏晋之际发生了什么转折，使得惠栋有如此判断？惠栋虽未明言，实可据史实及惠栋想法而推。

一者，东汉传入中国的佛教，魏晋时期流行开来，并影响了道教和儒家，中国文化逐渐心性化。汉末道教的代表是太平道，其经典如《太平经》等，反映的组织形态是政治哲学式的，即理想完满状态的实现，一定是通过群体组织发动的政治运动来实现（而非磨炼自己的心性），且其理想的完满状态在太平——一个关乎共同体完满的概念。更早的经典如《老子河上公注》关注治身，但仍然将治身与治国联系起来。以政治的观点去探讨身体，同时又以身体的视角去看待政治，[2]即惠栋所说的"圣人赞化育，以天地万物为坎离；术士炼精魄，以一身为坎离"。可魏晋之后，道教虽然有肉身组织，却渐渐转向内在，及至全真教之兴起，道教发生了根本的转化。[3]

---

〔1〕漆永祥点校：《东吴三惠诗文集》，"中研院"中国文哲研究所2006年，第403页。

〔2〕汉代道士即使追求个人避世或离世的长生，它对于人身体—自我的认识也是政治式的；而六朝以后，特别是到了宋元，其对自我的认识奠基在心性基础上。

〔3〕全真教对理学及禅宗的吸收，可参见张广保：《金元全真道内丹心性学》，生活·读书·新知三联书店1995年，第301—302页。

二者，玄学的兴起，不仅破坏了汉代经学，也改易了道教的经典诠释。王弼注《易》被惠栋认为是罪魁祸首，所谓“辅嗣易行无汉学”；其注《老子》也突破了河上公、严遵的传统。要言之，即毁坏师法。前引惠栋谓“说《易》而自得于心，便是道家。汉魏以前，道家与圣人不异，后世道家，圣经之贼也”，可推知他认为汉魏以前道家并非自得于心。与自得于心相对的，便是有师法。道家的古学亦重视师法，此是惠栋重视早期道家的原因之一。《九曜斋笔记》的“师法”条专门引《参同契》：

> 《参同契》曰：“若夫至圣，不过伏羲，始画八卦，效法天地。文王帝之宗，结体演爻辞。夫子睿圣推，《十翼》以补之。三君天所挺，迭兴更御时。作事令可法，为世定是书。**素无前识资，因师觉悟之**。”[1]

惠栋将“前识”理解为每个人自己的意见或成心，人们若仅凭自悟，往往认意见或欲望为真理，故须师传口授。魏晋以后的道家，在惠栋看来破坏了师法，故谓“说《易》而自得于心，便是道家”。其笔记又有“道学传”一条曰：

> 梁元帝撰《孝德传》《道学传》。道学者，道家之

〔1〕惠栋：《九曜斋笔记》卷二，《丛书集成续编》第20册，第644页。文字与《参同契》略有差异。

学也。《宋史》以周、程、张、朱入《道学传》，误袭其说。而濂溪之太极，朱子之先天，实皆道家之学也。[1]

此处不仅通过"道学"的文字游戏来指责理学，认为周敦颐的《太极图》、邵雍朱熹的《先天图》皆来自道家，而且是变质（堕落）以后的道家。在清前期诸家对宋代图书象数之学的辨析中，毛奇龄攻《太极图》最甚，胡渭辨《图》《书》最力，惠栋则对《先天图》最为反感。盖《太极图》源自汉代之"太极"说，《图》《书》名实虽异而九宫及五行生成之法亦汉儒正脉，不必根本否定。唯邵雍、朱熹一系的先天成卦之法，与汉儒有根本差别。惠栋批评《先天图》说：

……纳甲之法，乾坤列东，艮兑列南，震巽列西，坎离在中。别无所谓乾南坤北、离东坎西者。道家所载乾坤方位，亦与《先天》同，而以合之《参同契》，是不知《易》，并不知有《参同》者也。盖**后世道家亦非汉时之旧，汉学之亡，不独经术矣**。[2]

这里明确地指出，汉时道家有师法，可参考；魏晋以后道家则亡师法，不可从，而邵雍先天之学正源自隳败之后的道家。

---

〔1〕 惠栋：《松崖笔记》，《丛书集成续编》第20册，第610页。
〔2〕 惠栋：《易汉学新校注》，谷继明校注，第212页。

惠栋对道家师法的推重，也体现在其《太上感应篇》的注释中。他认为《太上感应篇》“劝善之书，称为最古”，[1]可知其注释此书与明末清初的劝善运动有关。清代《太上感应篇》《阴骘文》《关圣帝君觉世真经》被称为“三圣经”，清政府尤其大力提倡《太上感应篇》并组织训注，此外民间俗讲注解亦汗牛充栋。[2]吴震则敏锐地注意到惠栋、俞樾等人的注解与劝善运动的关系，并指出“在宗教信仰的层面，‘明清’亦有其思想上的连续性”，即“明清士大夫在生活实践及信仰领域存在着连续而非断裂的思想状态”。[3]本书则认为，惠栋注《太上感应篇》与劝善运动有关，未必是一种连续性的正相关。盖就劝善运动而言，其大的发展趋向是越来越通俗化、民间化，这与明清以来文化的通俗化传播是相关的。阳明学的讲学运动往民间发展亦是承此潮流。惠栋的时代，民间到处流行善书以及与之相关的俗讲，一部分士大夫也欣然接受这种潮流。惠栋却与此潮流有两方面不合：一是仅取《太上感应篇》为之注；二是笺注用骈文，渊奥古雅，与俗讲不同。

对民间的其他善书，惠栋并不十分看重。他在序文中

〔1〕 惠栋：《太上感应篇注》，《粤雅堂丛书》本，序言页。

〔2〕 关于清代《太上感应篇》注解的流传情况，可见酒井忠夫（酒井忠夫：《中国善书研究》，刘岳兵等译，江苏人民出版社 2013 年，第 553—581 页）与张祎琛（张祎琛：《清代善书的刊刻与传播》，复旦大学 2010 届博士论文，第 19—22 页）的研究。

〔3〕 吴震：《明末清初劝善运动思想研究》，上海人民出版社 2016 年，第 414—415 页。

说“劝善之书，称为最古，自此以下无讥焉”，[1]即《太上感应篇》之外的劝善书微细不足观。惠栋序文谓《太上感应篇》“即《抱朴子》所述汉世道诫”，[2]似以之为汉代作品。[3]则《太上感应篇》之所以犹有可观，还是因它出现在魏晋道教变质之前，“证诸经传无不契合”，有师法。职是之故，惠栋注释《太上感应篇》的重心之一即是“证之经传”，即以六经及早期道家道教经典之义理、典故来解说《太上感应篇》。后来《太上感应篇》的讲解者，对惠栋的注就颇为困惑。[4]劝善运动的方向是往民间和通俗发展，故搁置了三教各自艰深的经典，[5]选定了通俗的善书，而且还要进一步把

---

〔1〕 按《左传》襄公二十九年载季札观乐称“自《郐》以下无讥焉”，孔疏谓“郐、曹二国皆国小政狭，季子不复讥之，以其微细故也”（杜预注，孔颖达疏：《春秋左传正义》卷三十九，北京大学出版社 1999 年，第 1101 页）。

〔2〕 惠栋：《太上感应篇注》，《粤雅堂丛书》本，序言页。

〔3〕 现代学者当然不相信《太上感应篇》为汉代作品。然仍有五代、北宋、南宋等多种形成时间的说法。朱越利的说法为学界接受较多，他通过目录学的考证，认为此书不早于徽宗登基，不迟于《万寿道藏》雕板，当编造于公元 1101 年至 1117 年（朱越利：《〈太上感应篇〉与北宋末南宋初的道教改革》，《世界宗教研究》1983 年第 4 期）。惠栋对此书的年代判断虽误，然如李冀所指出“《感应篇》文本的编纂以《赤松子中诫经》《抱朴子内篇》等魏晋道书为底本，沿用了宋徽宗注《老子西升经》语句，摘用了《上清金匮玉镜修真指玄妙经》的部分文字，抄袭了《太上金柜玉镜延生洞玄烛幽忏》”（李冀：《〈太上感应篇〉文本来源及其成书时间考析》，《宗教学研究》2017 年第 1 期），亦即此书与汉晋道书仍有密切关系。

〔4〕 如徐时栋称其为“屠龙之技”，印光谓其注“非博学之士不能阅”。参见石立善：《清代儒学家与〈太上感应篇〉——惠栋〈太上感应篇笺注〉与俞樾〈太上感应篇缵义〉的比较考察》，见《2012 国际儒学论坛论文集》，第 623 页。

〔5〕 劝善运动与三教合一运动相伴随。但劝善运动中的三教合一，并非文献主义的三教合一，而是把儒释道中各自通俗的、有关基本伦理道德的主张宣示出来加以解说。

善书更加通俗地用口语讲出来，用图像画出来。[1]惠栋却证以六经诸子，显然不是为了老百姓阅读而作的，而是面向读书人。于是注释也就没必要采取大白话的直讲，而是改成晦涩渊奥的骈文。如有些学者所揭示的，这种注释风格与惠栋“述而不作”的学术特色有关。[2]但在《太上感应篇》之下罗列儒家及道教经典，鲜下己说，更是师法意识的体现。由此可见，**惠栋与那些汲汲于引领庶民、化民成俗从而使经义通俗化的士人不同，他试图将此运动往回拉、往上提絜。**[3]所谓：“此书得此注，不唯可以劝善，且使后世道家知魏晋以前求仙之本，初未尝有悖于圣人，反而求之忠孝友悌仁信之间，而致力焉，是亦圣人之徒也。”[4]惠栋注释《太上感应篇》的问题意识固然与劝善运动有关联，但这种关联不是顺流而下，是逆流而上。

惠栋对魏晋以前的道家道教亦非全部赞同。他对《老》《庄》时而援引，时而批判。比如《易微言》论“一贯”：

---

〔1〕关于清代劝善书的俗讲及其图像化传播，可参见游子安：《善与人同：明清以来的慈善与教化》，中华书局2005年，第58—70页。

〔2〕刘祖国：《注释学视野下的〈太上感应篇〉研究——以惠栋、俞樾对〈太上感应篇〉的注释为例》，《古籍研究》2020年第1期。

〔3〕吕坤也算是广义的劝善运动中的一员，他将阳明学和三教融通的思想通俗化，并且将之体现在乡约之中。为了改良民间风俗，吕坤对古礼做了通俗化的处理。然惠栋在笔记中对吕坤的礼学作了激烈的批评，甚至指责他“非圣无法。其不死于妖书，幸也”（惠栋：《九曜斋笔记》，《丛书集成续编》第20册，第633页）。

〔4〕惠栋：《太上感应篇注》，《粤雅堂丛书》本，序言页。

> 《庄子·天地》曰："《记》曰：'通于一而万事毕，无心得而鬼神服。'"郭注云："一无为而群理都举。《记》，书名也，云老子所作。"案：此论一贯，与宋儒同，与孔子异。道家以一为终，故《庄子》曰"得其一而万事毕"；圣人以一为始，故夫子曰"吾道一以贯之"。此儒与道之别也。

一以贯之，与道家的"以一为终"不同。首先"一"并不是无，乃是乾元之初，为根本之善；其次侧重"贯"，即推扩到家国天下的事业上，是面向实践和未来而开展的。这与自然主义和虚无因循有着根本的区别。

与对道教的浓厚兴趣相比，惠栋很少谈及佛教。今《松崖文钞》中有《募修鹤林禅院疏》一文，系惠栋代惠士奇作。其中"昔年于役，曾攀戴寺之松；今日归田，尚忆秦潭之月"之语，知惠士奇晚年于个人信仰而言，不排斥佛教。此文章丰富瑰丽，足见惠栋对佛教经典并不陌生。《松崖笔记》中多有佛教典故的记录，对禅宗公案亦有关注。[1]然而有阅读、有关注，并不代表认可。禅宗的不立文字、教外别传，恰恰与惠栋的师法思想相冲突。他批评魏晋以后的道教隳败，亦与此有关。其笔记"诞先登于岸"条谓：

> 《诗·皇矣》曰："诞先登于岸。"郑笺云："诞，大。

---

〔1〕 惠栋：《松崖笔记》，《丛书集成续编》第20册，第588—590页。

登，成。岸，讼也。天语文王：欲广大德美，当先平讼，正曲直也。”半农先生云：“似此解，方与下文合。**佛家有彼岸之说，宋人取之，援释入儒，吾无取焉。**”[1]

惠士奇肯定了郑玄的解释，又顺带批评宋人“援释入儒”的解释方法。但今不见宋朝重要的《诗经》注解中有惠士奇指责的类似说法。[2]惠栋援引佛典注书，唯见《太上感应篇》中两处，其一引《成实论》曰：“行恶见乐，为恶未熟，至其恶熟，自见受苦。行善见苦，为善未熟。至其善熟，自见受乐。”[3]然这条未必是他读过《成实论》，[4]或来自《困学纪闻·杂识》的“善恶以熟言”条。另一处“诳诸无识”句下引《楞严经》，谓：“善乎《楞严经》之语曰：‘眩惑无识，死后当堕无间矣。’”[5]《楞严经》是汉传佛教最常见典籍之一，惠栋引用，盖随之带出。

《感应篇》为劝善之书，故偶杂佛典语。但惠栋在注解儒家经典时不见对佛典的称引，亦不见对佛学的批评，好像不曾关注一般，看似有些奇怪。江南文人佞佛者不少，惠栋的同乡彭绍升即是当时著名的佛教学者。惠栋所与之游的诸

〔1〕 惠栋：《松崖笔记》，《丛书集成续编》第20册，第587—588页。

〔2〕 惠说或取自何楷。其《诗经世本古义》卷九谓：“先儒……又以‘先登于岸’为‘先登道岸’，更不知其所本。当亦如佛家之云彼岸耶？断不可从。”宋明佛家常见“先登道岸”之语。

〔3〕 惠栋：《太上感应篇注》卷上，《粤雅堂丛书》本，第14页。

〔4〕 此语见《成实论·三报业品》。

〔5〕 惠栋：《太上感应篇注》卷上，《粤雅堂丛书》本，第19页。

学者、文人，其相互酬唱、出游，亦不可能不与佛教接触。然他在注经中毫不提及，正是有意规避的体现。

本章小结

惠栋一般被认为是与宋学对立的汉学宗师，其汉学又可追溯至其曾祖父惠有声。但就惠士奇、惠栋父子在《周易集解》的批注比较可见，惠士奇对汉学的理解尚比较朦胧。惠士奇的易学虽多推崇汉学，其治学风格仍不免有宋学气息。即使惠栋本人早年，亦多浸润于宋明易学。于惠栋而言，宋元易学不仅仅是其辑佚汉注的资源，宋儒恢复古易、区分今古文的行动直接启发了惠栋的早期学术。在踵武宋儒、考订汉易的过程中，惠栋渐渐发现了宋儒考订的问题，进而由具体知识的订正而上升到汉宋之根本方法差异的反思。惠栋遂终擎起汉学的旗帜，此即“师法”的建立。下一章即讨论师法问题。

第二章　师法与易例

第一节　师　法

一　道统与师法

惠栋兴复汉学，要从故籍中寻找资料，但他是否仅仅止步于典籍的考订呢？显然不是。他有着更高的追求，《易例》谓："《易》道晦蚀且二千年矣。元亨利贞乃二篇之纲领，魏晋已后注《易》者，皆不得其解。"[1]在他看来，孔子去世后微言已绝，七十子死后大义已乖，自七十子至惠栋时近两千年，易道皆在晦蚀之中。"蚀"意味着还有一点点光明，即汉儒犹部分保存了七十子大义；而汉代诸大师谢世之后，六朝、唐宋抑或元明，皆不明其道。唯有惠氏四世传经，借汉儒以通孔子、三王之道。

这种叙述的方式，正与宋儒所常谈的道统相对应。比如程颐为其兄程颢所题墓表曰："周公没，圣人之道不行；孟轲死，圣人之学不传。道不行，百世无善治；学不传，千

〔1〕 惠栋：《易汉学新校注》，谷继明校注，第240页。

载无真儒。……先生生千四百年之后，得不传之学于遗经，志将以斯道觉斯民。”[1]胡宏称赞周、程曰：“周子启程氏兄弟以不传之妙，一回万古之光明，如日丽天，将为百世之利泽，如水行地，其功盖在孔、孟之间矣。”[2]自周敦颐和二程兄弟开始“一回万古之光明”，则理学家出世之前，孟子殁以后，世人皆未见道，如在黑暗之中。惠栋却说“《易》道晦蚀且二千年矣”，则以魏晋、宋明诸儒皆未见道，如在黑暗之中。宋明儒与惠栋所追求者，皆在“道”，且皆自觉地越过千年的思想和诠释而上承先圣。

惠栋与理学家，皆把自己之前一段较长的思想史看作晦暗不彰或者断裂阶段，皆需要通过一定的办法过越这种断裂。但在过越的方法上，二者截然不同。宋代学者也重视经典，但他们认为获得经典之道的方法是涵泳与体知，包括以己心与先圣之心印证。六经是迹，六经之道是所以迹。到了明代心学那里，这种方法更往内心的方面发展，比如阳明说：“六经者，吾心之记籍也。”[3]孔子之心，与我的心，既然本无不同，则这种形上的一致便可超克现实中“迹”上的空间与时间距离。不管现实中“迹”的距离有多大，对于天理或本心来说，都构不成干扰；甚至可以反过来理解：“迹”的距离越大，越展示了天理本心的普适性和穿透力。惠栋则不同，他要“下学而上达”，要实际地去走形下的路。当他

〔1〕 程颢、程颐:《二程集》，中华书局2004年，第640页。
〔2〕 胡宏:《通书序略》,《周敦颐集》，中华书局2009年，第117页。
〔3〕 王守仁:《王阳明全集》，吴光等编校，上海古籍出版社2011年，第284页。

宣称要溯孔子之微言的时候，这两千年“迹”的距离便不是那么容易过越的了。惠栋欲过越，就需要两个条件：考证与师法。

经学旧籍犹存一二，可比作峡谷中一条荒废已久、不为常人所知的独木桥。尽管它年久失修，破败不堪，但毕竟可以通过修补，勉强通过。修桥的工具，即文字、音韵、训诂、版本、目录、校勘、辑佚等。然而这种修补，对于通达周、孔，并且得到其大义、微言，远远不够。周、孔之微言、大义，乃是峡谷对面的高山。想要通过形下之路来到达高山，就要顺着阶梯或者藤索爬上去。这藤索，便是师法。惠栋与戴震等人的区别，就在于是否信从或尊重师法这个向上的藤索。

理学和（清代）汉学家都强调传承，但理学的传承是心与理的传承，不必在形下世界有一个师弟或家庭授受的关系。经典的诠释，不是经义口耳传授的过程，而是我与经典相互印证。对于理学家而言，只要你有自己的心得，体证到一个境地，自然可以进入某个谱系中，而不必是某大儒的入室弟子、记名弟子。（清代）汉学家的观点则暗含着，一个人只有进入形下的某个师弟相传的序列，才有可能得到先圣传承下来的微言。进入实际的传承序列，有高的资质，好古而勤学，三者缺一不可。惠栋侧重于后世人们在现实中和气质上的不完满性，强调谦虚、好古的态度。与后世之人相对照的，是前世的两种人：第一种是完满的圣人如文王、周公、孔子，他们制作了经典，同时也发明经义；第二种是贤人，他们好古而谦虚，相信经典，同时在形下的师弟授受之中习得且遵循着先圣所留下的大义和微言。后世之人，要谦虚地向第二种人学习，以期得到第一种人的大义。谦虚必然要求了好古。

学界常常把惠栋对于古学的推崇，追溯到晚明。比如钱谦益曾说：

> 六经之学，渊源于两汉，大备于唐、宋之初。其固而失通，繁而寡要，诚亦有之；然其训故皆原本先民，而微言大义，去圣贤之门犹未远也。学者之治经也，必以汉人为宗主，如杜预所谓原始要终。寻其枝叶，究其所穷，优而柔之，餍而饫之，涣然冰释，怡然理顺。然后抉擿异同，疏通凝滞。汉不足，求之于唐；唐不足，求之于宋；唐、宋皆不足，然后求之近代。庶几圣贤之门仞可窥，儒先之钤键可得也。〔1〕

钱穆评论此段说“俨然乾嘉汉学家理论矣”〔2〕。林庆彰据此把惠栋诸儒（包括杨慎等）的学术看作是明末“回归原典运动”的一部分。〔3〕然而过度地强调惠学在明末的渊源，将会泯灭其学术思想的特色。惠栋自称“四世传经”，其曾祖

〔1〕 钱谦益：《牧斋初学集》，上海古籍出版社1985年，第1709页。

〔2〕 钱穆：《中国近三百年学术史》，第153页。

〔3〕 林庆彰：《清初的群经辨伪学》，华东师范大学出版社2011年，第39页。

父、祖父的主张自然可以认为是明末“回归原典运动”的一部分，但惠栋与其祖父等并不完全一致（见前章所论）。一个人之所以能够成为一代儒宗，在于他**尽管上承某些风气，但自己有一个决断，不仅是学术的决断，而且是思想的决断**。正如二程的道统之说、性理之谈，固然可以上溯至韩愈、李翱，但二程“天理二字自家体贴出来”的思想决断，还是表明他们与韩、李有根本的不同，他们因此成为理学的导师。

惠栋的决断首先表现在师法。他的“好古”之“古”是有限定的。六朝、隋唐比宋明为古，但他一样给予了激烈批评。这里的“古”，不仅仅是线性时间意义上的“早”，还要有一个更重要的标准：**是否有师法**。最显著的例证，莫过于惠栋在汉易上对待马融与虞翻的态度。虞翻是三国时期人，比杜预、王弼早不了很多；而马融为郑康成之师，在当时亦汉学名儒。然惠栋乃至其门人江声，皆不满马融，甚至把他讥贬为“俗儒”。这是因为虞翻虽晚，但五世传孟氏《易》，所受为前汉旧说；马融则或师心自用，改变旧读，同时制行也差。前引“《易》道晦蚀且二千年矣”正是这种决断的写照。由此可见，“古”更是一种思想态度。

不少研究将惠栋归入“乾嘉考据学”，并将此派的通用学术方法定为考据。然对松崖而言，考证或考据并不是最关键的方法，师法（家法）才是。这一方面与以往的理学道统有别，另一方面与后来的戴震等人的考据学有别。於梅舫曾谓：“借朱熹以来之道统论，而又拔本塞源，重立传承之体系，明确大义微言之所系。”其说良是，但谓“与其说是汉学，更不如说是一种新的理学”，[1]则似乎于哲学思想的学术形态分辨有未达。当今的惠栋学研究中最能窥破其中关隘的，以赵四方为代表，他论及惠栋之学时说：

> 惠栋意识到，由子夏、荀子以至汉儒，皆有师有法。正因如此，唯有通过汉儒的经说注解，才可以上窥先秦。明乎此，则可以理解惠栋的群经注解中何以对唐宋以下之经说弃之不顾，何以对汉代经说有如此之推崇。……汉儒“古训”之重要，就在于讲究“师法”“家法”。惠栋将这一观念扩展为“求古尊汉”的理论基石，并凭借这一点，彻底摆落宋明儒者的独抒心得，进而求得经典的“古义”。汉儒在惠栋心中地位之高，并非盲目的崇拜，而是有其学理的支撑和学术的自觉，只有明白这一点，才能彰显吴派学术的整体格局与历史意义，而不会落入到梁启超所概括的“凡古皆真，凡汉皆好”的偏见中去。[2]

赵四方据以论清代《尚书》学，本书据以论吴派易学，可相互支撑。赵四方点出“师法”之关键且驳斥“凡汉必好”之妄言后，以惠栋之学术在于“考镜源流”。我们则进

---

〔1〕 於梅舫：《汉学名义与惠栋学统——〈汉学师承记〉撰述旨趣再析》，《南京大学学报》2016年第2期。

〔2〕 赵四方：《吴派与晚清的今文学》，复旦大学2016届博士论文，第84页。

一步认为，**师法是汉儒所传的整体性义理结构**，惠栋依据师法所要上通者，仍在七十子之大义、孔子之微言，乃至伏羲、文王之道。其道寓于《周易述》及《明堂大道录》中，非“考镜源流”所能范围。

关于师法和家法的解释，诸家不同，我们先看惠栋自己的理解。其《九曜斋笔记》专门有师法、家法二条：

> 师法。《前汉书·匡衡传》“太子太傅萧望之奏衡经学精习，说有师道，可观览”“衡上疏‘臣闻之师曰妃匹之际’”云云。《张禹传》“望之奏禹经学精习，有师法，可试事”。《孔光传》“光对日食曰：臣闻师曰‘天右与王者’”云云。《魏相传》“相明《易经》，有师法”“又数表采《易阴阳》及《明堂月令》奏之”。《自叙传》“班伯诵说有法”。《参同契》曰：“若夫至圣，不过伏羲，始画八卦，效法天地。文王帝之宗，法体演爻辞。夫子睿圣雄，十翼以补之。三君天所挺，迭兴更御时。作事令可法，为世定是书。素无前识资，因师觉悟之。”
>
> 家法。《后汉·质帝纪》：“本初元年，令郡国举明经，年五十以上、七十以下诣太学。自大将军至六百石，皆遣子受业，岁满课试，以高第五人补郎中，次五人太子舍人，又千石、六百石、四府掾属、三署郎、四姓小侯先能通经者，各令随家法。其高第者上名牒，当以次赏进。”（注云：“儒生为《诗》者谓之《诗》

家，《礼》者谓之《礼》家，故言各随家法也。”)《鲁丕传》：“和帝召见诸儒，丕与侍中贾逵、尚书令黄香等相难数事，帝善丕说。丕因上疏曰：‘臣闻说经者，传先师之言，非从己出，不得相让。相让则道不明，若规矩权衡之不可枉也。难者必明其据（据师法或经传），说者务立其义（义，古义）。浮华无用之言，不陈于前。故精思不劳，而道术愈章。法异者，各令自说师法，博观其义。’”[1]

他还引易学取象来发明师法之义：

《周礼·小司徒》云“五旅为师”，与《易》师卦同义。太宰九两：“一曰牧，以地得民；二曰长，以贵得民；三曰师，以贤得民。”师与牧、长同称，教人以道，可为民长，亦犹师之丈人。丈有长义，故经师之师亦得是称。**汉时通经有家法，故五经皆有师，谓之经师**。虞氏以二为经师，借汉法为况也。[2]

惠栋似乎并不认为师法、家法有什么大的差别。皮锡瑞说：“前汉重师法，后汉重家法。先有师法，而后能成一家之言。师法者，溯其源；家法者，衍其流也。”[3]按皮说未

〔1〕 惠栋：《九曜斋笔记》卷二，《丛书集成续编》第20册，第643—644页。
〔2〕 惠栋：《周易述》卷一，乾隆间雅雨堂刻本，第13—14页。
〔3〕 皮锡瑞：《经学历史》，中华书局2011年，第91页。

必是。叶纯芳即已指出，二者在很多情况下可互换通用。[1]杨青华更通过考察证实："西汉只有师法之说而没有家法之说；东汉则师法、家法两词混用，家法实际上就是师法。东汉之所以出现师法与家法混用的情形，是因为经学阐释体系分化强化了家的概念，而历史年代久远淡化了师的概念。"[2]其说可从。惠栋对师法的重视，与对理学家"传心""自得"的批评是一体之两面，他批评吴澄说：

> 于圣人作《易》之本原，本无理会，猥云"自得于心"，其不流于异端者几希矣。宋元诸儒，都坐此病。[3]

二程子的决断，使他们上承孔孟，建立了道统的谱系；惠栋的决断，则使他上承两汉（有师法的）大儒，进而至于七十子、周孔，建立起师法的谱系。两种谱系之后，是思想之表现与传承方式的差别。

然钱穆又谓："清代经师，盛尊汉学，高谈师说家法，已失古人真态。又强别今文、古文，误谓博士官学，皆同源一本，自成条贯，而古学起与立异。……还视当时章句，曾不能千万得一；而肆其穿凿，强为缀比，积非成是，言汉学

---

〔1〕 叶纯芳：《中国经学史大纲》，北京大学出版社 2016 年，第 148 页。

〔2〕 杨青华：《"师法""家法"辨》，《现代哲学》2017 年第 6 期。

〔3〕 漆永祥点核：《东吴三惠诗文集》，第 403 页。

者竞引据焉。”[1]此说实为立场先行，将经义建构视作“穿凿缀比”亦非平情之论，尤其是忽略了清代汉学家之“家法”虽与汉代家法实情有差别，但恰恰是清代汉学能卓然树立的方法论，并非惠栋等人故意标新立异而已。

更值得注意的是，惠栋以为最能称得上“师儒”（人师—大儒）的唯周公与孔子，并认为七十子服孔子的结构犹如明堂法度里四方之服中央。[2]由此看来，师法更深刻的意义还在于它展开的政教维度。此问题将在第六章讨论。

二　以师法衡论汉唐宋明易学

（一）“宋无经师”

惠栋的师法自觉在许多地方有明确表达，如其《周易哲义序略》谓：

> 然则程、朱不如荀、虞乎？曰非程、朱不如荀、虞也。经师亡之故也。夫自孔子殁后，至东汉末，共八百年，此八百年中，经师授受咸有家法，至魏晋而亡，于是王、韩之辈始以异说汩经。惜也程、朱不生于东汉之末也。设程、朱生于东汉之末，**用师法以说《易》，则析理更精**，而使圣人为易之意焕如星日，**其功当在荀、虞之上**。《易》道大明，王、韩、老氏之说

〔1〕 钱穆：《两汉经学今古文平议》，《钱宾四先生全集》第8册，联经出版事业股份有限公司1998年，第258—259页。

〔2〕 惠栋：《荀子微言》，《续修四库全书》第932册，第466页。

岂足以夺之哉？[1]

前面专门分析过惠栋对于宋元易学的继承和决断，这段话可以明确此决断或转变的关键即是师法。在某些具体的训释上，惠栋并不完全否定宋代易学家的解释，《周易本义辩证》博引诸家即是其证。但在惠栋看来，宋儒最可惜的是没能掌握住“师法”这个关键。故他又说：

> **汉有经师，宋无经师。**汉儒浅而有本，宋儒深而无本，有师与无师之异。浅者勿轻疑，深者勿轻信，此后学之责。[2]

此处以“深”称宋儒，实有肯定和激赏在其中，前文引惠栋《与沈果堂》谓其《周易述》“可以明道，其理与宋儒不异”，乃真诚之言。他又记录惠士奇之言谓：“宋儒谈心性，直接孔、孟，汉以后皆不能及。若经学，则断推两汉。”[3]但惠栋不满宋儒之处也在此说明，即所谓“无本”。“本”可以有不同的理解。于程、朱而言，天理即是大本，具于人心，如谓“天下无实于理者”[4]。于惠栋而言，若所言不本于古训（古圣先贤），而是出于己心之体悟，不免于意

〔1〕 惠栋：《易汉学新校注》，谷继明校注，第118—119页。
〔2〕 惠栋：《九曜斋笔记》卷二，《丛书集成续编》第20册，第646页。
〔3〕 惠栋：《九曜斋笔记》卷二，《丛书集成续编》第20册，第645页。
〔4〕 程颢、程颐：《二程集》，第66页。

见，是游谈而已，故无本。惠栋对宋学的担心还在于，“道”是隐微难见的，人的领悟力又有高低之别。圣人之言必是真理，而后世领悟力不及圣人，若灭弃六经及圣人言，如何保证自己体贴的便是真正的道？[1]他曾引《参同契》的话：“素无前识资，因师觉悟之。”强调师法胜于意见。然若依宋学观点看，惠栋求之古圣贤之言，不免乎为人之学，反而是“无本”。**道学的决断是“自家体贴”，必然要靡所依傍；惠栋的决断是“古训是式”，自然需通乎师法。**二者最终指向的道的内容或许一致，方法论却实有根本的对立。

惠栋拒斥专门的经义议论、自抒心得的经注，亦缘于此。自朱子学成为官学以后，朝野皆以理学敷衍经文；而其理学话语，不复得之于“自家体贴”，只是摭拾一二道学家话头，虚说经文。既不得经文原意，又不能于人心、治道有发明。明代稍有点功名的人就要注经或立论，其经注的名称（或体裁）也五花八门，愈加怪诞。每个人固然有理解经典的自由，其读经时可以结合自己的经历做出自己的阐发。但并不是随便一个人的体会就具有普遍意义，对其他人具有参考价值。如果每个人的理解都要表达出来、出版出来，其结果只能陈陈相因，[2]真正有价值的注释便被湮没在这些废纸当中了。惠栋在《周易集解》豫卦《彖传》之九家注眉批谓：

---

〔1〕如果说“每个人，无论其贤愚，都应该能平等地表达自己的意见，这才是最大的正义原则，才是道”，则是另一种思路了，此处先不辩。

〔2〕今观几部大丛书所收宋明人《易》注，其真具征实新见，堪及《程传》《本义》什一者有几部？

讲经活套，全无发明，宋元诸儒多坐此病。宋元三《礼》有胜汉儒处，《诗》《书》《易》《春秋》远不逮汉。以解《诗》《书》好立异，解《易》《春秋》无师法故也。[1]

所谓“活套”者，随文敷衍，独抒心得，攀缘史事，虚谈心性者也。用此事说可，用他事说亦无不可，全是车轱辘话。此处惠栋毕竟还是肯定了宋儒在礼学方面的建树，然也特别点出了宋人解《易》《春秋》的问题，主要在于“无师法”。汉代《春秋》学，最有师法的莫过于公羊学。自公羊高传《春秋》，以口传而后至董仲舒、胡毋生。口传即师法。[2]自胡毋生至何休，解经皆有条例。唐代以降，“《春秋》三传束高阁，独抱遗经究终始”，自为条例，或者随便捡出一句结合历史发挥一通。《易》的情况亦与《春秋》类似。惠栋排比古注，鲜下己意，并非是他短于议论、暗于思考，而是有意矫此学风。

（二）“经学荒于六朝，更甚于魏晋”

惠栋不仅批评宋学，亦时常批评唐人，如其称孔颖达“全无发明”。[3]侯果被批评得最严厉，如谓：

---

〔1〕 李鼎祚：《易传集解》卷四，国家图书馆藏韩应陛校跋本，第24a页。

〔2〕 曾亦、郭晓东：《春秋公羊学史》，华东师范大学出版社2017年，第43页。

〔3〕 李鼎祚：《易传集解》卷十七，国家图书馆藏韩应陛校跋本，第13b页。

误解《乾凿度》。（乾彖传“时乘六龙以御天”侯果曰，卷一第5b页）[1]

侯果开俗训，唐人亦不免。少陵“盍簪喧马枥”“社稷壹戎衣”皆从俗字。[2]（豫九四侯果曰“若以簪篸之固括也”，卷四第26b页）

《象传》已明，侯训反晦。（豫六五，卷四第27a页）

初可言深，不可言厚。（恒初六侯果曰“始求深厚之位”，卷七第7a页）

应在三，不可谓远。（明夷上六《象》侯果曰“最远于阳”，卷七第24a页）

乱经者侯果。（既济彖曰“利贞刚柔正而位当也”。侯果曰“此本泰卦六五降二九二升五……”卷十二第17a页。按虞氏《易》例，凡称“利贞”者，谓利变之正。变正说与卦变说不同，而侯果混之）

粗浅极矣。（“仁者见之谓之仁”侯果曰。卷十三第11a页。按《周易述》与《中庸》互训，以仁智相合为义，侯果未及此，故被斥为粗浅）

训祇为大，韩伯唾余。（“《易》曰不远复”侯果曰，卷十五第23页）

他又批评崔憬说：“若如崔说，则易浅陋极矣。夫人而

〔1〕李鼎祚：《易传集解》，国家图书馆藏韩应陛校跋本。此处因引用条数过繁，皆随文在括号内注明页码，不另出脚注。

〔2〕按杜工部《杜位宅守岁》“盍簪喧枥马，列炬散林鸦”，《重经昭陵》“风尘三尺剑，社稷一戎衣”。

知之，何必诠解（卷十七第8b页）。”甚至连李鼎祚也不能幸免，如谓：

> 仲达唾余。（乾卦辞李鼎祚按语，卷一第1a页）
>
> 以口舌为鸣，与汉法不合。（谦上六李鼎祚按语，卷四第23a页）

李鼎祚被批评，是因为“与汉法不合”。按此条李鼎祚解释谦卦上六“鸣谦”曰“上六兑爻。兑为口舌，鸣谦之象”，此以郑玄爻体说释之。兑为鸣，于《说卦》无征。李鼎祚其实是通过“兑为口”，口能鸣叫，引申想象出来的。然根据虞翻之法，凡“鸣”皆取震象，以《说卦》“震为善鸣”故也。此即汉法，亦即家法。

在惠栋看来，《易》学师法之败坏，自王弼开始，《易汉学自序》引赵紫芝诗“辅嗣易行无汉学”即表现了其不满。其批注谓：

> 改经乱义，阑入他伎，三圣之罪人也。（《乾·文言》“利贞者情性也”，王弼曰“不性其情，何能久行其正……”卷一第19a页）
>
> 王弼乱经，改兼为嫌，阳上添无。（坤上六“为其嫌于无阳也”，卷二8a页）

他偶尔也会表扬王弼：“此注独得，阳实阴虚乃汉法。”

（蒙六四王弼曰“阳称实也”，卷二第23b页）可见即使表扬也是与“家法”相对照。

韩康伯在东晋，较之王弼更为虚玄，惠栋评价韩康伯对于“一阴一阳之谓道”的解释时说：“荀、虞阐明圣道，忽搀入异端之说，**令人发指**。”（卷十三第11a页）与此相对照，**干宝**批判虚无浮华之风，得到惠栋表彰：“令升之时，玄学大行，而其论卓然不为异端所惑，若预知后世有伪造先天图附于《易》以杀学者之心者，**真圣教之干城**也。”（卷十七第26b页）[1]类似的，其《易例》谓：“干令升此注，若豫知后世有陈抟、种放、穆修、李之才、邵雍诸人造《先天图》以乱圣经者，而谆谆言之如此，其卫道也深矣。即此一节注，**便当从祀文庙**。”[2]

至于南朝《易》疏，孔颖达即已斥责其“辞涉虚玄，义多浮诞”，惠栋更是不满，其评**沈麟士**曰“辅嗣唾余”（乾初九沈麟士曰，卷一第1a页）。又评**何妥**曰：“开后世讲章之端。**经学荒于六朝，更甚于魏晋**。”（《泰·象传》何妥曰，卷四第1b页）南北朝易学解释，多用“讲疏”，其源出自讲经，特重科段；[3]《易》为三玄之首，则其重谈辨之风气尤重，[4]而离汉代师法则愈远，无怪乎惠栋要痛加批评了。

---

〔1〕张惠言《易义别录》于干宝易注下引惠栋此语，得无亦见惠氏批校本乎？

〔2〕惠栋：《易汉学新校注》，谷继明校注，第263页。

〔3〕乔秀岩：《义疏学衰亡史论》，生活·读书·新知三联书店2017年，第37页。

〔4〕谷继明：《周易正义读》，上海人民出版社2017年，第74—77页。

（三）隐括荀、虞

惠栋宗虞翻，其《周易述》雅雨堂刻本书名页即署“虞氏学”。与后来张惠言严格分别汉学诸家不同，惠栋实有自己的兼综与裁断；徽州、扬州的考据学家认为他“好古而愚”“不论是非”实属无谓。今略作考察。

惠栋固然有对于虞翻的溢美之辞：

> 《参同契》曰“纤介不正，悔吝为贼”，是此句义疏。虞与魏伯阳同里，当从之受学。故其注远胜诸儒。（《系辞》“有悔吝者存乎介”虞翻曰，卷十三第7b页）
>
> 纳甲之法，坎戊离己，居中央，王四方。《参同契》曰……宋元人解《参同契》全无发明，故**虞氏之学独高千古**。（复“出入无疾”虞翻曰“十二消息不见坎象”，卷六第1a页）

此二处称虞翻“其注远胜诸儒”“虞氏之学独高千古”，从内容看是基于《参同契》的立场，以虞翻有师法。虞翻称自己五世传孟氏《易》，是亦对师法推崇备至。如今孟氏《易》绝大部分已亡佚，虞翻是否守孟氏家法，并无坚强证据。然则惠栋对虞翻之推崇，除了虞翻自己说的“世传其业，至臣五世”外，还因其《易》注本身就是守家法的明证。虞翻自己说“为之最密”“依经立注”，关键在用严密的象数条例使卦爻辞得到最合理的解释。象数之法本身传自西汉，而将之最充分用到解经上，虞翻最善。易言之，虞

翻之条例的严密性证明了家法传承有自且谨言详密。家法与“例”、“汉法”是密切相关的。

如果虞翻违背了“汉法”，惠栋亦不从，如谦卦“履虎尾”，《周易述》谓：

> 郭璞《洞林》曰：“朱雀西北，白虎东起。”注云：“离为朱雀，兑为白虎。”白虎，西方宿，兑正西，故云虎。《洞林》皆以兑为虎。虞注此经云：“俗儒以兑为虎。”盖汉儒相传以兑为虎。虞氏斥为俗儒，非是。**虞氏据旁通谓嗛坤为虎，今不用也。**爻例：“近取诸身”，则初为趾，上为首；“远取诸物”，则初为尾，上为角。今言虎尾，故知尾谓初。[1]

按虞翻以谦卦上卦坤为虎，盖虞翻凡见虎象皆取坤卦，如“云从龙，风从虎”，虞注曰“乾为龙，坤为虎”。惠栋不从者，因谦卦辞有“尾”，而初爻为尾、上爻为首，乃是汉易家法，尾既为初爻，则“虎尾”之虎即下卦兑之象。且汉儒多有以兑为虎者。可知惠栋反驳虞翻处，亦据汉代家法。其批注《周易集解》亦有对虞翻的批评。未济卦辞“濡其尾”，虞翻注曰“艮为尾，尾谓二”，惠栋眉批则曰：“初为尾，指初爻。”[2]虞注取“艮为尾”，用卦变说，否二之五成

〔1〕惠栋：《周易述》卷二，乾隆间雅雨堂刻本，第9页。
〔2〕李鼎祚：《易传集解》卷十二，国家图书馆藏韩应陛校跋本，第21a页。

未济，则二至四爻本为艮卦，今下卦成坎，故“濡其尾”；惠栋则以为汉法既有“初为尾”之例，如此取象甚为简明，不必更迂曲求解。

又巽卦六四“田获三品”，虞翻注谓：“二动，艮为手，故称‘获’。谓艮为狼，坎为豕。艮二之初，离为雉。故‘获三品’矣。”翟玄则谓：“田获三品，下三爻也：谓初巽为鸡，二兑为羊，三离为雉也。”此处《周易述》虽未完成，不知如何，而其批校谓：“翟注胜虞。”[1]虞翻以爻变之正说注此爻，巽卦九二不正，当变为阴爻而得正；初六阴爻居阳位亦不正，当变为阳爻而得正。从某种意义上来说，亦可视为初六、九二交而各自换得正。九二动，则下卦变为艮，艮为狼；自二至四互坎为豕；初又得正（注文所谓“艮二之初”，实即巽二之初），则下卦成离，为雉。翟玄则不用爻变之正说，而径直取下三爻互体。在惠栋看来，爻变之正固然是虞翻易学的家法，然此处爻变之正解释稍微迂远，且“艮二之初”亦不明所以，远不如翟玄简明。翟玄取互体亦是汉法，故可以此易彼。

对于荀爽，惠栋亦时有褒扬，甚至有几处认为荀爽比虞翻的解释好。如需卦的理解，虞翻仍以卦变以及爻变之正来解释各爻之象，荀爽则取义于下卦三阳俱升。惠栋以荀说为长，《周易述》论此曰：

---

〔1〕 李鼎祚：《易传集解》卷十一，国家图书馆藏韩应陛校跋本，第 23a 页。

寻用九用六之法，无两体升降之例，荀于需、泰、升三卦皆然。案泰、升二卦九二升五，不当言一体俱升。唯需之外卦为坎，取象于云之出入，坎当下降，乾当上升。上六"不速之客三人"，谓乾三爻也。乾升坎降，而一卦五爻皆失位。然乾升在上，君位以定；坎降在下，当循臣职，合于天尊地卑之义。故《传》曰："虽不当位，未大失也。"是需卦独取义于两体升降，至泰、升二卦，荀义虽然，今不用也。[1]

结合惠栋对整个需卦的注释来看，他选用荀注有两个考虑，一是乾三爻升在解释卦爻辞时的适合度，特别是"不速之客三人来"有着落；二是乾升坎降合于君臣尊卑之例。在《周易集解》此注上，惠栋亦批曰："此卦之注，荀及九家为当。"[2]又巽卦，惠栋在"用史巫纷若吉"上方批注曰："此卦之义，荀胜于虞。"[3]按荀爽注曰："二以阳应阳，君所不臣，军师之象；征伐既毕，书勋告庙，当变而且顺五则吉。"[4]意谓二作为元帅，在战争中可以"将在外，君命有所不受"，但战争结束，自然要顺从君命。这是惠栋颇为看中的君臣名分条例。荀爽在此处谆谆告诫，故为惠栋所采用。

惠栋对荀爽亦非全然信奉，其批评亦与易例相关。《说

〔1〕 惠栋:《周易述》卷一，乾隆间雅雨堂刻本，第16页。
〔2〕 李鼎祚:《易传集解》，卷二，国家图书馆藏韩应陛校跋本，第24b页。
〔3〕 李鼎祚:《易传集解》卷十一，国家图书馆藏韩应陛校跋本，第22a页。
〔4〕 李鼎祚:《周易集解》，第350页。

卦传》"震为㫚足、为作足"，惠栋眉批曰："荀爽曰：末足阳在下。案上为末，荀注非。"[1]荀注见于《释文》，但本文作"京作朱，荀同，阳在下"，[2]显然惠栋误读《释文》，认为荀爽以下爻为末。尽管此处惠栋误看，然可见他对于"初为尾、本，上为首、末"易例的坚持。

又晋卦"康侯用锡马蕃庶"，荀爽注谓："阴进居五，处用事之位。阳中之阴，侯之象也；阴性安静，故曰康侯。马，谓四也。五以下，群阴锡四也。"惠栋则谓："以五为康侯，非易例也。荀不如虞，以此。以五为康侯，则锡马蕃庶，谁锡之耶？若云五锡四马，是康侯锡谁侯矣，窃所未闻。"[3]荀爽注确实有个问题，即所锡的对象无着落；惠栋批评的着眼点，则更在于其不符合君臣义例。五为天子，且既云"锡"，当是天子锡康侯。在惠栋看来，四为诸侯，如果是康侯锡四，则变成康侯赏赐另一个诸侯。虞翻用爻变之正说，以初动体震为侯，《周易述》用之。若平情而论，荀爽亦自有其义例，即乾升坤降之说：五为君位，阳刚居之乃为天子；若阴柔居之，则非天子，乃是诸侯，当降。

或有人质疑：惠栋有时尊信虞翻，有时又改易、批评虞翻，他所标榜的遵从汉人家法岂不是一句虚言？这种怀疑

---

〔1〕李鼎祚：《易传集解》卷十七，国家图书馆藏韩应陛校跋本，第 17a 页。

〔2〕陆德明：《经典释文》，影印宋元明递修本，上海古籍出版社 1985 年，第 133 页。

〔3〕李鼎祚：《易传集解》卷七，国家图书馆藏韩应陛校跋本，第 17a 页。

过于粗糙。陈居渊即指出："惠栋的易学研究虽然有严格的家法、师法的分疏，但阐发己说时并未专主一家，而是力图贯通各家家法。……惠栋是在明晰汉易各家家法的基础上所做的贯通工作，而非如梁启超所说的'不知家法'的无知妄作。"[1]汉易所传家法流传到清代已所剩不多，古书颇多讹误；且汉人亦非七十子，其注经大致而言遵从家法，亦有"违例"之失。惠栋要做的工作即在于，通过虞翻、荀爽现存旧注中的典型注释和多数注释来判定哪些是家法，再来断定哪些不符合家法（"违例"）；若面临一句爻辞有两种"汉法"（易例）时，要选择其最优解。此过程也需要"裁断"。然则惠栋也是考据学之一员？其实完全不同。惠学乃是经义之学，而考据学乃是实证之学；惠学要总结出汉学之义例，考据学则要求靡所依傍，探求文本"本义"。此点可见下节具体分析。要言之，惠栋强调家法、易例，即或对虞翻、荀爽有批评，也是据汉易之条例进行判断。何休曾言自己作《公羊解诂》的方法谓："恨先师观听不决，多随二创，此世之余事，斯岂非守文持论败绩失据之过哉。余窃悲之久矣。往者略依胡毋生条例，多得其正，故遂隐括使就绳墨焉。"陈立谓："何氏自谓，矫正倍经任意、反传违戾者，一规矩之于正也。"[2]即他依据胡毋生的条例，对公羊先师的注释作矫正。惠栋之方法与此类似，故可称为"隐括荀、虞"。

---

〔1〕 陈居渊：《汉学更新运动研究》，凤凰出版社 2013 年，第 124 页。
〔2〕 陈立：《公羊义疏》，中华书局 2017 年，第 2934 页。

三　对“本朝经学”的批评

前面曾提到，人们往往把清代朴学追溯至明末清初，清初诸儒如顾炎武、黄宗羲、阎若璩、毛奇龄等，皆被视为惠栋之先导。然惠栋为汉学之宗师，就汉学而言，他以“师法”为关键，虽学问或与顾炎武、毛奇龄等有相重合者，但方法已有根本不同，谓之“截断众流”可也。《九曜斋笔记》专门设“本朝经学”条，即是表明这种意识：

> 近代经学，北平孙退谷（承泽）五经皆有著述，而其书不足传。昆山顾宁人，博极群书，独不通易学。萧山毛大可《仲氏易》、南海屈介子《易外》，非汉非宋，皆思而不学者也。[1]

里面提到的孙承泽（1593—1676），实为理学学者。其《易》学著作有《孔易》，虽不同意朱子四圣分观的方法，一以孔子《易传》为准，然其序言谓“余师法朱子者也”[2]可见其宗旨。屈介子即屈大均（1630—1696），虽有解经著作，实则为文士。其《易外》则尤多发挥己见，如序言谓：“易之内，太极是也。内不可见，以外之画之象爻象之，欲人从外以见内也。”[3]其书中虽时引《左传》及汉儒之说，甚至多

---

〔1〕惠栋：《九曜斋笔记》，《丛书集成续编》第20册，第634页。

〔2〕孙承泽：《孔易》，《四库未收书辑刊》第一辑第1册，第6页。

〔3〕屈大均：《易外》，《四库禁毁书丛刊》经部第5册，第2页。

引《说文》以诂经，但往往多望文生义之语，不懂汉人说经之法。

顾炎武于《周易》没有专门的解释。其《音学五书》中有《易音》，惠栋《周易本义辩证》多加引用并订正。《日知录》中论《易》数十条，其对《周易本义》经传分合的考订为惠栋所吸取，但总体上不取汉儒之说，尝谓："《易》之互体、卦变，《诗》之叶韵，《春秋》之例日月，经说之缭绕破碎于俗儒者多矣。"[1]互体、卦变、时日月例，皆汉儒说经之通法，顾炎武一一加以否定，[2]无怪乎惠栋称其"不通易学"。

惠栋将以上学者排除在汉学之外可以理解，但他对毛奇龄的讥贬或会遭反对。乾嘉之后，越来越多的学人推崇毛氏，如阮元谓：

> 迄今学者日益昌明，大江南北著书授徒之家数十。视检讨而精核者固多，谓非检讨开始之功则不可。检讨推溯《太极》《河》《洛》在胡朏明之先；发明荀、虞、干侯之《易》，在惠定宇之先；于《诗》驳申氏之伪，于《春秋》指胡氏之偏，三礼、四书所辨正尤博。至于古文诗词，后人得其一已足以自立于千古，而检

〔1〕 顾炎武：《日知录校注》，陈垣校注，第9页。

〔2〕 林忠军指出："他（顾炎武）对于宋易的批判不彻底，还有一定的保留，而对于汉易未持肯定态度，故其易学复古是回归原典而不是恢复汉易。"（林忠军：《论顾炎武易学思想与清代易学转向》，《东岳论丛》2012年第6期）

讨犹不欲以留于世，则其长固不可以一端尽矣。[1]

其实这篇文章只是从考证学立论，说明毛奇龄博极群书、涉猎群经，且辨伪、考证于后儒俱有启发。黄爱平竭力表彰毛奇龄的经学主张，认为他“对明末清初学术界由宋而汉的转变，起到了积极的推动作用”，却也不得不考虑毛奇龄“儒说之中，汉取十三，宋取十一”的自道。[2]毛奇龄要取汉注的十分之三、宋注的十分之一，其标准在哪里呢？从结果来看，自是不免杂凑；而剩下的十分之六，大概就是毛氏一人拨开云雾、推倒汉宋的自家发明了。需要注意的是，毛奇龄在中年以后倾心于阳明心学。杨向奎目光如炬，一言断之曰：“西河之以经学说理，是以经学就王学。”[3]心学，特别是经过刘宗周的转手后，自然可以开出重视知识学和经史之学的风气，这一点已为陈畅所揭示。[4]然而注重知识，与汉学的注重师法实相去甚远。或者说，阳明学那种最后以己意裁决经义的精神，恰恰成为毛奇龄在经学考辨中睥睨汉宋的思想基础。惠栋所开启的汉学与之截然不同。阮元、焦循对毛奇龄的过度推尊，如於梅舫指出，实有借题发挥、针对当时学风的意图：“一在重述空言性理之不当，一在箴贬

[1] 阮元：《毛西河检讨全集后序》，见《揅经室集》，中华书局 1993 年，第 533 页。

[2] 黄爱平：《毛奇龄与明末清初的学术》，《清史研究》1996 年第 4 期。

[3] 杨向奎：《清儒学案新编》第 1 册，第 227 页。

[4] 陈畅：《明清之际哲学转向的气学视野——以黄宗羲〈明儒学案〉〈孟子师说〉为中心》，《现代哲学》2019 年第 5 期。

汉学泥古之弊。”[1]在后来的《国史儒林传稿》中，阮元也试图用春秋笔法，通过对传主的叙述和评价，塑造毛奇龄汉学先导的地位。[2]

学术史的考辨，说服力有限。我们需要深入经说本身。惠栋笔记有“推易始末”条，评价毛奇龄谓：

> 萧山毛甡，作《推易始末》四卷，云发明其兄仲氏推移之义。有六子卦综、乾坤主变之说，绝不解其义。于谦卦下引蔡景君曰“剥上来之三”，侯果曰“此本剥卦，乾之上九来居坤三，坤之六三上升乾位”，荀爽曰“乾来之坤”，虞翻曰“乾上九来之坤，与履旁通”。甡乃自下语曰：“蔡、侯说，推易也；荀慈明说，乾、坤主变也；虞氏说，旁通也。”**读之不觉失笑**。盖谦卦自剥来，剥本乾也。坤消成剥，故荀爽曰“乾来之坤”，蔡、侯所云“上来之三”也。三本坤体，故虞云“乾上九来之坤”也。至与履旁通一语，履为反谦，即彼所云反泰也。蔡、侯、荀、虞四说皆同，而分为推易、主变、旁通三说，则其书之不足观，可知矣。[3]

---

〔1〕於梅舫：《从王学护法到汉学开山——毛奇龄学说形象递变与近代学术演进》,《中山大学学报》2014年第1期。

〔2〕戚学民：《阮元〈国史儒林传稿〉研究》，生活·读书·新知三联书店2011年，第162页。

〔3〕惠栋：《松崖笔记》,《丛书集成续编》第20册，第607—608页。

毛奇龄《推易始末》本就不是为了发明汉学，而是广综汉宋诸儒之说以证明其“推易”说。毛奇龄叙述作书之意谓：

> 夫以三圣启之，历之汉、晋、唐、宋、元、明，诸儒阐之发之，而明而昧，昧而复明，续而绝，绝而复续，如是其不可沫也。予终畏其沫之也。因于作《仲氏易》成，取卦变诸图汇前儒所已言者，而合之今说，以明千世一揆之意，曰《推易始末》。[1]

毛奇龄认为他的“推易”说才是对《周易》最完美的解释，而历代注释家虽然偶有发现，犹有缺憾。他有“五易”之说，即变易、交易、反易、对易、移易。[2]后三者他认为是自抒新见者，其中又以移易为关键。移易又称推易，实即卦变说的一种变形。[3]上引惠栋提及的“有六子卦综、乾坤主变之说”并非毛奇龄本人的观点，而是他概括的历代诸儒有关推易的方法，所谓：“各守师承以立说，或主旁通，或主正变，或以乾坤为父母，或以泰否为胚胎，或兼宗六子，或专本十辟，而罣十漏一，依彼失此。”[4]再考察惠

〔1〕毛奇龄：《推易始末》，《毛奇龄易著四种》，第9页。
〔2〕毛奇龄：《仲氏易》卷一，《毛西河先生全集》，嘉庆刻本，第1页。
〔3〕关于毛奇龄推易的具体体例，可参看崔丽丽：《毛奇龄易学研究》，中国社会科学出版社2016年，第88—144页。
〔4〕毛奇龄：《推易始末》，《毛奇龄易著四种》，第6页。

栋所举的毛奇龄对谦卦的评论。蔡景君、侯果以为谦卦自剥上之三而变，正好符合毛奇龄的“推易”说。而荀爽以为乾上来之坤三成谦卦，毛奇龄称为“乾坤主变说”，何楷专主此说。毛氏认为它虽与推易说相似，其实未达一间，不能周延：“有甚合处，即有不尽合处，大抵四阳四阴后则皆不尽合者也。”〔1〕对于虞翻的旁通说，毛奇龄更不同意：“此专指画卦时变象与揲蓍时占变立说，正五易中所谓变易一例，文王演《易》属辞时何尝有此？”〔2〕就谦卦而言，毛奇龄同意蔡、侯而否定荀、虞。然在惠栋看来，剥上之三实际就是乾上之三；又因乾上之三，才有虞氏所谓的与履旁通。故三家实为一意，皆可归之于虞翻卦变系统。毛奇龄则依据其兄自创的“推易”体系，割裂汉儒各家的体系，任意取用，谓之毛氏卦变可也，非汉儒之义。惠栋由此认为“其书之不足观”。又说：

> 汉人传《易》，各有源流。余尝撰《汉易学》七卷，其说略备。识得汉《易》源流，乃可用汉学解经。否则如**朱汉上之《易传》、毛西河之《仲氏易》，鲜不为识者所笑**。〔3〕

惠栋的判断直接传给了江藩，江藩作《汉学师承记》

---

〔1〕毛奇龄：《推易始末》，《毛奇龄易著四种》，第51页。
〔2〕毛奇龄：《推易始末》，《毛奇龄易著四种》，第13页。
〔3〕惠栋：《九曜斋笔记》，《丛书集成续编》第20册，第646页。

不仅不载毛奇龄的传，连毛奇龄的著作亦不收录，且评价为“牵合附会，不顾义理，务求词胜”。[1]从汉学谱系来说，江藩不将之列入，是有理由的，毕竟“汉学师承记”不是更广泛的《儒林传》。

惠栋并非对毛奇龄一味否定。毛氏批驳《河图》《洛书》，惠栋比较认可。他引毛奇龄攻驳图书之说，评价道：“二说颇得作伪人要领，详西河所撰《河图洛书原舛编》。西河言《易》，舛讹甚多，惟此论可以不朽。”[2]毛奇龄考辨《太极图》出自道家之说，为朱彝尊所采纳，惠栋《论太极图》（即《周易本义辩证》所附六论之一）全录朱彝尊之说。此外，毛奇龄反对八股说经，提倡古义，亦为惠栋所赞许。惠栋的笔记特别摘录了毛奇龄关于科举和经学关系的一段话，[3]寄托了惠栋关于选官和教育制度的思考，此问题留到本书“明堂大道”一章讨论。

惠栋树立汉学旗帜以前，不仅师法作为关键问题没有得到关注，就连毛奇龄这样的诋宋右汉者也非主流。乾隆初年设三礼馆修《三礼义疏》，仍以宋学为主。当时大学士鄂尔泰、张廷玉、朱轼，兵部尚书甘汝来为三礼馆总裁，礼部尚书杨名时，礼部左侍郎徐元梦，内阁学士方苞、王兰生为副总裁。大臣只是挂名而已，但仍不免以己之好恶影响编书

---

〔1〕 江藩：《汉学师承记笺释》，漆永祥笺释，上海古籍出版社 2006 年，第 877 页。

〔2〕 惠栋：《松崖笔记》，《丛书集成续编》第 20 册，第 608 页。

〔3〕 惠栋：《松崖笔记》，《丛书集成续编》第 20 册，第 608 页。

宗旨；而实际确定编书风格的方苞，则为文士化的宋学学者。惠士奇入三礼馆，虽崇尚汉学，实力不从心。张涛曾推考惠士奇在三礼馆的落寞状态，且谓："方、惠两家断不至互不相闻，而今两家文集竟无只字道及对方，颇可诧怪。"〔1〕方、惠文字交往不见于今文集中，盖因二人论学本不相合。惠士奇在三礼馆的遭遇，可能对惠栋讲过。惠栋笔记中专门有"大手笔"一条：

> 义山《韩碑》云："古者世称大手笔，此事不系于职司。"真名言也。文章必系于职司，则一代无名文矣（近日开修书馆，必以大学士尚书为总裁。此大手笔系于职司也）。〔2〕

此议论显然针对三礼馆而发。张涛谓："布衣惠栋此叹，盖有深意在焉。"〔3〕惠栋不仅不满于朝廷大员充当总裁的事，盖亦不满于方苞之类的文士左右修礼的体例。惠士奇诗文中虽不见与方苞的交往或评价，但惠栋著作中还是偶见对方苞的不屑。《明堂大道录》"明堂设四辅三公"条谓：

---

〔1〕张涛：《论惠士奇之理学与乾隆初年汉宋学态势》，《台大文史哲学报》2009年第91期。

〔2〕惠栋：《九曜斋笔记》，《丛书集成续编》第20册，第635页。

〔3〕张涛：《论惠士奇之理学与乾隆初年汉宋学态势》，《台大文史哲学报》2009年第91期。

> 《史记·禹本纪》曰："帝曰：女无面谀，退而谤予。予敬四辅。"是四邻即四辅也。《战国策》颜蠋曰："禹有五承，汤有三辅。"庄子亦言"汤问于亟"。则四辅之名，其来久矣。近时方氏苞谓四辅之名，刘歆所造，诞矣哉。[1]

按方苞之说见于《礼记析疑》，其说谓："古书言师保者多矣，未有言疑丞者；言三公者多矣，未有言四辅者。莽置四辅以配三公，又为其子置师疑傅丞阿辅保拂。故歆增窜此《记》。或谓庄子有舜问于丞语，疑古或有此官。不知《庄子》皆寓言，与汤之问棘等耳。果虞夏商周之旧典，胡他书更无及此者。"[2]方苞在《周官》的辨伪史中有重要地位，他认为刘歆造四辅之名，固失之武断。周启荣曾关注到方苞的怀疑以及惠栋的辩护，[3]并注意到《明堂大道录》下面一段：

> 《隋书·经籍志》云："马融传小戴之学，融又足《月令》一篇，《明堂位》一篇。"后人遂谓《明堂位》为刘歆撰。案郑氏《三礼目录》，《月令》《明堂位》下曰："此于《别录》属《明堂阴阳》。"《别录》为刘向所撰，《汉书·艺文志礼》十三家，五百五十五篇内，

---

〔1〕 惠栋：《明堂大道录》卷七，《经训堂丛书》本，第 4 页。

〔2〕 方苞：《礼记析疑》，《文渊阁四库全书》第 128 册，第 87 页。

〔3〕 周启荣：《清代儒家礼教主义的兴起》，第 296—297 页。

《明堂阴阳》三十三篇，则马融所足者，采之《明堂阴阳》。此书刘向所录，班固《艺文》同之刘氏，而非子骏所撰，明矣。且《逸周书》七十篇，《月令》弟五十三，《明堂》弟五十五，西汉诸儒皆见之。谓之刘歆所撰，可乎？[1]

惠栋此处所谓的"后人"，以及所辩驳的对象虽未指明，其实就是方苞。[2]惠栋与方苞的分歧，恐怕并非如周启荣所谓的怀疑主义一变而为尊古，而是治学方法及其后思想根基不同。要言之，在惠栋看来，他之前及同时代的"本朝经学"还没进入"汉学"的堂奥，因为师法未立。

第二节　汉学与考据

王欣夫辑《松崖读书记》，张尔田为之序曰：

有考据学，有汉学。正音读，通训诂，考制度，辨名物，此考据学也；守师说，明家法，实事求是，以蕲契夫先圣之微言、七十子后学之大义，此汉学也。郑康成自述其说经之例云："笺《诗》，宗毛为主，如有不同，即下己意。"盖必有所主而后谓之汉学，无所

〔1〕惠栋：《明堂大道录》卷一，《经训堂丛书》本，第6页。

〔2〕周启荣若注意到我们前面引的另一段（即点名方苞的那一段），则论说会更有力。

主而但下己意，则考据学而已矣。[1]

张氏区分汉学与考据，极为明晰精确，漆永祥[2]、张素卿[3]等曾据张尔田此说指出汉学与考据的不同。然诸家的分别多是认为汉学、考据两个概念的角度不同，它们仍可以指向同一群体。[4]我们则以为，二者的方法论有根本的差别。惠栋为汉学宗师，与考据学家并不同类，其所招致的非议也往往与此有关。今在张尔田说的基础上，更详加反思辨析，以见惠学之血脉所在。

一 语言哲学转向?

近人谈乾嘉学术，多称赞其“小学”成就；小学之中，又以音韵、文字、训诂之学为最杰出。“因声求义”之法在高邮王氏父子那里发挥到极致，《说文》之学亦经众多名家表彰而成显学。其纲领性的口号，有顾炎武的“读九经自考文始，考文自知音始”，[5]惠栋的“经之义存乎训，识字审音，乃知其义”，[6]以及戴震的“经之至者道也，所以明道者

〔1〕王欣夫：《蛾术轩箧存善本书录》，上海古籍出版社 2021 年，第 1319 页。
〔2〕漆永祥点校：《东吴三惠诗文集》前言，第 16 页。
〔3〕张素卿：《清代汉学与左传学》，里仁书局 1996 年，第 79 页。
〔4〕如漆永祥“《周易述》为当时考据学家所起到的典范作用”（《东吴三惠诗文集》前言，第 13 页）云云，仍然考据、汉学不分。
〔5〕顾炎武：《答李子德书》，《顾炎武全集》第 21 册，上海古籍出版社 2012 年，第 127 页。
〔6〕惠栋：《九经古义》述首，《贷园丛书》本，第 1 页。

其词也，所以成词者字也。由字以通其词，由词以通其道，必有渐”。[1]

缘乎此，有人将乾嘉学术称作“语言学转向”，用来代替经验主义、政治压迫等思路的分析。艾尔曼曾有一本描述清代学术的专著，英文称作 *From Philosophy to Philology*，尽管作者是用广义的“Philology”（语文学）来指称整体的考据学。但作者将清学概括成“追求更高层次的一致性，渴望消除语言混乱，以此奠定人类永恒秩序的基础”，[2] 仍显示作者认为清学的重心在语言。

另外一位海外汉学家周启荣也注意到其中语言学的重要性。在他看来，“汉学”“考证学”皆无法概括这一时期学术研究活动的基本特征。因此他提出“从净化语言入手来注释古代经典著作”这一标准。他说：

> 与宋代经学家以及康熙朝那些为数众多的亲宋学的学者不同，信奉“从净化语言入手来注释古代经典著作”这一标准的净教主义者不相信可以在不依赖早期学者所作注疏的前提下，就能正确地理解古代经典著作的意涵。……崇尚训诂考证学的那些学者坚信，只要从语言训诂学和历史学的角度进行严谨的研究，就能揭开笼罩在这些古代经典著作表面上的神秘面纱。[3]

---

〔1〕 戴震：《与是仲明论学书》，《戴震全书》第 6 册，第 368 页。
〔2〕 艾尔曼：《从理学到朴学》，赵刚译，江苏人民出版社 2012 年，第 2 页。
〔3〕 周启荣：《清代儒家礼教主义的兴起》，第 283 页。

周启荣这本研究清代学术转型的著作的核心观点，乃在于儒家从“训导主义”到“礼教主义”的转变。这个观察是极富启发性的，然“从净化语言入手来注释古代经典著作”与礼教主义之间并没有什么必然的联系。问题在于，清学本身就非铁板一块，如果依照本质主义的视角去看待清学，自然会出现如下情况：**各种视角都有一定道理，但每种视角又不能解释全部的现象**。周启荣已意识到，“汉学”“考证学”皆无法概括这一时期学术研究活动的基本特征，但他提出的“从净化语言入手来注释古代经典著作”这一标准也不能。

与学术史和语言学史的学者不同，研究思想史和哲学史的学者对清代学者的语言学成就未必感兴趣或以之为然。但他们仍可达成某种和解，戴震成为其中的关键。作为“刺猬与狐狸”之间的两面人，戴震最后还是认为自己从事于小学的最终目的仍是“明道”。钱大昕认为：“有文字而后有诂训，有诂训而后有义理。训诂者，义理之所由出，非别有义理出乎训诂之外者也。”[1]令哲学研究者欣喜的是，戴震仍然承认对于“道”的追求。他（以及高邮二王、阮元等朴学家）与宋明儒的区别在于，宋明儒从自己心中出发去推求道理，经典为其印证；他则从经典出发去推求道理，澄清语言误解以求得经典本意的语言学为其工具。以此观之，清代学

〔1〕 钱大昕：《经籍纂诂序》，《嘉定钱大昕全集》第9册，凤凰出版社2016年，第377页。

术出现的“语言学转向”，就不仅仅是整体学术形态从哲学转向语文学的问题，而且也可以发挥出哲学本身的“语言学转向”问题，[1]甚至还可以与西方哲学史20世纪的“语言学转向”相比较，哲学史研究在清代遇到的学科焦虑一下子化解了，岂不美哉。

吴根友意识到不能将中西两种语言转向随便等同：“我们就不能将戴震的‘由字以通词，由词以通道’的语言哲学命题作狭义的语言学理解，而应该将语言学与文化知识的考古联系起来，这样，戴震的语言哲学命题就更接近现代意义上的解释学而与西方分析哲学的语言哲学形成了巨大的区别。”[2]刘梁剑则将戴震哲学称为“批判理学”，即在批判宋明的基础上建立心理学，而语言分析恰恰成为戴震的工具：“批判理学开始于反思人们成长于斯、栖居其间的习见常识，与之相应的哲学语法考察则首先意味着返观哲学元语言的语言自觉：理学话语开始成为返观的对象，原本借以理解世界、言说世界的元语言成为被反思被考察的对象语言。……戴震批判理学在以哲学语法考察的方式做哲学。”[3]

以上论述，在面对戴震及其弟子群的时候是有效的，惠栋则无法被纳入其中。惠士奇固然有崇尚古音的主张：

---

〔1〕 康宇：《乾嘉时期的语言哲学问题》，《文史哲》2015年第2期。

〔2〕 吴根友：《戴震、乾嘉学术与中国文化》，福建教育出版社2015年，第341—342页。

〔3〕 刘梁剑：《戴震批判理学及其语言哲学之成立》，载中国现代思想文化研究所编：《思想与文化》第12辑，华东师范大学出版社2012年，第117—118页。

礼经出于屋壁，多古字古音。**经之义存乎训，识字审音，乃知其义。故古训不可改也。**康成注经皆从古读，盖字有音义相近而讹者，故读从之。后世不学，遂谓康成好改字，岂其然乎。[1]

这种主张也传到惠栋那里。其《九经古义·述首》谓：

汉人通经有家法，故有五经师。训诂之学皆师所口授，其后乃著竹帛，所以汉经师之说立于学官，与经并行。五经出于屋壁，多古字古言，非经师不能辨。**经之义存乎训，识字审音，乃知其义，是故古训不可改也，经师不可废也。**[2]

表面上看，惠栋此序即是对惠士奇之说的翻版，实则增加了关键的部分，即“经师不可废也”。如此我们不得不面临一个问题：惠栋强调的“古训是式”，与戴震“由字以通其词，由词以通其道”这种语言哲学转向是否相同呢？惠栋释“古训是式”曰：

《诗》云：“古训是式。”汉时谓之故训，又谓之诂训。诂训者，雅言也。《鲁语》曰：“诗书执礼，皆雅

〔1〕 江藩：《汉学师承记笺释》，漆永祥笺释，第157页。

〔2〕 惠栋：《九经古义》述首，《贷园丛书》本，第1页。

言也。”周之古训，仲山式之；子之雅言，门人记之。“尔雅以观于古”，故又谓之《尔雅》。俗儒不信《尔雅》，而仲山之古训，夫子之雅言，皆不存矣。后之学者，省诸《尔雅·释故》《释训》，乃周公所作以教成王，故《诗》曰：“古训是式。”[1]

徐复观即是从训诂学或语言学转向的角度来理解惠栋：“遵法先王之训典，乃周公的常教，此参阅《尚书》中所录周公之言而可见。……毛、郑、孔的解释，以训诂为可据，于义理为明顺。乃惠氏转一个弯以‘古训’为解文释字的‘诂训’，为‘训诂’，于是仲山甫在西周便遵法了清代汉学家所提倡的训诂之学了。这种牵强附会，轶出了常识范围，但居然发生了影响，被钱大昕、陈奂们所信服。”[2]然他对惠栋的解释是有问题的。

古代注释体式“甲者，乙也”，一般被认为是用乙来解释甲。如赵振铎认为“甲，乙也”的训释结构是“被解释的词—解释的词—也”，“甲谓某”的结构是“解释的词—曰（为、谓之）—被解释的词”[3]。但这仅仅是一种经验的归类，并非严格的规则。对“甲即乙”或“甲、乙一也”之类来说，解释者有可能是用乙来解释甲，也有可能是用甲来解释乙，甚至是双向互释。前引惠栋的那段话，首先说《烝

〔1〕 惠栋：《左传补注》卷三，《文渊阁四库全书》第181册，第172页。
〔2〕 徐复观：《中国思想史论集续篇》，上海书店出版社2004年，第365—366页。
〔3〕 赵振铎：《训诂学纲要》，陕西人民出版社1987年，第35、38页。

民》的“故训”就是汉代的“诂训”，貌似是用清代语言学意义上的训诂学来解释《诗经》的“故训”；但接下来惠栋却又用“雅言”来解释“诂训”。雅言，即《诗》《书》等经典。任何一个有常识和基本国学素养的人，都不可能将《诗》《书》等与作为语言学的训诂学等同起来，惠栋更是绝不可能。所以在这里，惠栋其实不是要用狭窄的“诂训”去定义《诗》《书》，而是用《诗》《书》来解释“诂训”。惠栋恰恰是要展示，他所从事的“诂训”不是狭窄的语言学，而是古代的典籍、先王的教训。进一步细读可发现，惠栋一再申说的“诂训”“故训”等，强调的重点在于“古”，而非语言学意义上的“训”。他把“古训”与“雅言”并提，相对于雅的是俗，相对于古的是今。他由此宣告了他的学术是要追求古雅，遮拨今俗。

六经是古雅的代表，是大道的寄托，它以语言文字作为载体；《尔雅》则是将六经中之古训、雅言归类加以保存。语言学里面有以《说文》为字形之书，以《广韵》为字音之书，以《尔雅》为字义之书的观点，比如段玉裁《广雅疏证序》所指出的[1]。这仅仅把《尔雅》看作文字之学的形音义三方面之一，忽视了《尔雅》的经学性质。《尔雅》具有完备的义理结构，惠氏正是在这个角度推重《尔雅》。《汉书·艺文志》说《尔雅》“解古今语”，其重点在于使人了解、遵循古训，《大戴礼记》亦有“《尔雅》以观于古”的说法。

---

〔1〕 段玉裁:《经韵楼集》，上海古籍出版社 2007 年，第 188 页。

除了“识字审音”，这段文字更值得关注的是，惠栋强调古字、古言，将之与经师传承和口授联系起来。师法所传并非虫鱼之学。**“故训”与“训诂学”不同，它不是把经学化约或还原为考据学意义上的“训诂”，而是要把“故训”扩大为追求经义和大道的诠释。**微言和大义，皆存在于经师历代的授受之中，因此他特别重视师法、家法，反对靡所依傍、师心自用。戴震的理解，恰恰展现出了别样的意趣：

> 治经先考字义，次通文理。志存闻道，**必空所依傍**。汉儒训诂有师承，亦有时傅会；晋人傅会凿空益多；宋人则恃胸臆为断，故其袭取者多谬，而不谬者在其所弃。[1]

戴震肯定汉儒，仅仅因为其训诂值得采用。他反对发明义理时“恃胸臆为断”“凿空”，若不凭胸臆，则须求之六经。但在解释六经时，亦不能全信汉儒，因为汉儒“亦有时傅会”。既不能凭胸臆，又不能全信汉儒，那么解释经典的标准在哪里呢？戴震诉诸了两个方面：一是个体的认知能力，一是语言文字学本身的客观规律。前者在戴震哲学中被称为“血气心知”，后者即是戴震等所发明的文字音韵训诂之学。文字音韵之学具有极强的规律性，特别能给戴震、段玉裁等以强烈的知识确定感。在他们看来，唯有依照此种语

〔1〕 戴震：《与某书》，《戴震全书》第6册，第478页。

言学来解释经典，才是真正的理，才能避免宋儒的师心自用、“凿空”说经。这也就意味着，戴震对于汉儒经说以及惠栋等汉学家的承认是有条件的。他为余萧客《古经解钩沉》作序指出：“经自汉经师所授受，已差违失次，其所训释，复各持异解。余尝欲搜考异文，以为订经之助；又广揽汉儒笺注之存者，以为综考故训之助。”[1]汉儒的注释，仅仅是他解释经典，特别是用音韵学来训释经典时的材料助力而已。**在这种视角下，汉儒的经义系统被狭义的训诂学（语言学）所肢解，而在惠栋一派那里，训诂学要被汉儒师法扩展为广义的经说系统。**

汉儒之学，如伏生、董仲舒、《白虎通》、何休、郑玄所代表的经义系统，决然不是狭义的“训诂”传统。戴震所重视的汉儒之学不在于此，而惠栋所重视的汉儒师法恰在于此。两相对比截然有别，又如何可以混而一之呢？

蒙文通认识到惠栋在“乾嘉朴学”中有些特殊。他给《辞海》“乾嘉学派”条写意见时说：

> 乾嘉学派可称之为“汉学派”，似不可称之为“古文经学派”。一、因当时今古不分；二、因惠栋专讲虞氏《易》，是今文学。惠学主于寻求汉儒师法，可分别系统；戴学不拘守一家，主于精断。[2]

〔1〕 戴震：《古经解钩沉序》，见《戴震全书》第6册，第375页。
〔2〕 蒙文通：《蒙文通全集》第1册，巴蜀书社2015年，第366页。

惠栋与戴震之学一求师法，一求精断。据此而论，戴震一派也不当以“汉学派”概括。蒙文通谓惠栋“是今文学”，此说不是完全精确，但他身上的今文学特色被揭示出来，从而与偏向古文的东原等相区别，是极有价值的。惠栋与常州今文学的关系，钱穆、赵四方已有学术史的钩稽，而本书后文将指出一关键处，即以《易》、明堂与《公羊》学相发明，贯串公天下与致太平之意。此惠栋发其端，而宋翔凤、戴望衍其绪。

二　求古即所以求是

乾隆二十二年（1757），惠栋与戴震在扬州会晤。〔1〕钱穆以为，戴震诋宋儒，即受惠栋影响。〔2〕然戴震前此已经走上了独立的发展道路，其入手处本就与惠栋有别。盖戴震虽后来反理学，批评宋儒对于理的主持太过，但他仍继承了宋人靡所依傍、唯求理得（或心得）的精神。宋学因为对理的追求和推崇，本就有着挑战或消解现实具体世界中的权威（不管是政治的还是学术的）的倾向〔3〕，其疑经便是这种学术精神的结果。〔4〕戴震反理学，主要反对现实具体世界中有人宣称得到了真理从而推行其宰制；而在治学上，他则是认道

〔1〕江藩：《汉学师承记笺释》，漆永祥笺释，第528页。

〔2〕钱穆：《中国近三百年学术史》，第355页。

〔3〕尽管这是倾向之一种。

〔4〕杨新勋曾揭示道学发展与宋代疑经之间的关联，详氏著：《宋代疑经研究》，中华书局2007年，第296—297页。

理（条理、分理）不认权威。戴震既然反对“如有物焉”的天理[1]，那么在具体的现实中，每个人都是可错的，即便是汉儒也不例外。每个人皆具求道的能力即“心知”，而“心知”在后天有高低的区别，此区别不是以时间而展开的。易言之，汉儒并不因早于东原一千多年便比戴震的理解力要高，便不会犯错误。在戴震的心知之理面前，师法并不具备权威性。

戴震也明确地意识到自己与惠栋不同，求古、求是之别即自此出。戴震刚刚于扬州结识惠栋时，便给钱大昕写信，说“晤惠定翁，读所著《明堂大道录》，真如禹碑商彝，周鼎齐钟，蕴藏千载，班班复睹。**微不满鄙怀者，好古太过耳**”。[2]戴震无法理解《明堂大道录》，到底是因为惠栋此书“复原”器物对于当下毫无意义，还是他觉得惠栋没有秉承考据学方法、只知堆砌古说呢？此问题我们留到第五章讨论。要言之，戴震刚会晤惠栋就私下对钱大昕批评惠栋“好古太过”，可见其内心态度是相当明确的。王鸣盛又记载二人讨论谓：

> 吾交天下士，得通经者二人。吴郡惠定宇，歙州戴东原也。间与东原从容语：“子之学于定宇何如？”东原曰：“不同。**定宇求古，吾求是。**”嘻！东原虽自

---

〔1〕 戴震：《孟子字义疏证》，《戴震全书》第6册，第154页。

〔2〕 杨应芹：《段著东原年谱订补》，《戴震全书》第7册，第149页。按此书信不载于其文集中，见《昭代名人尺牍小传》。

命不同，究之求古即所以求是，舍古无是者也。夫子之圣，犹曰信而好古，曰好古敏求。古之可尚如此。[1]

王鸣盛性格甚傲，强烈地宣扬师法、尊汉的观点，乃至成为执着。他与自信的戴震产生矛盾，便不可避免。二人的争论来自对《尧典》“光被四表”的解释。郑玄注说“尧德光耀及四海之外”，王鸣盛从郑注，则读“光”为本字。[2]戴震则认为“光”当训“充”，其意思有两点：一者经文本当作“横”，转写作“桄”，脱误作“光”；二者结合上下文句法、语脉及古传训释，则此处应当训作“充”，不当解作“光耀”之“光”。[3]戴震充分调动了经文上下文本的语境分析、古代训释的材料，包括字形、字音的分析，论证极具说服力。然而郑玄却明显地读“光”为“光耀”而不是“充”。在戴震看来，只要我的解释合理，亦不必顾及郑玄当时如何说。王鸣盛则强调“师法”：

> 吉士为人信心自是，眼空千古，殆如韩昌黎所谓“世无仲尼，不当在弟子列”，必谓郑康成注不如己说精也。汉儒说经各有家法，一人专一经，一经专一师，郑则兼通众经，会合众师，择善而从，不守家法。在郑自宜然，盖其人生于汉季，其学博而且精，自七十

〔1〕王鸣盛：《西庄始存稿》，《续修四库全书》第1434册，第315—316页。
〔2〕王鸣盛：《尚书后案》卷一，《续修四库全书》第45册，第4页。
〔3〕戴震：《尚书义考》，《戴震全书》第1册，第23页。

子以下集其大成而裁断之。自汉至唐千余年，天下所共宗仰。予小子则守郑氏家法者也，方且退处义疏之末，步孔、贾后尘，此其道与吉士固大不同。道不同，不相为谋。吉士果知有郑注而不取，则听客之所为，各尊所闻可矣。……戴于汉儒所谓家法竟不识为何物。岂惟戴震，今天下无人不说经，无一人知家法也。……古之狂也肆。若戴氏，其狂而几于妄者乎！〔1〕

这话说得十分重，几于谩骂。王鸣盛认为人的资质有高下，时代有盛衰，处于经学衰微时代，材质又不高的话，除了专门做一家的学问，遵守汉代一家的家法之外，怎会有更直接的探寻经书意义的方法。在王鸣盛看来，可以不局限于一经以会通百家的只有两个人：一是孔子，一是郑玄〔2〕。其实在此之前，戴震给王鸣盛写过一封书信讨论此问题。〔3〕信中这样说："仆情僻识狭，以谓信古而愚，愈于不知而作。但宜推求，勿为株守。"此语实在指责王鸣盛"株守"，甚至"信古而愚"了；他自己的立场则是"推求"而不"株守"。推求，即是通过归纳材料、分析条例来探寻经典而非汉代

〔1〕 王鸣盛：《蛾术编》，第68—69页。

〔2〕 王鸣盛谓："自非康成，谁敢囊括大典，网罗众家，删裁繁诬，刊改漏失，使学者知所归乎？"（王鸣盛：《蛾术编》，第31页）

〔3〕 王鸣盛并未收到此信。戴震去世后，其《文集》刊行，王鸣盛读到这封没收到过的信略感愤怒，甚至以顾炎武用过的"谲觚"相讥："三十余年前，予虽与吉士往还，曾未出鄙著相质，吉士从未以札见投，突见于其集。"（王鸣盛：《蛾术编》，第68页）

经学家的意思。王引之对当时汉学家的指责也用了“株守”一词。他在与焦循的书信中批评了惠栋，称赞焦循道：“来书言之足使株守汉学而不求是者爽然自失。”[1]将“株守”与“求是”对立起来。

钱大昕兼闻惠栋与戴震之说，而路径亦偏向戴震。他推崇汉代经注的原因也在于求是：“诂训必依汉儒，以其去古未远，家法相承，七十子之大义犹有存者，异于后人之不知而作也。三代以前文字、声音与训诂相通，汉儒犹能识之，以古为师，师其是而已矣。夫岂陋今荣古，异趣以相高哉。”[2]钱大昕的理由与戴震类似，即它们在训诂上，特别是“因声求义”方面离经书形成的时代不远，更原始地保存了原初的语音“材料”。求古不是为了标新立异，而是为了“师其是”。换句话说，“求古”之目的在于“求是”，汉代经说也仅有一部分“是”，而**学者要根据语言学的客观标尺去拣择汉代经注的材料**。

“求是”，关键看“是”所指为何。如果把了解经书的本义、给经书本身（而不是经注）做出合理的解释，作为“是”的主要内容，那么“求是”势必要以考证学为主要的方法，注重归纳和推理。只要考证是“合理”的，或者从归纳、推理方面看是不可移易的，那么经典中不合理之处都可以看作是后来流传中的脱误、错讹，汉儒的注释又有何

---

〔1〕王引之：《王引之文集》，《高邮二王合集》，上海古籍出版社2019年，第1585页。

〔2〕钱大昕：《臧玉林经义杂识序》，《嘉定钱大昕全集》第9册，第375页。

不可改动乃至批驳的呢。东原的弟子，如段玉裁，亦以求是为学的，所谓“凡著书者，将以求其是而已”[1]。他注《说文解字》的时候，便建立自己的条例，勇于订正乃至改字。后来陆续有徐承庆《说文段注匡谬》、钮树玉《段氏说文注订》等书出现。然而订补之书多是运用与段氏一致的考证学方法，订补段氏在考证上的疏失，这不是方法层面的反思。段氏与顾千里之间的往复辩论，却可以放在方法论之争的视野下来看。高邮二王父子的《经义述闻》，用的方法亦与段氏同。他们是因为汉人的训释更符合他们的条例、体系而觉得汉儒水平更高，不是因为汉儒传承师法和大义而将通汉学视作了解经书本义的必由之路。段玉裁说：“郑氏之于三《礼》，得真是者最多；杜氏之于《左传》，得真是者较少。要其著书之时，固皆以求其是。”[2]郑康成与杜预，都是追求“是”的人，他们之间的区别只在于接近“是”的程度之不同，换句话说，只是量的区别，没有质的区别。这与惠栋的看法有根本不同。如果将“是”或者真理设定为经典本身最后的道理，而道理是要通过归纳和考据获得的，那么郑玄、杜预、王弼等，作为都不可能获得最终真理的人、作为相对和可错的人，自然都是平等的；而我作为一个解经者，也与郑玄、何休、孟喜是平等的，他们有了错误，我当然可以纠正——而且他们必然是有错误的。

---

〔1〕 段玉裁：《经韵楼集》，第 72 页。
〔2〕 段玉裁：《经韵楼集》，第 73 页。

与段玉裁类似，焦循亦以“求是”为目标。其《群经宫室图》反驳郑玄，与江声有争论。他在与江声的信中说：“循学无师传。窃谓西京拘守之法，至郑氏而贯通。其经注炳如日星，不难于阿附而难于精核。果有以补其所不足，则经赖以明。不则其书自在，非易者所能蔽。”[1]焦循以学无师承为荣，且认为郑玄之所以值得尊重，恰恰在于他不守门户。易言之，订正郑玄的错误，是成全了郑玄，更符合经学的根本目的。好古到一定程度，在焦循看来是“阿附”，而他追求“精核”。他又说：“仆于郑注，每不肯舍心之安以强为附和。”郑玄是怎么想的，对他来说并不重要，重要的是经书本来的意思；而是否达到本义，则在于解释者的归纳和分析，亦即“心安”。我们前文说东原继承了宋人靡所依傍、唯求理得（或心得）的精神，焦循之说，正是最好的证明。要言之，“求古”是往回看、往过去看的；“求是”虽也会尊重一下过去的解释传统，但暗含着往前看、往将来看的倾向，考证学的方法也常是“后（未来）出转精”。这里的过去、将来，也不完全是在线性时间的意义上来说。

於梅舫从求古、求是之争来分别惠、戴，指出“惠栋之学主要表现为恢复汉代经师古义……虽然其中颇具抱负……要修正宋儒道统传承体系，发挥七十子未断之大义，主要给人的印象还是以述古为主”；而戴震“乃是要由六书、九数、制度、名物，以求通圣人之名词，进而知其心意，最后反求诸己，以

〔1〕 焦循：《焦循诗文集》，第 251 页。

求与圣人同然之心，以成己德”。[1]乔秀岩的研究也试图突破汉宋、考据义理的固有模式分别。其《郑学第一原理》谓：

> 清人先确认实词词义，据以调整对经文结构及虚词的解释，结果往往割裂经文，随意曲解虚词……因此郑玄先确认经文上下结构以及显示经文结构的虚词，据以调整实词词义。郑玄在解释经文的层面上，采用“结构取义”之法，用来保证经文的完整性。读书必须读字里行间，只有语境才能产生意义，是上下文决定词义，并非堆砌词义即可得句义。清人归纳分析词义之法，将词语从经文语境中抽离开来，单独研究，这种方法适合看报纸，不适合读经书。……郑玄为经学，并非典章制度之学，亦非依赖概率的语言学，故以经书、经文为出发点，亦以理解经书、经文为终点。[2]

乔秀岩的意思是，经学就应当立足于理解经书，要从整体文本的角度取得对经典的“一贯”解释，文字训诂只是工具；而清代考据学发展到后来，虽然也追求“一贯”，但追求的只是词义用例的一贯，经书仅仅成了其发展词汇义或证明古代史实的材料。将经书视为词义的“语料”，建立了

---

〔1〕於梅舫：《惠栋构筑汉学之渊源、立意及反响》，《中国哲学史》2014年第3期。

〔2〕乔秀岩：《郑学第一原理》，乔秀岩、叶纯芳：《学术史读书记》，生活·读书·新知三联书店2019年，第128—129页。

现代语文学；视作古代史实的材料，则经学沦为史学之附庸。要之二者皆非经学。乔秀岩所要恢复的，即是每位经学家[1]注经时的结构系统。秉此理念的具体个案探究以华喆对郑玄注和李霖对《诗经》之《毛传》《郑笺》的研究为代表。[2]

乔秀岩开启了理解古代经学发展的一个新视角，特别是丰富了我们对于郑玄以及清代学术的理解。以此视角来看清代的汉学与考据学之差异，亦是很有启发性的。辜较而言，惠栋、张惠言等吴派汉学家，注重汉代经师各自的家法（理论系统），强调经典之间的义理勾连；高邮二王等考据学家（语言学家）则侧重古书之“通例”以及因声求义之方法，经书逐渐变为其材料。我则欲为此“结构取义”说加上两个限定：一是郑玄等经学家仍然有着对（圣人及经书所代表的）终极真理的追求，二是郑玄等经学家有其时代问题意识。

更具体来考察，戴学亦有条例，但惠氏之条例乃取自汉法，戴学之条例则摆落汉宋，从经书中自己归纳。师法有解释体例，有微言，有大义；而考据学之归纳，重视文本辞例，则不免走向语言学的路子，将微言、大义悉皆摈落。

三　考据学家与惠栋的分歧：以王引之为例

张素卿已经意识到惠栋与戴震派的不同，但他说：“惠

---

〔1〕 经学家在乔氏那里有特定含义。

〔2〕 华喆：《礼是郑学：汉唐间经典诠释变迁史论稿》，生活·读书·新知三联书店 2018 年。李霖：《〈秦风·渭阳〉的经学建构》，《中国哲学史》2017 年第 3 期。

氏之作仍多粗疏，论者多以为义理发挥不如戴震精深。而段玉裁、王念孙、王引之等，其文字、声韵或训诂之学，更是后出转精。这未尝不是学术精炼，青出于蓝而胜于蓝的表现。”〔1〕这就仍把惠栋与戴震、二王等人看作是一条学术脉络中的不同阶段。盖张素卿等学术史研究者实从考据学转出，论惠栋时终不免考据学眼光。本书则从经学义理系统（师法）立足，故知考据与师法之学在根本精神上不能兼容。此所以本书与张素卿等先生之考辨虽偶有重合，而立意归趣终不能相同者。两派的区别前文已作总体概述，今更以王引之为具体案例作一分析比较。

清代知名学者、训诂学代表王引之先生作《经义述闻》，其中《周易》部分专门与虞翻和惠栋为难，后为高亨等所取法。可以说王引之的批判代表了考据学家对惠栋的典型看法。〔2〕虞翻的爻变体例主要有三：卦变、旁通、爻变之正。这分别代表了现成某卦的三种时态。任何一卦皆在六十四卦之中，也皆在时空之中。世界是流行的总体，爻辞也具有时

---

〔1〕张素卿：《清代汉学与左传学》，第45页。

〔2〕《经义述闻》为王引之作，其中多称引王念孙之说。近代颇有人怀疑《经义述闻》实多出王念孙之手，王氏假托其子著述。最近虞万里重核此公案，以为：“《杂志》由怀祖主笔，己说用‘念孙按’表述，援伯申说则改‘引之案’为‘引之曰’表述；《述闻》由伯申主笔，己说用‘引之谨案’表述，援父说则改‘念孙案’为‘家大人曰’，以示尊敬。至于伯申撰作中之愤悱，怀祖庭训时之启发，或未必处处改标‘家大人曰’。最后由怀祖统揽全局。”（虞万里：《高邮二王著作疑案考实》，上海教育出版社2020年，第161—162页）虞说考核翔实，可视为定论。将《经义述闻》之《周易》部分视为王氏父子共同看法亦无不可。

态，故其取象要充分考虑其来源与走向，这众多体例并不是随意取用。王引之对此不了解。今先分四部分来检讨其批评。

（一）旁通

今姑举王引之批评的一条：

> 师六三："师或舆尸，凶。"虞注曰："同人离为戈兵、为折首，故舆尸凶矣。"引之谨案：此谓师与同人旁通也。案同人上乾下离，师则上坤下坎。刚柔相反，不得取象于同人也。如相反者而亦可取象，则乾之初九亦可取象于坤，而曰履霜；坤之初六亦可取象于乾而曰潜龙矣，而可乎？夫圣人设卦观象，象本即卦而具，所谓视而可识，察而可见也。今乃舍本卦而取于旁通，刚爻而从柔义，消卦而以息解，不适以滋天下之惑乎？虞仲翔以旁通说《易》，动辄支离，所谓大道以多歧亡羊者也。虞说不可枚举，略举一爻，以例其余，有识者必能推类以尽之。[1]

对"舍本卦而取于旁通"的批评显示出王引之解《易》的关键立场，即以"见在"的卦爻辞[2]为本位。推而广之，

〔1〕 王引之:《经义述闻》，虞思徵等点校，上海古籍出版社 2016 年，第 20 页。

〔2〕 所谓"见在"的卦爻辞，即理解者阅读到或者占到某卦时所当呈现出的且被当时的解释者当下见到的卦，并不牵连别的卦。

实即以当下的感官经验为本位。本来感官经验就有其局限，积累当下的感官经验以获得“通理”，则其所得通理未必可信。且看王引之的具体批评：师卦与同人卦的阴阳爻全相反，如果说同人卦的时候可以取师卦的卦象，那么我解释任何卦爻辞岂不都可以随便拽一个相反的卦象来解说？此反驳缘于他并不理解虞翻的体系。张惠言、李锐皆有钩稽，虞翻的旁通说是有严格边界的。[1]只有一阴一阳之卦以及反复不衰之卦得用旁通，除此之外的变例仅限屯/蒙与革/鼎，以及错综皆成对的随/蛊、恒/益。需注意，虞翻的“旁通”从外在形式上看是一对刚柔完全相反的卦，与飞伏、错卦（变卦）这些术语所指称的相同；然实际上旁通是讲述乾坤两卦逐次推荡时产生的结果，与二阴二阳以上的卦变相配合互补，是一个动态的得象过程。略举一例：小畜卦九三“车说辐”，虞翻谓：“豫坤为车、为辐。至三成乾，坤象不见，故‘车说辐’。”小畜 ䷈ 与豫卦 ䷏ 旁通，但旁通的变化体现了阴阳消长，也不是“一时”而变，豫卦旁通小畜，亦须逐爻递变，变至三爻，豫之下卦坤变为乾，坤车之象不见，故“车说辐”。豫与小畜旁通，是乾坤推荡同时产生的，但站在豫卦的立场上，则豫卦为“见在”而小畜为来源；站在小畜看，则小畜为“见在”而豫卦为来源，并非随意解释。至于此处王引之所据的同人卦的例子，文字本属可疑，不论可

---

〔1〕 李锐：《周易虞氏略例》，《续修四库全书》第 28 册，第 259—260 页。

也。[1]虞翻之例，稍加细心推求，不难得其大概，又有惠、张之发明，不宜多惑。王引之谓“适以滋天下之惑”，又谁惑乎？

《经义述闻》还专列一条“虞氏以旁通说《彖》《象》显与经违”，近两千字将虞氏涉及旁通之注文逐句检出，以辟虞氏旁通之说。全文共分两部分，一是论旁通不合于《彖传》，二是论旁通不合于《象传》。今举一条：

> 《豫·彖》曰：“豫顺以动，故天地如之。”虞曰：“小畜乾为天，坤为地。如之者，谓天地亦动以成四时。”又“天地以顺动，故日月不过而四时不忒”，虞曰：“豫变通小畜，坤为地，动初至三成乾，故天地以顺动。变初至五，离为日，坎为月，皆得其正，故日月不过。动初时震为春，至四兑为秋，至五离为夏，坎为冬。四时位正，故四时不忒。”……此谓豫与小畜通，小畜下体有乾，互体有离兑也。然经云“顺以动，豫”，谓下坤上震也。若取义于下乾上巽之小畜，则是“健而巽”矣，岂顺以动之谓乎？
>
> 《大有·象》曰：“火在天上，大有。君子以遏恶

[1] 此处明代朱氏、胡氏本皆作“卢氏”，雅雨堂本改作“虞氏”。然观其文字，“坎为尸，坎为车、多眚”，似亦不成文句。朱本作“坤为尸，坎为车、多眚”，雅雨堂本虽为惠校，改为“坎为尸”，而《周易述》仍用“坤为尸”。如此方合于“尸在车上”（互体坤在坎上）之象。要之此处文字脱讹错乱，不必强作虞氏学解。

扬善，顺天休命。”虞曰：“乾为扬善，坤为遏恶、为顺（比内卦坤）。以乾灭坤，故遏恶扬善，顺天休命。”此谓大有与比通也。然经云“火在天上”，不云“地上有水”，何得以比释之乎？[1]

此处反驳的逻辑很简单：“你用旁通来解释，但《彖传》《象传》都没有用这个方法。”然问题在于，“《彖》《象》表面没有采用旁通卦”并不能推出“《彖》《象》反对（或禁止）用旁通卦”。若谓圣人没有讲此体例，后人增加之体例便皆违背圣人之意，则哲学思想完全没必要发展，而讲求体例的经学也干脆取消掉好了。以《春秋》而言，孔子订《春秋》，寄托义法于行事，经文简要，未言其例；公羊先师发起义例，已是“无中生有”；何休又足成公羊先师之说，则重增其所未言。据此而推，《公羊》之学皆可废乎？

虞翻对旁通卦的定位很清晰，如小畜与豫为旁通，这仅仅是旁通的结果，它之前有个过程。旁通本于乾坤，以乾通坤，以坤通乾，谓之旁通。乾与坤发生爻的交换，此即旁通。如乾四之坤初，乾成小畜，坤成复，复初之四，成豫。即乾成小畜，坤成豫。[2]小畜与豫乃是乾坤相交通的结果。故在解释小畜时可以援引豫，解释豫时可以援引小畜——而

〔1〕王引之：《经义述闻》，第113—114、115页。

〔2〕李锐解说旁通，以乾坤同位相易，如乾四之坤四，乾成小畜，坤成豫；乾三之坤三，乾成履，坤成谦。此论虽简要明快，然考之虞注，似犹有未达。

不是说小畜与豫可以混淆。

无论如何，王引之已经强势地判定虞翻的解释“违失”，且在末尾说道：“今世言易者多宗虞氏而不察其违失，非**求是**之道也。”[1]彼所求的是，仅仅是考据学的是而已。不点名地批评惠、张，这不是顺带提及，而是卒章显志了。

（二）爻变之正

惠栋发明虞翻之义最多者，即其“爻变之正”以成既济之说。其《易例》谓：“易道晦蚀且二千年矣。元亨利贞，乃二篇之纲领。”元亨利贞，即指虞翻爻变成既济的说法。王引之专门批判虞翻此例，洋洋三千五百字，恐怕也有其针对性：

> “虞氏释贞以之正违失经义” 虞仲翔发明卦爻，多以“之正”为义。阴居阳位为失正，则之正而为阳；阳居阴位为失正，则之正而为阴。盖本《彖》《象传》之言位不当者而增广之。变诸卦失正之爻，以归于既济，可谓同条共贯矣。然经云位不当者，惟论爻之失正，未尝言其变而之正也。夫爻因卦异，卦以爻分，各有部居，不相杂厕。若爻言初六、六三、六五，而易六以九；言九二、九四、上九，而易九以六，则爻非此爻，卦非此卦矣，不且紊乱而无别乎？遍考《彖》《象》传文，绝无以“之正”为义者。既已无所

〔1〕 王引之：《经义述闻》，第116页。

根据矣，乃辄依附于经之言“贞”者，而以“之正”解之。[1]

王引之的理由有二：一者虞翻此例不见于《易传》，二者此种攀缘他卦的解释颇为随意。第一个理由，我们在上面旁通例中已经说过，至于第二个理由，我们看他具体的案例分析：

> 注《蒙》“利贞”云：“二五失位，利变之正，故利贞。”案《彖》曰“蒙以养正，圣功也”，以九二刚中上包六五言之，未尝以为二五之位当之正也。[2]

其实“蒙以养正”，完全可以解释为二五易位各自得正，王引之自己的解释与虞翻的解释是平行的，并不能据己说否定虞说。虞说出自“各正性命”一句，王引之反对道：“《彖》曰‘乾道变化，各正性命，保合大和，乃利贞。首出庶物，万国咸宁’，则‘各正性命’者，谓庶物之性命各得其正，非谓乾之六爻各正而成既济也。”[3]然“庶物性命各正”不就可以“六爻各正”理解吗？

与此相关者，虞翻、惠栋以“反则”为爻变之正，王引之亦专门反驳。如“后有则也、则困而反则也、不违则

〔1〕 王引之：《经义述闻》，第75页。
〔2〕 王引之：《经义述闻》，第75页。
〔3〕 王引之：《经义述闻》，第79页。

也……”条谓：“有则，犹言有常。……解者多以则为法则。夫‘笑言哑哑’，何法则之可传？‘弗克攻吉’，何法则之可反？‘明入地中’，又何失法则之有乎？”[1]所谓“解者”，即指虞翻、惠栋。虞翻解“笑言哑哑，后有则也”曰“则，法也，坎为则”，又曰“得正有则”，又曰“得正故有则”。是则训法，取坎象，所谓法则即得正。惠栋用之，引申为“凡爻之正而得位者，皆曰则”。[2]变之正为法则，即常道。此义理甚明晰，法、常亦相通。王引之强分法、常道为二，只不过是为了拒斥《周易》的象数条例。

（三）取象

王引之与易学家的另一个根本分歧是：如何看待辞与象之间的关系。虞翻以为《易》辞是推象写出，故要沟通《易》辞与象之关系。王引之在一定程度上也认可这个方法，但采取的是“最弱的关系”这种立场，即只有那些当下的、最明显的象才可以建立联系。比如《鼎·彖传》“巽而耳目聪明”，虞注曰：“谓三也。三在巽上，动成坎离，有两坎两离象，乃称聪明。日月相推而明生焉，故巽而耳目聪明。”王引之批评说：

> 如虞说，则是坎而耳目聪明矣。岂巽之谓乎。

---

〔1〕 王引之：《经义述闻》，第95—96页。

〔2〕 惠栋：《周易述》卷十二，乾隆间雅雨堂刻本，第1页。

三动则成未济，未济之象火在水上，亦与以木巽火之象不合。其误甚矣。仲翔必欲为此说者，盖以外卦离为目为明而无耳聪之象，故云“三动成坎”以迁就之。不知古人之文，多有连类而及者。离固为目为明，而但云巽而目明，则文单而义不显，故必以耳聪并称。……遍考《象传》之文，若是者多矣。……**比物连类，多有因此及彼者，**读者心知其意，斯为得之。**必欲事事合于卦象，则穿凿而失其本指**矣。[1]

虞翻则采取一种较强的联系。在虞翻看来，既然承认辞与卦象之间存在关系，那么尽力建立一种完美的体系则是解释者的义务。他自谓“至臣祖父凤，为之最密”，可见其追求。况且卦变、旁通、爻变之正，本就是他理解《周易》最基本的体系，在他看来，用此体系来解《易》并没有什么穿凿缴绕之处。“必欲事事合于卦象，则穿凿而失其本指”这话不错，但不能据此就否定推求卦象的方法。王引之用“古人之文，多有连类而及者”，轻松地把诠释学的任务卸掉，认为不必“事事合于卦象”；再往前走一步，就是根本不必合于卦象。近代高亨、李镜池等学者舍象以解《易》，自以二王为祧矣。

〔1〕 王引之:《经义述闻》，第 94—95 页。

（四）所谓通贯

考据学家王引之也自认为是经师，强调其训释也是“通贯”的。如他解释复卦“七日来复”时谓：“七日何所取义乎？曰：仍**求之于本经**而已。”接下来即列举卦爻辞中的三处“七日”；末尾指出“解经者不**考全经**之例，宜乎多方推测而卒无一当矣”。[1]王引之是通贯解经的代表，而郑玄、虞翻、惠栋反成了“多方推测而卒无一当”。再举一例，如“乾、师、颐、坎、既济言勿用”条：

> 乾初九：潜龙勿用。惠氏定宇《周易述》曰：“大衍之数虚一不用，谓此爻也。”引荀爽注“大衍之数五十”云：“潜龙勿用，故用四十九。”家大人曰：荀意谓乾之初爻言勿用，故不在所用之列。案坎之六三，亦八纯卦之一爻，其辞曰“来之坎坎，险且枕，入于坎窞，勿用”，与乾之初爻言“勿用”同。何以不在不用之列？荀说殆不可通。（引之谨案：荀以用九、用六备四十九之数，亦不可通。用九用六统乾坤六爻言之。昭二十九年《左传》“《周易》有之，在乾之坤，曰见群龙无首吉”，杜注曰“乾六爻皆变”是也。何得以用九用六与每卦之六爻并数乎。）惠氏不能厘正而承用之，非也。[2]

---

〔1〕 王引之：《经义述闻》，第 42 页。

〔2〕 王引之：《经义述闻》，第 3—4 页。

乾元初九为太极，乃是惠栋、张惠言的根本义理，其理源自汉学，则乾初九“潜龙勿用”当然与其他地方出现的“勿用”意义地位不可同日而语。归纳排比，凡是文字上相同的就认为应该一样，完全不管义理的安排，王氏父子与经学家的逻辑根本不同。

在王引之看来，训诂之学的第一步是把待训解的语词，在全经中出现的情况全部列出来，而后加以“归纳”，辞同者不应当有不同的意义和义例。如其考察“田有禽、利执言”便谓：“经凡言田无禽、田获三狐、田获三品，皆以田猎言之。此‘田有禽’不应独异。”又解“旧井无禽”曰：“《易》爻凡言‘田有禽’‘田无禽’‘失前禽’，皆指兽言之。此禽字不当有异。”又解“井谷射鲋”谓：“《易》凡言射隼、射雉，皆然（谓以弓射之）。射鲋不应独异。”[1]看上去，似乎非常科学，非常一贯，非常使人信服。

然王引之有时又自违其说，令人疑惑。如上面他认为“禽”字应当通贯之后，又谓：“凡卦一爻之中兼取数象者，不必同为一事。田有禽，自谓田猎；利执言，自谓秉命。”[2]其实我们蛮赞同引之先生的这个看法，即《易》辞的写作以取象为本，而取象撰写出的辞不能全然用语法去分析，有时候具有跳跃性。王引之在此段中认为一条爻辞中的数象未必一贯，并不违背其“辞同当一贯”的法则。然而下一条“旧

〔1〕 王引之：《经义述闻》，第21、58、60页。
〔2〕 王引之：《经义述闻》，第21页。

井无禽”，王引之解释谓：“阱通作井，与‘井泥不食’之井不同。‘井泥不食’，一义也；‘旧阱无禽’，又一义也。阱与井相似，故因井而类言之耳。”[1]若用王引之的方法，我们应该这么反驳他：“经凡言‘井’者，皆谓饮水之井，此‘旧井无禽’不应独异。”

这种改读，仍是王引之的“家法”，因声求义，不必读本字。可王引之何以要破坏其一贯性呢？盖除了一贯的归纳，他还求之于常识。“旧井无禽”若作水井解，不合于他的常识。但《易》之卦爻辞取象与天地准，日月风雷、恢诡谲怪皆在其范围之中，岂可用后来解释者的常识来判定是非？

王氏父子对自己的“通贯”太过自信，有时不免横决。如“衍在中也”条，王念孙谓：“诸家说衍字之义均有未安，或读‘需于沙衍’为句，引《穆天子传》‘南绝沙衍’为证，与爻辞不合，尤非。”[2]此处所谓“或读”，即指惠栋《九经古义》。惠氏此说确实不妥，亦无家法可据，《周易述》中已舍弃其说，而据《仪礼》郑注读衍为延，谓“五需二，五在二后，自后诏二，延登居五”。王引之则提出一个新奇的读法，以为“衍”是“行”字之讹。如果说荀爽、虞翻、孔颖达、惠栋对“衍”的解释不十分靠谱，那么王引之的校改则十分不靠谱。《象传》虽多有“中行”“行中”等说法，但“某在中也”这样的句式仅两见，另一句是“黄裳元吉，文

〔1〕 王引之：《经义述闻》，第 58 页。
〔2〕 王引之：《经义述闻》，第 98 页。

在中也”。据此而推，则“衍”应是某种品德，即饶裕盛美之貌，荀爽释引申为“美德优衍”，意思最接近。且考之上下文，“衍在中也”与“灾在外也”恰相对，岂可异想天开便改经文?

当然王引之对虞翻、惠栋也有批评得对的地方，如：

> 又案《集解》虞翻说“井泥不食”云:“初下称泥。巽为不果，无噬嗑食象，下而多泥，故不食也。”今本《集解》“不”误为“木”。而惠氏《周易述》遂据之以解“旧井无禽”，以为:“古者井树木果，故《孟子》井上有李，禽来食之。井坏不治，故无木果树于侧，亦无禽鸟来也。”案《说卦传》云“巽为不果”，不云“巽为木果”。乾已为木果矣，岂有巽又为木果者乎。惠说甚误。[1]

按《说卦传》乾为木果、艮为果蓏、巽为不果。《集解》遇果，虞翻皆取艮果之象。是此处“木果”当为“不果”之误。惠栋据误字“木果”发挥，张惠言依用之[2]，而王引之所改是也。此据易例分析而得，并非实证考据之学。王引之本可据此订正惠氏，以足完其说，可惜其实际意图在

〔1〕 王引之:《经义述闻》，第59页。
〔2〕 张惠言:《周易虞氏义》，《续修四库全书》第26册，第485页。

于将虞说一并抹杀，以证成自己“旧井无禽”为陷阱无禽兽之说。

值得注意的是，王引之与焦循在书信中相互期许，在共同批评惠栋的问题上达成了一致。焦循收到《经义述闻》后回信说：

> 东吴惠氏为近代名儒，其《周易述》一书循最不满之。大约其学拘于汉之经师而不复穷究圣人之经。譬之管夷吾，名曰尊周，实奉霸耳。大作可以洗俗师之习矣。[1]

焦循既反对汉学，也反对考据学。信中他称赞了王引之对惠栋等人的批判，又介绍了自己的易学见解。王引之读到焦循书信，继续对惠栋易学表达不满：“惠定宇先生考古虽勤，而识不高，心不细。见异于今者则从之，大都不论是非。”[2]其实二人的思路完全不同。焦循的《易学三书》仅把相同的文辞看作两处卦爻可联通的代换项而已，王引之则以文本为立场。二人有根本冲突，但仍如此相互激励，大概是在鄙弃惠栋上达成了统一战线。王引之在书信中盛赞焦循的《易说》乃“凿破浑沌，扫除云雾，可谓精锐之兵矣”，他是否真的仔细推求过焦循的易例呢？

---

〔1〕 罗振玉：《昭代经师手简》二编，华东师范大学出版社 2014 年。
〔2〕 王引之：《王引之文集》，《高邮二王合集》，第 1584 页。

四 字义与微言

《周易述》中有《易微言》两卷，摘道、天、一、理、性命等字为目，贯穿六经诸子及汉儒之说，似是阐述“哲学概念”，与宋儒立异。后人遂认为戴震《孟子字义疏证》在体裁和反宋儒的内容上皆受《易微言》影响。如钱穆谓：

> 松崖治《易》，既主还复于汉儒，而汉易率主象数占筮，少言义理，故松崖又为《易微言》，会纳先秦、两汉诸家与《易》辞相通者，依次列举，间出己见。……所谓义理存乎故训，故训当本汉儒，而周、秦诸子可以为之旁证也。当时吴派学者实欲以此夺宋儒讲义理之传统，松崖粗发其绪而未竟。……东原《原善》三篇，则其文颇似受松崖《易微言》之影响。……其即故训中求义理之意，则固明明与松崖出一辙也。[1]

他还通过戴震《原善》晚于惠、戴扬州之晤来证明此论断：

> 今定《原善》三卷本成于丙戌东原四十四岁之年，则上推《原善》三篇，其初成亦决距此不甚远，至迟

〔1〕 钱穆：《中国近三百年学术史》，第358—359页。

在癸未，至早在丁丑（遇松崖之年），先后不出十年也。乙酉，东原过苏州，题松崖《授经图》。《原善》扩大成书，即在其翌年。东原深推松崖，谓舍故训无以明理义，《原善》三卷，即本此精神而成书。[1]

首先从考证角度来说，钱穆的说法很难成立。据钱说，《原善》成书最早在丁丑（1757），扩大成书在乙酉（1765）。惠、戴丁丑相晤扬州，故钱氏以为戴震《原善》受其影响。然陈徽已考订，《原善》之成书当在乾隆二十五年庚辰（1760）之后。[2]戴震《原善》等书并未提及《易微言》。且二人在扬州会晤时，有何证据证明惠栋给戴震看过《易微言》呢？当时惠栋六十一岁，下半年以疾归家，明年五月即殁。此年惠栋与王昶相晤时，托付的是《易汉学》。而戴震与钱大昕写信，谈及会晤惠栋时谓："晤惠定翁，读所著《明堂大道录》，真如禹碑商彝，周鼎齐钟，薶藏千载……"[3]因会晤时《明堂大道录》已完稿，故惠栋以成说示戴震。与之相较，《易微言》当时未成稿[4]，惠栋不太可能

〔1〕钱穆:《中国近三百年学术史》，第361页。

〔2〕陈徽:《性与天道：戴东原哲学研究》，中国文史出版社2005年，第42页。

〔3〕杨应芹:《段著东原年谱订补》，《戴震全书》第7册，第149页。

〔4〕今雅雨堂刻本《周易述》所附《易微言》，多有案而不断、抉择未精之憾，当系初稿。对惠栋书稿状态比较熟悉的人应当知道，这种"初稿"的状态只能算是完成了一半多而已，因惠栋增删改易后的定稿，较初稿状态往往变动很大。惠栋去世时，其《易微言》尚属未定稿，则与戴震会晤时，其初稿状态亦未必完成。

以此书示之。

其次，戴震的《原善》与《孟子字义疏证》体裁并不相同；即便《孟子字义疏证》与《易微言》皆以“字”（或曰“概念”）标纲，二者仍有很大差别。《孟子字义疏证》的体裁是“字义”或“哲学概念阐释”，《易微言》的“微言”并不指向体裁，而是指向内容。惠栋在对经典的随文注释中，也常提及“微言”，即精微要妙之言。元、道、微、隐这些字为精微要妙之言，故惠栋专门加以讨论。其讨论的方式并非做专门的辨析，而是列举经书中对这些“概念”的使用，偶尔加以评价。戴震的《孟子字义疏证》则完全不同，他在每条概念之下，以发挥自己观点为主，将群经中对“性”“道”等概念的使用组织到自己的论证中，作为自己的材料。自我论述与经典文句的主客地位，在惠、戴那里是完全相反的。〔1〕

与其说《孟子字义疏证》(《原善》) 受到《易微言》的影响，不如说更受到《北溪字义》的影响。杨儒宾即称“《北溪字义》与《孟子字义疏证》是神话学所谓的‘邪恶

〔1〕 陈徽亦力主戴震思想不太可能如钱穆所说受到惠栋那么深的影响。他从惠、戴学术性格之迥异来分析，指出：“无论在治学方法还是为学宗旨等方面，二人皆大相径庭。就治学方法而言，东原并不拘泥于一家之说，定宇则尊古而信汉。就问学宗旨而言，东原主张由训故以明道，定宇则似乎并无东原此明确之意识，且可能以程朱之义理为轨囿。”（陈徽：《性与天道：戴东原哲学研究》，第 29 页，引文有省略）虽然惠栋并非全然囿于程朱义理，但陈徽对惠、戴学术性格的分判无疑是敏锐的，而钱穆所理解的惠栋反宋学则有夸张。

的孪生兄弟’”。[1]《北溪字义》之前尚有更早的“哲学辞典”（义理概念书籍），来自佛教。经学以随文诠释为主，很少专门有概念研究的著作。佛经卷帙浩繁，且主要探讨“哲学”问题，涉及众多名相，读一部佛经难以获得整体理解。又因为翻译问题，中国的佛学研习者尤其以佛教“事数”（名相）为苦。[2]唐人李师政《法门名义集》即是较早的佛教名相之书，他在序言中说：“故无说不妨于乐说，以知无名不坏于假名，因名以通寂。然则标法之名，释名之义，理之津道，可不务乎。但布在众典，难得而究。集而释之，则易观矣。”[3]此书即列举五阴、六根、三毒等加以解释，间引佛教经典。所谓名义，亦可理解为字义。如空海所纂《篆隶万象名义》即据《玉篇》而成，《玉篇》为字书，则“名义”最初亦是训诂、字书之称。但用“名”则可理解为概念，故《法门名义集》并非字典，而是哲学概念之书；于是“字义”亦可不仅仅为字典，而成为哲学概念之书。在陈淳之前，朱子门人程端蒙已有《性理字训》一卷。如谓：“天理流行赋予万物是之谓命，人所禀受莫非至善是之谓性，主于吾身统乎性情是之谓心，感物而动斯性之欲是之谓情。”[4]

---

〔1〕 杨儒宾：《异议的意义：近世东亚的反理学思潮》，台湾大学出版中心2012年，第267页。

〔2〕《世说新语·文学》：“殷中军被废，徙东阳，大读佛经，皆精解，唯至事数处不解。”刘孝标注：“事数，谓五阴、十二入、四谛、十二因缘、五根、五力、七觉之属。”

〔3〕 李师政：《法门名义集》，见《大正新修大藏经》第54册，台北新文丰出版社1983年，第195页上。

〔4〕 程端蒙：《性理字训》，清同治刻本，第1页。

其解释比较简单，还有点“字典”的形式。陈淳作《四书字义》，又称《北溪字义》，此书本为讲学记录，故为口语体，然已有哲学讨论在其中。其实除了这种专门解释哲学概念的书，当时的人已经意识到，分门别类编纂用于辨析和澄清哲学概念也很重要。朱子门人把《语录》发展成《语类》即其代表。就理学而言，语录体裁实为关键。但一般的主要是“录”，即老师讲说之后，学生加以记录，整理出版。其编次多以讲学时间、整理者为次序。《二程语录》《龟山语录》等皆如此。随着理学的展开，朱子这样的理学家的语录本身成为研习的目的〔1〕，那么朱子后学必然要按照理学概念和问题对语录重新加以组织。目前传世的“朱子语类”中，黄士毅在眉州所刊为最早。黎靖德所谓“语之从类，黄子洪士毅始为之”。〔2〕魏了翁在此书序文中提及他曾拒绝度正（字周卿）刊刻语录的一段话：“张宣公以程子之意类聚孔孟言仁，而文公犹恐长学者欲速好径之心，滋入耳出口之弊。脱是书之行，其无乃非公所云云者乎。”〔3〕里面提及的事情，即张栻根据程颐意思，汇纂《论》《孟》中有关“仁”的论述，成《洙泗言仁》，其序言谓：“某读程子之书，其间教门人取

〔1〕我们此处使用的“语录本身成为研习的目的”只是一种方便的说法。它与程子、朱子所主张的“某在何必看语录”或者只把语录看作日常讲论、修行以及读书的补充这样一种观点相对照。语录最初仅仅是参考性的，所以学生只需按照时间去读一读即可，但随着语录重要性的提升，研读语录成为独立的学问，则阅读不方便的问题即凸显出来，也就必然会有学者去分门别类地对语录重加纂辑。

〔2〕黎靖德编：《朱子语类》，《朱子全书》第 14 册，第 103 页。

〔3〕魏了翁：《眉州刊朱子语类序》，《朱子全书》第 18 册，第 4361 页。

圣贤言仁处类聚以观而体认之，因裒《鲁论》所载，疏程子之说于下，而推以己见，题曰《洙泗言仁》，与同志者共讲焉。”[1]朱子则对此种做法表示怀疑，因为这样会使很多人再也懒得去读《论》《孟》原书并自己切实体会。黄士毅类纂朱子所传语录的做法也未必得到朱子门人的一致赞同，所谓“士毅之类次，虽犯不韪”[2]。《语类》在流传中最终取代了《语录》。这不仅仅在于其便利性，也因理学作为一种义理系统，学习者必须对其中“概念”有所辨析。也就是说，不仅“语录”这种题材与理学思想密切相关，“字义”这种题材也是理学思想的合度表达形式。[3]

戴震在思想旨趣和方法上反理学，写作方式却也同理学一样用了“字义”体裁。《孟子字义疏证》一书显然不是考据学或训诂学的作品，而是借概念史梳理来批评理学的作品。就方法而言，戴震认为自己也与宋儒不同：宋儒的讨论是凿空论说、各逞己见，他则是根本于六经本意。虽然他思想上反理学，但同样在讨论理学问题，故而其“字义”体裁最终走向了哲学论证。总体来看，《孟子字义疏证》的形式

---

〔1〕张栻：《张栻集》，中华书局2015年，第970—971页。

〔2〕黄士毅：《朱子语类跋》，《朱子全书》第18册，第4360页。

〔3〕关于文体与思想之间的关系，近年来有刘宁的《汉语思想的文体形式》（华东师范大学出版社2012年）一书，只是此书从大处着眼，对语录与理学的具体关系未做深入探讨。语录与理学的关系，可参见陈立胜《语录体与理学家》一文（见氏著《入圣之机：王阳明致良知工夫论研究》第1章，生活·读书·新知三联书店2019年）。然诸家对于语录变为语类的意义，似未给予足够关注。

有以下几个方面：一是对概念做出的界定，二是引用经典以疏通证明此定义，三是反驳宋儒，四是设问答来进一步引申讨论。这是非常成熟的哲学著作。

《易微言》则全然不同。一如《易汉学》那样，《易微言》主要是罗列诸家之说，偶尔才给出自己的分析或辩证。就风格而言，戴震与宋儒接近，而惠栋与他们皆不同。惠栋的《易汉学》体裁更类似一种“学案体”，却与“学案体”著作（如《明儒学案》等）通过考镜源流来呈现思想发展脉络的宗旨又不同。在惠栋看来，排比、纂辑的目的是让先圣、汉儒自己说话，自己呈现出自己。只要钩稽纂辑得当，再在关键的地方加以注解、点拨、辨析，读者自能体会经典之义，何必要作者自己发表看法呢？扩展而言，《易汉学》《易微言》《周易述》等，都是要呈现出汉儒之义，进而呈现出孔子之微言而已，作者自己是不重要的。甚至“作者”这个词都不能用，因“作者之谓圣，述者之谓明”（《礼记·乐记》）——圣人才敢制作，孔子尚且谦称“述而不作”，两千年后的学者怎敢称“作者”呢？《九经古义·论语》篇末谓：

> 夫子言“述而不作”，信哉。《乡党》一书，半是礼经；《尧曰》数章，全书训典。论君臣虽人言不废，言恒德则南国有人。……“参分天下而有其二”，《周志》之遗文也（今《逸周书》即《周志》也，在《程典篇》）；“陈力就列，不能者止”，周任之遗言也。推

此言之，圣人岂空作邪？[1]

章太炎尝谓吴派“笃于尊信，缀次古义，鲜下己见”。[2]张素卿引评此段谓：“看似泛泛罗列材料而已，仔细寻绎，惠氏其实有意藉此表明一己的主张。这未尝不是以‘述’古的形式自表己见……‘古义’之‘鲜下己见’，绝非没有见解，由此可见一斑。”[3]惠栋特别反对“不知而作”，《九曜斋笔记》载：

> 子曰：“盖有不知而作者。”不知，谓不从见闻中所得，而凿空妄造者。朱子谓不知其理。郢书燕说，何尝无理？[4]

朱子解释为“不知其理”，见《论语集注》，亦即不符合“理”，此解释并无大问题，妄作的肯定不符合真理。惠栋反驳谓“郢书燕说，何尝无理”，则是把“理”动词化，即指一套论辩系统。谬说倒见可能辨析得更繁复精到，荀子所谓“持之有故，言之成理”。在惠栋看来，避免此类歧途的办法是从于古，把“自我”的意见消释掉，使古代经典中的意义系统呈现出来。

就注释而言，惠栋亦要效仿汉法：“训诂，汉儒其词

〔1〕惠栋：《九经古义》卷十六，《贷园丛书》本，第12页。
〔2〕章太炎：《章太炎全集·訄书》，第155页。
〔3〕张素卿：《清代汉学与左传学》，第44页。
〔4〕惠栋：《九曜斋笔记》，《丛书集成续编》第20册，第633页。

约，其义古。宋人则辞费矣，文亦近鄙。”[1]汉代的注释非常简要，而魏晋以下的注释，如王弼、韩康伯等注解则甚至成为论说，朱子所谓“不可令注解成文”者正类此。不过汉代“词约”者系指故训、注、笺之类体裁而言，若传、章句、说等注释体裁则往往有长篇议论。惠栋分辨注释古今之辨，则不仅仅在辞的多少，还在注释风格辞气是否高古、训释是否接近七十子。

比如《易微言》的“无”字条，惠栋先列举《中庸》的“无声无臭”、《孔子闲居》的“三无”来说明经典古义中的“无”字义，而后就着孔子谈“三无”作按语谓：“六经无有以无言道者。唯中庸引《诗》‘上天之载，无声无臭’，及《孔子闲居》论‘三无’，此以无言道也。”并最后得出“无与元同义”这样的结论。此下的第三条，列举《公羊传》何注对“元”的解释。其实此条前面“元”字下已出现，但这并非重复，而是因按语中得出“无与元同义”结论后，进一步点出“元”之义来解释无。此下引刘瓛“自无出有曰生”，并非是认可其说。惠栋在《周易古义》初稿中曾引刘瓛之说，并将之与李业兴之说并列，而后断以“太极不可言有无”。[2]但他后来放弃了此说，而主张“有”。故将李业兴之说放在前面的按语中，将刘瓛说放在后面。则第四条的刘瓛说，实则是作为批评对象的开始。从第五条开始，列举

〔1〕 惠栋：《九曜斋笔记》，《丛书集成续编》第20册，第627页。

〔2〕 见本书第一章第二节。

《老子》、《淮南子》、王弼注等“有生于无”的说法。此排列的逻辑十分清楚：前三条是论证“六经无有以无言道者，无与元同义”，后面数条则是论证“道家乃以无言道，创‘有生于无’之说，魏晋以后注六经者贵无之说出于道家”。这意味着，《易微言》中列举的条目并非都是惠栋所主张的，有的是他要批评的。[1]

要言之，惠栋尽管有自己的判断，但他拒绝从“论文”的逻辑出发来组织材料展开自己的语言论述，而是纂辑排比材料，通过剪辑的次序以及在关键处的按语点拨，使古典的意味自己呈现出来。这是惠栋“述”之体裁的真义。

第三节　易　例

惠栋据汉学义例以说《易》，此其与考据学家的重要区别，今具体考察惠栋说《易》的主要义例。

一　之卦（卦变）

卦变是汉易的重要问题之一。惠栋在写作《易汉学》虞氏易部分时，并未涉及虞氏卦变。因当时他对此问题的理解还不够深入，有问题没想明白。

〔1〕《易微言》为未定稿之书。惠栋手稿往往先汇集材料，而后在修订时，天头、地脚、行间都有可能增删订补，卢见曾刊刻《周易述》时用的《易微言》底本可能仅仅是惠栋尚未改订的初稿。他引用的一些文本，与前面的有冲突，乃是因这些文本是要加按语予以批评的。

晚于《易汉学》初稿的《六论》，最初附录于《周易本义辩证》之后，后来移入《易汉学》第八卷。其中的《卦变说》一篇比较能代表惠栋对此问题的早期理解。

> 卦变之说，~~始自汉儒~~［本于《彖传》］。荀慈明、虞仲翔、姚元直及蜀才、卢氏、侯果~~等言之~~［之注述之］详矣。而仲翔之说尤备。乾坤者，诸卦之祖也；坎离者，乾坤之用也。乾二五之坤成坎，坤二五之乾成离。不从卦例。复、临、泰、大壮、夬，阳息之卦，皆自坤来；姤、遁、否、观、剥，阴消之卦，皆自乾来。故以例诸卦。自临来者四卦：明夷、震、解、升也。自遁来者五卦：讼、巽、革、家人、无妄也。自泰来者八卦：归妹、节、损、贲、既济、蛊、井、恒也。自否来者八卦：渐、咸、困、未济、涣、随、噬嗑、益也。自大壮来者五卦：需、大畜、睽、兑、鼎也。自观来者四卦：晋、萃、蹇、艮也。豫自复来，谦自剥来。蜀才谓师与同人皆自剥来，大有不言所自，当自夬来。此外不从卦例者十：丰从噬嗑来也，仲翔曰："此卦三阴三阳之例，当从泰二之四，而丰三从噬嗑上来之三，折四于坎狱中而成丰。"旅从贲来也，仲翔曰："与噬嗑之丰同义，非乾坤往来也。"颐，晋四之初也，仲翔曰："与乾、坤、坎、离、大过、小过、中孚同义，故不从临观四阴二阳之义。"小过，晋上之三也，仲翔曰："当从四阴二阳临观之例。临阳未至

> 二，而观四已消也。又有飞鸟之象，故知从晋来。”大过，讼上之三也，仲翔曰：“讼上之三，或说大壮五之初。”中孚，讼四之初也，仲翔曰：“此当从四阳二阴之例，遁阴未及三而大壮阳已至四，故知从讼来。”比，师二之五也，蜀才亦云。屯，坎二之初也，蒙，艮三之二也。慈明同。一爻变者二卦：小畜，需上变也；履，讼初变也。其后李挺之作《六十四卦相生图》，以一生二，二生三，至于三而极。朱子又推广为《卦变图》，复出大壮、观，夬、剥两条，视李图而加倍。然其作本义，则又拘于二爻相比者而相易，并不与卦例相符。故论者犹欲折中于汉儒焉。[1]

此上一段，主要是对虞翻注的归纳。存在的问题是，并未能给“不从卦例”者予以逻辑周延的说明。反复不衰之卦以及一阳一阴特例都没点明。

但惠栋渐渐对此问题重视起来，并且试图努力解决其中的疑惑。今国图藏韩应陛校跋本《周易集解》有惠栋校语，其中每卦下皆注明卦变，可见这是惠栋中后期非常重视的问题。今分类过录其校语如下，并附虞翻注文：

> 【辟卦】
>
> （泰）复、临、泰、大壮、夬，阳息之卦，皆自坤

〔1〕 惠栋：《周易本义辩证》附录，上海图书馆藏六卷手稿本。

来。（卷四第 1a 页）虞翻曰：阳息坤，反否也。

（否）遘[1]、遁、否、观、剥，阴消之卦，皆自乾来。（卷四第 6b 页）虞翻曰：阴消乾，又反泰也。

（临）自坤来，阳息之卦。（卷五第 9a 页）虞翻曰：阳息至二，与遁旁通。

（观）自乾来，阴消之卦。（卷五第 12a 页）虞翻曰：阳息临二。

（剥）自乾卦来，阴消之卦。（卷五第 25a 页）虞翻曰：阴消乾也，与夬旁通。

（复）自坤卦来，阳息之卦。（卷六第 1a 页）虞翻曰：阳息坤，与姤旁通。又曰：刚从艮入坤，从反震，故曰反动也。阳不从上来反初，故不言刚自外来。是以明不远之复，入坤出震义也。

（遁）自乾卦来，阴消之卦。（卷七第 9a 页）虞曰：阴消姤二也。

（大壮）自坤卦来，阳息之卦。（卷七第 13a 页）虞翻曰：阳息泰也。

（夬）自坤卦来，阳息之卦。（卷九第 1a 页）虞翻曰：阳决阴，息卦也。刚决柔，与剥旁通。

（姤）自乾卦来，阴消之卦。（卷九第 6a 页）虞翻曰：消卦也，与复旁通。

〔1〕 遘即姤。

【一阳或一阴之卦】

通例

凡一阴一阳之卦，皆自乾坤来，此汉法也。（坤文言，卷二第13b页）

（师）师二升五成比，亦从两象易之例。（卷三第6b页）虞无注。

又批：师当自乾来，乾二之坤五也。（卷三第6b页眉批）

又批：五阴一阳剥复之例，五阳一阴夬姤之例，虞氏所无。自蜀才始。

又批：彭城蔡景君曾举剥复之例，荀虞仍不用。（卷三第7b页）

（比）与师从两象易之例。（卷三第12a页）虞曰：师二上之五，得位，众阴顺从，比而辅之，故吉。与大有旁通。

（同人）旁通师卦。（卷四第11a页）虞曰：旁通师卦。

（大有）旁通比卦。（卷四第15a页）虞曰：与比旁通。

（谦）旁通履卦。（卷四第18b页）虞曰：乾上九来之坤，与履旁通。

又批：仲翔引汉人说，似当时仍有剥复夬遘之例也。（"彭城蔡景君说"之批注，卷四第18b页）

（豫）豫自复来，乃两象易。（卷四第23a页）虞曰：复初之四，与小畜旁通。

又批：此两象易，非从姤复之例。（卷四第23b页）

变例

（小畜）小畜，需上爻变。（卷三第16b页）虞曰：需上变为巽，与豫旁通。豫四之坤初为复，复小阳潜，所畜者少，故曰小畜。二失位，五刚中正，二变应之，故志行乃亨也。

又批：卦无剥、复、夬、姤之例，故需上变也。（卷三第17a页）

又批：豫者复两象易也。小畜与豫旁通，故并及两象易，此汉法也。（卷三第17a页）

（履）履，讼初爻变。（卷三第20b页）虞曰：变讼初为兑也。与谦旁通。

【二阳四阴之卦】

通例

（晋）自观卦来者四卦，晋、蹇、萃、艮，皆从二阳四阴之例。（卷七第16a页）虞曰：观四之五。

（明夷）自临来者四卦，明夷、解、升、震，皆二阳四阴之例。（卷七第20a页）虞曰：临二之三，而反晋也。[1]

（蹇）自观卦来，从二阳四阴之例。（卷八第9b页）虞曰：观上反三。

又批：此当从师二之五为比之例，乃升二之五也。

---

〔1〕 继明按：反，犹倒覆。

（解）自临卦来，从二阳四阴之例。（卷八第 13a 页）虞曰：临初之四。

（萃）自观来，从二阳四阴之例。（卷九第 10b 页）虞曰：观上之四也。

（升）自临卦来，从二阳四阴之例。（卷九第 15a 页）虞曰：临初之三。

（震）自临卦来，从二阳四阴之例。（卷十第 17a 页）虞曰：临二之四。

（艮）自观卦来，从二阳四阴之例。（卷十第 21b 页）虞曰：观五之三也。

变例

（屯）从坎来，虽二阳四阴，不从临观之例。（卷二第 14b 页）虞曰：坎二之初，刚柔交震，故元亨；之初得正，故利贞矣。

（蒙）从艮来，虽二阳四阴，不从临观之例。（卷二第 20a 页）虞曰：艮三之二。

【四阳二阴之卦】

通例

（需）自大壮来五卦：需、大畜、睽、鼎、兑，皆四阳二阴。（卷二第 24b 页）虞曰：大壮四之五。

（讼）自遁来五卦：讼、无妄、家人、革、巽，皆四阳二阴。（卷三第 1a 页）虞曰：遁三之二也。

（无妄）自遁卦来，从四阳二阴之例。（卷六第 6a 页）虞曰：遁上之初。此所谓四阳二阴，非大壮则遁来也。

（大畜）自大壮来，从四阳二阴之例。（卷六第 10a 页）虞曰：大壮初之上，其德刚上也。与萃旁通。二五失位，故曰利贞。此萃五之复二成临，临者大也，至上有颐养之象，故名大畜也。

又批：临两象易也。（卷六第 10a 页）

（家人）自遁来，从四阳二阴之例。（卷八第 1a 页）虞曰：遁四之初。

（睽）自大壮来，皆四阳二阴之例。（卷八第 4b 页）虞曰：大壮上之三。

（革）自遁卦来，从四阳二阴之例。（卷十第 6b 页）虞曰：遁上之初，与蒙旁通。

（鼎）自大壮来，从四阳二阴之例。（卷十第 12a 页）虞曰：大壮上之初，与屯旁通。

又批：当是遁二之五。

（巽）自遁卦来，从四阳二阴之例。（卷十一第 20b 页）虞曰：遁二之四。

（兑）自大壮来，从四阳二阴之例。（卷十一第 25a 页）虞曰：大壮五之三也。

【三阳三阴之卦】

（随）自否来者九卦，随、噬嗑、咸、益、困、

渐、旅、涣、未济，皆三阳三阴之例。（卷五第1a页）

（蛊）自泰来者九卦，蛊、贲、恒、损、井、归妹、丰、节、既济，皆三阳三阴之例。（卷五第5a页）

（噬嗑）自否卦来，三阳三阴之例。上之三折狱成丰，亦从两象易。（卷五第16b页）

（贲）自泰卦来，三阳三阴之例。贲初之四进退无恒而成旅，亦从两象易之例。（卷五第20b页）

（咸）自否卦来，从三阳三阴之例。（卷七第1b页）虞曰：坤三之上成女，乾上之三成男，乾坤气交以相与。

（恒）自泰卦来，从三阳三阴之例。（卷七第4b页）虞曰：与益旁通。乾初之坤四，刚柔皆应。

（损）自泰卦来，从三阳三阴之例。（卷八第17a页）虞曰：泰初之上。

（益）无批注。

（困）自否卦来，从三阴三阳之例。（卷九第19a页）虞曰：否二之上，乾坤交，故通也。

（井）自泰卦来，从三阳三阴之例。（卷十第1a页）虞曰：泰初之五。

（渐）自否卦来，从三阳三阴之例。（卷十一第1a页）虞曰：否三之四。

（归妹）自泰卦来，从三阳三阴之例。（卷十一第5b页）虞曰：泰三至四。

（丰）自泰卦来，从三阳三阴之例。又与噬嗑从两象易之例。（卷十一第 10a 页）虞曰：此卦三阴三阳之例，当从泰二之四。而丰三从噬嗑上来之三，折四于坎狱中而在丰，故“君子以折狱致刑”。

（旅）自否卦来，从三阳三阴之例。又与贲从两象易之例。（卷十一第 16a 页）虞曰：贲初之四，否三之五，非乾坤往来也。与噬嗑之丰同义。

（涣）自否卦来，从三阳三阴之例。（卷十二第 1a 页）虞曰：否四之二。

（节）自泰卦来，从三阳三阴之例。（卷十二第 5a 页）虞曰：泰三之五，天地交也。

（既济）自泰卦来，从三阳三阴之例。（卷十二第 16a 页）虞曰：泰五之二。

（未济）自否卦来，从三阳三阴之例。（卷十二第 20b 页）虞曰：否二之五。

【反复不衰】

颐、小过，晋四之初（颐），上之二（小过）。大过、中孚，讼上之三（大过），四之初（中孚）。四卦与乾坤坎离，反复不衰，故八卦谓反复不衰之卦，不从临观二阳四阴之例。（颐卦，卷六第 14a 页）虞曰：晋四之初。与大过旁通。反复不衰，与乾、坤、坎、离、大过、小过、中孚同义，故不从临观四阴二阳之例。或以临二之上，兑为口，故有口实也。

《系辞》古之聪明睿知神武而不衰者夫，故云反复

不衰。（颐卦，卷六第 14a 页）

（大过）反复不衰之卦，不从大壮遁四阳二阴之例。（卷六第 18a 页）

（坎）反复不衰之卦，不从临观二阳四阴之例。（卷六第 22a 页）虞曰：乾二五之坤，与离旁通。于爻，观上之二。

又批：六子皆自乾坤来，于爻则从四阴二阳之例，说得分明。【从爻例】

（离）反复不衰之卦，不从大壮遁二阳四阴之例。（卷六第 27a 页）虞曰：坤二五之乾，与坎旁通。于爻，遁初之五。【从爻例】

（中孚）讼上之三为大过，讼四之初为中孚，反复不衰之卦。（卷十二第 8a 页）虞曰：讼四之初也。坎孚象在中，谓二也，故称“中孚”。此当从四阳二阴之例。遁阴未及三，而大壮阳已至四，故从讼来。二在讼时，体离为鹤。在坎阴中，有“鸣鹤在阴”之义也。

（小过）晋四之初为颐，上之三为小过。此反复不衰之卦。（卷十二第 12a 页）虞曰：晋上之三。当从四阴二阳，临观之例。临阳未至三，而观四已消也；又有飞鸟之象，故知从晋来。杵臼之利，盖取诸此。

从以上这些批注可以看出，惠栋对虞氏卦变已经有了较为深刻和详细的认识，较以往有以下发展：一是认识到卦变的重要意义，并且以虞氏卦变为主，对蜀才、侯果多有批评；二是确立起六子、十辟、爻例、反复不衰的卦变分类，其中的六子卦和反复不衰之卦，惠栋在写作“六论”时并未说明；三是对一阴一阳之卦试图给出说明，提出两象易的理解。

惠栋治学，先读书作批校以储材，而后总结为通例。以上校语的成果，即见《易例》“虞氏之卦大义”条，今略分层次条举如下：

之卦之说，本诸《彖传》，而杂见于荀慈明、姚元直、范长生、侯果、卢氏诸人之注。惟虞仲翔之说尤备，而当今从考之。

乾坤者，诸卦之祖。

1. 六子卦

乾二五之坤成震、坎、艮，坤二五之乾成巽、离、兑，所谓“两仪生四象，四象生八卦”也。

2. 十辟卦

复、临、泰、大壮、夬，阳息之卦，皆自坤来；

遘、遁、否、观、剥，阴消之卦，皆自乾来。

3. 从辟生诸卦

而临、观二阳四阴，大壮、遁四阳二阴，泰、否三阳三阴，又以例诸卦。

3.1 二阳四阴

自临来者四卦：明夷、解、升、震也。

自观来者四卦，晋、蹇、萃、艮也。

3.2 三阳三阴

自泰来者九卦，蛊、贲、恒、损、井、归妹、丰、节、既济也。

自否来者九卦，随、噬嗑、咸、益、困、渐、旅、涣、未济也。

3.3 四阳二阴

自大壮来者五卦，需、大畜、睽、鼎、兑也。

自遁来者五卦，讼、无妄、家人、革、巽也。

自乾坤来而再见者，从爻例也。

4. 一阴一阳

卦无剥、复、夬、遘之例，故师、同人、大有、谦，从六子例，亦自乾坤来。

小畜，需上变也；履，讼初变也。

豫自复来，乃两象易，非乾坤往来之谓也。

师二升五成比，噬嗑上之三折狱成丰，贲初之四进退无恒而成旅，皆据《传》为说，故亦从两象易之例。

5. 反复不衰之卦

颐、小过，晋四之初、上之二也；

大过、中孚，讼上之三、四之初也。此四卦与乾、坤、坎、离反复不衰，故不从临观之例。

6. 变例

> 屯、蒙从坎、艮来。屯刚柔始交，蒙以亨行时中，亦据《传》为说，不从临观之例。
>
> 因《系辞》《彖传》而复出者二：睽自无妄来，蹇自升来，皆二之五。

以上亦见于《周易述》之屯卦《彖传》疏，系惠栋最后定见，较之以往更严密。但也仍有几个问题。

一是虞氏易学中两象易的问题。惠栋用以解释一阳一阴之卦的卦变，如曰“豫自复来，乃两象易”。又如虞注大畜云：“与萃旁通。此萃五之复二成临，临者大也，至上有颐养之象，故名大畜。”惠栋解释说：“萃者，临两象易也。故萃五之复二成临。虞注《杂卦》‘大畜时也’：‘大畜五之复二成临，时舍坤二，故时也。’两象易，故不言四之初。”

按此实为误解。虞翻注《系辞》制器尚象节，遇到“上古”“古者”之类，需用乾卦在上取象。如“上古穴居而野处，后世圣人……盖取诸大壮”，虞翻曰：“无妄两象易也。无妄乾在上，故称上古。”又虞注“盖取诸夬”总结说：

> 大壮、大过、夬，此三盖取，直两象上下相易，故俱言“易之”。大壮本无妄，夬本履卦，乾象俱在上，故言上古。中孚本无乾象，大过乾不在上，故但言古者。大过亦言“后世圣人易之”，明上古时也。

乾在上卦对应“上古”，上下两卦互换而变称作“易之”。本卦比如无妄为“上古”，上下两象相易后之卦代表“后世圣人”，即盖取之卦，比如无妄两象易为大壮。两象易在《集解》中仅此处三卦言及，说明这是虞氏为解释制器尚象发明的一种体例，与卦变是两个系统。又虞翻注睽卦曰“大壮上之三，在《系》盖取，无妄二之五也”，即是联系到《系辞传》的盖取，虞翻也将卦变限制为爻变，不从两体卦象来讲卦变。

二是惠栋对两象易的理解既有问题，则其对一阴一阳卦变例的解释也有失准确。对虞翻而言，“旁通”主要用来解释一阴一阳之卦的卦变，其实也可以理解为乾坤相通。李锐谓：“旁通云者，两卦各居一旁，两相通易也。”[1]其理解较惠氏更明晰。

二　变应（爻变之正）

惠栋谓：“变应者，由不正而之正也……是变应之义矣，《易》之例也。”[2]此即虞翻常用的爻变之正说。详见本书第四章第二节。

三　爻例

《系辞传》说：“道有变动，故曰爻。爻有等，故曰物。”爻既有阴阳属性之别，又有位置的差等，故在一卦中

〔1〕李锐：《周易虞氏略例》，《续修四库全书》第28册，第261页。
〔2〕惠栋：《周易述》卷一，乾隆间雅雨堂刻本，第15页。

呈现出不同的意义和象征，惠栋称之为“爻例”。归纳而言，初为足、止、至、尾、本，四为臀，上为首、頄、面、角、末、后。惠栋具体的说法，见于《周易述》者如下：

夬初九疏	爻例，初为足。
夬九三疏	爻例，上为首。故頄谓上。
夬九四疏	爻例：初在下体之下，故象止；四在上体之下，故象臀。
困初六疏	臀谓四，《九家》据易例也。
夬上九疏	爻例，上为角。
革上六	面为上，易例也。
大过《象传》疏	易例，初为下。
咸卦《象传》疏	爻例：初为本，上为末。五比上，上为末，故“志末”。

见于《周易集解》惠栋批注（国图藏韩应陛跋文本）如下：

至谓初。（《乾文言》“知至至之”，卷一第 12b 页）

至谓初，易例也。（临六四“至临”虞翻曰“至下也”，卷五第 11a 页）

尾谓初，此爻例也。（履卦辞，卷三第 20b 页）

初可谓尾，不可谓后。比“后夫凶”，后谓上。以初为后，乱其例矣。（遁初六，卷七第 10b 页）

上为角，初为尾，此易之正例也。（大壮九三，卷七第 14b 页）

初为尾，上为角，易例也。（晋上九，卷七第 19b 页）

初为尾，指初爻。（未济卦辞“濡其尾”虞翻曰“艮为尾，尾谓二”，卷十二第 21a 页）

上为角，失位故吝。（姤上九，卷九第 10b 页）

初可言深，不可言厚。（恒初六侯果曰“始求深厚之位”，卷七第7a页）

啧，情也。在初为深。（极天下之啧者存乎卦“陆绩曰”，卷十四第23a页）

荀爽曰“末足，阳在下”。案：上为末，荀注非。（《说卦》“为鼻足、为作足”，卷十七第17a页）

上为末。《春秋传》曰：“风淫末疾。”（《说卦》“为少女”虞翻曰“坤三索位在末故少也”，卷十七第25a页）

类似的说法还见于《易例》卷下的“诸例”条，今不赘举。多数条例继承自汉易，但也有数条补正。《周易》自撰制之时，六画卦就被看作时空的象征，爻位具有时空的属性。易气从下生，则初爻为始、为先，上爻为终、为后。故上引惠栋“初可谓尾，不可谓后”。又以空间而言，植物生长，本根在下，末在上。故上引惠栋批评荀爽以初爻为末，强调“上为末”。从身体空间来说，初二爻在下，可以象征足趾、尾巴等，三爻为臀部，五、上爻为首、口、面容、角等。又上为穷，《豫·象传》疏：“《传》凡言穷，皆指上。”

除了时空的意义，爻位还具有等级和价值属性。价值等级和政治等级的原初意识也来自时空，因而天然地与六阳爻的时空象征相关联。在《易汉学》和《易例》中，惠栋即援引《乾凿度》之说，立“贵贱”之例：

《乾凿度》曰：“初为元士（在位卑下）。二为大夫，三为三公，四为诸侯，五为天子，上为宗庙（宗庙，人道之终也）。凡此六者，阴阳所以进退，君臣所以升降，万民所以为象则也。”[1]

此亦称作“爻例”，故讼卦九二疏谓：“爻例：二为大夫，三为三公，四为诸侯。”[2]

需要指出的是，惠栋不是简单地继承汉代的解易体例，而是与其微言、大义的义理系统紧密联系在一起。初爻为下、为本，上爻为首、为末，乃根本于“易气从下生”的理论。《咸·彖传》“止而说，男下女”的疏谓：

> 天先乎地，君先乎臣。卦例下为先，上为后。比九五“失前禽”，前禽谓初，是下为先也。卦辞云“后夫凶”，后夫谓上，是上为后也。易气从下生，故以下为先，上为后。今艮男在下，兑女在上，男先于女，故曰男下女也。[3]

又惠疏夬初九谓：“易气从下生，以下为前，上为后。初位在前，故壮于前止。”[4]“易气从下生”本于《乾凿度》，在惠栋那里，自元气至乾坤发育天地万物，即是易气从最初

---

〔1〕惠栋：《易汉学新校注》，谷继明校注，第279页。

〔2〕惠栋：《周易述》卷一，乾隆间雅雨堂刻本，第19页。

〔3〕惠栋：《周易述》卷十，乾隆间雅雨堂刻本，第1页。

〔4〕惠栋：《周易述》卷六，乾隆间雅雨堂刻本，第14页。

展开的过程，此过程以卦爻的形式表现。故惠栋谓：“《汉书》赞曰：‘司马迁称：易本隐以之显。’易气从下生，自微及著。隐以之显，诚不可掩。”[1]此即“微言”。初阳之爻之所以为本、为深、为善，正在于此。正因为“易气”在时空中展开，卦爻亦随之在时空中展开。

“易气从下生”之例既关乎爻，还关乎上下两体（内外卦）的指称，即《彖传》称说都是从下卦到上卦而言，如屯卦“动乎险中”先言震后言坎。惠栋坚持此例，以至于据以改订传文：

> 易气从下生，故《彖传》之例，先下而上。传曰“能健止”，故知健谓乾，止谓艮。二五失正，上下易位，故大正。旧读言“能止健”，不合《彖》例，故云误也。[2]

《大畜·彖传》曰“能止健，大正也”，先言艮止后言乾健，则先上后下；惠氏以为《彖传》严格遵守易气从下生之例，故本当作“能健止”。前者的意思是“阻止健壮之行”，故称“大畜”；后者则读为“健而止”，不是有什么东西阻止乾健，而是乾健有节制地停止。其实从《彖传》语脉自身来说，“能止健”未必误；惠栋决然改订，是根据汉儒之例做出的。

---

〔1〕 惠栋：《周易述》卷十七，乾隆间雅雨堂刻本，第26页。
〔2〕 惠栋：《周易述》卷七，乾隆间雅雨堂刻本，第21页。

四　扶阳抑阴

《易例》有“扶阳抑阴”条，虽引公羊家与董仲舒之说以为据，[1]然《大易》此义，宋儒所论最甚，如朱子谓：

> 若要读此二书，且理会他大义。《易》则是尊阳抑阴，进君子而退小人，明消息盈虚之理。《春秋》则是尊王贱伯，内中国而外夷狄，明君臣上下之分。[2]

胡方平《易学启蒙通释》亦谓：“天地间阴阳各居其半，本无截然为阳、截然为阴之理。但造化贵阳贱阴，圣人扶阳抑阴，故于消长之际、淑慝之分，又不能不致其区别尔。”[3]是知惠栋扶阳抑阴之例除得自汉学，亦得自宋学。他引吕祖谦说：“吕东莱曰：乾之初九曰‘潜龙勿用’，坤之初六曰‘履霜坚冰至’。阳者善之类也，坤者恶之类也。善端初发，且要涵养。恶念初生，便须翦除。”[4]与此相关者，尚有数种表达。

（1）**阳贵阴贱之说**。颐卦《象传》疏：

> **《易》例：** 阳为贵，阴为贱。初阳而云不足贵者，

〔1〕惠栋：《易汉学新校注》，谷继明校注，第248页。

〔2〕黎靖德编：《朱子语类》，《朱子全书》第16册，第2227页。

〔3〕胡方平：《易学启蒙通释》，中华书局2019年，第96页。

〔4〕惠栋：《周易述》卷二十三，乾隆间雅雨堂刻本，第34页。

以其求养于上。饮食之人，养其小者，故人贱之，而言“不足贵也”。[1]

又《系辞》“三多凶五多功”疏谓：

《易》之例：阳贵阴贱。今三阳而称贱者，三多凶，阳吉阴凶，故谓之贱。且三对五言，不得云贵。《系》上云：“卑高以陈，贵贱位矣。”又云：“列贵贱者存乎位。”又云：“崇高莫大乎富贵。”贵皆谓五。故五在，三不得言贵也。若据阴爻，亦得言贵。《屯》初九传云“以贵下贱，大得民”是也。若爻不善，亦不得言贵。《颐》初九传云“观我朵颐，亦不足贵”是也。[2]

（2）**阳称吉、喜、庆**。先儒相传之义，阳为君子，阴为小人。阳为积极的价值，阴为消极的价值。惠栋据汉儒之义引申，以阳称庆、喜、吉祥，阴称凶。其注贲六五《象传》谓：“五变之阳，故有喜。**凡言喜、庆，皆阳爻**。”疏文曰：

《说文》曰：“吉，善也。”乾元善之长，乾吉坤凶，故**凡爻辞言吉者，皆变之阳也**。虞注损六四曰：“阳在五称喜。”今五变之阳，故有喜。又注晋、睽

〔1〕 惠栋：《周易述》卷十二，乾隆间雅雨堂刻本，第14页。
〔2〕 惠栋：《周易述》卷十八，乾隆间雅雨堂刻本，第12页。

六五曰："乾为庆。"故云"凡言喜、庆皆阳爻也"。[1]

惠栋并非简单地以阳说喜说吉，以阴说凶，而是将其与爻变之正说结合起来。如此则虽阴爻也可以称"喜"或"吉"，乃在于不当位的阴爻变为阳爻后得位，所以有喜/庆/吉。又其注《大畜·象传》"六四元吉有喜也"曰"五之正，四上承之，故有喜"，注"六五之吉有庆也"曰"五失位，变得正。阳称庆，故有庆也"，[2]皆可见此意。

（3）**阳在二五称孚**。如夬卦疏谓："阳在二、五称孚，《易》例也。"[3]此例承自虞翻。虞注夬卦曰"阳在二、五称孚"[4]，其理据在于，阳为实为信，居中则意味着其中有信实，阳在二、五即是阳实居中，故称孚。以卦象而言，坎卦阳在二五，故亦得称孚。虞翻注《易》，凡在二、五爻者以阳在二五（或阴爻变阳）说之，在他爻者以坎卦说之。惠栋《周易述》亦同。

（4）**阳称光，为阴所掩则称"未光"**。虞翻释"未光"有两例，一者离取象为光，未成离，故未光；[5]二者阳陷阴中，故未光。阳陷阴中为坎，与离相反，即是未光，故二种

〔1〕惠栋：《周易述》卷十二，乾隆间雅雨堂刻本，第9页。

〔2〕惠栋：《周易述》卷十二，乾隆间雅雨堂刻本，第13页。

〔3〕惠栋：《周易述》卷六，乾隆间雅雨堂刻本，第12页。

〔4〕李鼎祚：《周易集解》，第265页。

〔5〕虞注兑上六曰"上三未为离，故未光"（李鼎祚：《周易集解》，第357页）。虞注萃九五曰"阳在坎中，故'志未光'。与屯五同义"（李鼎祚：《周易集解》，第281页）。

情况实为一事。**但虞氏主于取卦象，惠栋则主于取爻象**。他进一步发凡起例谓："凡阳为阴弇，皆曰未光。屯、萃之九五是也。四弇于五，故曰未光。"[1]咸卦九四《象传》"憧憧往来，未光大也"，虞翻注曰"未动之离，故未光大"，[2]惠栋则谓"初往弇三,三为四弇，故未光"，[3]展现了二者的差异。[4]

（5）**以两爻关系而言，阳据阴为吉，阴乘阳则不吉**。《噬嗑·象传》疏曰："凡柔乘刚，皆不利。以其得正，故无咎也。"[5]又困卦六三"困于石，据于蒺藜"，《系辞》称"非所据而据焉"，惠栋曰："阳据阴，阴承阳，《易》之大义也。"[6]然则此不仅为一般易例，且为《易》之大义。此例亦与扶阳抑阴有关，惠栋解释此爻《象传》"'据于蒺藜'，乘刚也"曰：

> 《易》例：阴在下，为阳所据，称据；阳在下，为阴所乘，称乘。今三阴乘二阳称"据"，非所据也。故《传》曰"乘刚"。**扶阳抑阴**，故曰"正名之义"也。[7]

---

〔1〕惠栋：《周易述》卷十二，乾隆间雅雨堂刻本，第8页。

〔2〕李鼎祚：《周易集解》，第202页。

〔3〕惠栋：《周易述》卷十三，乾隆间雅雨堂刻本，第2页。

〔4〕咸卦九四为阳爻，不当位，惠栋用爻变之正说，初、四易位，皆得其正，则九三为六四所掩，故"未光"。二氏相较，虞注更为明快；而惠栋因已定下"凡阳为阴弇，皆曰未光"之例，则须变通而为此注。唯晋卦为例外，惠栋称"乾离象毁故未光"，以上爻无所掩之者，故须如此注。

〔5〕惠栋：《周易述》卷十二，乾隆间雅雨堂刻本，第8页。

〔6〕惠栋：《周易述》卷十七，乾隆间雅雨堂刻本，第21页。

〔7〕惠栋：《周易述》卷十四，乾隆间雅雨堂刻本，第1页。

引文所谓“正名之义”，可见惠栋要为此条例做出规范，此是他的进一步发展。因为乘承之例，自《彖》《象》时已有，[1]汉儒亦用之，至王弼则完全以爻象代替卦象实现了《周易》解释学的革命，对乘承例的运用最为频繁。《周易略例》谓“承乘者，逆顺之象也”，邢注曰：“阴承阳则顺，阳承阴则逆。故《小过》六五乘刚，逆也。六二承阳，顺也。”楼宇烈以“下对上、上对下”来解说。[2]然问题在于，《彖》《象》出现的“乘”字例，皆是阴乘阳（柔乘刚）的情况，这就说明“乘”不仅仅具有方向性的含义，还有价值性的含义。换句话说，“乘”乃是一种非正义状态，其特定含义即是柔乘刚（阴乘阳）。刘玉建称此为“乘”之正格。[3]由于阳在阴上是正义的，所以不能用“乘”这种不光彩的词语——那么用什么呢？惠栋取汉儒之例，[4]以“据”来指称阳在阴上的情况。困卦《象传》“‘据于蒺藜’，乘刚也”，六三在九二上，根据《易》例应当是“乘”，所以惠栋说“正名之义”。

王弼对乘承的使用确实仅仅考虑其方向性，如《大有》

---

〔1〕屈万里总结《彖》《象》之例，以为“凡爻居爻上曰乘”（《先秦汉魏易例述评》，学生书局 1985 年，第 31 页）。《彖》《象》未言承，据屈万里之意，则凡爻居爻下曰承。是承、乘仅仅具有方向上的性质，与阴阳无关。惠栋正是反对此种说法。

〔2〕王弼：《王弼集校释》，楼宇烈校释，中华书局 2009 年，第 606 页。

〔3〕刘玉建：《两汉象数易学研究》，广西教育出版社 1996 年，第 328 页。

〔4〕刘玉建谓：“按《易传》传统的爻位体例，凡阴处阳下称为阴承阳，凡阴处阳之上称为阴乘阳。而就阳爻而言，阳爻居阴爻之上，则一般不称为阳乘阴。因此郑玄提出‘据’例来说明阳居阴上，还是比较恰当的。”（《两汉象数易学研究》，第 431 页）

上九，王弼注曰："余爻皆乘刚，己独乘柔。"惠栋激烈地批评说："柔乘刚，据柔不可言乘，王氏全不识《易》理。"[1]由是可见，尽管此条是两千年间被人使用过无数次的、最普通的条例，惠栋亦提出了其规范性的见解。

规范性是一方面，更根本的是其反映的义理。阳居阴为正义，阴乘阳为不正义，乃是来自乾据坤之义。此为"据"的另一种含义。惠栋注《系辞》曰："阴承阳则顺，故可久，坤用六'利永贞'是也。阳据阴则盛，故可大，阳称大也。"[2]这并非简单的一卦之中两爻之间的关系，而涉及乾坤两卦的交通，质言之即乾升坤降之说。惠栋解坤卦"君子有攸往"曰："阴顺于阳，阳来据坤初、三、五之位，故君子有攸往也。"[3]乾坤交通，乾据坤初、三、五之位，坤居乾二、四、上之位，如此则成两既济定。此即荀爽乾升坤降、虞翻成既济之说，而惠栋将此义渗透入"据"例中，可见其对"元亨利贞"大义的重视。

五 中和、利贞、天则

当位、相应之例，先儒所传《易》例皆然，惠栋亦同。他回归汉儒之例，称**不当位者为失道，不当位相应者曰失义**。《噬嗑》六三疏文谓：

〔1〕 李鼎祚：《易传集解》卷四，国家图书馆藏韩应陛校跋本，第18a页。
〔2〕 惠栋：《周易述》卷十五，乾隆间雅雨堂刻本，第4页。
〔3〕 惠栋：《周易述》卷一，乾隆间雅雨堂刻本，第6页。

《乾凿度》曰："阴阳失位，皆为不正。其应实而有之，皆失义。"郑注云："阴有阳应，阳有阴应，实者也。既非其应，设使得而有之，皆为非义而得也。"三阴、上阳，此失义之应。[1]

失义则有害。故《咸卦·象传》疏谓：

初、四不当位而相应，《乾凿度》谓之失义。失义则有害，悔且吝是也。初、四易位，爻皆得正，贞吉而悔亡，故"未感害也"。[2]

不仅失义有害，惠栋又谓：**"凡爻之情，近而不相得，远而不相应者，则言害**。咸家取女吉，二气感应以相与，故二曰'顺不害'，四曰'未感害'也。"[3]

惠栋又将**当位及爻变之正称为"则"**。《谦·象传》疏谓：

凡爻之正而得位者，皆曰则。故《文言》曰"乾元用九，乃见天则"，同人九四曰"其吉，则困而反则"，是也。[4]

〔1〕 惠栋：《周易述》卷三，乾隆间雅雨堂刻本，第16页。
〔2〕 惠栋：《周易述》卷十三，乾隆间雅雨堂刻本，第2页。
〔3〕 惠栋：《周易述》卷十三，乾隆间雅雨堂刻本，第1—2页。
〔4〕 惠栋：《周易述》卷十二，乾隆间雅雨堂刻本，第1页。

如此则**失道（失位）亦称“失则”**。明夷《象传》“后失则也”疏：“明夷反晋，坤五失位，九三升五，不可卒正，故失则，谓爻失正也。”[1]

惠栋的大义所在，即乾坤相通成既济。既济所重者，曰正、曰中、曰和，与《中庸》“致中和”之义相通。正者六爻皆正，即上文惠栋《易例》中所谓得道、天则。阴阳相兼、乾坤交通，则曰和。中在二五两爻，见《易汉学》“易尚时中说”。[2]有《易例》“中和”条谓：“《易》尚中和，**二五为中，相应为和。**”[3]惠栋据此例亦为称“功”定例：

> 六爻以二五为中和。卦二五两爻，又以五爻为主。**乾五为功**，故凡言功皆指五。或以二、四同在阴位，三、五同在阳位，故同功。非易之例也。[4]

所谓“或以二、四同在阴位”云云，乃批评王弼、韩康伯。韩注“二与四同功而异位”曰“同阴功也”，注“三与五同功而异位”曰“同阳功也”。[5]惠栋据虞翻曰“五之正为功”，[6]以“功”特指九五。“有功”就一般意义而言，必

〔1〕惠栋：《周易述》卷十三，乾隆间雅雨堂刻本，第6页。
〔2〕惠栋：《易汉学新校注》，谷继明校注，第200—202页。
〔3〕惠栋：《易汉学新校注》，谷继明校注，第251页。
〔4〕惠栋：《周易述》卷十八，乾隆间雅雨堂刻本，第12页。
〔5〕王弼、韩康伯注，孔颖达疏：《周易正义》，北京大学出版社1999年，第318页。
〔6〕李鼎祚：《周易集解》，第553页。

是某种行动的正向结果；于卦爻而言，此种行动当然是乾坤之间的运动，最终成既济。乾二之坤五，或六五爻变之正则有功，功在五。表面看来此乃惠栋据汉儒之例驳魏晋宋元诸儒，实则源于他自己的义理—义例体系建构。

本章小结

本章主要考察惠栋学术思想的方法论：师法（家法）。二程子的决断，使他们上承孔孟，建立了道统的谱系；惠栋的决断，则使他上承两汉（有师法的）大儒，进而至于七十子、周孔，建立起师法的谱系。两种谱系之后，是思想之表现与传承方式的差别。师法不仅使惠栋与理学的方法相区分，更使他在清学中与考据学派区分开来。惠学乃是经义之学，而考据学乃是实证之学；惠学要总结出汉学之义例，进而求之孔子及前圣之意。考据学则要求靡所依傍，探求文本"本意"。师法所求的首先是"易例"，但不止于例，更需借易例而上求七十子之大义以及孔子之微言，此下两章即分别考察惠栋对《易》之微言与大义的探讨。

第三章 微言：元即太极

惠栋试图恢复先秦七十子之大义，孔子之微言。此区分虽直接源于“仲尼没而微言绝，七十子丧而大义乖”，然在《春秋》学中，微言与大义是有明确区分的。皮锡瑞谓：

> 《春秋》有大义，有微言。所谓大义者，诛讨乱贼以戒后世是也，所谓微言者，改立法制以致太平是也。……孔子惧弑君弑父而作《春秋》，《春秋》成而乱臣贼子惧，是《春秋》大义；天子之事，知我罪我，其义窃取，是《春秋》微言。大义显而易见，微言隐而难明。孔子恐人不知，故不得不自明其旨。[1]

据此，则显白正大的伦理原则，以及根据这些原则对《春秋》二百四十二年中乱臣贼子的批评贬绝，即是大义；而王鲁与张三世，借事以名义，行素王之权以改制，则是微言。微言和大义是两种义理内容，又是两种不同的言说方式。宋翔凤《汉学今文古文考》则以为：

---

〔1〕 皮锡瑞：《经学通论》，中华书局 2015 年，第 491—492 页。

微言者，即夫子之言性与天道，不可得闻。如“子罕言利与命与仁”“子曰予欲无言，天何言哉”。《易》《春秋》皆具性与天道之原，利与命与仁之理，备于二经。《论语》二十篇，多言《易》《春秋》之微，而未尝显。故《论语说》曰：“子夏六十四人，共撰《仲尼微言》，以当素王。”如《春秋》始元终麟，《易》六爻发挥，旁通乾道，各正性命。贾、董、孟、京之徒传之不绝。大义，即夫子之文章可得而闻，如《诗》《书》《礼》《乐》是也。故“子所雅言，《诗》《书》执礼”。此夫子所正言以告弟子，当时并口授其大义。所谓微言大义，并汉世博士所传。[1]

宋翔凤之说颇受惠栋影响。惠栋对微言、大义（大道）的区分，不取《公羊》之义。他引用古书解释“微言”道：

《淮南子·修务》曰：“书传之微者，惟圣人能论之。”注云：“微，妙。论，叙也。”

《汉书·艺文志》曰：“昔仲尼没而微言绝，七十子丧而大义乖。”李奇注云：“隐微不显之言也。”师古曰：“精微要妙之言耳。”案：精微要妙，与隐微不显义同。唐人不识字，更立一义。

又《春秋》家有《左氏微》《铎氏微》《张氏微》

〔1〕 宋翔凤：《朴学斋文录》卷三，《续修四库全书》第1504册，第364页。

《虞氏微传》。师古曰："微，谓释其微指。"[1]

由是可见，惠栋所谓微言，即隐微不显、精微要妙之言。以其精微要妙，所以隐微不显。先圣（孔子）所言，精微而隐微，是为微言；圣人弟子（七十子）所传，得圣人大旨，是为大义。从内容来看，微言与大义，只是微妙程度、内容深浅的差别，并不存在根本性的内容差异。[2]

然在经典诠释史中，惠栋对微言与大义还是有分别的。《系辞传》"一阴一阳之谓道"一段与"富有之谓大业"一段，前者被视作微言，后者被视作后师所训："此一章皆圣人微言。上义已尽，故知此下四十六字后师所训也。"[3]又《说卦传》也被惠栋分成微言与后师所训两个诠释部分。自开始至"然后能变化，既成万物"为微言，"乾健也"以下的文本为后师所训，所谓"易之微言尽于是矣，以下皆后师所益也"[4]。"微言"与"后师所训"相对应，"后师所训"并不即是后师的大义，但大义必与后师相关。大义从形式来看不是具体的字义训释，涉及论述性的文字。具体来说，《中庸》《大学》《礼运》《易传》等篇目，皆可视为七十子所传之大义；孟子、荀子所言，亦可视为七十子之大义。如惠栋谓：

---

〔1〕惠栋：《周易述》卷二十二《易微言》，乾隆间雅雨堂刻本，第16—17页。

〔2〕这一点与上文所举公羊学区分的微言、大义不同。

〔3〕惠栋：《周易述》卷十五，乾隆间雅雨堂刻本，第15页。

〔4〕惠栋：《周易述》卷二十，乾隆间雅雨堂刻本，第15页。

> 《大学》曰："欲正其心者，先诚其意。"故《荀子》曰："养心莫善于诚。"《大学》释诚意，而归于慎独。故《荀子》曰："不诚则不独，不独则不形。"此《大学》"诚于中，形于外"，《中庸》"诚则形"之义也。荀子所言，见《不苟》篇，**七十子之徒所传之大义**，与宋儒旨趣不同。[1]

可见，惠栋即以《大学》为七十子所传大义，据此可推《礼运》《中庸》等同然。

考察惠栋诸书对"大义"的使用，可知其具体所指。最典型的大义，即成既济、赞化育。《系辞传》"天下之理得，而易成位乎其中矣"，惠栋注谓：

> 易简所以立中和之本，故天下之理得矣。易谓坎离。阳成位于五，五为上中；阴成位于二，二为下中。故"易成位乎其中矣"。此**天地之中和也**。《传》首陈三义，而**终之以既济，《易》之大义举矣**。[2]

既济卦六爻皆正，阴阳得中，以取象而言为最理想的状态，是所有卦爻运动的参照标准。爻不正以归于正，此即"利贞"。明夷六五：

〔1〕惠栋：《周易述》卷二十二《易微言》，乾隆间雅雨堂刻本，第57—58页。
〔2〕惠栋：《周易述》卷十五，乾隆间雅雨堂刻本，第2页。

> 五失位，三之五得正，故“利贞”。**马融俗儒，不识七十子传《易》之大义。**以《彖传》有“箕子”之文，遂以箕子当五。寻五为天位，箕子臣也，而当君位，乖于《易》例，逆孰大焉。[1]

虞氏解“利贞”为爻变之正成既济，此即七十子所传大义。又乾升坤降说亦取于此：

> 坤，妻道也，臣道也。故六居五，必降。……圣人于坤、泰、归妹系“黄裳”“归妹”之词，以明六五之当降。两汉经师皆如此说。魏晋以来，王弼、韩伯之辈始**改师法而易之，大义乖矣**。[2]

以上承自荀爽乾升坤降之说。在惠栋看来，此说实为成既济说的具体表现。又既济卦为全卦之末，既济上坎下离，坎离又为上经之终，也是大义的体现，故惠栋说：

> 《乾凿度》曰：“离为日，坎为月。日月之道，阴阳之经，所以终始万物，故以坎离为终。”既济、未济亦坎离也。故上经终坎离，则下经终既济未济也。上《系》“乾坤其易之缊邪”已下，皆叙乾坤。六子，乾

〔1〕 惠栋:《周易述》卷五，乾隆间雅雨堂刻本，第 12 页。
〔2〕 惠栋:《周易述》卷二，乾隆间雅雨堂刻本，第 13—14 页。

坤所成。故**上《系》终乾坤，则下《系》终六子。此皆七十子所传大义**，故云“此易之大义”者也。

再考之《易例》，明确提到“大义”的标题有四：伏羲作《易》大义、元亨利贞大义、虞氏之卦大义、君子为阳大义。“伏羲作《易》”是从三才和明堂的角度讲“赞化育”之道，“元亨利贞”正是以成既济解释“利贞”，“虞氏之卦”为卦变说，“君子为阳”实亦成既济的延伸。由此可见，“大义”自伏羲作《易》就存在，与“微言”相对时为七十子所传，其内容主要就是赞化育、成既济。成既济之大义又称大道：“既济之功始于一，造于微，成于变化，所谓大道也。”〔1〕

需要提及的是，惠栋将微言、大义的区分带入其著作体裁中。《周易述》列目中，有《易微言》《易大义》两种，《易大义》下列《中庸注》与《礼运注》两种，现今只存《中庸注》。《易大义》一定要排在《易微言》后面，《易微言》为先圣所述，《易大义》为七十子之徒所传。

从体例来说，《易微言》以纂辑梳理关键概念为主，《易大义》则注释七十子的篇目。然《易微言》并非所有中国古典的义理概念都要疏释，其拣择仍然与“微”的意义有关。如元、无、隐、微、几、独、初、本、心、道、中等概念，是关于“本原”的。本原虽是实有，却隐微难

〔1〕 惠栋：《周易述》卷二十，乾隆间雅雨堂刻本，第15页。

见，谈本原之言，也是精微要妙之言。故此部分称作《易微言》。

以下数章，即分别考察惠栋所求之微言、大义与明堂大道。

第一节　汉代思想中的元与太极

惠栋《易微言》所列字目，以“元”开始，是知“元”为惠栋微言中最根本之概念。惠栋兴复汉学，而“元”亦实为汉儒思想之核心。于《易》而言，有乾元、坤元，又有“易有太极，是生两仪”之说，太极与元究竟是何关系？惠栋一言以断之曰“元即太极”；[1]张惠言继之，直接称“乾元太极”。于宋学而言，周敦颐、朱子皆以太极为根本，汉儒则有“太极元气”之说。惠栋恢复汉易，在哲学上必然面对汉、宋各自以太极为中心的易学哲学建构。今先对汉、宋的太极论述作一考察，以见惠栋之论述脉络。

一　“太极元气，函三为一”

《汉书·律历志》谓：“太极元气，函三为一。极，中也。元，始也。”又曰：“太极运三辰五星于上，而元气转三统五行于下。”[2]此处太极与元气或连言，或分言。张岱年

〔1〕 惠栋：《周易述》卷二十二，乾隆间雅雨堂刻本，第 4 页。
〔2〕 班固：《汉书》卷二十一，中华书局 1962 年，第 964、985 页。

谓："（前者）似乎说太极即是元气，（后者）似乎太极与元气又有在上在下之别，但又说在上的五星又合于在下的五行。统而言之太极与元气是一而二，二而一的。"[1]但何以是一而二、二而一的呢？

欲澄清此问题，还须回到《律历志》的语境。《律历志》本于《三统历》，此前并未有太极与元气连言者。太极是易学的本原，"元"是《春秋》学的本原。刘歆的《三统历》，则将两大经典的本原概念进行了会通。《律历志》以下一段即是明证："《经》'元'一以统始，《易》太极之首也；'春、秋'二以目岁，《易》两仪之中也；于春每月书'王'，《易》三极之统也；于四时虽亡事必书时月，《易》四象之节也；时月以建分至启闭之分，《易》八卦之位也；象事成败，《易》吉凶之效也；朝聘会盟，《易》大业之本也。故《易》与《春秋》，天人之道也。"[2]就经典系统而言，《易》与《春秋》为天道人事的会归处。《史记》谓："《春秋》推见至隐，《易》本隐以之显。"**《易》与《春秋》皆是会通隐显之作，只是会通方向和侧重点不同。《春秋》由显明之人事推本于於穆天道，《易》则由於穆之天道流行于显著之人事。**《春秋》侧重于人事，《易》侧重于天道。基于此，《律历志》据"太极"见于《易》，以天道的三辰五星言；"元"见于《春秋》，故以地道的三统五行

〔1〕 张岱年：《中国古典哲学概念范畴要论》，《张岱年全集》第四卷，河北人民出版社 1996 年，第 501 页。有省略。

〔2〕 班固：《汉书》卷二十一，第 981 页。

言。《易》与《春秋》在根本上是一致的，故又合称“太极元气”。[1]

“太极”与“元气”绾合在一起，则属乎气。郑玄注“易有太极”说：“极中之道，淳和未分之气也。”[2]按极训为中，此汉儒通义。《尚书·洪范》“皇极”，古训多以“大中”解之。极本义为栋，既在房宇为最高，亦为中央。在郑玄看来，“中”既是道，又是气。

《律历志》以象数结构解释“太极元气”，太极既为至极之中，则必然是一；元为本始，也只能是一。但若仅仅是均质的一，无法展开自身，亦即不能化生万物。是故此“一”必然含有三在其中，所谓“函三为一”。从象数结构来说，它取象于圆周的“径一围三”。太极为混圆之一，而混圆之一实为三。此后的世界皆是“三”的展开：“始动于子。参之于丑，得三。又参之于寅，得九。又参之于卯，得二十七。……又参之于亥，得十七万七千一百四十七。”[3]所谓“函三为一”，汉儒肯定不会认为太极/元气中含有三种气，元气既为元气，则必然是一。然则元气又能以“三”的方式展开自身、化生万物，则在其中必然有“三”的根芽或结构，或者称作“道”。也就是说，太极（之气）本身即含有了生成性和活动性。

---

〔1〕然实际上，“元”亦见于《易》，这为后来的乾元太极说提供了文献支持，此问题后面再说。

〔2〕林忠军：《周易郑氏学阐微》，上海古籍出版社 2005 年，第 391 页。

〔3〕班固：《汉书》卷二十一，第 964 页。

二 天、元与太极

“元”本义像人首。孟子“勇士不忘丧其元”（《孟子·滕文公下》）犹用本义。元、首连用，则可指代君主，故《尚书·皋陶谟》“元首明哉，股肱良哉”，以身体的“元首”与“股肱”比喻君主与大臣。元在上，故引申为开始、本原。先秦时罕以“元”为最高本原，《易传》的“大哉乾元”可以说是仅见的例子。[1]然而“元”的“初始”含义甚早，史官纪年，亦有用“元年”指代第一年的，《师酉簋》等西周金文可证。《春秋》以“元年”纪始，到了汉代《春秋》学者那里，遂赋予“元”以更深刻的哲学含义。董仲舒之说可为代表：

> 谓一元者，大始也。……惟圣人能属万物于一，而系之元也。终不及本所从来而承之，不能遂其功。是以《春秋》变一谓之元。元，犹原也。其义以随天地终始也。故人唯有终始也，而生不必应四时之变，故元者为万物之本，而人之元在焉。安在乎？乃在乎天地之前。[2]

---

〔1〕 张岱年引《吕氏春秋·应同》“与元同气”一语，又指出《鹖冠子》虽有“天地成于元气”一语，然其书本可疑（详见《张岱年全集》第四卷，第485页）。张先生说可从。

〔2〕 苏舆：《春秋繁露义证》，中华书局1992年，第67—69页。

如果说“极”之本义为房屋栋梁，日常用语如“八极”等亦具有空间性意义的话，那么“元”则具有时间性意义。“元”相对于“一”更能体现这种先在性、本原性。具体到历史书写中，君主即位后的一年为“元年”。较之“一年”，“元年”意味着全新的开始。何休解释说：

> 变一为元，元者，气也，无形以起，有形以分，造起天地，天地之始也，故上无所系，而使春系之也。〔1〕

又《公羊疏》引纬书而分析说：

> 《春秋说》云：“元者，端也。气泉”。注云：“元为气之始，如水之有泉，泉，流之原，无形以起，有形以分，窥之不见，听之不闻。”宋氏云：“无形以起，在天成象；有形以分，在地成形也。”然则有形与无形，皆生乎元气而来，故言造起天地，天地之始也。〔2〕

《春秋说》为纬书，当作于西汉后期，已将“元”等同于“元气”，何休也如此解释。《春秋说》以元为“气泉”，即气之本源。这里涉及哲学史的一个问题：董仲舒的“元”

---

〔1〕何休注、徐彦疏：《春秋公羊传注疏》，上海古籍出版社2014年，第7页。

〔2〕何休注、徐彦疏：《春秋公羊传注疏》，第7—8页。

与“元气”是否为一。徐复观、金春峰、曾振宇等皆以为董仲舒的“元”即“元气”。[1]按《春秋繁露》里提到“元气”有两处：

> 王正则元气和顺、风雨时、景星现、黄龙下。王不正则上变天，贼气并见。(《王道》第六)
>
> 布恩施惠，若元气之流皮毛腠理也；百姓皆得其所，若血气和平，形体无所苦也。(《天地之行》第七十八)[2]

王永祥、杨翼然等否定“元”即“元气”说。杨翼然以为，以上两段的“元气”只是“正气”的意思。[3]王永祥亦认为此处的“元气”与后来东汉的元气说不同。[4]这也影响了人们对“元”本身的认识。周桂钿说：“董仲舒用之作为宇宙本原的‘元’就是开始的意思，它只是纯时间的概念，不包含任何物质性的内容，似乎也不包含人的意识，只是纯粹的概念。”[5]此说揭示“元”的时间性无疑具有卓识，

---

〔1〕杨翼然：《“元者，气之始”：董仲舒论“元”、“气”与“元气”的关系》，《跨文化对话》第39辑，商务印书馆2019年。

〔2〕苏舆：《春秋繁露义证》，第101、461页。

〔3〕杨翼然：《“元者，气之始”：董仲舒论“元”、“气”与“元气”的关系》，《跨文化对话》第39辑。

〔4〕王永祥：《研究汉代大儒的新视角：董仲舒自然观》，海天出版社2014年，第73页。

〔5〕周桂钿：《董学探微》，北京师范大学出版社2008年，第39页。

然否认其物质性和人的意识，则值得讨论。黄铭即反驳道，“因为‘元’还要去正‘春’，如果是纯时间的概念，就无法去规范天道的流行”，并引冯友兰与蒋庆之说，揭明“元”与政治（王道）之间的密切联系。[1]干春松也指出，“元并不虚，而是一种逻辑上的实”。[2]其实时间性只是“元”存在和展开万物的方式，而非仅仅是时间本身而已。

进一步的问题在于，董仲舒“元气”一词的使用与后来“元气说”的“元气”不同，是否就可以推出董仲舒的“元”与气无关呢？若如此推，则是用训诂学文献学的方法消解掉哲学史的推寻，滑过了哲学的问题。古人写作中对于概念的使用并非严格保持一贯性，不能仅根据词频检索去建构哲学史，而应当深入其思想体系本身。

董仲舒指出“元为万物之本”，又说：“**天地者，万物之本**，先祖之所出也。广大无极，其德昭明。历年众多，永永无疆。”（《观德》第三十三）又说：“何谓本？曰：天地人，万物之本也。天生之，地养之，人成之。天生之以孝悌，地养之以衣食，人成之以礼乐。三者相为手足，合以成体，不可一无也。”（《立元神》第十九）[3]据此段分析，则天、地、人作为“万物之本”，是从“物”之成立的根由而

---

〔1〕黄铭：《推何演董：董仲舒〈春秋〉学研究》，生活·读书·新知三联书店2023年，第120页。

〔2〕干春松：《从天道普遍性来建构大一统秩序的政治原则——董仲舒“天”观念疏解》，《哲学动态》2021年第1期。

〔3〕苏舆：《春秋繁露义证》，第269、168页。

言。此处的物，已经是人类视野中的物。比如农作物的生长，是最典型的天生、地养、人成。这并非意味着董仲舒持“三本”（或三元）之论。上引文谓“天地者，万物之本”，人可归本于天地；其对策又说“天者群物之祖也，故遍覆包函而无所殊”，地亦得归本于天。另外董仲舒还有“十端”的说法。如《天地阴阳》第八十一谓：

> 天、地、阴、阳、木、火、土、金、水，九，与人而十者，天之数毕也。故数者至十而止，书者以十为终，皆取之此。圣人何其贵者，起于天，至于人而毕，毕之外，谓之物。〔1〕

十端之中，天地人是一类，阴阳是一类，五行是一类。三类皆归本于“天”。“天”在这里当然不仅仅是表示一个集合的概念，如郭象所谓的“万物之总名”〔2〕。在“十端”中，天与其他九端同为万物的成因之一；而究极言之，其他九端亦只是自天所展开，如“阳者天之德也，阴者天之刑也”。〔3〕有了对“天”的认识，亦可加深对董仲舒“元”的认识。前引《玉英篇》尝谓：

> 元者为万物之本，而人之元在焉，安在乎？乃在

〔1〕苏舆：《春秋繁露义证》，第465—466页。
〔2〕郭象注、成玄英疏：《南华真经注疏》，中华书局1998年，第9页。
〔3〕苏舆：《春秋繁露义证》，第341页。

乎天地之前，故人虽生天气，及奉天气者，不得与天元本、天元命，而共违其所为也。[1]

此段文字虽有错乱，意思大致可辨，即人亦有“元”，此元在《春秋》书写中固然可以专属人而与天分立，成为“十端”或“三本”之一；然究极言之，人之元即天之元，所谓“元者为万物之本，而人之元在焉”。天展开自身，狭义的天即与地、人等并列成为“十端”之一，此时的“天地”自然在“元”之后，所谓“（元）乃在乎天地之前”。但实际上，作为究极本原的天，十端即是此“天”的展开，也就是此“元”的衍生。故天即元。由此看来，苏舆的解释有其问题：

所谓以元统天也。宋周子“无极而太极”之说亦本于此。《易》“太极生两仪”，圣人之道，运本于元，以统天地，为万物根。人之性命，由天道变化而来，其神气则根极于元。溯厥胚胎，固在天地先矣。《说文》列元字于天字前，亦即斯旨。《鹖冠子》“有一而有气”，宋佃注云“一者元气之始”。由是言之，人本于天，天本于元，元生于一。是故数始于一，万物之本也。[2]

任蜜林也曾指出：“元是一切宇宙万物的根本，天也是

〔1〕 苏舆：《春秋繁露义证》，第69页。
〔2〕 苏舆：《春秋繁露义证》，第69页。

由其决定的。但从本体论上来看，则人与万物都由天来决定的，人与万物都是从天而来的。这实际上把元置于比较虚的位置，而天才有实际的主宰作用。”[1]但如我们所分析，“天”在董仲舒那里有“以本原言之”与“以具体言之”两种含义。以本原言之，天即元。苏舆作“以元统天”说，并比附周敦颐“无极而太极”，对概念的分析稍显混乱。又举《说文》《鹖冠子》竭力证明元在天之前，甚至于以一尚在元之前，尤不符合董子之意。但苏舆此段亦有其卓识，即**以《易》之太极与元相发明**。

欲探究董仲舒天与元的真实内容，还须回到其关于“生物”的学说。《顺命》第七十谓：“天者万物之祖。万物非天不生，独阴不生，独阳不生。阴阳与天地参，然后生。”[2]此语与《穀梁传》庄公三年传文相同。阳自阳，阴自阴，当然不能生物。在易学看来，阴阳必须相感才能生物，亦即需构建二者的统一性。在董仲舒这里，天作为阴阳之本源，显然是超出于阴阳之上者，而非苍苍之天。天/元是气之本始，是纯粹的生发力量，具体有象的“气”亦为其所生，说它本来即是气，亦无不可。但这个纯粹生发的力量不可以被任何东西所描述，故《易纬》有“太易”之目。虽然无形无象，其实则生机勃勃，故称“元”，元不仅有本原、初始之义，还具有“生生”之义；因其为最高者，故董仲

〔1〕 任蜜林：《董仲舒思想的“天”“元”关系》，《衡水学院学报》2016年第5期。

〔2〕 苏舆：《春秋繁露义证》，第410页。

舒以“天”目之。这种纯粹生发的力量，首先显现出来即是阳，董仲舒“贵阳贱阴”的形上根据即在此。但天/元若只是纯粹的流动，亦无法成就具体的存在者。具体的存在者要维持其暂存性，暂存性由其具体样式所规定，而这种具体的样式已经在本原处有其根据，此即是阴。在“流动”之中，因其凝结的作用，使具体的物成立，而物一旦“成”立，看上去是肯定，同时也就包含着对于其他物的否定，以及对于未来之自身的否定。[1]是故阴的取象是刑杀，刑杀即否定的物象。也就是说，阳是“元”的直接、正面表现，阴则是“元”的否定性表现。二者又统一于“元”。气化的本原亦在其中，气虽非“元”的全部，但也是其重要内容。故我们不能直接断言董仲舒的“元”没有“气”。

基于此，天/元与乾元、太极的某种一致性即可以建立了，而《春秋》与《易》的会通也成为可能。元首先表现为“乾元”，恰恰因为元首先展开为阳。如果说“太极”即是首出的肯定性概念，那么以“元”为太极，亦无不可。《春秋繁露》中即出现了“太极”概念，《循天之道》第七十七谓：

> 天地之经，至东方之中而所生大养，至西方之中而所养大成。一岁四起业，而必于中。中之所为，而必就于和，故曰和其要也。和者，天之正也，阴阳之平也，其气最良，物之所生也。诚择其和者，以为大得天地之

〔1〕《庄子·齐物论》曰：“其分也成也，其成也毁也。”

奉也。天地之道，虽有不和者，必归之于和，而所为有功；虽有不中者，必止之于中，而所为不失。是故阳之行，始于北方之中，而止于南方之中；阴之行，始于南方之中，而止于北方之中。阴阳之道不同，至于盛而皆止于中，其所始起皆必于中。**中者，天地之太极也**，日月之所至而却也，长短之隆，不得过中，天地之制也。〔1〕

此篇最值得注意的即是引入了中和、太极的观念。因为《春秋繁露》文本的复杂性，此篇是否董仲舒亲自撰作尚属可疑，〔2〕其中多养生家言，但大旨是承董仲舒阴阳运行之义而发，至少可视为董子后学的作品。文中所谓中、和，有明确义涵：中即冬至、夏至，和即春分、秋分。此处称“中者，天地之太极也”，又曰“不得过中，天地之制也”，可见并未把太极当作最高实体，而是从“大中之道”“标准”的意义上来使用太极。〔3〕中、和并举，颇受《中庸》的影响；而《中

〔1〕 苏舆：《春秋繁露义证》，第446—447页。

〔2〕 关于《春秋繁露》文本的真伪问题，古代以及近代不乏怀疑其多杂伪者，其中多数怀疑的理由较为牵强，徐复观已详加驳正，并认为今传《春秋繁露》“只有残缺，并无杂伪”（见氏著《两汉思想史》第2册，九州出版社2014年，第290页）。然此论亦过于绝对，我们认为《繁露》思想一致，但有些内容或为后学所作。近来程苏东考察其中《五行》诸篇，揭示了董仲舒及其后学通过“传抄”产生的文本建构过程，可以参看（程苏东：《春秋繁露“五行”诸篇形成过程新证》，《史学月刊》2016年第7期）。

〔3〕 另外，董仲舒所言的阴阳运行，是取法于天象的，特别是日月之运行。冬夏二至，即取其极致之义，而此处使用的“太极”，从直观来讲，或也有此“极至”之义。

庸》谓“中也者天下之大本也，和也者天下之达道也”，则“中”当有超越阴阳运行之标准而表达最高本原的可能。或者说，“中”作为阴阳运行之准则，正从最高本原展开而来。

以象数而言，“中”是一，但至少又包含有“三”的结构。因为“中”之为义，是与“两端”并生的。是故“中”既可特指中间之一，又可指包含了两在内的浑全之一。在此意义上也可以说，中即太极。“太极元气，函三为一”的结构虽然与董仲舒使用的语词有差异，但哲学结构是一致的。

三 乾初与太极

“元”在《春秋》中出现于纪年，后被公羊学者视为最高本原；而于《周易》，则出现在卦爻辞中，最初的含义颇多争议。[1]真正将“元”作为哲学概念使用，则是《易传》。《彖传》称“大哉乾元”“至哉坤元”，《文言传》说“元者善之长也”“君子体仁足以长人”。从注经学的角度来说，《彖传》出现“乾元”“坤元”的说法乃是因乾、坤两卦卦辞“乾元亨利贞”“坤元亨利牝马之贞”。但注释技术并不能解释真正的哲学义涵，屯卦的卦辞也有“元亨利贞”而《彖

〔1〕朱子解释“元亨利贞”说：“古人淳质，不似后世人心机巧，事事理会得。古人遇一事理会不下，便须去占。占得乾时，元亨便是大亨，利贞便是利在于正。古人便守此占，知其大亨却守其正以俟之。只此便是开物成务。”（《黎靖德编：朱子语类》，见《朱子全书》第16册，第2180页）是朱子以为卦爻辞时代“元亨”连读，元亨即大亨，则“元”不具备哲学意义的独立本原地位。王夫之对此又有不同看法。本书倾向于认为“元”在《周易》创作之初固无此义，然不妨生发出此义。

传》并不曰"大哉屯元"，足见乾坤作为纯阳、纯阴的两卦，在《彖传》作者心中的地位。

《彖传》的说法使后世产生了疑惑：乾元、坤元到底是一是二？它们与元又有何关系？乾元、坤元是否就是阴阳？以及乾元、坤元与太极是何关系？

汉儒即尝试解决此问题，并将乾元与太极以及《春秋》之"元"融汇起来，虽未如惠栋、张惠言那样明言"乾元即太极"，但已含有此意，集中表现为律历学中的"太极中央元气"说。

《太史公自序》谓"律居阴而治阳，历居阳而治阴，律历更相治，间不容飘忽"，[1]已揭示了律、历之间的关系。其后邓平参与《太初历》改订，即已取八十一分法，以律数生历数。[2]刘歆《三统历》则是进一步将此法经学化。《汉书》用《三统历》，直接合称《律历志》，[3]说明其作者对律数与

〔1〕 司马迁：《史记》，中华书局 2014 年，第 4012 页。

〔2〕 刘操南：《古代天文历法释证》，浙江大学出版社 2009 年，第 7 页。

〔3〕 此处涉及《史记》残缺与补亡问题。现存史记有《律书》《历书》，但《律书》一般认为出于后人补写，内容多言兵。又《太史公自序》虽然言及："非兵不强，非德不昌，黄帝、汤、武以兴，桀、纣、二世以崩，可不慎欤？司马法所从来尚矣，太公、孙、吴、王子能绍而明之，切近世，极人变。作《律书》第三。"张大可等人则认为《自序》有误，此处当作"作《兵书》第三"。并以为《历书》当作《律历书》（张大可：《史记残缺与补窜考辨》，《兰州大学学报》1982 年第 3 期）。赵生群亦以为今《律书》内容是采《律历书》言律的部分掺入《律书》中（赵生群：《太史公书研究》，第 44 页）。吕思勉则以为，《律书》虽后人所补，然实即《兵书》，则《太史公自序》无误，律与兵通，故《兵书》得言律也（吕思勉：《太史公亡书考》，见氏著《吕思勉读史札记》，上海古籍出版社 2006 年，第 807 页）。

历数间关系的认识更加深刻。律数是对“声”（音乐）之节度的描述，但声来源于气之律动，故其数字根本地表现了天气运行的结构。历数既然是对于天气运行节度的描述，则历数、律数根本来说都是天气运行的象数反映，人们即可以律数推历数。《律历志》对于十二律的确定，即继承自战国的“三分损益法”：

> 以成之数忖该之积，如法为一寸，则黄钟之长也。参分损一，下生林钟。参分林钟益一，上生太族。参分太族损一，下生南吕。参分南吕益一，上生姑洗。参分姑洗损一，下生应钟。参分应钟益一，上生蕤宾。参分蕤宾损一，下生大吕。参分大吕益一，上生夷则。参分夷则损一，下生夹钟。参分夹钟益一，上生亡射。参分亡射损一，下生中吕。阴阳相生，自黄钟始而左旋，八八为伍。[1]

此处起算的基数（黄钟之数）是九，而引申为八十一，其法始于战国，具体十二律的律数可见卢央的说明。[2]以九为基准，林钟之数为六，太族之数为八。而九恰为《易》之老阳，六为《易》之老阴。故《三统历》较之战国律数的一大特点即沟通易数与律历数。其文又谓：

---

〔1〕 班固：《汉书》，第965页。
〔2〕 卢央：《中国古代星占学》，第41页。

十一月，乾之初九，阳气伏于地下，始著为一，万物萌动，钟于太阴，故黄钟为天统，律长九寸。九者，所以究极中和，为万物元也。六月，坤之初六，阴气受任于太阳，继养化柔，万物生长，楙之于未，令种刚强大，故林钟为地统，律长六寸。六者，所以含阳之施，楙之于六合之内，令刚柔有体也。正月，乾之九二[1]，万物棣通，族出于寅，人奉而成之，仁以养之，义以行之，令事物各得其理。寅，木也，为仁；其声，商也，为义。故太族为人统，律长八寸，象八卦，宓戏氏之所以顺天地，通神明，类万物之情也。此三律之谓矣，是为三统。[2]

上文将乾卦的初九配黄钟、九二配太簇，坤初六配林钟。若继续配齐十二律与乾坤十二爻，则得爻辰说，可见本书前文爻辰一节。《律历志》以乾初九配黄钟，黄钟数九，九为数之究，究即是一。因之黄钟与“元”相关，《律历志》谓：

九者，所以究极中和，为万物元也。

阳气施种于黄泉，孳萌万物，为六气元也。

太极中央元气，故为黄钟，其实一龠，以其长自乘，

〔1〕 按，此处之“二”《汉书》本文作“三”，考之于数理，当作“二”。

〔2〕 班固：《汉书》，第961页。

故八十一为日法，所以生权衡度量，礼乐之所繇出也。[1]

在古代术数传统中，一、三、九实为一数。九为一在个位数中最终极的展开，其实仍是一。一为中和，故九为“究极中和”；一为元，故九亦为元。黄钟作为律数起算的基点，既可视为元、视为一，而其具体内容则为九、为八十一。而此处所谓“阳气施种于黄泉”，正与前引《春秋说》“元者，端也，气泉”一致。泉即本原之义，而黄为“中”的象征。

乐律既然表征了气动的节度，则属乎气。黄钟为元，也就是元气。何以十二律中具体之一的黄钟成了“元”呢？黄钟就是元气最初发动的样态，因而最直接地显现了元气，之后的气动皆在此基础上展开，故《律历志》称之为“太极中央元气”。黄钟律管长九寸，自乘之则为八十一，即八十一分法的基础，也是三统历数的基础。

至此，《三统历》的形上学根据就比较清楚了：世界的本原即“太极元气”，是气化之本，是有活动性的原初之气；因其活动性，此“元”（气）必然要展开自身。最初的展开即是这种生发性的表现，此畅遂流行不已之气，以象数言之即是一，以律言之即是黄钟。黄钟即是太极元气最初的显现，故可以就直接称作“太极中央元气”——但并不能揭示“太极”的全部。换句话说，**黄钟具有双向指称：一方面**

〔1〕 班固：《汉书》，第961、959、981页。

向上指称作为根本和浑全存在的“太极元气”，一方面向下指称作为“十二律之首”的具体存在。

《易》卦以阴阳爻为基本符号，天然地与阴阳问题相关联。乾卦初爻为一阳所生，即是乾元。此乾元亦有双向指称：一方面乾元即太极元气的直接最初发显，故向上指称太极；一方面乾初九又是乾坤十二爻乃至三百八十四爻中具体的一爻，即向下指涉具体的存在。这与十二律中的黄钟是一致的。正是**基于这种双重指涉性，《三统历》以黄钟配乾初九。**

由此而论，惠栋、张惠言以乾元为太极，符合汉儒之论说。至于他们如何在《易纬》的资源中又推出此论，则详见下文论述惠、张此说的部分。

第二节　无极、太极与四德之元：宋易的视角

汉代思想中“太极”概念出现的并不少，但仍然有太易、太初、太一，以及道、无等表示本原的概念可供选择。“太极”真正超越其他语词，成为表示终极本原的最主要概念，是在宋代。其关键即是周敦颐《太极图说》以及朱熹对此作的创造性发挥。惠栋的“元即太极”说，则试图对周敦颐、邵雍之学进行修正。故有必要分析周敦颐、邵雍及朱熹对太极与乾元的看法。

一　无极而太极

周敦颐《太极图说》是一篇以儒家立场重塑道体的文

献。后世不少学者或以为出自道教，或以为其出自佛家。经过李申[1]、吾妻重二[2]等人的考证，可知这些指责并不属实。然《太极图说》的某些概念是借自道家的。至少“无极”一词并不见于先秦儒家，而真、精、妙合等语亦非孔孟所言。虽借自道家以指示道体，但此道体已非佛、道之道体，而是儒家之道体。

朱熹的解释即已试图消除其中可能有的道家歧义。朱熹解释“无极而太极”说：

> 上天之载，无声无臭，而实造化之枢纽，品汇之根柢也。故曰：“无极而太极。”非太极之外，复有无极也。[3]

陈来指出，此句“从根本上截断了把《太极图说》的思想理解为道家的无能生有的思想的可能性”。[4]《语类》中所载的说法更明确：“无极而太极，只是**无形而有理**。周子恐人于太极之外更寻太极，故以无极言之。既谓之无极，则不可以‘有’底道理强搜寻也。”[5]朱子认为，“无极”只是对“太极”的一种界定，亦即太极只是理，是本原，而非一

---

〔1〕 李申：《太极图渊源辩》，《周易研究》1991 年第 1 期。

〔2〕 吾妻重二：《太极图之形成》，见吴震、吾妻重二主编：《思想与文献：日本学者宋明儒学研究》，华东师范大学出版社 2010 年。

〔3〕 周敦颐：《周敦颐集》，第 4 页。

〔4〕 陈来：《朱子太极解义的哲学建构》，《哲学研究》2018 年第 2 期。

〔5〕 黎靖德编：《朱子语类》，《朱子全书》第 17 册，第 3116 页。

具体存在者。人们不能按照“有”或者具体存在者的标准去探究“太极”，此即“无极”的意思。

与朱熹相比，张栻对太极的解释容纳了《律历志》与《洪范》的角度：

> 《易》有太极者，函三为一，此中也。如立天之道曰阴与阳，而太极乃阴阳之中者乎；立地之道曰柔与刚，而太极乃刚柔之中者乎；立人之道曰仁与义，而太极乃仁义之中者乎。此太极函三为一，乃皇极之中道也。〔1〕

然他将太极释为中道，道亦同于理，如谓“太极涵动静之理者也”。〔2〕故与朱熹没有本质不同。

二 “四德之元犹五常之仁”

与太极之理相关的，是理学家对“元”的重视。在传统的叙述中，元亨利贞与天道相关，仁义礼智则是属人的德行。二者固然也可以匹配，比如《文言传》说：“元者善之长也，亨者嘉之会也，利者义之和也，贞者事之干也。君子体仁足以长人，嘉会足以合礼，利物足以和义，贞固足以干事。”孔颖达引庄氏之说，解释四德相配：

---

〔1〕 张栻：《南轩易说》卷一，《张栻集》，中华书局 2015 年，第 18 页。
〔2〕 张栻：《张栻集》，第 1605 页。

元是物始，于时配春，春为发生，故下云“体仁”，仁则春也。亨是通畅万物，于时配夏，故下云“合礼”，礼则夏也。利为和义，于时配秋，秋既物成，各合其宜。贞为事干，于时配冬，冬既收藏，事皆干了也。于五行之气，唯少土也。土则分王四季，四气之行，非土不载，故不言也。……施于王事言之，元则仁也，亨则礼也，利则义也，贞则信也。不论智者，行此四事，并须资于知。且《乾凿度》云：“水土二行，兼信与知也。”故略而不言也。[1]

此则以元—仁—春—木、亨—礼—夏—火、利—义—秋—金、贞—信—冬—水相配。尽管此种配伍在水和土谁来寄王四时的地方有矛盾，[2]但元与仁、春相配是无疑的。汉唐的这种相配，偏重于“取象”上的关联，尚未用统一性的哲学话语予以建构。

理学要建立天人不二的哲学，端赖二程对“天理”的发现。程颢谓：

〔1〕 王弼、韩康伯注，孔颖达疏：《周易正义》，第13页。

〔2〕《讲周易疏论家义记》也讨论过此处的矛盾，该疏引旧说弥缝道：“礼典阙土而取贤者之智，《易经》阙智而显圣人之怀。礼典但是有为，故以土为贵。所以土主中央，寄王四季，不与他才同例，故同阙而为显也。《易经》释无，则无为为体，智主万行，无所不知。故更略智名，普通四德，还是显体之义，故唯指四德，智用可见矣。”（见谷继明：《周易正义读》，第250页）可见南朝认为《周易》与《礼》不同，《易》以贞为信配土，以水为智、王四时。

“天地之大德曰生”“天地细缊，万物化醇”“生之谓性”，万物之生意最可观。此元者善之长也，斯所谓仁也。〔1〕

郭晓东据此谓程颢的仁即是天地生生之理，〔2〕陈来指出程颢此说“把宇宙论的范畴和道德论的范畴连接起来，互为对应”。〔3〕程颐亦谓：

元者物之先也。物之先，岂有不善者乎？事成而后有败，败非先成者也；兴而后有衰，衰固后于兴也；得而后有失，非得则何以有失也。至于善恶治乱是非，天下之事，莫不皆然。必善为先。故《文言》曰：元者善之长也。〔4〕

在解释《大有》的元亨利贞四德时，程颐认为诸卦的“元亨”皆为大亨之义，只有乾卦的“元”是初始的意义。程颐尝谓“天下之理，原其所自，未有不善”，〔5〕此处又谓元未尝不善，则元即天理之初端。

二程的贡献不仅在于以天理为钤键实现了属天的元亨

〔1〕 程颢、程颐：《二程集》，第120页。
〔2〕 郭晓东：《识仁与定性：工夫论视域下的程明道哲学研究》，复旦大学出版社2006年，第114页。
〔3〕 陈来：《仁学本体论》，生活·读书·新知三联书店2014年，第44页。
〔4〕 程颐：《周易程氏传》卷一，见《二程集》，第769页。
〔5〕 程颢、程颐：《二程集》，第292页。

利贞四德与属人的仁义礼智之德二者之间哲学化的贯通，而且又对四德之间的关系做了解释，奠定了元—仁的本体性地位。程颐对此最有代表性的命题即**元包四德**说："四德之元，犹五常之仁。偏言则一事，专言则包四者。'万物资始乃统天'，言元也。乾元统言天之道也。天道始万物，物资始于天也。"[1]其实"仁包四德"之说在程颢即已指出，"识仁篇"推广此意，所谓"仁者浑然与物同体，义、礼、智、信皆仁也"。[2]在他看来，仁体现了万物一体的状态，即所有的个体都在"仁"的视域中彼此关联。"我"能够体验到自己与他者的关联且不把他者看作外在的、与我毫不相干之物，则我即可以体会到此"仁"。如此，则义礼智信只是"仁"的各个侧面。然问题在于，"仁"为通、为生生之德，是本末贯通者，故可以包四德；"元"具有"初始"的含义，何以包四德呢？朱熹解释说：

> 元者乃天地生物之端。乾言"大哉乾元，万物资始""至哉坤元，万物资生"，乃知元者，天地生物之端倪也。元者生意，在亨则生意之长，在利则生意之遂，在贞则生意之成。若言仁，便是这意思。仁本生意，乃恻隐之心也。苟伤着这生意，则恻隐之心便发。若羞恶，也是仁去那义上发。若辞逊，也是仁去那礼

〔1〕 程颐：《周易程氏传》卷一，见《二程集》，第697页。
〔2〕 程颢、程颐：《二程集》，第16页。

上发。若是非，也是仁去那智上发。[1]

他又说：

> 元是初发生出来，生后方会通，通后方始向成。利者物之遂，方是六七分，到贞处方是十分成。此偏言也。然发生中已具后许多道理，此专言也。[2]

朱熹认为，元虽然有初始之义，但生生乃是其更根本的意义，故亨利贞只是生理的不同阶段；且生理在出生时已经齐备，故可以“元”来包四德。相较于二程，朱熹还提示了“元”与太极的关系：“看此一段（元者善之长）须与《太极图》通看。四德之元安在甚处？剥之为卦在甚处？‘乾天也’一段在甚处？方能通成一片。不然则不贯通。”[3]朱熹此处的意思是让读者去思考“元”在《太极图说》中的位置。

《太极图说》实未言“元”，只是说了“太极动而生阳，动极而静”；然《通书》却提及了“元”，所谓“元亨诚之通，利贞诚之复”。这促使我们思考，所谓阳动是否即是“元”？朱熹在解释《通书》“大哉乾元，万物资始，诚之源也”时说：“元，始也；资，取也。言乾道之元，万物所取以为始者，乃实理流出，以赋于人之本。如水之有源，即《图》

---

〔1〕 黎靖德编：《朱子语类》，《朱子全书》第 16 册，第 2265 页。
〔2〕 黎靖德编：《朱子语类》，《朱子全书》第 16 册，第 2265 页。
〔3〕 黎靖德编：《朱子语类》，《朱子全书》第 16 册，第 2265 页。

之'阳动'也。"[1]据此而推，元即是太极之最直接显现。

三　理气·元仁

朱熹以元为太极之最直接显现，此义似与汉儒不异，实则有根本差别。即朱熹以太极为理，则元亦当为理。同时元与仁相配，而仁在朱熹看来首先为理。但他对元、仁皆有复杂的表述。如《朱子语类》载其与弟子论仁一条谓：

> 问："仁是天地之生气，义礼智又于其中分别。然其初只是生气，故为全体？"曰："然。"问："肃杀之气，亦只是生气？"曰："不是二物，只是敛些。春夏秋冬亦只是一气。"[2]

朱熹此处肯定了弟子"仁是天地之生气"的理解。又如其以元为气者：

> 郑问："仁是生底意，义礼智则如何？"曰："天只是一元之气。春生时全见是生，到夏长时也只是这底，到秋来成遂也只是这底，到冬天藏敛也只是这底。仁义礼智割做四段，一个便是一个；浑沦看，只是一个。"[3]

〔1〕周敦颐：《周敦颐集》，第13页。

〔2〕黎靖德编：《朱子语类》，《朱子全书》第14册，第247页。

〔3〕黎靖德编：《朱子语类》，《朱子全书》第14册，第247页。

“天只是一元之气”，似乎亦可推出仁为一元之气。要言之，在朱熹那里，以元与仁互释，且注重元—仁的“生”之动力，又从理和气的两方面对此加以说明。陈来分析并总结朱熹哲学中的这一面向，指出：“朱子的思想中不断发展出一种论述的倾向，就是不再把元亨利贞仅仅理解为理，而注重将其看作兼赅体用的流行之统体的不同阶段，如将其看作元气流行的不同阶段。”〔1〕发掘朱子此方面的论述，努力弥合理气二分的哲学结构，将之衍为即理即气的“流行统体”以建立仁体，是《仁学本体论》的重要贡献。然朱子对元—仁之判断犹有可申说者，如《语类》载：

> 元亨利贞，理也有这四段，气也有这四段，理便在气中，两个不曾相离。若是说时，则有那未涉于气底四德。要就气上看也得。所以伊川说：“元者物之始，亨者物之遂，利者物之实，贞者物之成。”这虽是就气上说，然理便在其中。伊川这说话改不得。谓是有气则理便具，所以伊川只恁地说，便可见得物里面便有这理。〔2〕

此处朱子把“元亨利贞”看作表述存在的一种结构，故理、气皆具此四段。而若要追问朱子，则当以理为根本。

---

〔1〕 陈来：《仁学本体论》，第 357 页。
〔2〕 黎靖德编：《朱子语类》，《朱子全书》第 16 册，第 2263 页。

又如朱子谓“仁之意思，是一个浑然温和之气，其气则天地阳春之气，其理则天地生物之心”，虽是兼说气，实则因为“理无迹，不可见，故于气观之”。[1]故朱子又谓：“理难见，气易见。但就气上看便见。”[2]要言之，确实如《仁学本体论》所言，朱子晚年有以仁代替理气来建立本体的倾向，但朱熹似仍未放弃其理气说的架构，只是此时更强调理气一贯，故以“仁”来统合此种一贯。

另一个值得注意的问题是，朱子认为“元亨利贞”这种表达道体的模式是有其限度的。元亨利贞是阶段性的循环模式，如谓：“元亨利贞无断处，贞了又元。今日子时前，便是昨日亥时。”[3]元亨利贞与一年之春夏秋冬相配，则元当一日之子时、一岁之冬至。邵雍《冬至吟》适表此意：“冬至子之半，天心无改移。一阳初起处，万物未生时。”然朱子不以此诗为究竟。《语类》载：

> 问：“康节所谓‘一阳初动后，万物未生时’，这个时节，莫是程子所谓‘有善无恶，有是无非，有吉无凶’之时否？”先生良久曰：“也是如此。是那怵惕恻隐方动而未发于外之时。”正淳云：“此正康节所谓一动一静之间也？”曰：“然。某尝谓康节之学与周子、程子所说小有不同。康节于那阴阳相接处看得分

---

〔1〕 黎靖德编：《朱子语类》，《朱子全书》第14册，第252页。

〔2〕 黎靖德编：《朱子语类》，《朱子全书》第14册，第253页。

〔3〕 黎靖德编：《朱子语类》，《朱子全书》第16册，第2264页。

晓，故多举此处为说；不似周子说‘无极而太极’与‘五行一阴阳，阴阳一太极’如此周遍。若如周子、程子之说，则康节所说在其中矣。康节是指贞、元之间言之，不似周子、程子说得活，‘体用一源，显微无间’。”[1]

所谓“康节于那阴阳相接处看得分晓”即下文的“康节是指贞、元之间言之”，可见朱子所谓的贞元之间与一年之气运行时的亥、子之际相关。但此种说法未免将根源性的“元”作经验时间的理解。朱子认为，周敦颐、二程的说法更为通透，程颐“体用一源，显微无间”和周敦颐“无极而太极”，直接是体用论，而不必用形下之初始阶段来代指本体。与此相关的问题即对“复见天地心之心”的讨论，朱子说：“圣人天地心，无时不见。此是圣人因赞《易》而言一阳来复，于此见天地之心尤切，正是大黑暗中有一点明。”[2]“天地之心”即“体用一源”之体，亦即“无极而太极”，当然是无时无刻不在天地之间的。若据邵雍“一阳初动处”，以亥子之交当天地之心，与贞元之间相当，则是从时间经验中理解元，容易使人误认为“体”只在元初才具备，此后便失去。故朱子强调，一阳初动处的亥子之交（或子之初）仅是体会天地之心的一个便宜阶段。据此而推，若

〔1〕 黎靖德编：《朱子语类》，《朱子全书》第16册，第2395—2396页。
〔2〕 黎靖德编：《朱子语类》，《朱子全书》第16册，第2397页。

朱子真把元（乾元）理解为大本，则必不能将“元”与亥子之交的阳气初动完全等同。前者是体而后者是用。后面我们分辨乾卦初爻与复卦初爻，其关键亦在此。

第三节　乾初·太极·道本

一　四太与太极

第一节回顾了董仲舒、《三统历》以太极为元气，且配以乾元的说法，并证明惠栋、张惠言之说本于汉儒。惠栋的推论还有另一个汉学来源，即纬书。《易纬乾凿度》谓：

> 孔子曰：“易始于太极。太极分而为二，故生天地；天地有春秋冬夏之节，故生四时；四时各有阴阳刚柔之分，故生八卦。八卦成列，天地之道立，雷风水火山泽之象定矣。其布散用事也，震生物于东方，位在二月；……八卦之气终，则四正四维之分明，生长收藏之道备，阴阳之体定，神明之德通，而万物各以其类成矣。皆易之所包也。至矣哉，易之德也。”[1]

这是对《系辞》“易有太极”一章的解释，也是惠栋论述太极的依据。郑注云：“气象未分之时，天地之所始也。”

---

〔1〕 赵在翰辑：《七纬》，中华书局 2012 年，第 31—32 页。

此未必是郑玄注，[1]但与前引郑玄注《系辞》“极中之道，淳和未分之气也”并无冲突。问题在于，《易纬乾凿度》对典型的关于“宇宙论”演化的描述，在于太易、太初、太始、太素的建构。那么太极与此四者究竟关系为何？先看《乾凿度》关于“四太”的原文：

> 昔者圣人因阴阳，定消息，立乾坤，以统天地也。夫有形生于无形，乾坤安从生？故曰：**有太易，有太初，有太始，有太素也**。太易者，未见气也。太初者，气之始也。太始者，形之始也。太素者，质之始也。气形质具而未离，故曰浑沦。浑沦者，言万物相浑成而未相离。视之不见，听之不闻，循之不得，故曰易也，易无形畔。[2]

此段文字既见于《乾凿度》上篇，亦见于下篇，而关于“易始于太极”的文字则仅见于上篇。我们由此认为，太极与“四太”本为两种不同的宇宙论建构，其后被安置在同

---

〔1〕关于今传《易纬乾凿度》上下篇的问题，历来有争论。最近张学谦重加检讨，认为《乾凿度》上篇形成于西汉前期，注释者当为西汉儒者而非郑玄；下篇则系东汉时在上篇基础上摘编扩充而来，其注释者为郑玄（张学谦：《关于今传〈周易乾凿度〉文本构成的再考察》，《中国哲学史》2020年第4期）。其以上篇注以为西汉人注，窃谓此观点犹有可疑，观上篇注文辞气及概念使用，似出于魏晋。但无论如何，上下篇注文有差别，上篇当非郑玄注。

〔2〕赵在翰辑：《七纬》，第33—34页。

一文本，进而被归并为同一系统。“太极”直接来自先秦易家所传的《系辞传》，而“太易、太初、太始、太素”的说法，则系汉初说易家采阴阳家与黄老家言，对宇宙演化阶段的更详细说明。虽说来源不同，但既然皆是对元气化生的描述，又出现在同一主题本文中，则后来的学者必然思考其关系。据后人引用的《孝经钩命决》谓：

> 天地未分之前，有太易，有太初，有太始，有太素，有太极，是为五运。形象未，分谓之太易；元气始萌，谓之太初；气形之端，谓之太始；形变有质，谓之太素；质形已具，谓之太极。五气渐变，谓之五运。[1]

上文把“太极”置于四太之后，并称“五运”，可见其作了推衍和思考。但这种说明实在牵强附会，毫无哲学品质。以太极为“质形已具”，显然不符合《系辞传》的说明。按明人刘仲达《鸿书》引此作“孝经钩命决”，而据《纬书集成》，则《华严演义抄纂释》等佛典引作“易钩命决”。[2]此段在今传文献中最早见于隋唐僧人法琳之《辩正论》的陈子良注，引作“易钩命决云”，[3]其后澄观等人或据此为说，未必皆见原书；至于明人刘氏《鸿书》，改为“孝经钩

---

〔1〕 赵在翰辑:《七纬》，第726页。

〔2〕 安居香山、中村璋八辑:《纬书集成》，第1016页。

〔3〕 释法琳《辩正论》卷一,《中华大藏经》第62册，第465页。

命决”，亦不过采自释典，又觉纬书中无《易钩命决》一书，因易名《孝经钩命决》耳，绝不可能真见其书。问题的关键出在陈子良注。今观其《辩正论》引用纬书书名，并不精确。故此语是否出自《孝经钩命决》，颇为可疑。又《帝王世纪》载：

> 天地未分，谓之太易；元气始萌，谓之太初；气形之初，谓之太始；形变有质，谓之太素。太素之前，幽清寂寞，不可为象，惟虚惟无，盖道之根。自道既建，由无生有，太素质始萌，萌而未兆，谓之庞洪，盖道之干。既育万物成体，于是刚柔始分，清浊始位，天成于外而体阳，故圆以动，盖道之实。质形已具，谓之太极。[1]

陈子良的注与之相比，只是增加了“五运”的内容。此段关于四太的内容显然是根据《乾凿度》以及其注文改写的。《乾凿度》在叙述完四太之后，接着说“气形质具而未离，故曰浑沦”，而既然太极在《乾凿度》中本来没有安排，故将此“浑沦”配以太极。此段作者遂谓“质形已具，谓之太极”。这到底是皇甫谧自己改写抑或他据所见到的某种纬书改写？此事已不可考，但要之绝非汉人手笔，当出于魏晋

〔1〕 皇甫谧著，徐宗元辑：《帝王世纪辑存》卷一，中华书局1964年，第1—2页。

以后的造作。

《帝王世纪》这段穿凿比附的错误之处，在于将“太极”视作“太素”之后的一个阶段，既不符合“太极”本身的哲学属性，亦有悖于《乾凿度》对“浑沦”的定位。它从经验时间的角度理解宇宙演化，安排四太与太极，分成道之根、道之干、道之实三个阶段，将太极看作是根、干、花之后的果实。太素已经是质之始，太极犹在其后，那基本上是落入形器者，如何能作为与“元”同义的存在根据呢？《乾凿度》说“气形质具而未离，故曰浑沦”，明显是针对“太初者，气之始也。太始者，形之始也。太素者，质之始也”而言，《乾凿度》作者为了防止读者将此三者理解为经验时间的三个阶段、三种实体，故重新强调：“四太”虽然分成了四个阶段来叙述，然后三者实则是**同时具有而不可分离**的。故“浑沦”是对太初、太始、太素三者状态的描述，而非另外一个独立的阶段；因其三者浑沦不分，故又可总括于**太易**，即无形无象的本原样态。如按照《帝王世纪》那样，把“浑沦”当作“太素”之后的又一实体，就无法解释《乾凿度》文本为何说完浑沦之后接着说“故谓之易”。浑沦若后于太素，岂可又谓之太易？

问题不在于能否在“四太”中置入太极的概念，而在于如何看待其叙述关系和哲学属性。张惠言的解决方式就远超《帝王世纪》的穿凿，比较接近于我们的分析。他在《周易虞氏消息》中把太极置于太始、太素之间，谓“有形而无质，是为太极”，[1]已经意识到不能从过于具体的角度理解太极。但将之安插在“四太”中，并列为五，亦不完全符合《易纬》本义。他在《易纬略义》中引《乾凿度》注文“太初者气寒温始生也，太始有兆始萌也，太素者质始形也，气形质具而未相离故曰浑沦，虽含此三始而犹未有分判，《老子》曰有物浑成先天地生”，而后断之曰：“此《易》所谓太极也。”[2]以浑沦为太极，看似与《帝王世纪》无别，但理解方式有根本不同。张惠言是将浑沦看作太初、太始、太素三者之总体，以之为太极，而非把浑沦太极置于太素之后。故其注引“乃复变而为一”曰“此一则元气形见而未分者”，然后断之曰“太极也”，[3]即以此一为太极元气。

质言之，《易纬乾凿度》的四太概念中，太初、太始、太素皆来自道家，而太易则明显来自《易》，且以“易”为最根本概念。如此可推，四太之说其实是对“易有太极”的进一步申说。易为太易，则太初、太始、太素即太极，所谓“具而未离”的浑沦。有趣的是，《乾坤凿度》有类似的说法：“既然物出，始俾太易者也。太易始著，太极成。太极成，乾坤行。”[4]后面它也提及了太易、太初、太始、太素。然则此篇实亦以太极当太初以下的三者。我们姑且不论《乾

〔1〕 张惠言：《周易虞氏消息》卷一，《续修四库全书》第26册，第535页。
〔2〕 张惠言：《易纬略义》卷一，《续修四库全书》第40册，第538页。
〔3〕 张惠言：《易纬略义》卷一，《续修四库全书》第40册，第539页。
〔4〕 赵在翰辑：《七纬》，第1页。

坤凿度》的真伪问题，[1]它至少代表了后世试图融合“四太”与太极的努力。

二 太极有无

《乾坤凿度》的注文，还进一步探讨了太易、太极的有无问题：“太易无也，太极有也。太易从无入有，圣人知太易有理未形，故曰太易。”[2]如果我们对哲学史和注释史具有足够的敏感，应可意识到这与韩康伯注“几者动之微”曰“几者从无入有，理而未形”类似。[3]此《乾坤凿度》或出于南朝人造作，经、注并是后起。惠栋、张惠言皆不信其为汉代文献，[4]良有以也。不过《乾坤凿度》这种说法反映了南北朝时人们对太极的认识。《魏书·李业兴传》载：

---

〔1〕自宋晁公武以来，包括当代的李学勤等多数学者均认为《乾坤凿度》为伪书。近来任蜜林力辨此篇不伪，以《周易注疏》及郑玄注征引《乾坤凿度》之说作为依据（任蜜林：《汉代秘经：纬书思想分论》，中国社会科学出版社2015年，第43—45页）。按任蜜林所列证据，郑玄注、《说文》引秘书说两条，并未明确说引用自《乾坤凿度》，而更可能是郑玄和《说文》的思想影响后世，遂为《乾坤凿度》造作者所吸收的结果。

〔2〕赵在翰辑：《七纬》，第1页。

〔3〕王弼、韩康伯注，孔颖达疏：《周易正义》，第308页。

〔4〕惠栋谓：“世所传《乾坤凿度》，文义浅陋，陈直斋谓‘《崇文书目》无之，至元祐田氏书目始载，是国朝人依托为之’，非此书之比也。”（《周易乾凿度序》，见《雅雨堂丛书》本《周易乾凿度》，此序文为惠栋代卢见曾作）张惠言谓：“《乾坤凿度》，伪书也，不足论。《乾元序制记》，宋人钞撮者为之。《坤灵图》《是类谋》《辨终备》亡佚既多，不可指说。”（《易纬略义序》，《续修四库全书》第40册，第537页）

衍又问："《易》曰太极，是有无？"业兴对："所传太极是有。素不玄学，何敢辄酬。"〔1〕

根据李业兴与梁武帝的其他问对，李业兴传郑玄之学，又习谶纬，则其"所传太极是有"，当据郑玄注"易有太极"曰"极中之道，淳和未分之气"来推。梁武帝问太极有无，或许还想进一步追问"太易"。因为不仅《乾坤凿度》表现出南北朝以太易为无，当时的义疏学也明确提出了太易为无的观点。如《讲周易疏论家义记》谓：

夫太易之理，本自豁然；乾坤之象，因谁而兴耶？……并无宰主，因曰无为；本无生理，何物因生？孔子《易传》云"有之用极，无之功显"。自无之有，还之于无。

所谓太易之理，亦翻自然之道也。〔2〕

《系辞传》谓"神无方而易无体"，六朝注家据此将"易"理解为无；而既云"易有太极"，则似乎易在太极之前，故结合《易纬乾凿度》太易的说法，以太易为无，以太极为有。《讲周易疏论家义记》作为受到佛教影响的南朝义疏，还从"中道"的角度理解太易，强调万物乃是"无生"。

---

〔1〕 魏收：《魏书》卷八十四，中华书局 2018 年，第 1864 页。

〔2〕 谷继明：《周易正义读》，第 235、243 页。

李业兴对南朝的玄佛融合之学保持警惕态度，一被梁武帝问到太极是有还是无的问题，直接肯定其为有，并且以“素不玄学”结束了对太极的讨论。

惠栋对此段特别重视，并据以论太极有无：

> 六经无有以无言道者。唯《中庸》引《诗》“上天之载，无声无臭”，及《孔子闲居》论“三无”，此以无言道也。《说文》“无”字下引王育说曰：“天阙西北为无。”乾，西北之卦，西北乾元也。天不足西北，故言无。又引古文奇字曰：“无通于元者。”若然，则**无与元同义也**。《系上》曰：“易有太极。”《北史》梁武帝问李业兴云：“易有太极。极是有无？”业兴对曰：“所传太极是有。”愚谓**太极即乾之初九，又谓之元，故不可言无**。无通于元，故元为道之本。《三统历》曰：“道据其一，一即元也。”知元之为道本，则**后世先天、无极之说，皆可不用也**。[1]

惠栋采纳李业兴之说，以为太极不可以言无。太极非无，而是元，元即乾初九，则为有。他以此否定邵雍的先天之说以及周敦颐的无极之说。但他早年以太极为无，反对李业兴之说。稿本《周易古义》第一条载：

---

〔1〕 惠栋：《周易述》卷二十二，乾隆间雅雨堂刻本，第7页。

《北史》梁武帝问李业兴云：“《易》有太极，极是有是无？”业兴对曰：“所传太极是有。”案《系辞》云：“易有太极，是生两仪。”刘瓛注云：“自无出有曰生。”然则太极不可言有，太极本无极也。是以《周书·命训》云：“通道通天以正人，正人莫如有极，道天莫如无极。”有极者，箕子所以衍畴；无极者，伏羲所以设卦。(《列子·汤问篇》曰：“含天地也，故无极。”又云：“无极之外，复无无极。”)[1]

惠栋此处据刘瓛训释，以“自无出有曰生”，将“太极生两仪”理解为“自无出有”，则两仪是有，太极是无。然刘瓛此说实受“自生”之说影响，非汉儒古义。惠栋又据《逸周书·命训解》区分无极、有极，以洪范皇极之道属人事，为有极（《洪范》曰“皇建其有极”）；以画卦属天道，为无极。

但惠栋是否即以此无极为纯粹的虚无呢？恐怕并非如此。《周易古义》稿本另一段颇值得玩味：

息读为消息之息。息，犹生也。乾坤生而易乃可见，非易之缊乎？几，近也。近乎息者，生理不容间断也。俗说言乾坤缺毁，则易道损坏。此燕相之说书也。乾坤安可毁？毁犹亏也，亏犹虚也。天地有盈虚，

〔1〕惠栋：《周易古义》，苏州博物馆藏手稿本，第1页。

> 乾坤有毁息，自然之理。~~此可与周子“无极而太极，太极本无极”之说相发明。~~[1]

末句引《太极图说》的话被删去，说明惠栋后来不认同周敦颐此语。未删之前的初稿是他对“无极而太极”的基本理解。此段本来是解释“乾坤毁，则无以见易。易不可见，则乾坤或几乎息矣”。所谓的“俗说言乾坤缺毁，则易道损坏”，张素卿已据《周易本义辩证》指出其直接针对的是朱子，[2]但《周易正义》《周易集解》实亦采用此说。惠栋则独辟蹊径，不以“毁灭”而以“亏”训“毁”；不以“熄灭”而是以“生”训“息”。他的依据是：天地焉有毁灭？流行变化的总体岂有消亡？故其训释貌似新颖，而其义理依据实则回到了汉代，亦即以消息论理解天地变化的总体。消息最形象化的表达即月相，魏伯阳、虞翻皆据以说明《易》卦。月相有亏毁、有生息。坤乙三十日，是阳气亏毁之极，而其生息亦在其中。在惠栋看来，三十日阳亏即是“无极”（月相已不见）；而无极之时阳实际已生于其中，此即“太极”。阳亏之极即有阳生起，此即惠栋所理解的“无极而太极”。由此可推，即便早年惠栋认同“无极而太极”之说，他也只是把“无极”当作“不可见、无固定形体但仍然实存”的另一种说法。

---

〔1〕 惠栋：《周易古义》，苏州博物馆藏手稿本，第 21 页。

〔2〕 张素卿：《惠栋〈周易古义〉稿本及其学术价值》，见“第六届中国古典文献学国际学术研讨会”宣读论文。

尽管惠栋对朱熹有所批评，然“生理不容间断”却实实在在是理学的要义。如前所举，程颐、朱熹皆十分注重此“阳无可尽之理”。[1]只是区别在于，程朱所认定的不可间断的最根本者乃是天理，惠栋所认为不可间断的则是通天下一气的“元”（元气）。元气就其未展开的无形无象、不可方所的状态固然可以称为“无”或“无极”，但究竟还是“有”。于是惠栋后来便抛弃掉了“无极而太极”的说法，转而直接谈“有”。但这“一气”（元）又是如何展现为具体而丰富的变易世界呢？惠栋、张惠言依据汉学之义，对此做了象数化的说明。

三　画卦：易变而为一

乾卦初爻与太极有关，乃是由于画卦的原理。《乾凿度》解释画卦之理说：

> 易无形畔，易变而为一，一变而为七，七变而为九；九者气变之究也，乃复变而为一。一者形变之始，清轻者上为天，浊重者下为地。物有始、有壮、有究，故三画而成乾。三画已下为地，四画已上为天。物感以动，类相应也。易气从下生，动于地之下则应于天之下，动于地之中则应于天之中，动于地之上则应于天之上。[2]

〔1〕 黎靖德编：《朱子语类》，《朱子全书》第16册，第2385页。

〔2〕 赵在翰辑：《七纬》，第34页。

此段在《乾凿度》上下重出，注文有差别，任蜜林整理其结构：[1]

一 ⟶ 七 ⟶ 九 ⟶ 天（乾）

太易——→ 浑沦［太初 ⟶ 太始 ⟶ 太素］⟶ 八卦

（易）　（太极）二 ⟶ 六 ⟶ 八 ⟶ 地（坤）

张学谦根据上卷和下卷注文，也有图表，可参看。[2]在上面文字中，一、七、九是阳数。之所以为一、七、九而不是一、三、五，乃因在易学“四象”之数为六、七、八、九。老阳（九）、老阴（六）相加为十五，少阳（七）、少阴（八）相加亦为十五。但六、七、八、九四个数字皆自基数一而产生。因此《易纬》就展示了**象数学在说明世界本原时的两个关键：（1）“一”既是所有数（奇数和偶数）的起始，其自身又是奇数（阳数）；（2）“一”既是作为文字和数字意义的“一”，又是卦画中的阳爻符号**。

这里涉及象[3]与意义世界的关系问题。按照符号学的一派理论，符号与意义世界可以存在对应关系，但符号自身未必有意义。象则不同，象是对于意义的呈现，也就意味着象即是意义表达的一部分。比如对于“太极”所指涉的本体

〔1〕 任蜜林：《汉代秘经：纬书思想分论》，第63页。

〔2〕 张学谦：《关于今传〈周易乾凿度〉文本构成的再考察》，《中国哲学史》2020年第4期。

〔3〕 此处相关的典型哲学讨论往往围绕符号与意义展开，但符号（symbol）与中国哲学的“象”仍然不完全重合。为避免歧义，此处仍专门使用“象”这个概念。

意义，符号学的一派会认为用○、X、# 等都可以表示，关键不在于单个符号自身，而在于不同符号构建的语法、语义系统。只要这些符号能构成一个有效的意义系统，符号与符号之间有区别和联系，建立清晰有条理的意义世界的对应关系即可。而对象数学来说，太极只能首先表现为○，因为○象本身即是对太极这样一种不可限定、无方所但又崇高的根本意义的直接呈现。古人作易之初，“仰则观象于天，俯则观法于地”。观自然之象，乃是创作图画之象的最基本路径。与天道相关的呈现在人视觉中的为“象”，与地道相关的呈现在人视觉经验中的为“形”，所谓“在天成象，在地成形”。日月自身的象，以及其运转的轨迹皆为圆形，人据此推出天亦为圆形，故○必然地表达天象。人类“画象”之初，要用最简单的图形表达最崇高的存在，则○不是随意的涂鸦，而是对天道运动轨迹及天象的忠实摹写。其实我们还可以看到语言文字也通过描述图象，以获得对道的说明和理解。如《庄子·齐物论》谓：“彼是莫得其偶，谓之道枢。枢始得其环中，以应无穷。是亦一无穷，非亦一无穷也。”枢是圆心，环是圆形，共同组成了道。又曰：“圣人和之以是非而休乎天均。”均是陶轮，天均则象征天道运转，在天道陶钧的转动下，万物被创造出来。

今人言及象数易，多持一种怀疑或鄙夷的态度，以为有牵强附会、非常可怪之嫌。然在古人看来，象比言论更接近意义世界。《系辞》所谓“圣人立象以尽意，设卦以尽情伪，系辞焉以尽其言，鼓之舞之以尽神”，即便是被后人划入义理学派的王弼，也主张“夫象者，出意者也。言者，明象者也。尽意莫若象，尽象莫若言”。[1]试想我们语言文字中表达本原的那些语词，莫不源于取象。“本”取象于植物的根，“天”“元”取象于人的头顶，“道”取象于最初人行走的道路，“极”取象于屋宇的栋梁，“原”取象于泉水之源头——皆是以具体经验物的根本来指称最普遍性的根本。[2]相较于象而言，文字概念的意义单调，也恰恰因其单调，可与众多语词通过语法组成一复杂的意义系统，进而通过不断的论证能呈现出人们对本原的思考和探究。因图像义涵的丰富性和模糊性，又因图像与图像之间无法构成连贯的语法，象的系统则由此产生了各种千奇百怪的解读，使之降低了可探究性。不是象数本身有问题，而是人们对象数的定位以及解读象数的方式有问题。

“太极”语词与○之象相比，后者显然更能传达那种浑沦无形的意味。那么本原的展开如何用象来表达？○之展开不可能是另一个○，浑沦之本原具有无限丰富的生机活力，所以其展开首先是“动”的，表示动的最简洁的形式当然是直线 ━。同时，○表示超越于具体性的无形无象，某种意义上可以视为“无”；而 ━ 则是○之展开，具有了趋向性，是首先出现的分化，故为数字之一。但○与 ━ 实为一体之两

〔1〕 王弼：《王弼集校释》，楼宇烈校释，第609页。

〔2〕 古希腊到古罗马的哲学传统中，对本原概念的指称，是通过系动词（如ousia）等来实现的，这与其独特的语法结构和哲学品性有关，与中国不同。此处但就中国哲学言之，不多生枝蔓。

面，于数字而言，○亦可视为一。对此问题的思考，特别可见于王弼。他注《老子》四十二章“道生一”曰：

> 万物万形，其归一也。何由致一？由于无也。由无乃一，一可谓无？已谓之一，岂得无言乎？有言有一，非二如何？有一有二，遂生乎三。从无之有，数尽乎斯，过此以往，非道之流。[1]

王弼的哲学“以无为本”，竭力区分无与一的差别。在他看来，“一”即万物最终达到一致的状态，而这种状态是由“无”所保证来达成的。“一”是对于“无”的内容的表达，但既已有所表达，则已与“无”有所分离。二、三因之生起。儒家（不论汉儒还是宋儒）与王弼不同，以为○之展开即**一**，无与一皆是对同一本原的不同侧面的表达而已。

《易纬乾凿度》的四太说中，太易是“未见气”，此后的太初、太始、太素，是气形质具而未离的“浑沦”。既然是具而未离，则不能以经验时间中的先后来理解三者。如此看来，下卷的注释以一、七、九分别配太初、太始、太素，便在思路上有问题。张惠言不同意这种比附，解释说：

> “易无形畔”者，太易也，未见气也。一、七、九曰气变，是太初也。……“易变而为一”者，太易动

〔1〕 王弼：《王弼集校释》，楼宇烈校释，第117页。

而有气也。积三午五动七，而上出，故曰“一变而为七”。至九而究尽，故曰“七变而为九”。阴阳之气，相并俱生。……函三为一，故“复变而为一”。此一为形变之始，则犹太始也。有形而无质，是为太极。分为天地而有质，乃为太素。天地既立，则太极之气出阳入阴，变天化地，以生万物，是乃所谓易也。[1]

其图式说明如下：

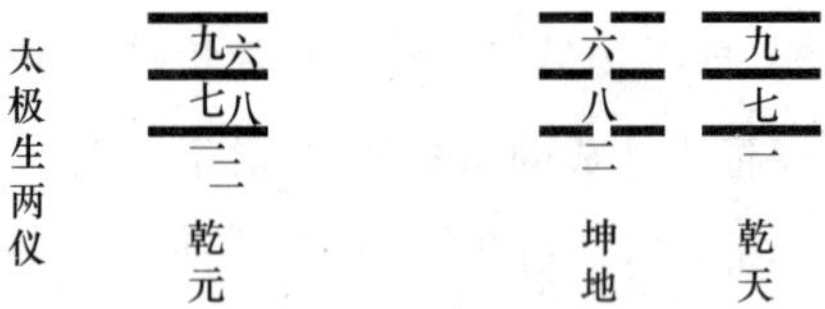

太极生两仪

九六 七八 二 乾元

六 八 二 坤地

九 七 一 乾天

张惠言以从一到九的变化整体为太初，以“复变为一”为太始，此后为太极，太极分出天地为太素。虽然较之郑注的机械分配有所改善，但以太极为太始之后的某阶段，仍不符合义理结构。根据我们前文的分析：○，上可指称无为的太易，下可指称生化浑沦的太极；—，上可指称太极，下可指称阳爻画与数字一。而二、三以至于九（十），皆后起之数、后起之象，不宜用来表现太极。

太极最初的、最直接的展现即是一，亦是元，即是易气。易气从下生，积累起来即是乾天。积累不能无限制地累

〔1〕 张惠言：《周易虞氏消息》卷一，《续修四库全书》第26册，第535页。

加，最初的节点是三画。因为“天道三微而成一著，三著而成一体”，亦即三画是天道自然之节律。乾元（初画 ━ ）累积三画而为乾卦 ☰，乾天之象才显现出来。最初那一画的阳爻虽未显现出整体的乾卦，却是乾卦的根基，故称乾元。

然元气刚生发时，即同时有一种看上去相反的作用，使生发之气有其暂存性，此即凝定作用。条畅直遂的气如果一直是喷发不已的状态，也不会产生具体的暂存性个体。故乾元展现的同时，即有凝定性的状态来成就它，使“动”能有暂存性的“静”。以象来表达即是 ━ 变为 --。-- 不是数字二，却有二的义涵，但主要是象征这样一种暂存性的、安静的作用。暂存性的状态不是别有本原，而是乾元生发状态自身呈现出的一种特性，故可以视为附于乾元而生。今据此意作太易成卦图如下：

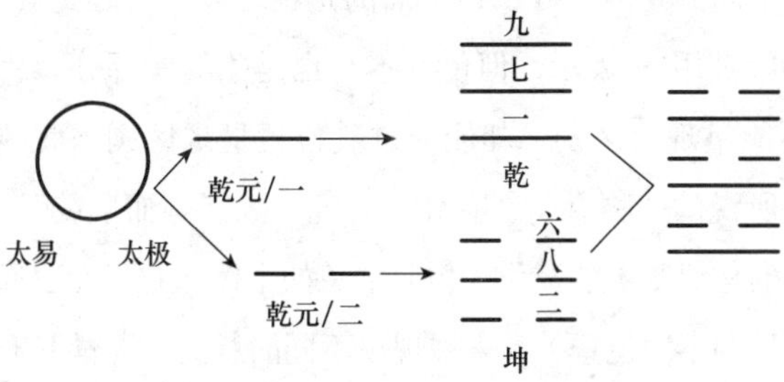

以上思考还有助于我们理解《系辞传》：“夫乾，其静也专，其动也直，是以大生焉。夫坤，其静也翕，其动也辟，是以广生焉。”无论是《周易集解》所引宋衷注，抑或《周易正义》，皆从乾坤之抽象德性立论。直、辟分别是对天、地生物状态的描述，此种理解不能说不对。但这里的专、直、翕、辟都是一种“象”的语言。按“专”字，陆绩作“塼”。专、塼、抟，古通用，即圆。专、翕是对太极不同样态的描述。但太极的发用，呈现不同的势能，以不同的卦画表现。其运动的直接和畅茂，以 ⚊ 表示，此即“其动也直”；其运动生物时，个体生成、从整体中分散出来，以分开的 ⚋ 表示，此即“其动也辟”。这从取象的层面弭平了乾元、坤元到底是一元还是二元的问题（此问题详下一小节）。

《乾凿度》在讲到乾卦形成时，特别考虑“四象”的数字意义，亦即以七九、八六代表阴阳的各阶段。这就呈现出了象与数的不同。具体来说，⚊、⚋ 为阳爻与阴爻，尽管也可以理解成一、二，但若要表示阳气与阴气流行的不同阶段，只需要变换位置即可。以阳气为例，最下面的是气之始，中间的是气之壮，最上面的是气之衰（气之究极）。三个阶段都用 ⚊ 表示，但位置本身也是象的一部分。故三个 ⚊ 不能呈现出区别，却能通过其位置呈现区别。此即《易纬》所说的“物有始、有壮、有究，故三画而成乾”。个位数字的构象则不然，作为极其抽象的个体，它们无法通过同一符号的不同位置关系来展现出不同的意义，[1]故只有建立不同的数字符号来进行指涉和表达。从一至四的数字符号，还是比较直接的，即一的逐渐叠加。自五以后，我们或许已经无法看出数字的字形符号与数量意义之间的内在关联，却

〔1〕 此处不考虑个十百的数位问题，只是探讨个位数数字符号的构形问题。

仍可通过取象作一定意义的推求。[1]要言之，数字符号指涉数量意义的时候，不再通过同一符号的不同位置关系来呈现，而是通过记号自身的变形。

卦象与数字尽管有这种基本的差别，然二者指涉的根本意义却是一致的，即对本原之流行状态的不同阶段和状态的说明。古代传统中的数字并非完全抽掉具体内容的、空洞的东西，而是关联着对生化本原最基本的描述。数字既与时间有关，而时空一体的特色，决定了数字本身具有时空的双重属性。六、七、八、九为四象之数，而六八为阴，七九为阳，《乾凿度》说“阳变七之九，阴变八之六”。可知七为少阳、九为老阳，八为少阴、六为老阴。汉人又进一步描述其方位与五行属性，即《汉书·五行志》谓：

> 天以一生水，地以二生火，天以三生木，地以四生金，天以五生土。五位皆以五而合，而阴阳易位，故曰“妃以五成”。然则水之大数六，火七，木八，金九，土十。故水以天一为火二牡，木以天三为土十牡，

---

〔1〕“四”在古文字中有两种基本写法，一是简单的四画叠加，比较直观地表示数量；另一种其实是两横两竖，也仍然是数量的直接表达，因人们意识到数字的记号多了时必须变形以防止混淆。但五、六、七、八、九、十这些个位数（尽管在现代数学中 10 不是个位数）的记号，仍需要遵循简单化的原则，亦即无非是横竖的不同组合。张惠言解释这些数字说：“二、三、四皆从积数，五象交午，六从入而八分，七象气出于一，八象分别相背之形，九象屈曲究尽，十象气具四方中央。”（《易纬略义》卷一，《续修四库全书》第 26 册，第 535 页）其说不免有臆想附会之嫌，但仍揭示了一些特点。

> 土以天五为水六牡，火以天七为金四牡，金以天九为木八牡。阳奇为牡，阴耦为妃。[1]

这段文字在《五行志》中以“说曰”引起，则其或采自刘向，或采自其易学博士之言，[2]要之在西汉早已出现。《太玄·玄图》也有“一与六共宗，二与七共明……”[3]的说法。此意用图式表示即如下（用张惠言图）：

数之地天

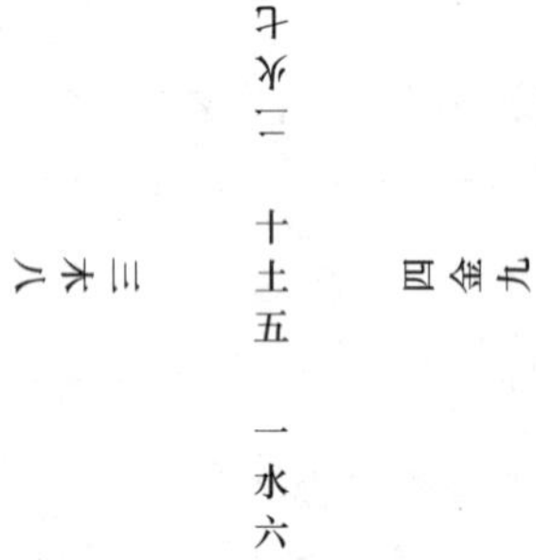

二火七

三木八　十土五　四金九

一水六

后来刘牧所谓的《洛书》，朱子所称的《河图》，亦即此图式。《乾凿度》注文直接以方位属性的数字来注解，如

〔1〕 班固：《汉书》卷二十七上，第1328页。

〔2〕 关于《汉书·五行志》“说曰”部分的文献来源，程苏东以为：“说解大多取自刘向《传论》，但班固亦不乏改笔之处，如以四正卦说解释恒雨、恒阳、恒奥、恒寒之罚，以《说卦》系统解释六祸之生成等，均非刘向《传论》之言。此外，在‘水不润下’‘视之不明’‘听之不聪’部分，说解还援引《京房易传》等。”（程苏东：《〈汉书·五行志〉体例覆核》，《中国史研究》2020年第4期）

〔3〕 扬雄著，范望注：《太玄》卷十，《四部丛刊》影宋本，第8页。

谓："七在南方象火，九在西方象金；六在北方象水，八在东方象木。自太易至太素，气也形也，既成四象，爻备于是。"[1] 但元气始展现时，尚未分化出五行，也不能说七为火对应太始，九为金对应太素。故注文欠妥。在生化之初，一七九、二八六只是阴阳之气不同阶段的说明，并无五行之性；但这种始、壮、究的状态进一步分化，则展示出五行的特性。此是后天的取象，亦即《洪范》所谓"一曰水，二曰火，三曰木，四曰金，五曰土"。数字是一个系统，五行可以于此取象，生化之初亦可于此取象，但二者不能等同。

以一为太极，还涉及"大衍之数"一章。天地之数五十五，实为一至十相加而得。郑玄即以一六、二七等天地生成之数来解释。大衍之数五十又来源于天地之数，则一与其他数的关系，亦与"大衍之数"一章的诠释密切相关，特别是如何解释"其用四十九"与不用之一的关系。汉儒以不用之一为太极。《周易正义》引马融谓：

> "易有太极"，谓北辰也。太极生两仪，两仪生日月，日月生四时，四时生五行，五行生十二月，十二月生二十四气。北辰居位不动，其余四十九转运而用也。[2]

〔1〕 赵在翰辑：《七纬》，第45页。
〔2〕 王弼、韩康伯注，孔颖达疏：《周易正义》，第279页。

马融的诠释已经提示我们，“大衍之数”一章与“易有太极”章有密切的关系。如朱伯崑所指出的，“易有太极”章有两套语言，本来是讲筮法的，又具有哲学含义。[1]故太极在筮法里的象征，是先秦两汉的易学家所认真思考的问题。马融以此不用的一即太一。郑注《乾凿度》“太一取其数，以行九宫”曰：

> 太一者，北辰之神名也，居其所曰太一。常行于八卦日辰之间，曰天一。或曰：太一出入所游息于紫宫之内外，其星因以为名焉，故《星经》曰：天一，太一，主气之神。[2]

太一在先秦具有非常丰富的内涵，在汉代主要被当作神来祭祀，[3]然其丰富的含义仍有保留。郑玄此说，是对京房的继承，《周易正义》引京房谓：“五十者，谓十日、十二辰、二十八宿也，凡五十。其一不用者，天之生气，将欲以虚来实，故用四十九焉。”[4]京房的诠释很有意思，最初“五十”乃是十日、十二辰、二十八宿相加之和。这意味着，五十中的每一个“一”，都是具体的个体，不具备超越性。

---

〔1〕 朱伯崑：《易学哲学史》，昆仑出版社2009年，第66页。

〔2〕 赵在翰辑：《七纬》，第45页。

〔3〕 关于“太一”概念的各种含义，及其在汉代被祭祀的状况，可参考田天：《秦汉国家祭祀史稿》，生活·读书·新知三联书店2015年，第121—147页。

〔4〕 王弼、韩康伯注，孔颖达疏：《周易正义》，第279页。

“天之生气”[1]之所以能生，即在超越了具体性，能“以虚来实”。虽然是一，却不可与这些具体的“一”（比如甲、乙、丙、丁，比如角、亢、氐、房）等同，故京房的“太一”最初不在这五十之内。然既称此神（或本原）为“一”，则仍需要寄托在具体名言或象数上来表现，故又只得以五十中之具体的“一”来寄托“太一”，最后真正在经验中发用的（即进入筮法操作的）成为四十九。京房这种看似冲突的诠释，说明他意识到了具体与普遍的张力。

虞翻以为太极即是太一，[2]张惠言则以为“太极不可见，以其主乎天，故指太一以况之”[3]。是知汉学即以不用之一为太极。此种训释为王弼所继承，但他又从根本上改变了“太极”的含义。王弼释大衍之说谓：

> 演天地之数，所赖者五十也。其用四十有九，则其一不用也。不用而用以之通，非数而数以之成，斯易之太极也。四十有九，数之极也。夫无不可以无明，必因于有，故常于有物之极，而必明其所由之宗也。[4]

汤用彤解释此段谓：“不用之一，斯即太极。夫太极者

---

〔1〕 关于“天之生气”，惠栋等人取马融、郑玄相参证，以为“生气”当作“主气”。然《五行大义》、孔颖达所引皆作“生气”，不宜擅改。

〔2〕 李鼎祚：《周易集解》，第435页。

〔3〕 张惠言：《周易虞氏消息》卷一，《续修四库全书》第26册，第535页。

〔4〕 王弼、韩康伯注，孔颖达疏：《周易正义》，第279页。

非于万物之外之后别有实体，而实即蕴摄万理孕育万物者耳。故太极者（不用之一）固即有物之极（四十有九）耳。吾人岂可于有物（四十有九）之外，别觅本体（一）。”[1]在他看来，王弼以纯粹的体用论取代了汉代的宇宙论。他又说：“四十有九为数，而一则非数也。夫数所以数物，万形万用，固均具有名数。但太极为万用之体而非一物，故超绝象数，而‘一’本非数。……汉儒……‘一’与‘四十九’固同为数。”[2]对“一”是否超越具体之数的分析，是汤用彤分别汉学与玄学的关键。易言之，即以体用论的角度来理解太极与具体事物的关系。后来朱熹“万物统体一太极，一物各具一太极”[3]也与此模式相近。京房其实意识到了“一”中具体与普遍的张力。若如汤用彤的分析，将王弼视为严格的体用论者，则不应当以一与四十九作对比，这仍然是陷入了一与四十九的割裂；毋宁说具体的数就是五十，而五十之中各有此一。如此才能符合汤氏所举的波涛与海水的关系。[4]汉儒则以为，此一既通于无形，又不得不通过具体之“一”来寄托。

不用之一既为太极，又是蓍策之一，则它与乾初也被关联在一起。《周易正义》引荀爽说：“卦各有六爻，

---

〔1〕 汤用彤：《汤用彤学术论文集》，中华书局 2016 年，第 251 页。

〔2〕 汤用彤：《汤用彤学术论文集》，第 252 页。

〔3〕 周敦颐：《周敦颐集》，中华书局 2009 年，第 6 页。

〔4〕 汤用彤：《汤用彤学术论文集》，第 252 页。按，用彤先生此喻，亦可见其受佛理影响甚深，故以之理解王弼。

六八四十八，加乾、坤二用，凡有五十。乾初九‘潜龙勿用’，故用四十九也。”[1]惠栋据此谓：“初九，元也，即太极也。太极函三为一，故大衍之数虚一不用耳。”[2]荀爽认为五十之数来自八经卦的四十八爻加乾坤二用，说虽巧妙，实则比附。因为具体现成的八经卦四十八爻，已经是蓍草十八变成卦之后的结果，如何与大衍之数相混？而以“虚一不用”与“潜龙勿用”相等，亦有附会之嫌。荀爽的推论方式有其问题，惠栋据以推乾初为虚一不用，亦嫌不妥。然其进一步的分析还是意识到了关键：“万物所资始，王位在德元，以一持万，以元用九，吾道之贯，天下之治，皆是物也。”[3]亦即乾元展现其象，出现在具体的时空中，首先就是乾卦初爻。乾卦初爻既与一贯通，即为天地之本，亦可视作“不用之一”。

四　乾初与复初

乾卦初爻之象与乾元相通，而复卦的初爻亦与乾初爻相关。在十二消息卦中，复卦被视为一阳生长的初机，时当冬至，具有特殊的意义。王弼注复卦《彖传》“复其见天地之心乎”谓：

> 复者，反本之谓也，天地以本为心者也。凡动息

---

〔1〕王弼、韩康伯注，孔颖达疏：《周易正义》，第279页。
〔2〕惠栋：《周易述》卷一，乾隆间雅雨堂刻本，第3页。
〔3〕惠栋：《周易述》卷一，乾隆间雅雨堂刻本，第3页。

则静，静非对动者也。语息则默，默非对语者也。然则天地虽大，富有万物，雷动风行，运化万变，寂然至无，是其本矣。故动息地中，乃天地之心见也。若其以有为心，则异类未获具存矣。[1]

在王弼看来，默/语，静/动，无/有，并非是平等相对的概念。前者（默、静、无）乃是第一性的。天地之心，即是天地之本；若要成为天地之本，必须超越一切具体的属性，此即"寂然至无"，也就是"复"归之后的结果。此盖本于《老子》"复归于无物""复归于无极"等，故王弼又谓"动复则静，行复则止，事复则无事也"。[2]他并非不了解二至日的意义，"冬至阴之复，夏至阳之复"的说法并不违背汉人关于阴阳运转的认识。阴至冬返本，阳至夏返本，其运动各自到达终点，王弼由此以为"复见天地之心"实际就是"返本归静，见天地之心"。

换句话说，王弼的"复"是"终"之义，然此理解实为特异，无论汉儒抑或宋儒，皆注重"复"的"始"之义。虞翻注复卦《象传》曰："姤《象》曰：'后以施命诰四方。'今隐复下，故后不省方。**复为阳始，姤则阴始。天地之始，阴阳之首**。已言先王，又更言后。后，君也。六十四卦，唯此重耳。"[3]虞翻认为六十四卦最重要的在复、姤二卦，以

〔1〕 王弼、韩康伯注，孔颖达疏：《周易正义》，第112页。
〔2〕 王弼、韩康伯注，孔颖达疏：《周易正义》，第113页。
〔3〕 李鼎祚：《周易集解》，第163页。

其分别为阳、阴之始。如此则复卦为阳之始可见。又其注“复，德之本也”说：“复初，乾之元。”[1]荀爽则直接说：

> 复者，冬至之卦。阳起初九，为天地心。万物所始，吉凶之先，故曰“见天地之心”矣。[2]

荀氏以复卦初九本身为天地之心，且认为是“吉凶之先”。惠栋推荀氏之意，又发挥董仲舒之说，以天地之心即天地之中，他解释说：

> 冬至天地之中，故云“天地之心”，心即中也。……天地之中，即乾坤之元。万物资始乾元，资生坤元，所谓“民受之以生”。故知天地之心即天地之中。不曰“中”而曰“心”者，阳尚潜藏，故曰“心”也。[3]

前引董仲舒谓：“阳之行，始于北方之中，而止于南方之中；阴之行，始于南方之中，而止于北方之中。阴阳之道不同，至于盛而皆止于中，其所始起皆必于中。中者，天地之太极也。”中即冬至、夏至。惠栋以为心即中，亦即太极。是以复卦初爻即太极也。惠栋又以卦气来说明：

---

〔1〕 李鼎祚：《周易集解》，第481页。
〔2〕 李鼎祚：《周易集解》，第163页。
〔3〕 惠栋：《周易述》卷九，乾隆间雅雨堂刻本，第19页。

> 《易纬是类谋》曰："冬至日在坎，春分日在震，夏至日在离，秋分日在兑。"《魏书·律历志》"推四正卦术"曰："因冬至大小余，即坎卦用事日。求次卦，加坎大余六，小余五千五百二十九，小分十四，微分满五从小分，小分满气法从小余，小余满蔀法从大余。命以纪算外，即复卦用事日。大壮加震，姤加离，观加兑，如复加坎。"冬至复加坎，是其义也。[1]

孟喜卦气与京房卦气稍有不同。孟喜不将坎、离、震、兑排入一岁岁实之中，京房则排入。为了协调六日七分之数，京房以坎、离、震、兑各当73/80日，又损、颐、晋、井、大畜为$5\frac{14}{80}$日。[2]但张惠言以为此当是传京氏学者之附会，京房本来仍当用六日七分之说，不将四正卦排入其中，而是排入上一层的方伯监司之官。不论如何，在冬至日前后，首先出现的是中孚卦，其次是复卦。《易纬稽览图》说"甲子卦气起中孚"，[3]中孚兼"中"与"信"之义。冬至之日，看似空虚无物，实则有生机在其中，诚实无妄，故谓之中孚。汉儒卦气取"中孚"为首，实有深意在焉。中孚象征本原，在汉代历法中即黄钟之律。其初动为复卦。中孚与复共同展现天地之心。

---

〔1〕 惠栋：《周易述》卷九，乾隆间雅雨堂刻本，第19页。

〔2〕 详细的孟、京卦气说之区分，可参考刘玉建：《两汉象数易学研究》，第286页。

〔3〕 赵在翰辑：《七纬》，第68页。

复卦的初爻与乾卦的初爻是否是同样的呢？乾初爻曰“潜龙勿用”，复初爻曰“不远复”，则其辞不同；且乾卦六爻皆阳，复卦一阳五阴，是其爻象也不同。由是而言，两者绝不能全然等同。

严格说来，复初与乾初是两个层次的问题。乾初爻为画卦之初，是为六十四卦之始画；于大化流行而言，象征着太极初动。复卦初爻则为画卦之后，阴阳消长的某个阶段；于大化流行而言，则象征着一年之气运转的某个特殊阶段。乾初即是乾初，即便没有后来的三画之乾、六画之乾，仍为乾初。复卦则不然，其初之一阳必须与上面五阴爻相组合，才能形成一阳动于下之象。以理学的语言来说，乾初为先天，复初为后天。

可《彖传》明明说“复其见天地之心”，则天地之本非复卦初爻而何？在此我们不得不考虑宋易的解释方法，亦即复卦初爻并非严格意义的“天地之本”，而是就后天流行而言，我们可以于此“见”到天地之本。朱子如是解释：

> 问：“复其见天地之心，生理初未尝息，但到坤时，藏伏在此，至复乃见其动之端否？”曰：“不是如此。这个只是就阴阳动静阖辟消长处而言。如一堆火，自其初发以至渐渐发过，消尽为灰，其消之未尽处固天地之心也。然那消尽底亦天地之心也。但那个不如那新生底鲜好，故指那接头再生者言之，则可以见天地之心亲切。一元之气，亨通发散，品物流形，天地

之心尽发见在品物上，但丛杂难看。及到利贞时，万物悉已收敛，那时只有个天地之心，丹青著见，故云利贞者性情也。正与复其见天地之心相似。康节云：一阳初动处，万物未生时。盖万物生时此心非不见也，但天地之心悉已布散丛杂，无非此理呈露，倒多了难见。”〔1〕

朱子亦以为天地之心即是天地之本，也就是生生之理。复卦所象征的冬至一阳初动，不过是生生之理的表现。生生之理在一年的任何时候，在每一年，都无处不在；但一年之中的冬至时节，万物皆收敛，反而比万物繁盛时更容易让人体会到其中生生之理的作用。

汉代思想虽非朱子式的理气二分结构，然复卦冬至一阳初动乃是后天的流行，与元气有别，也当是可以推知的。换句话说，复卦的一阳初动，乃是元气流行的后天体现，故可以于此见天地之心。复初、黄钟之气等，皆指示了元气的存在。乾卦初爻即元气之最初展现，复卦初爻非乾卦初爻，但可以指示乾卦初爻。

五　坤无元？

再回到乾元、坤元的讨论上来。张惠言谓：

太极虽兼有阴阳。然阴不自生，丽阳而生。太易

〔1〕　黎靖德编：《朱子语类》，《朱子全书》第16册，第2391页。

之所以动者，是阳而非阴，故言一七九，不言二八六。天地之所以变化者，亦皆阳，非阴也。[1]

又谓：

圣人以三画象一七九，而谓之乾，即太极也。既立乾，然后效之而为坤，则以乾象天，以坤象地。七九象阳之气，八六象阴之气，而以一为乾元。故曰天下之动贞夫一者也。是天下之初，故曰至赜也；其在爻则为复初，以其为乾之最初也。二丽于一，乾有元而坤凝之以为元，其实坤无元也。乾元之气正乎六位，则谓之道，即太极之正也；行乎阴阳，出入变化，则谓之神，即太极之行也。[2]

张惠言此处直接提出“坤无元”的说法。理由是“阴不自生，丽阳而生”以及“乾有元而坤凝之以为元”。此说颇为大胆，因为《彖传》明言“乾元”“坤元”。太极之元的最初和最直接展现就是阳，亦即乾元，以象数表现即乾卦之初爻。但乾元形成之时即有凝定之作用出现，此最初之阴即可谓之坤元。坤元、乾元，皆是一元，故“乾有元而坤凝之以为元”。是否由此可以推出“坤无元”呢？当然，“坤无

〔1〕 张惠言：《周易虞氏消息》卷一，《续修四库全书》第26册，第535页。
〔2〕 张惠言：《周易虞氏消息》卷一，《续修四库全书》第26册，第536页。

元”本身也有两种解读，一种可以理解为“没有独立的坤元”，一种可以理解为“坤没有元”。前者自然可以从“乾有元而坤凝之以为元”，后一种理解则过于武断。此命题遭到姚配中等人的反对。

惠栋没有“坤无元”这种强论断。他解释“至哉坤元”谓：“乾坤相并俱生，合于一元，故万一千五百二十策皆受始于乾，由坤而生也。”〔1〕是知于惠栋而言，乾元、坤元，只是一元。又谓：

> 太极生两仪，故《乾凿度》曰：“乾坤相并俱生。”《彖传》曰：“大哉乾元。”又曰：“至哉坤元。”故云“乾坤合于一元”。〔2〕

此处引《乾凿度》“乾坤相并俱生”来对应“两仪”，是谓乾元、坤元同时而有，不存在时间上的先后。但惠栋所引《九家易》“受始于乾，由坤而生”的说法，可见乾元、坤元虽一，仍系从不同角度来理解。惠栋又谓：

> 天地之一，即乾坤之元也。清轻，清上升也。宁，安贞也。神亦乾也。谷亦坤也。万物资始于乾元，资生于坤元，故得一以生。侯王得一以为天下贞，乾元

〔1〕 惠栋：《周易述》卷九，乾隆间雅雨堂刻本，第3页。
〔2〕 惠栋：《周易述》卷九，乾隆间雅雨堂刻本，第19页。

用九而天下治也。[1]

乾、坤既为两仪，则为二，又何以是“天地之一”呢？唯一可能的解释是，乾元、坤元虽在太极（一）之后，各具有此元，故名乾元、坤元。两者虽同时具有，地位上却不同。因乾元即是元之初动，是其势用的首要彰显，故圣王所体者首先为乾元，所谓“乾元用九而天下治也”。言乾元必然关涉着坤元，不可谓坤无元。是以惠栋谓：“乾元坤元，天地之心，为易之本。”[2]

欲澄清乾元、坤元的意义，还是要回到其语境：“大哉乾元，万物资始乃统天”与“至哉坤元，万物资生乃顺承天”，到底有何关系呢？惠栋解释“至哉坤元”曰：

> “易有太极”，极即一也；“是生两仪”，两仪，天地也。故云“相并俱生”。何休《公羊》注云：“元者气也，天地之始也。”故云“合于一元”。《素问》曰：“天气始于甲，地气始于子。”甲子初九，为乾之元，即坤之元也。《三统历》曰：“阴阳合德，气钟于子，化生万物。”故“万一千五百二十策皆受始于乾，由坤而生也”。……彼文（《乾凿度》）云：“太极分而为二，故生天地。轻清者上为天，浊重者下为地。”是天地既

〔1〕 惠栋：《周易述》卷二十二，乾隆间雅雨堂刻本，第47页。
〔2〕 惠栋：《周易述》卷十五，乾隆间雅雨堂刻本，第19页。

分之初，即具升降之理，坤之所以顺承天也。[1]

惠栋引《素问》“天气始于甲，地气始于子”，甲为天干之始，象征乾元，子为地支之始，象征坤元。据纳甲法，乾初九纳甲子——乾初即乾元，而甲子又合乾元、坤元而言，故惠栋谓“乾之元，即坤之元”。是知乾元、坤元本于一元，但一元若生万物必分化为乾坤，乾坤同时具有，又本于一元，故能和合而生物。乾坤同时，乾却又优先于坤。此处的“优先”，既非所谓“时间在先”，也非“逻辑在先”，而是指乾具有主动性的作用，坤是被动地承受，故似有先后。[2]太极，包含了乾元、坤元，故太极为一元；言及乾元时，即关涉着坤元，故亦可谓乾元即太极。

姚配中虽受惠栋、张惠言之影响研治汉易，却又自出心裁，确立了自己对“元”的看法。姚氏谓：

凝乾元即坤元也。坤元凝乾元，故虞于元每称乾，

---

〔1〕 惠栋:《周易述》卷九，乾隆间雅雨堂刻本，第4页。

〔2〕 乾元、坤元，丁耘教授分别以亚里士多德之动力因（始）、目的因（终成）解释（丁耘:《道体学引论》，华东师范大学出版社2019年，第51页）。这确实可以加深和丰富我们对传统中乾元、坤元的理解。不过需要指出的是，所谓始、终不应从时间意义来理解。再者《彖传》言“万物资始”“万物资生”，是乾元、坤元为始、生的区别。乾为主动的发生者，此为“资始”；这种发生要通过坤的作用而实现，此谓“资生”。我们猜想，这种区分取象于人物之生。从父母生子的取象上，我们不难理解资始、资生有何区别。此处并非先后的区别，因为是同时的；此处是统主与顺承的区别。

以乾元藏坤元中也，**非谓坤无元**。太极生两仪，太极，元也，阴阳未分，非有阳而无阴。《传》云“一阴一阳之谓道”。太极分为乾坤，则乾得其阳，坤得其阴，皆太极之元也。故坤元亦称至。至，极也。或因虞义以元专属乾，非也。[1]

所谓“因虞义以元专属乾”即指张惠言之说。姚配中特别重视阳伏于阴、阴伏于阳，阴阳相对而生的状态。吕相国总结姚氏之“元”论体系谓：“元生成万物，是万物的本源，是无象无形、不可见的终极存在。元即易，即一。乾坤二元交成六十四卦，每一卦都是元所生。……从象数到义理，从易之基本要素到易之变化原则，都是‘元’之发用所显所为。”[2]然若姚氏认乾元、坤元为实有，则二者与“元”又有何关联？彼谓：

元者二气之始，万物之元也。太极，阴阳之始。分为二，阴阳各有始。乾元亨者，阳始通阴，阴阳交会也。二气交和，美利利物。乾坤相通成既济，一阴一阳，阴阳和，六爻正，故利贞。神无方，易无体，故乾圜坤布，是曰周易。天行健，圜也；地势坤，布也。见乃谓之象，易无体，不可见，以乾坤象天地，

〔1〕 姚配中：《周易姚氏学》卷三，《续修四库全书》第30册，第484页。
〔2〕 吕相国：《姚配中“元”视域下“象数”与“义理”的统一》，《周易研究》2015年第1期。

见简易、变易、不易之道焉。[1]

姚配中强调了“元”的地位，但并没有质言“元”究竟为何。他说元即易、即太极，但易无体，不可见，以乾坤而见，又引《乾凿度》四太之说，似以元为元气。其《周易通论月令》谓：“此（戌亥）乾元之位，消息之宗也，故曰天宗。《书》谓之六宗，以其为六气之宗也。”又小注曰：“太极冲和之气，谓乾元坤元之交也。”[2]是元与元气相关。姚氏又谓：“阴阳合谓之一，太极是也。别而言之，则阳一而阴亦一。阳始于一，其动也直，丨是也；阴始于一，其动也辟，二是也。”[3]此则仍欲通过数字强调阴阳皆有元，既以元为一，又以坤有元，则不得不以坤亦一。然据汉学，阳奇阴偶，阴始于二，是姚氏之说终不得不与汉儒龃龉。

姚氏批评惠、张的另一点，即否认初九即元。然我们前引荀爽、虞翻皆有此类说法，如虞翻注“复，德之本也”说：“复初，乾之元。”[4]荀爽说大衍之数谓：“卦各有六爻，六八四十八，加乾、坤二用，凡有五十。乾初九‘潜龙勿用’，故用四十九也。”[5]惠栋据此谓：“初九，元也，即太

〔1〕姚配中：《周易姚氏学》卷一，《续修四库全书》第30册，第464页。
〔2〕姚配中：《周易通论月令》卷一，《续修四库全书》第30册，第693页。
〔3〕姚配中：《周易姚氏学》序，《续修四库全书》第30册，第458页。
〔4〕李鼎祚：《周易集解》，第481页。
〔5〕王弼、韩康伯注，孔颖达疏：《周易正义》，第279页。

极也。太极函三为一，故大衍之数虚一不用耳。”[1]姚配中则对荀、虞进行变通的解释，其解虞翻谓：“以元不可见，终亥出子，藏于中宫，因其始动以目其未动，故独系之复初。”[2]又解荀爽谓：“既云‘加乾坤二用’，又云‘潜龙勿用’，指元为说。非谓元用而初爻不用。”并因此批评惠栋之说为“未之审也”。[3]姚氏又批评惠栋曰：“遗去潜龙，专言爻数，亦语简而失荀旨矣。”[4]由是可见，姚配中认为乾卦“初九”二字表示乾卦最下面一爻，而“潜龙勿用”四字则就“元”而言。太极之元固可与“潜龙勿用”相发明解释，但绝非指初九为太极。“元”是贯穿始终的，不能只乾初九才有。

本书以为，姚配中强调“元”之彻始彻终，毫无问题，但以为乾卦的初九爻画仅仅表示最初的时间意义，以为不能当“元”，则非是。如前所述，太极元气，其最直接的展现，以象数表示即阳爻之画“—”。此最初之动亦是太极，然已发为动，故为阳。故从画卦角度来说的乾坤二卦，是先天之学，乾卦初爻自然可以当太极。而其余六十二卦则属后天。故复卦的初九可以作为通孔见到“天地之心”，而非天地之心（太极）本身。惠、张之学固有混淆的地方，而姚氏之批评亦未达其要害。

---

〔1〕 惠栋:《周易述》卷一，乾隆间雅雨堂刻本，第 3 页。

〔2〕 姚配中:《周易姚氏学》序,《续修四库全书》第 30 册，第 454 页。

〔3〕 姚配中:《周易姚氏学》序,《续修四库全书》第 30 册，第 454 页。

〔4〕 姚配中:《周易姚氏学》卷一,《续修四库全书》第 30 册，第 465 页。

本章小结

《易微言》列了元、无、隐、微、几、独、素、深、初、本、一、极、心、道、玄、幽、诚、易、中、才、情等字目，数量虽多，其根本实在“元”。“元为太极”则是惠栋《易微言》中的核心思想。但“元”在《周易》往往被分别称为乾元、坤元，于是乾元、坤元到底是一元还是二元，则成为一个问题。王夫之立“乾坤并建”之义，便不免被熊十力指责为二元论。惠栋在汉儒的基础上以元为实有、为太极，而太极之元在现实中的展开即乾元、坤元，其首要的展现为乾元。故乾元、坤元实为一元，而乾元以理而言更为根本。张惠言继承此思路，直接断之曰太极即乾元，坤无元，则不免过于强断而陷入理论的困境。惠栋的“元即太极”说，以乾坤合于一元，其意义在于为乾坤交通万物化生（成既济）奠定了基础。他认为圣人作《易》，始于幽赞，终于赞化育。幽赞即微言，赞化育即大义。下一章论其赞化育之义。

第四章 大义：赞化育

第一节 占筮、寡过与赞化育

《易》之大义，首先是对作《易》宗旨的判断。《庄子·天下篇》谓“《易》以道阴阳”，《郭店楚简·语丛》谓“《易》所以会天道人道者也”。类似的话语，既可以从术的方面理解（占筮就是沟通天人、通晓阴阳的），又可以从教化和明道的视角来理解。对汉唐经学家来说，《易》首先是一部明道之书。如《周易正义》认为“圣人作《易》，本以垂教”，“易者所以断天地，理人伦，而明王道”。[1]《周易集解》则将之视为“权舆三教，钤键九流”，以达“玄宗”[2]的明道之书。

但《易》毕竟与占筮有关系。《系辞》说《易》有四种圣人之道：辞、变、象、占。占筮是《易》的一项重要功用，先秦古籍《仪礼》《左传》《国语》亦对其功用记载得十分清楚。因此有不少学者将《易》定位成占筮之书，代表者

〔1〕 王弼、韩康伯注，孔颖达疏：《周易正义》，第6页。
〔2〕 李鼎祚：《周易集解》，第8页。

即朱熹。如其谓：

> 《易》本卜筮之书，后人以为止于卜筮。至王弼，用《老》《庄》解，后人便只以为理而不以为卜筮，亦非。想当初伏羲画卦之时，只是阳为吉，阴为凶，无文字。某不敢说，窃意如此。后文王见其不可晓，故为之作《彖辞》。或占得爻处不可晓，故周公为之作《爻辞》。又不可晓，故孔子为之作《十翼》。皆解当初之意。[1]

朱熹作《周易本义》，也是从占筮的角度来解读卦爻辞，与《周易程氏传》不同。张克宾认为，朱熹"《易》本是卜筮之书"的说法并非老调重弹，"作为存在和价值根基的理，仍然是卜筮之书的最终旨归"。[2]此说甚韪，朱子的卜筮其实含有教戒的意义。然朱子毕竟以《易》最初是卜筮，这一点为惠栋所反对。其"伏羲作《易》大义"谓：

> 伏羲用蓍而作八卦，而筮法亦由之而始。后人专谓筮法者，非也。作八卦者，所以赞化育。圣人幽赞于神明而生蓍，赞化育之本也。[3]

---

〔1〕 黎靖德编：《朱子语类》卷六十六，《朱子全书》第16册，第2181页。
〔2〕 张克宾：《朱熹易学思想研究》，第71页。
〔3〕 惠栋：《易汉学新校注》，谷继明校注，第236—237页。

“后人专谓筮法者”明显指朱子。朱子以为伏羲、文王寓教戒于占筮；惠栋则反过来，以为占筮只是创设八卦六十四卦的衍生或次要作用。朱子的想法比较平实可信，惠栋之说则有点令人难以理解：既然是“生蓍”，怎么首要目的不是占筮而是赞化育了呢？

在惠栋看来，蓍草首先是为生卦而用，其次才附带地用来占筮。大衍筮法也不是一个占算的过程，而是六十四卦生成的过程。人们进行占筮，固然需要用蓍草通过大衍筮法来成一卦。但伏羲最初通过蓍草成卦，只是为了法象天地化育万物，演算出六十四卦的初衷并非为了占验。由是，惠栋便在两点上与朱子立异：一是如上所言，以圣人作《易》之首要目的在于赞化育而非朱子所谓的卜筮；二是否定了邵雍、朱子一系的伏羲先天成卦说。朱子认为伏羲创制八卦，虽然本来为卜筮，却蕴含了自然之理。自然之理通过八卦的创设来体现，占筮之道则通过筮法成卦体现出来。《易学启蒙》的《本图书》《原卦画》对应前者，发挥邵雍的“加一倍法”；《明蓍策》《考变占》对应后者，说明占筮之道。《易学启蒙》是明清时代易学学习者的基本知识背景，惠栋对此烂熟于心。现在他将画卦之道与大衍筮法联系起来，作为八卦和六十四卦创设的原理，相当于否定了“加一倍法”的先天成卦说。

需要说明的是，第一章提及惠栋《重卦说》力主神农重卦，是为否定加一倍法。而《易例》中“伏羲作八卦之法”之下不但讲三画的八卦，还讲六十四卦，又甚至以乾升坤降成既济为大义，则必然是以伏羲先创八卦而后重卦。按虞翻即以伏羲重卦，他注解“引而伸之，触类而长之”谓：“引，谓庖牺引信三才，兼而两之以六画。触，动也。谓六画以成六十四卦。”《重卦说》指出虞翻、王弼以为伏羲重卦，并力驳此说之非，[1]《周易述》已用虞翻注。[2]《重卦说》中以为《系辞》制器尚象章里伏羲作网罟的离卦是三画卦，《周易述》则取虞翻注，以重目、互体巽来解释。[3]《重卦说》以“因而重之”为伏羲创八卦，神农因袭伏羲，重为六十四卦，并举“因国”为训；《周易述》则解释为“参重三才”，[4]不言神农之名。以上皆可确证，惠栋晚年已重回虞翻的伏羲重卦说。经训堂本《易汉学》末尾附录删去《重卦说》或与此有关；而《易例》中又有“八卦”一条谓“伏羲时止有八卦”，则因书为手稿，尚未删定完成所致。

筮法具体如何象征成卦？惠栋将《系辞传》大衍筮法一章与《说卦传》“幽赞于神明而生蓍”一章相互发明，以说明蓍草演算本身是为了设卦明道。大衍筮法的创制是为了“赞化育”，《中庸》所谓“赞天地之化育”。其前提是有天地之化育，而后圣人参赞其中。质言之，赞化育即三才之道。《说卦传》谓“兼三才而两之”，《系辞传》“六者非他也，三

〔1〕 惠栋：《周易本义辩证》，上海图书馆藏叶景葵跋六卷手稿本，附录第7页。

〔2〕 惠栋：《周易述》卷十六，乾隆间雅雨堂刻本，第6页。

〔3〕 惠栋：《周易述》卷十七，乾隆间雅雨堂刻本，第7页。

〔4〕 惠栋：《周易述》卷十七，乾隆间雅雨堂刻本，第1页。

才之道也”，皆阐述此理。在惠栋看来，筮数也是禀三才之道而生。他引述汉儒之说曰：

> 故大衍之数五十，三才、五行毕举于此矣，故以作八卦。三才者，京房《章句》曰：“日十也，月十二也，星二十八也，合之为五十。”《三统历》曰：“日合于天统，月合于地统，斗合于人统。”乾天也，坤地也，艮人也。艮为星，星主斗，故斗合于人统。[1]

日、月、星分别代表天、地、人，是《三统历》对世界最基本要素的认识。天干十，地支十二，人数即星宿之数二十八，合成大衍之数五十。又一二三四五为五行之生数，六七八九十为成数，相加得五十五，五为虚，亦合成五十为大衍之数。五十大衍数，既有三才之道，又有五行之义，故“三才、五行毕举于此”。亦基于此义，卦三画而成（三），分布合于五行（五）。

《乾凿度》在言及卦爻产生时谓：“易变而为一，一变而为七，七变而为九；九者气变之究也，乃复变而为一。一者形变之始。”惠栋以此与大衍筮法章相发明。“易变而为一”即对应“四营而成易”；因还有“一变而为七，七变而为九”这另外两次变化，即对应三次“四营”。此后的“复变而为一”，即成一爻，对应大衍筮法章的三变成一爻，惠栋所谓

〔1〕 惠栋：《易汉学新校注》，谷继明校注，第 237 页。

“乃复变而为一，则三揲蓍而成一爻”。[1]

如果把大衍筮法一章仅仅理解为筮法，那么里面描述的过程便只具有工具性的意义；分二、挂一、揲四、归奇等行动，都指向一个抽象化的目的：确定这次占筮形成了哪一卦。按照邵雍—朱子体系所论，六十四卦的体系由阴阳（邵雍那里还有刚柔）逐次加一倍展开，其基础就是抽象的阴阳。对于大衍筮法一章而言，先天的六十四卦已是某种先在的、现成的东西，筮法只是求得这已经先在体系中某一个卦的工具性的行动。惠栋的理解则不然：**伏羲画卦即是大衍，大衍即是伏羲画卦**。易言之，**八卦—六十四卦不是通过另外的诸如加一倍法之类方法先在地形成；它就是大衍之法所生出的，这个过程本身附带地也可用作筮法**。如此，分二象两、揲四象四时等才具有基础的象征性，而不仅仅是工具性行动象征的一部分。阴阳爻也不仅仅是一种现成的抽象符号，或者仅仅面对未来预测的事件才具有丰富的意义；它同时因大衍而展现出在生成之前就具有的、丰富而根本的实存性内涵。因为揲蓍并非占筮的工具，而是生卦的必由之途，一个现成的阳爻或阴爻，才必然地与三十六、三十二、二十八、二十四发生联系，也就必然地与五十之数发生联系。换句话说，三十六、三十二之类的数不仅仅是工具性的筮数，它们就是阴阳爻的规定之数。**某一爻并不是凭空设想出来的、孤零零的抽象符号，用来指涉无穷的象；四营成一变，三变**

〔1〕 惠栋：《周易述》卷十六，乾隆间雅雨堂刻本，第6页。

成一爻，及其所象征的气变，才是某一爻的实存状态。

惠栋并不排斥占筮，他只是认为占筮乃是次要的。只有大衍筮法章的内容是赞化育之道，基于此章而附带产生的筮法才具有其效用。然除了占筮之外，“补过”也是《易》之宗旨之一，它与赞化育有何关系呢？惠栋谓：

> 《易》者，赞化育之书也，其次为寡过。夫子以《易》赞化育（其义详于《中庸》），而言“无大过”者，谦辞。〔1〕

惠栋认为赞化育是最重要的，其次才是寡过。这是他的一个卓识。历来不少学者将《易》首先当作“寡过”之书。“寡过”来自《中庸》“王天下有三重焉，其寡过矣乎”，在《周易》自身称为“善补过”，在《论语》称为“无大过”。《论语·述而》：“加我数年，五十以学《易》，可以无大过矣。”朱子解释此段说：

> 加我数年无大过，恐只是圣人之谦辞。盖知吉凶消长之理，进退存亡之道，然后可以无大过耳。〔2〕

这段话首先涉及孔子学《易》的时间以及其有无大过

---

〔1〕 惠栋：《易汉学新校注》，谷继明校注，第 234 页。

〔2〕 朱熹：《晦庵先生朱文公文集》卷四十四，《朱子全书》第 22 册，第 2031 页。

的问题。孔子被视为圣人，当然是没有大过的，故朱子谓“圣人之谦辞”。然圣人欲以学《易》之义示人，故曰“无大过”。《易》即吉凶消长之理、进退存亡之道，学之可使人无大过；进一步学习，或小过亦可改正。改过的典型，莫如颜回“不迁怒，不贰过”，《系辞传》所谓“有不善未尝不知，知之未尝复行”。王船山将此与“寡过”联系起来，以为《易》之宗旨：

> 《易》者所以代天诏人，**迪之于寡过之涂**，而占与学初无二理。若夫以射覆之术言《易》，即欲辞侮圣言而不畏天命之愆，其可得乎。[1]

王夫之将“寡过”作为《易》的主要宗旨，应当有时代的背景。他身处明清易代之际，天崩地解，个人的出处进退、生死荣辱充满了纠结和张力。

在汉代易学看来，“过”有特殊的象数指向，故“寡过”“补过”亦可通过卦爻的运动来体现。虞翻注“无咎者，善补过也”曰：“失位为咎，悔变而之正，故善补过。孔子曰：退思补过者也。”[2]按《孝经》“君子之事上也，进思尽忠，退思补过”，谓君子补君主之过。虞翻引用，则是取“无大过”“寡过”之义，以为君子自改其过，以象数言即改

〔1〕 王夫之：《周易内传》，《船山全书》第1册，岳麓书社2011年，第607页。
〔2〕 李鼎祚：《周易集解》，第397页。

变自身，从失位恢复为当位。焦循更是推崇此旨，他说：

其行本得乎元，则元而益求其元。其行或失乎元，则变通以复其元。**《易》者，圣人教人改过之书也。**故每一卦，必推其有过、无过，又推其能改、能变，非谓某卦变自某卦，某卦自某卦来也。[1]

又说：

余学《易》稍知圣人之教，**一曰改过，一曰絜矩，**两者而已。絜矩则能通，改过则能变；惟能絜矩乃知己过，惟知改过乃能絜矩。[2]

焦循所谓的改过，有其独特的象数体系作支持。其卦爻系统的运动分“当位”与“失道”：二五先行为当位，否则为失道；成两既济也凶。补救的方法即在于“变通”，此即改过。张沛所谓：“无论失道至何种地步，一经变通时行即可复为元亨利贞。”[3]尽管焦循的改过说与其独特的象数体系密切相关，但仍可看出他所受的汉代易学补过说的影响。

惠栋亦不反对“寡过”之说，如其解释“庸言之信、庸行之谨”谓：

---

〔1〕 焦循：《易通释》，《雕菰楼易学五种》，凤凰出版社 2012 年，第 240 页。
〔2〕 焦循：《易话》，《雕菰楼易学五种》，第 1018 页。
〔3〕 林忠军、张沛：《清代易学史》，齐鲁书社 2018 年，第 582 页。

九居二为非其位。《易》者，寡过之书也。处非其位，则悔吝随之。二升坤五，复于无过，是“庸行之谨”也。[1]

九二不正，当升五位然后得正，此荀爽乾升坤降之说。从失位到当位，即是从有过到无过。故惠栋以此乾升坤降之例运用到个体修德修身上即是“寡过”之书。从象数结构来看，惠栋崇尚“中和”，不中和的状态即是或过，或不及。如此而言，“寡过”亦是求得中和的应有之义。

然“寡过”之宗旨，在《周易述》中仅此一见，更多的是“赞化育”。其实乾坤交通成既济，这样一种卦爻运动有多重象征：既可以象征个体之德行修养，更可以象征大化流行之理。惠栋显然更重视后者，所谓“《易》者，赞化育之书也，其次为寡过”。又其注《中庸》“王天下有三重焉，其寡过矣乎”谓：

圣人之道，首赞化育，其次寡过。乾六爻，二四上不正；坤六爻，五三初不正。故王天下，以寡过为先。六爻皆正，成既济定矣。[2]

虽说人人皆可以用《周易》以寡过成德，然圣王负

〔1〕惠栋：《周易述》卷十九，乾隆间雅雨堂刻本，第4页。
〔2〕惠栋：《易大义》，《续修四库全书》第159册，第437页。

责赞化育的最大使命，其寡过修德更关乎天下之中和。惠栋特别提到圣王修身之重要性，通过慎独和絜矩来实现天下的太平，其基本视域仍关注整体的太平而非个体之修德。

第二节 成既济：赞化育的象数结构

既济卦六爻皆当位，在惠栋看来象征着阴阳、社会的中和状态，即所谓"太平"，也是赞化育的象数归宿。何以达到既济？有两种象数模式。一是就六十四卦总体演变来看，乾坤交通、乾升坤降，成既济卦。一是就每个卦的某爻来看，其自身变之正，以成既济。今分别述之。

一 乾坤交通成既济

乾坤二卦交通成既济卦，即乾卦二四上不正，坤卦初三五不正；两卦的二五、三上、初四相互交通，而后成两个既济卦。相互交通即是元亨；两既济各爻皆得正，是谓利贞。惠栋称此为"元亨利贞大义"：

> 《易》道晦蚀且二千年矣。元亨利贞，乃二篇之纲领。魏晋已后注《易》者，皆不得其解。……《乾·文言》曰："时乘六龙，以御天也。云行雨施，天下平也。"荀爽注云："乾升于坤为云行，坤降于乾为雨施。乾坤二卦成两既济，阴阳和均而得其正，故曰'天下

平也'。"是汉已前解四德者，皆以既济为言。[1]

在惠栋看来，乾坤交通成既济之义，乃是《周易》上下经的纲领。《易经》时代即有了对爻、位阴阳关系的认定，有对于当位与否的重视，《易传》将之总结成原则。到了汉代，不少易学家将此道理衍说为卦爻象运动的义理系统。如荀爽的乾升坤降说、虞翻的乾坤交通说，皆强调通过乾坤相互交通的运动来到达"当位"的结果。卦爻辞中常出现"元亨利贞"（或"亨利贞""利贞""元亨"等），于汉儒而言，这指示了卦爻朝向既济的运动，故惠栋视其为《易》之大义和纲领。魏晋以后的解释往往从文辞上来引申"元亨利贞"的意思，忽略了此四字与卦爻象运动之间的关系，故惠栋认为"《易》道晦蚀且二千年"。他又引《庄子・田子方》之说解释"元亨利贞"四字：

> "至阴"，坤也；"至阳"，乾也。"肃肃出乎天"，坤之乾也；"赫赫发乎地"，乾通坤也。至阴至阳，乾坤合于一元也（元）。"两者交通"，亨也（亨）。"成和而物生"，利也（利）。六爻得正，贞也（贞）。元亨利贞，既济定也。"或为之纪而莫见其形"，易也。故曰"易无体"。[2]

---

〔1〕 惠栋：《易汉学新校注》，谷继明校注，第240页。
〔2〕 惠栋：《易汉学新校注》，谷继明校注，第307页。

除了回归荀爽、虞翻重视当位以成既济的体例，惠栋还指出了此体例的义理基础，即阴阳相感之说：

> 庄三年《穀梁传》曰："独阴不生，独阳不生，独天不生。三合然后生。"《乾凿度》曰："天地不变，不能通气。"郑玄注云："否卦是也。"又曰："阴阳失位，皆为不正。"注云："初六阴不正，九二阳不正。"故虞翻注《下系》云："乾六爻，二四上非正；坤六爻，初三五非正。"盖**乾必交坤而后亨，爻必得位而后正**。若四德专谓纯乾，独阳不生，不可言亨，二四上爻不可言贞。既非化育之常，又失用九之义。原其所以，因汉末术士魏伯阳《参同契》用坎离为金丹之诀，后之学者慿创异说，讳言坎离，于是造皮肤之语以释圣经。微言既绝，大义尤乖。殊不知圣人赞化育，以天地万物为坎离，何嫌何疑而讳言之乎。[1]

元亨利贞兼阴阳而言。元虽为一，但可展现为乾元和坤元，乾元、坤元也只是一元，此点上一章已说明。而在惠栋的"大义"中，亨、贞更是在乾坤成列的基础上实现。"亨"的字面意思是"通"。就卦象体系而言，即"以乾通坤"、乾坤交通。虞翻注"崇高莫大乎富贵"曰："乾正位

〔1〕 惠栋：《易汉学新校注》，谷继明校注，第240—241页。

于五,五贵坤富，以乾通坤，故高大富贵也。”[1]亨必然是乾坤双方的作用，然乾为主动性的一方面，故为“以乾通坤”，乾二先动，上升坤五；坤五后动，下居乾二。就时间经验而言，乾坤之动是同时发生的。在“元”的状态，具体物还没有生成，要到“亨”才真正发生作用。惠栋援引《穀梁传》“独阴不生，独阳不生”来说明阴阳交通、不可或缺的义理，以为“乾坤交通成既济”奠定哲学基础。乾坤交通，阴阳和布，六爻当位，即象征阴阳交通后大化流行，天地万物各得其正，此既济之象。上文所谓“圣人赞化育，以天地万物为坎离”，即指既济卦。然《周易参同契》也常常讲“坎离匡廓”，又讲月体纳甲，后世又引申为坎性离命修养之说，儒家遂渐渐不喜欢讲坎离既济之义。在惠栋看来，古道家来自圣人之言，也分得微言的一部分。以《参同契》解《易》，没有什么不可以。其《太上感应篇注》自序谓：“汉术士魏伯阳著《参同契》，荀爽、虞翻、干宝诸儒采以注《易》。后之言《易》者未能或之先也。盖魏晋以前道家之学未尝不原本圣人。唯是圣人赞化育，以天地万物为坎离；术士炼精魄，以一身为坎离为较异耳。”[2]此序作于乾隆十四年冬，本年正月二十一日，惠栋悟得《中庸》致中和即《易》成既济之理，“道味满于胸中。数年乐境，唯此为最”，[3]正是开悟之乐的写照。《易例》此例下谓：“今幸东汉之《易》犹存，

〔1〕 李鼎祚：《周易集解》，第437页。

〔2〕 惠栋：《太上感应篇注》，粤雅堂丛书本，序言页。

〔3〕 惠栋：《九曜斋笔记》，《丛书集成续编》第20册，第634页。

荀、虞之说具在。用申师法，以明大义，以溯微言。二千年绝学庶几未坠，其在兹乎，其在兹乎！”更可见惠栋的抱负以他对此体例大义的重视。“在兹”之任，寄托在成既济的大义上。

二　用九用六说

惠栋也用“乾坤交通成既济”的说法解释乾坤二用。

乾卦用九：“见群龙无首吉。”坤卦用六：“利永贞。”《周易》三百八十四爻的爻辞都有爻象对应，唯独乾坤二用不专门对应某一爻。由是可见，二用必然指称某一整体的爻象或者某种体例。马融、郑玄等皆认为“用九”“用六”指称六爻皆阳或者皆阴的状态。如《讲周易疏论家义记》引“《子夏传》云‘用九，纯九也’，马季长云‘用九，用纯九之道也’”[1]。又《后汉书》引郑玄谓“六爻皆体乾，群龙之象也”，[2]亦可推知其以用九为“用纯九”。刘瓛承继马、郑，谓：“总六爻纯九之义，故曰用九也。”[3]然纯九或纯六之“用”指示了什么意义呢？汉儒之说未有明言，王弼之注影响颇大：

> 九，天之德也。能用天德，乃见“群龙”之义焉。夫以刚健而居人之首，则物之所不与也。以柔顺而为不正，

---

〔1〕 谷继明：《周易正义读》，第 237 页。

〔2〕 林忠军：《周易郑氏学阐微》，第 231 页。

〔3〕 李鼎祚：《周易集解》，第 4 页。

则佞邪之道也。故乾吉在“无首”，坤利在“永贞”。[1]

如此看来，王弼也读用九、用六为“纯阳、纯阴之用”，具体解释为纯阳、纯阴在发用的时候所要注意的地方。纯阳要注意过刚，纯阴要防止不正。程颐在很多地方批评王弼，但此处犹用王弼之义。他将用九解说为“处乾刚之道”，而后谓“观诸阳之义，无为首则吉也”。[2]综上可见，王弼、程颐皆将用九、用六解读为对于纯阳或纯阴施用的告诫。“用九”之“用”犹“礼之用和为贵”的“用”。

此种思路为欧阳修、朱熹所不取，《朱子语类》载：

问：“乾坤独言用九、用六，何也？”曰：“此惟欧公说得是。此二卦纯阳纯阴而居诸卦之首，故于此发此一例。凡占法，皆用变爻占，故凡占得阳爻者，皆用九而不用七；占得阴爻者，皆用六而不用八。盖七为少阳，九为老阳，六为老阴，八为少阴。老变而少不变。凡占用九用六者，用其变爻占也。遇乾而六爻皆变，则为阴，故有群龙无首之象，即坤‘利牝马之贞’也，言群龙而却无头，刚而能柔，则吉也。遇坤而六爻皆变，则为阳，故有‘利永贞’之象，即乾之‘元亨利贞’也。此发凡之言。”[3]

---

〔1〕 王弼、韩康伯注，孔颖达疏：《周易正义》，第7页。

〔2〕 程颢、程颐：《二程集》，第697页。

〔3〕 黎靖德编：《朱子语类》卷六十八，《朱子全书》第16册，第2272—2273页。

朱熹将“用”理解为具体的占筮之用，乾坤二用是为占筮时六爻皆变的情况发凡起例。用九与坤卦辞意思一致，用六与乾卦辞意思一致，如此则指示了占筮时的一种体例：六爻皆为变爻时，用之卦卦辞为占。其全部规则是：不变，占本卦卦辞；一爻变，占本卦动爻爻辞；二爻变，占本卦二动爻爻辞；三爻变，占本卦和之卦卦辞；四爻变，占之卦不动二爻爻辞；五爻变，占之卦不动一爻爻辞；六爻全变，占之卦卦辞。朱熹还取《左传》史墨之说来论证其例，然《左传》未必支持朱熹的说法。〔1〕

惠栋与以上两种思路皆不同。首先他否定了朱熹的筮法说。关于筮法，惠栋不同意朱熹的体例。他认为：

> 《易林补遗》论京房变法：“第六爻为宗庙，纵动不变；其余一爻动，则变；乱动则不变也。”此言甚有理。穆姜筮往东宫，遇艮之随，则云艮之八。是乱动不变。〔2〕

朱熹的占筮规则，二爻变以上要看动爻爻辞；惠栋此处则指出“乱动不变”，所谓“乱动”即二爻以上变。在他看来，乱动则仍然占本卦卦辞，称作“之八”。他又谓：

> 《左传》所占卦，如云“其卦遇蛊”“其卦遇复”，

〔1〕 张克宾：《朱熹易学思想研究》，第236页。
〔2〕 惠栋：《易汉学新校注》，谷继明校注，第247页。

《穆天子传》“其卦遇讼”，皆六爻不动也；其云“遇艮之八”，及《晋语》“遇泰之八”，皆二爻以上变，仍为七八而不变也。[1]

综上所论，惠栋确立的占筮规则是：六爻不动，称“遇某卦”，占卦辞；一爻动，称“某卦之某卦”或“某卦某爻”（九六），占动爻爻辞；二爻以上动，则为乱动，称“某卦之八”，仍占本卦卦辞。至于不动者何以称八而不称七，惠栋解释说：

至其用以筮，而遇卦之不变者，则不曰七而曰八。盖蓍圆而神，神以知来；卦方以知，知以藏往。知来为卦之未成者，藏往为卦之已成者。故不曰七而曰八。《左传》襄九年，穆姜始往东宫而筮之，遇艮之八。《晋语》重耳归国，董因筮之，得泰之八。八者，卦之数。故《春秋》内、外两《传》从无遇某卦之七者。以七者筮之数，卦之未成者也（据揲蓍之时，七八九六皆卦之未成者。既成之后，则七八为彖，九六为变。及举卦名，则止称八，不称七。此古法也）。[2]

老为九六，少为七八，《乾凿度》即已言之。蓍用

〔1〕 惠栋：《易汉学新校注》，谷继明校注，第246页。
〔2〕 惠栋：《易汉学新校注》，谷继明校注，第311页。

四十九，故其基数为七；卦为六十四，故其基数为八。蓍圆而神代表“知来”，卦方以知，为“藏往”。揲蓍布成一卦，则为已成，所以用八来指称不变。[1]

惠栋建立的占筮规则，否定了朱熹以六爻皆动则占二用的规则。更甚的是，他进一步否认了用九、用六与占筮的关系。但这并不意味着回到王弼、程颐的思路。王弼、程颐是从义理上来探讨阳阴施用之道，根本不具备象数系统的指示功能；惠栋则仍要通过卦爻变化来解释用九、用六，毕竟《乾凿度》以九、六为老阳、老阴，为变。可朱熹即以九六为变来解释用九、用六，那么他们又有何不同呢？

问题的关键就在于：朱熹以筮法中的动爻来解释二用，惠栋则以卦爻自身体系的变动模式来解释二用。换句话说，并不是六爻全动才是用九或用六，也不是只有占筮的时候才遇到用九、用六；**用九、用六是对于乾坤之间阴阳爻运转系统的普遍性指示**。故惠栋说：

> 史墨举乾六爻曰：“其坤，‘见群龙无首吉’。”俗儒谓乾变坤，非也。爻有九有六，凡称九六者，阴阳之变。用九、用六，六十四卦皆然。皆言变，故乾用九称“其坤”，则坤用六亦当云“其乾”也。“其坤”“其乾”者，言乾坤六爻之变，非乾变坤，坤变乾也。自

---

〔1〕惠栋对“之八”的推测或许不符合先秦的实情。从出土的简帛来看，先秦有多种筮法，《周易》只是其中之一，用九六；但还有其他筮法用不同的筮数，“之八”即某种杂筮。

魏晋以来，诸儒皆不得解。[1]

朱熹论变占，亦尝举史墨的例子，看上去惠栋之说与之没什么差别。然惠氏所谓“凡称九六者，阴阳之变”，恰恰是为了与变占说的“乾变坤，坤变乾”区别开。“乾变坤”即朱熹所谓用九，指的是占筮时遇到乾卦六爻皆是老阳的情况，此卦将变为坤卦。惠栋举史墨的例子“乾其坤”为用九，不是说乾卦整个地变为坤卦，而是指示着乾必然要与坤相交通：

> 乾六爻，二四上为阴，则坤之位也；坤六爻，初三五为阳，则乾之位也。故用九、用六之法，乾二居坤五，坤五降乾二。乾四居坤初，坤初居乾四。乾上居坤三，坤三居乾上。

至此，惠栋的用九、用六之义可以明悉了：**用九、用六即乾坤之间阳爻、阴爻求当位的运动（发用）。**[2]因乾卦中有阴位，待阴爻来居，所以说“乾其坤”；坤卦中有阳位，

〔1〕惠栋：《易汉学新校注》，谷继明校注，第 302—303 页。

〔2〕今马王堆帛书《易经》用九、用六作迵九、迵六。廖名春读为“通”，以为是六爻筮数全为九、全为六之义。廖名春取王弼、程颐之义，以为朱熹之说无稽（廖名春：《周易卦爻辞的哲学》，《文史》2014 年第 3 辑）。然丁四新仍以“用”为本字，“通”为假借字（丁四新：《楚竹书与汉帛书周易校注》，第 195 页）。今按，帛书多假借，亦未必可据以定古训之是非。

待阳爻来居，故谓“坤其乾”。这当然与筮法说根本不同。

惠栋又谓：“《易》家用九、用六，即律家合辰合声之法也。”[1]具体而言：

> 乐出于《易》。《易》之乾坤十二爻，即乐之十二律也。《周语》伶州鸠论六律六吕之义曰：“为之六间，以扬沈伏，而黜散越也。元间大吕，助宣物也。”韦昭注云：“六间，六吕在阳律之间。吕，阴律，所以侣间阳律，成其功。十二月大吕，坤六四也。元，一也。阴系于阳，以黄钟为主，故曰元间。以阳为首，不名其初，臣归功于上之义也。”是言阴无首，以阳为首，与用九之义同也。[2]

此即爻辰之说，本于《三统历》，见《易汉学·郑康成易》部分的介绍。十二爻辰只规定了十二支、十二律与乾坤十二爻之间的配合。惠栋却从十二律的阳律、阴吕相间分布（也就是乾爻、坤爻相间分布）看出阴阳爻相间得位，成两既济的象。如下图（图10）所示，若从子至巳截断，恰成一既济卦；从午至亥截断，又成一既济卦。此想法可谓奇妙。

〔1〕 惠栋：《周易述》卷一，乾隆间雅雨堂刻本，第9页。
〔2〕 惠栋：《周易述》卷一，乾隆间雅雨堂刻本，第5页。

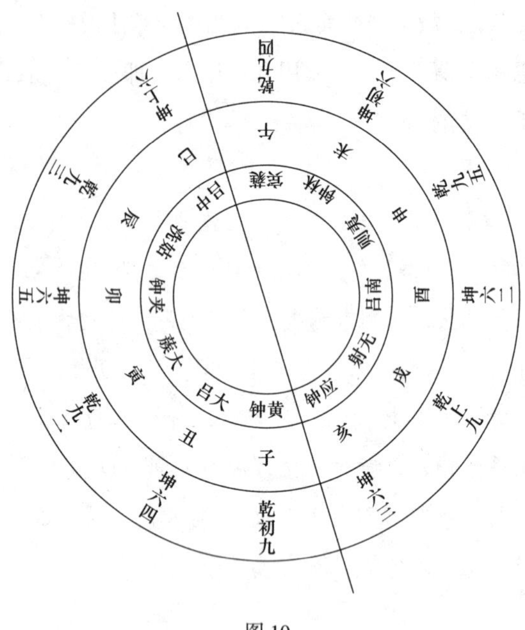

图 10

汉儒对用九、用六的直接解释如今虽已不传，但惠栋之说并非在汉易中没有根据。《周易参同契》谓："易谓坎离。坎离者，乾坤二用。二用无爻位，周流行六虚，往来既不定，上下亦无常。"坎离为乾坤二用，意味着坎离既济，即是用九、用六变化的方向，也就是阳爻、阴爻运动之目的。尽管惠栋曾反对过将用九、用六与坎离二用相比附，[1]

〔1〕《易汉学》谓："《朱子语类》解《参同契》二用即乾坤用九、用六。殊误。"（惠栋：《易汉学新校注》，谷继明校注，第 96 页）如第一章所论，《易汉学》乃早岁之书，虽经改订，犹非惠栋最终定见。故惠氏晚年未必不以《参同契》二用为乾坤二用，他反对朱熹，只是不同意其以变占解释二用。

然这种反对毕竟是早期想法，其晚年以二用为既济之说与《参同契》坎离二用说并不冲突。张惠言、李锐皆据以证成其说。如张惠言《周易虞氏消息》有“乾元用九”之条例：

> 乾坤立位，一阴一阳自成三才，非为两象。消息至泰，二五合坎离成既济卦焉，六爻皆正，乃反乎乾坤之元。文王推爻阴阳之位，乾变坤化，使之各正性命，六十四卦之爻皆就乾坤六位之正。……既济，坎离之象也。九六者，坎离之数也。乾变坤化，皆以坎离为用，故曰用九用六。[1]

又李锐谓：“上经终坎离，下经终既济未济。既济，坎离也。坎离，乾坤之用也。乾元用九而天下治，既济之谓也。虞说诸卦，于爻之不正者例变之正，故六十四卦皆得成既济。”[2]惠、张、李三家对虞翻以及汉易的体系理解各有不同，但对成既济此说的认定是一致的。

三　爻变之正

乾坤交通成既济，为整体的阴阳爻运转系统提供了整全性的模式说明。但每卦的具体情况是特殊的。乾坤二卦是基础，既济是目的。在由乾坤到既济的运动中，并不是完

---

〔1〕 张惠言：《周易虞氏消息》，《续修四库全书》第26册，第556页。

〔2〕 李锐：《周易虞氏略例》，《续修四库全书》第28册，第266页。

全按照乾二之坤五、四之初、三之上这样的模式马上成既济——如果这样就只有乾坤二卦和既济，不存在那么丰富的六十二卦了。宇宙大化流行并非按照如此机械的决定论和目的论进行。乾坤交通成其他六十二卦是无心之化，而卦成之后每卦的每爻又有自我的选择；犹如天地生物是无心之化，生出纷繁不齐的万物以及各种材质的人，而人生之后自己也有许多自我选择。宇宙万物由此具备其丰富多样的特点，所谓“云行雨施，品物流形”。

《系辞传》说：“吉凶悔吝者，生乎动者也。”每一爻位上既可能是阴也可能是阳，既可能当位，也可能不能当位，它们不是被机械决定的。然而，爻与位、爻与爻之间的关系仍有一定的法则，法则是一种“应当”。《易传》称之为“则”“天则”“道”等。爻在运动中不慎失道或失则便会有凶悔吝，但它有改过的主动性，可以“变而之正”，从而重新得正获吉。此即虞翻的“爻变之正”说。前引惠栋“元亨利贞大义”亦载有此内容：

> 案《革》彖辞曰：“巳日乃孚，元亨利贞，悔亡。”虞翻注云：“悔亡，谓四也。四失正，动得位，故悔亡。离为日，孚谓坎，四动体离，五在坎中，故巳日乃孚。已成既济，乾道变化，各正性命，保合太和，乃利贞。故元亨利贞悔亡。与《乾·彖》同义。”[1]

〔1〕 惠栋：《易汉学新校注》，谷继明校注，第240页。

虞翻谓革卦的“元亨利贞”与乾卦的“元亨利贞”同义，意思是两卦的“元亨利贞”都指向“成既济定”。然二者仍有不同，即乾卦的“元亨利贞”是根本义，是从总体运动系统来立言；革卦的“元亨利贞”则突出其自身运转。前者为乾坤交通成既济说，后者为爻变之正成既济说。综合虞翻的爻变之正说，有**两种模式：一是自变，二是两爻易位**。今分别举例归纳虞翻注如下。

（1）自变

屯六二虞注：“三失位，**变复体离**。离为女子，为大腹，故称字。……**三动反正**，离女大腹。故十年反常乃字，谓成既济定也。”（惠栋用其说）

蒙初六虞注：“**初发成兑**，兑为说，坎象毁坏，故曰‘用说桎梏’。”（惠栋用其说）[1]

以上或称变，或称动，或称发，皆指爻变而言。

（2）易位

易位例一般称作“易位”，主要发生在不正的相应两爻（即初三、二五或四上）之间。如：

讼初六虞注：“初四易位成震言，三食旧德，震象

〔1〕 李鼎祚：《周易集解》，第49、56页。

半见，故小有言。”

履上九虞注：“三上易位，故其旋元吉。”[1]

以上两例，第一例讼卦初、四皆不正。两爻本是正应关系的爻，故易位然后各自得正。此时自二至四互体震卦，震为言。三“食旧德”，即变六三为九三，则震变为兑，故“小有言”。第二例履卦六三、上九不正，易位而后各自得正，虞翻认为“其旋”就是两爻回复到本来得正的状态。

非正应的爻有时也可以易位，这算是一种特例，比较少。如虞翻注大壮卦辞“大壮利贞”谓：“大谓四。失位，为阴所乘。兑为毁折、伤，与五易位乃得正，故利贞也。”[2]四与五是相邻的两爻，非正应关系的爻。此种特例或许与卦变相关，虞翻注需卦谓“大壮四之五，得位正中”。[3]**卦变代表现在卦与其过去形态之间的关系，爻变之正则是现在卦与其未来形态之间的关系**。此出于君子主动地、自觉地改过迁善。惠栋解释其原理谓：

变应者，由不正而之正也。二五失位，二之正，五变应之，则各得其正。《荀子·不苟篇》曰：“《诗》曰‘左之左之，君子宜之。右之右之，君子有之’，此言君子能以

〔1〕 李鼎祚：《周易集解》，第67、93页。

〔2〕 李鼎祚：《周易集解》，第213页。

〔3〕 李鼎祚：《周易集解》，第59页。

义诎信，变应故也。”是变应之义矣，《易》之例也。[1]

以上是对蒙卦二五变而相应的解释，可看作惠栋对爻变之正总原理的说明。《荀子》称《诗》“左之”“右之”云云，意谓君子禀时中之义，没有固定的位置，其行为皆合于中和之道。若在此时当在右，却居于左，则当变而从左。所谓“以义诎信（屈伸）”，即是爻变之正的价值含义。惠栋又谓：“凡爻失位，皆须学问以养成之。”[2]亦可见爻变之正乃出自主体自觉地不断学习、改过迁善。此义虞翻最常用，其道理却一直待惠栋揭出。

“易位”或称“变之”，如虞注师卦曰：“坤为众。谓二失位，变之五，为比。故‘能以众正’，乃可以王矣。”[3]师卦九二、六五皆不正，易位而后正。二往五、五往二称“之”；易位则位置变动，称“变”，故曰“变之”。

惠栋注《易》常用虞翻以上体例，他总结说：“虞仲翔注《易》，以《易》之‘利贞’皆谓变之正，及刚柔相易、乾升坤降之类。”[4]惠士奇的时代还不能接受和理解虞翻的此种体例，径斥之为“改卦”（见本书第二章第一节）；惠栋撰作《易汉学》时亦未揭出此说，及至《易例》与《周易述》时期乃特加说明，因其与赞化育、成既济关系至为密切。

---

〔1〕 惠栋：《周易述》卷一，乾隆间雅雨堂刻本，第15页。

〔2〕 惠栋：《周易述》卷十二，乾隆间雅雨堂刻本，第1页。

〔3〕 李鼎祚：《周易集解》，第72页。

〔4〕 惠栋：《易汉学新校注》，谷继明校注，第241页。

四 致中和

前节指出惠栋以坎离既济、六爻皆正为易卦运动所朝向的目的，所谓“利贞”皆就变之正而言。然**六爻皆正**只是赞化育、致太平的关键原则之一。与当位相比，赞化育的关键更在于“致中和”。惠栋谓：“二五为中和，圣人致中和，天地位，万物育，故能赞化育也。”[1]又曰：“天以中和育万物，《易》以中和赞化育。”[2]乾坤相通，坎离相交成既济，必以中、和为主。惠栋就《易》象而解释中和之义谓：

> 《易》二五为中和。坎上离下为既济，天地位，万物育，中和之效也。《三统历》曰：“阳阴虽交，不得中不生。”**故《易》尚中和，二五为中，相应为和。**《说文》曰：“咊，相譍也。”咊即和也，譍即应也。[3]

既济卦六爻皆当位，然六爻并不具有相同的地位。六画卦一般被认为由三画卦相重或相兼而成，是二、五分别居上、下卦的中位。其中五又贵于二，五为上中，二为下中；五为阳，二为阴，故贵贱有等。[4]除了形式上的位置关系，

〔1〕 惠栋:《周易述》卷十一，乾隆间雅雨堂刻本，第 4 页。
〔2〕 惠栋:《周易述》卷九，乾隆间雅雨堂刻本，第 15 页。
〔3〕 惠栋:《易汉学新校注》，谷继明校注，第 251 页。
〔4〕 惠栋说：“六爻以二五为中和。卦二五两爻，又以五爻为主。乾五为功，故凡言功皆指五。”(《周易述》卷十八，乾隆间雅雨堂刻本，第 12 页）

五之重要性还在于其数本身即中。惠栋说：

> 一与五，皆道之本也。一者，大也。五者，极也。故谓之太极。《洪范》"五皇极"，郑注云："极，中也。"杨子曰："中和莫尚于五。"[1]

五为天地之中数，[2]《洪范》九畴第五为"皇极"，古训亦常训为"大中"。故易卦中的五位，亦是极其尊贵而得中之位。但只有当位还不足，阴阳若各止于其地而不交通，则仍会陷入孤立不生的境地，故阴阳亦必须相应。相应则曰和。惠栋举《说文》"咊，相譍也"，是以和为应和之和（今如去声）。和字二义在古代声音相同。"和"作为"相应"就意味着两层含义：一是有两种以上的存在者，而非单一、均质的存在者，即差异；二是差异之间有交往，即相应统一。《中孚》九二谓："鸣鹤在阴，其子和之，我有好爵，吾与尔靡之。"相唱和，而后和；有好爵，而共饮，这是对共在关系的形象说明。

就易卦的一般体例而言，"应"指的是初三、二五、四上之间阴阳相应的关系。惠栋通论"应"例，亦以这三对相应谓"应"，且云"《易》重当位，其次重应"[3]。然他又尤其注重二五之相应，因二五为其他诸爻之主导。卦爻上的二五

---

〔1〕 惠栋：《易汉学新校注》，谷继明校注，第 239 页。

〔2〕《汉书·律历志》谓："夫五六者，天地之中合，而民所受以生也。"

〔3〕 惠栋：《易汉学新校注》，谷继明校注，第 269 页。

相应和，即阴阳之和，此汉儒通义。惠栋据董仲舒之说加以证明，即《循天之道》第七十七：

> 天有两和，以成二中，岁立其中，用之无穷。是北方之中用合阴，而物始动于下；南方之中用合阳，而养始美于上。其动于下者，不得东方之和不能生，中春是也；其养于上者，不得西方之和不能成，中秋是也。然则天地之美恶，在两和之处，二中之所来归而遂其为也。是故东方生而西方成，东方和生北方之所起，西方和成南方之所养长。起之不至于和之所不能生，养长之不至于和之所不能成。成于和，生必和也；始于中，止必中也。中者，天地之所终始也；而和者，天地之所生成也。夫德莫大于和，而道莫正于中。中者，天地之美达理也，圣人之所保守也。〔1〕

惠栋引用此段，且注曰："春秋为和，冬夏为中。在《易》，二五为中，相应为和，即天地之中。"〔2〕董仲舒以为，中即冬夏二至，和即春秋二分。这与阴阳二气的运行机制有关：阳气自冬至开始，顺行；阴气自夏至开始，逆行。二至分别是阳气和阴气的源头，为天地之中；春秋二分，则是阴阳交汇且力量均衡的时节，为天地之和。

---

〔1〕 苏舆：《春秋繁露义证》，第444页。
〔2〕 惠栋：《易汉学新校注》，谷继明校注，第259页。

除了二五为中、相应为和，惠栋还给出了中和的另一种象数含义，即五为中，二为和。《周易述》解泰卦九二曰：

> 中和，谓六二、九五。合言之，则二五为中，相应为和；分言之，则五为中，二为和。故《周礼·大宗伯》曰："以天产作阴德，以中礼防之；以地产作阳德，以和乐防之。"天地者，二五也。天交乎地，天产作阴德也，五为中，故以中礼防之；地交乎天，以地产作阳德也，二为和，故以和乐防之。又曰："以礼乐合天地之化、百物之产。"《中庸》所谓"致中和，天地位焉，万物育焉"是也。汉儒皆以二五为中和。故《易乾凿度》于师之九二曰"有盛德，行中和，顺民心"，于临之六五曰"中和之盛应于盛位，浸大之化行于万民"。扬子亦云："中和莫尚于五。"是也。[1]

惠栋此说是根据《周礼》推出来的。《周礼》以中属礼、以和属乐。按《乐记》"大乐与天地同和，大礼与天地同节"，是礼、乐固可如此相配。《周礼》又以礼属天、乐属地，而五在天、二在地，惠栋由此推出中为五、和为二。其实《周礼》"天产阴德""地产阳德"的说法已表明礼、乐各自为阴阳之和。故此说法与"相应为和"的说法不矛盾。"和"意味着阴阳相交通，与"利贞"之利字相通。《周易

〔1〕 惠栋：《周易述》卷二，乾隆间雅雨堂刻本，第13页。

述》释《文言》“利者义之和”曰：

> 利，和也。义，宜也。《荀子·王制》篇曰：“义以分则和，和则一。故序四时，裁万物，兼利天下，无他故焉。得之分义也。”阴阳相和，各得其宜，亦是分义。义分则和，故云“义之和也”。利从禾。《说文》说“禾”云：“二月始生，八月而孰。得时之中。”是利有中和之义，故云“阴阳相和，各得其宜”，然后利矣。[1]

世界存在着差异，差异者各有其性分、各得其分位，是谓“义”，同时才会有“利”。差异在各得其宜的基础上相互交通的状态即“和”。

第三节　推情合性

一　推情合性

惠栋取《中庸》“致中和”之论，以与《易》之成既济相发明。《中庸》之“中和”与性情相关，所谓“喜怒哀乐之未发谓之中，发而皆中节谓之和”。这可与《文言传》“利贞者情性也”互相诠释。“利贞”在汉易和惠栋那里意味着爻变之正成既济定，情性亦然。由此惠栋发展出其甚有特色

〔1〕 惠栋：《周易述》卷十九，乾隆间雅雨堂刻本，第2页。

的性情说。概要言之，其性情说有三点：一者性情一贯，二者推情合性，三者性之初有善而无恶。

魏晋到宋明时代，人们为了探究恶的来源问题进行了各种思考。如果坚持性善论，一种解决的思路便是将恶归之于情，由此产生了“性善情恶”说。惠栋追溯了此说的两个代表，一是魏晋时期王弼的“性其情”说，一是宋明时期的“几善恶”说。两说都是在《周易》诠释中提出的。王弼说来自于对《文言传》“利贞者，性情也”的注释，其注谓：“不为乾元，何能通物之始？不性其情，何能久行其正？”孔疏曰：“性者天生之质，正而不邪；情者性之欲也。言若不能以性制情，使其情如性，则不能久行其正。”〔1〕王弼虽然没有说情为邪恶，但既然以性为正，则情有其邪。孔颖达的解释更具代表性，或是用六朝旧疏而为说。〔2〕六朝时“性其情”说极为流行，如南朝旧疏解释《论语》“性相近也，习相远也”谓：

> 性者，生也。情者，成也。性是生而有之，故曰生也。情是起欲动彰事，故曰成也。然性无善恶，而有浓薄。情是有欲之心，而有邪正。性既是全生而有，未涉乎用，非唯不可名为恶，亦不可目为善，故性无善恶也。所以知然者，夫善恶之名，恒就事而显，故

〔1〕王弼、韩康伯注，孔颖达疏：《周易正义》，第20—21页。

〔2〕《五经正义》之成多由删削六朝旧疏而来，但其中之《周易正义》或因孔颖达参与的成分比较多，仍不免掺杂了一些南朝旧疏。

《老子》曰："天下以知美之为美，斯恶已。以知善之为善，斯不善已。"此皆据事而谈。情有邪正者，情既是事，若逐欲流迁，其事则邪，若欲当于理，其事则正，故情不得不有邪有正也。故**《易》曰："利贞者，性情也。"王弼曰："不性其情，焉能久行其正？"**此是情之正也。若心好流荡失真，此是情之邪也。若以情近性，故云性其情。情近性者，何妨是有欲？若逐欲迁，故云"远"也。若欲而不迁，故曰"近"。[1]

王弼主张"性正而情有正邪"，皇侃所引旧说则主张"性无善恶，情有善恶"，此说已颇受佛教影响。李翱又有"性善情邪"说："人之所以为圣人者，性也；人之所以惑其性者，情也。喜、怒、哀、惧、爱、恶、欲七者，皆情之所为也。情既昏，性斯匿矣，非性之过也。"[2]此后程颐虽对王弼有不少批评，却甚爱其"性其情"之说，《颜子所好何学论》谓：

天地储精，得五行之秀者为人。其本也真而静，其未发也五性具焉，曰仁义礼智信。形既生矣，外物触其形而动于中矣。其中动而七情出焉，曰喜怒哀乐爱恶欲。情既炽而益荡，其性凿矣。是故觉者约其情，

〔1〕皇侃：《论语义疏》，广西师范大学出版社 2018 年，第 595—596 页。
〔2〕李翱：《李文公集》卷二，《四部丛刊》影明刻本，第 1 页。

使合于中；正其心，养其性。故曰“性其情”。愚者则不知制之，纵其情而至于邪僻，梏其性而亡之，故曰“情其性”。[1]

程颐将情看作待修正管束者，意识到了情的危险性。他并没有直接将情视为恶。如庞万里所指出的：“程颐主张‘性其情’，侧重讲性、情对立的一面。但他也讲到性、情同一的一面。”[2]然无论如何，宋明时期对情多持负面的看法，至多也就是认为其可以为善、可以为恶。由此亦可看出王弼“性其情”说的影响力。是故惠栋力驳“性其情”说：

《孟子》曰：“乃若其情，则可以为善矣。”又云：“若夫为不善，非才之罪也。”继又云：“人见其禽兽也，而以为未尝有才焉者，是岂人之情也哉。”孟子言性而及情，情犹性也。故《文言》曰：“利贞者，情性也。”（俗本云“利贞者，性情也”，王弼注遂有“性其情”之语。是性善而情恶，非孟子之义也。）[3]

后世训诂学家多指出，孟子“乃若其情”的“情”是“情实”的意思，因此与“性”的意思相接近，这种分析往

〔1〕 程颢、程颐：《二程集》，第577页。

〔2〕 庞万里：《二程哲学体系》，北京航空航天大学出版社1992年，第201页。

〔3〕 惠栋：《周易述》卷二十三，乾隆间雅雨堂刻本，第29页。

往把“乃若其情”的情与喜怒哀乐之情的情区分开来。惠栋虽然也指出孟子的“情”与性字义接近，却又将此情实之情与七情之情不加区分。从先秦语境来看，情实与七情并不存在严格的区分——这在哲学上意味着，七情也是人最真实的内容。情一方面指向四端和喜怒哀乐，一方面又是“情实”，与性一致，则七情亦非恶，而不必说“性善情邪”了。

惠栋通过文献学来解决训释的问题。《易微言》认为“性其情”缘于“性情也”的错误版本，《文言传》本来当作“情性也”。这种改动是颇为大胆的，今传《周易》版本皆作“性情也”，唯《古易音训》载：“性情：晁氏曰郑作情性。”〔1〕晁以道所见郑玄注本作“情性也”，然郑玄原本是否如此，值得怀疑。〔2〕作“情性”亦无不可，先秦两汉时“性情”常连用，有时称性情，有时称情性。如《周礼·弓人》

〔1〕吕祖谦：《古易音训》，《续修四库全书》第2册，第48页。

〔2〕《唐书·经籍志》载：“《周易》九卷，郑玄注。”冯椅《厚斋易学》载：“《崇文总目》止有一卷：‘唯《文言》《说》《序》《杂》合四篇，余皆逸。指趣渊确，本去圣人之未远也。’《中兴》亡。”是《崇文总目》有一册杂抄的《周易郑康成注》，唯余《文言》等四篇，可知北宋时《周易郑康成注》大部分已亡佚。而“《中兴》亡”，可知这一残册南宋时亦亡佚。晁说之所见，或是此残本。据《周易本义启蒙翼传》，晁说之《古周易》成于徽宗建中靖国元年（1101），其所引马、郑、王注，多据《释文》《集解》，至《文言传》所载郑氏本异文则似忽然有独立来源，如“欲及时也”，郑玄无“欲及”二字；“存其诚”，郑玄作“以存其诚”等，不见载于《释文》。但这是否郑玄本原就如此呢？陆德明及见郑玄本，并未出这些释文。晁以道所见、《崇文总目》所载，乃是一个残本，甚至是一个杂抄的本子，其中的异文，更有可能是传抄过程中的讹误，不可完全信赖。

“凡为弓各因其君之躬志虑血气”，郑注谓“又随其人之情性”。《文言传》作“性情也”“情性也”都讲得通，从文本本义来说，应该是性、情同义连用，“利贞者，性情也”的意思即性情当得其正。王弼训释的问题在于把“性情也”读成了动宾结构，认为情需要矫正。惠栋否认“性其情”，却没有回到性、情同义反复的读法，而是提出“推情合性”说。《周易述》载《文言传》径作“利贞者情性也”，注曰“推情合性”，疏文谓：

> 此魏伯阳义也。爻不正以归于正，故曰利贞。性，中也。情者，性之发也。发而中节，是推情合性，谓之和也。《易》尚中和，故曰“利贞者情性”。圣人体中和，天地位，万物育，既济之效也。[1]

惠栋以“推情合性”解释“情性”也是一种动宾语法，只是与王弼“性其情”的用法相反。“推情合性”来自《参同契》“阳数已讫，讫则复起。推情合性，转而相与”。在其原文中是何意思呢？阴长生注谓：“阳生于子，终于巳；阴生于午，终于亥。阳生则阴复，阴生则阳复。虽性自然，而有如禅位。”[2]根据此注而推，阴阳之变化谓之情，其变化之应然则谓之性。推情合性，于《参同契》而言即其阴阳变化

〔1〕 惠栋：《周易述》卷十九，乾隆间雅雨堂刻本，第10页。
〔2〕 阴长生注：《周易参同契》，《(正统)道藏》第20册，第81页。

合乎自然之节，这是第一种解释。

其实《参同契》还有对于性、情的描述："阴阳为度，魂魄所居。阳神日魂，阴神月魄。魂之与魄，互为室宅。性主处内，立置鄞鄂。情主营外，筑垣城郭。城郭完全，人物乃安。"彭晓注谓：

> "魂魄所居，互为室宅"者，谓日魂月魄，相拘于金室，为丹根基也。"性主处内，立置鄞鄂"者，性属金也，金主理内，承领外符，而养灵汞。鄞鄂，即形貌也。"情主营外，筑固城郭"者，情，火符也，火行六虚，而为砂汞城郭。人民即砂汞也。[1]

《参同契》为丹经，颇多隐语。然以句意而推，魂为性、为阳，魄为情、为阴可知。"魂之与魄，互为室宅"，结合下句，则性为内室、为鄞鄂，情为外宅、为城郭。如果以此性阳情阴说回顾"推情合性"章，里面讲到月体消息，则"推情合性"的意思就是阴阳的消息。易言之，性情的推荡就是阴阳的推荡，用月体纳甲来表现。这是第二种解释。

以上两种解释都有可能。无论何种解释，皆将性情看作一致的、和谐的。惠栋在这一点上继承了《参同契》的立场，是故我们**不能把惠栋的"推情合性"解释成"修正情使之合于性"，不然仍是性善情邪的"性其情"立场**。若要探

---

〔1〕彭晓：《周易参同契分章通真义》，《（正统）道藏》第20册，第148页。

究其实义，还是回到我们前引惠栋的那段文字："性，中也。情者，性之发也。发而中节，是推情合性，谓之和也。"然惠栋又说：

> 《彖传》屡言"天地之情"，情犹性也。《中庸》曰："喜怒哀乐之未发，谓之中；发而皆中节，谓之和。"情和而性中，故"利贞者，情性也"（利贞故中和。六爻不皆中，故云贞）。[1]

既以情为和，又以"推情合性"为和。唯一可能的解释便是，情作为性之发，本身就是发动的意思，情的发动自然合于性，此即"推情合性"。在《易》象数体系中，中和又有其象征，即二五为中，相应为和。则"推情合性"即是六爻在发动之后当位而应，即既济而天下平。

二　五性六情

惠栋改订《文言传》作"利贞者情性也"，他还引用过《大戴礼记》："圣人者，知通乎大道，应变而不穷，能测万物之情性者也。大道者，所以变化而凝成万物者也；情性也者，所以理然不然取舍者也。"[2] 以及翼奉谓："诗之为学，情性而已。五性不相害，六情更兴废。观性以历，观情以

〔1〕 惠栋：《周易述》卷二十三，乾隆间雅雨堂刻本，第29页。
〔2〕 方向东：《大戴礼记汇校集解》，中华书局2008年，第60页。

律。”[1]这两处皆提及“情性”，可知惠栋的性情说恰恰是借助先秦两汉情性说的资源以与宋儒立异。

翼奉说“参之六合五行，则可以见人性，知人情”，又说“观性以历，观情以律”，是将人性与五行相连，将人情与六律相连。具体说来即：

> 知下之术，在于六情十二律而已。北方之情，好也；好行贪狼，申子主之。东方之情，怒也；怒行阴贼，亥卯主之。贪狼必待阴贼而后动，阴贼必待贪狼而后用，二阴并行，是以王者忌子卯也。礼经避之，《春秋》讳焉。南方之情，恶也；恶行廉贞，寅午主之。西方之情，喜也；喜行宽大，巳酉主之。二阳并行，是以王者吉午酉也。《诗》曰：“吉日庚午。”上方之情，乐也；乐行奸邪，辰未主之。下方之情，哀也；哀行公正，戌丑主之。辰未属阴，戌丑属阳，万物各以其类应。[2]

任蜜林根据上述配合作过图示（图 11）。

其排列规律在于，十二辰若以三合局论，则有四对（3×4=12），其中的丑、辰、未、戌是四隅土气，又是四对三合局中各自的墓（刑）。[3]故四方之情各自按五行取其生、

〔1〕 班固：《汉书》卷七十五，第 3170 页。

〔2〕 班固：《汉书》卷七十五，第 3168 页。

〔3〕 三合局在《淮南子·天文训》中称作生、壮、死。其复杂化即十二生死所。参见卢央：《中国古代星占学》，第 57—60 页。

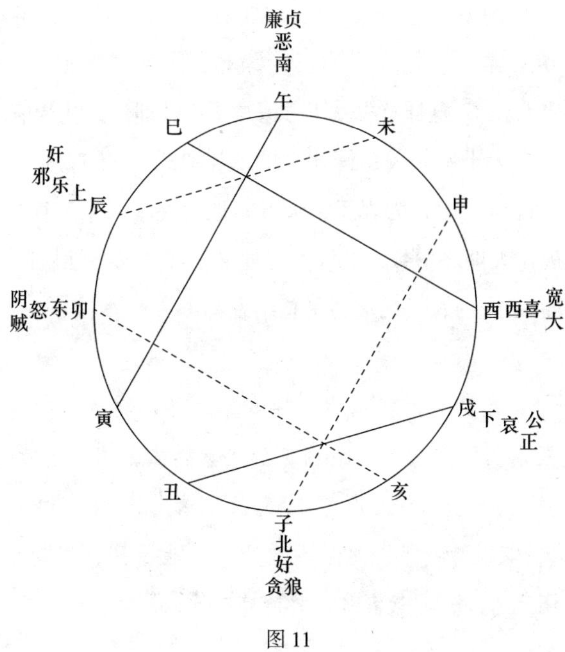

图 11

王之辰；剩余的四个墓辰，则各自两两组合配上、下方之情。比如申子辰合水局，北方之情属水，故取长生的申和帝王的子；亥卯未合木局，东方之情属木，故取木的生亥、王卯。[1]其中的辰为水之墓，未为木之墓，故取以当上方之情。[2]

之所以要如此配合来描述情，因翼奉的宗旨是“观性

---

〔1〕《汉书》颜师古注引孟康曰：“北方水，水生于申，盛于子。东方木，木生于亥，盛于卯。”（班固：《汉书》，第 3168 页）

〔2〕《汉书》颜师古注引孟康：“《翼氏风角》曰：木落归本，水流归末。故木利在亥，水利在辰，盛衰各得其所，故乐也。”（班固：《汉书》，第 3169 页）

以历，观情以律”。张晏注说：“性谓五行也，历谓日也。情谓六情，廉贞、宽大、公正、奸邪、阴贼、贪狼也。律，十二律也。”〔1〕这样意思就十分清楚了：性即仁义礼智信，与“日”（十天干）相关；情即六情，与“辰”（十二地支）相关。五行与六律相为表里，天五、地六在《汉书·律历志》中被视作天地之中数，此汉学之通义。如此又与性属阳、情属阴的说法一致。《白虎通》总结说：

> 性情者，何谓也？性者阳之施，情者阴之化也。人禀阴阳气而生，故内怀五性六情。情者，静也。性者，生也。此人所禀六气以生者也。故《钩命决》曰：“情生于阴，欲以时念也。性生于阳，以就理也。阳气者仁，阴气者贪，故情有利欲，性有仁也。”〔2〕

然而我们还需要注意的是，翼奉以地支和十二律配六情，并不是直接把十二律与某个人的性情相等同。人的六情，与十二律通过感应建立关系，感应的基础乃是“气”。风为气之动，故翼奉的这套情性之学，乃是“风角占”中的一部分，孟康注引有《翼氏风角》。卢央即据《翼奉传》“正月癸未日加申，有暴风从西南来。未主奸邪，申主贪狼，风以大阴下抵建前，是人主左右邪臣之气也”的例子将翼奉此

〔1〕 班固：《汉书》卷七十五，第3171页。
〔2〕 陈立：《白虎通疏证》卷八，中华书局1994年，第381页。

说称为“六情风占”，并指出：“六情法用于风角和知人之术。”[1]又说：“《汉书·律历志》说得比较明白：‘天地之气，合以生风。天地之风气正，十二律定。’无论京房或是翼奉，都受此种思想之影响。”[2]翼奉的情性说，是为了让占卜者或“主人”（尤其是君主）通过某些征兆判断来者的性情状态（特别是正邪忠奸）。有感而后有动，征兆必是异常者，即动者。其中气之动最显著者即表现为风。《庄子》称风为“大块噫气”。《太平御览》引《物理论》：“风者阴阳乱气，激发而起者也。犹人之内气因喜怒哀乐激越而发也。”[3]风有强弱、方位、时间的属性，可以通过“律”来测知。[4]另一方面，人是由天地之气合而生者，其成长也资于天地之气，故其性情与天地之气相关联，可以“律”来判断其类型。同时，某人到达某地，其性情所属的“律”的类型就会与此地时空之“律”的类型产生感应，气就会动，由此判断来人的性情。翼奉所举的例子有几个判断的因素：（1）风起的地支方位；[5]（2）辰，即某日的地支；（3）时，即一日之中的时辰地支。三个因素都归之于地支。亦即某人的性情类型决定

〔1〕 卢央：《京房评传》，第393页。

〔2〕 卢央：《京房评传》，第378页。

〔3〕《五行大义》引作“阴阳孔气”，“孔”字为“乱”之讹文。乱气，犹杂气也，即阴阳相杂。

〔4〕 律不仅仅是音乐，从根本上说，它是气在不同时空中的流动，表现出不同的状态，声音仅仅是不同的一个方面。

〔5〕 风其实还有多重因素，即风的强弱缓急等类型，如翼奉在例子中提及了“暴风”。然相对而言，翼奉更注重方位，而京房更注重风本身的样态，卢央将之概括为观测立场（京房）和形式化立场（翼奉）的差别。

了他会在某一个时一辰来到某地，并引起某类型的风在某个方位动起。

在汉儒看来，人的性情与天地之气的关联有两种基本形式。一者就性情的来源而言，天命之谓性，人的性情载体在于身体（五脏六腑），而身体之五脏六腑本于天地之气而生；二者就人出生以后而言，人的身体发动性情，与周围（天地之气所构建）的环境息息相关。

就第一方面而言，翼奉对五性、六情与人脏腑的关系皆有说明。晋灼注载翼氏论五性：

> 肝性静，静行仁，甲己主之；心性躁，躁行礼，丙辛主之；脾性力，力行信，戊癸主之，肺性坚，坚行义，乙庚主之；肾性智，智行敬，丁壬主之也。[1]

此文或出自《翼氏风角》。其配比基于五行来贯通天干[2]与五藏、五常。又《五行大义》引翼奉论六情与脏腑的

---

〔1〕 班固:《汉书》卷七十五，第 3171 页。

〔2〕 十天干一般而言，东方甲乙木，南方丙丁火等。但此处以甲己为木行配仁，丙辛为火行配礼等，亦有其渊源。《汉书 · 五行志》载《洪范五行传说》谓："水以天一为火二牡，木以天三为土十牡，土以天五为水六牡，火以天七为金四牡，金以天九为木八牡。阳奇为牡，阴耦为妃。"金克木，又阳牡阴牝，甲为阳木，己为阴土，故甲为己牡。依次类推，丙火为辛金牡，戊土为癸水牡，庚金为乙木牡，壬水为丁火牡。牝者从阳，故但取甲、丙、戊、庚、壬阳干之性行，阴干之性则依被克而相从。《太玄数》谓："甲己之数九，乙庚八，丙辛七，丁壬六，戊癸五。"亦以此配合。

关系：

好则膀胱受之，水好前，故曰好。怒则胆受之，少阳始盛，万物前萌也。恶则小肠受之，夏长养万物，恶伪，故曰恶。喜则大肠受之，金为珍物，故皆喜。乐则胃受之，土生养万物，上下皆乐。哀则三焦受之，阴阳之府，阳升阴终，其宫室竭，故曰三焦，故哀凄也。[1]

此文不见于《汉书》，抑或出自《翼氏风角》。今将上面翼奉五性六情的配比制成表格如下：

	木	火	土	金	水	下
性	仁	礼	信	义	智	
五脏	肝	心	脾	肺	肾	
天干	甲己	丙辛	戊癸	乙庚	丁壬	
情	怒	恶	乐	喜	好	哀
府	胆	小肠	胃	大肠	膀胱	三焦
十二辰	亥卯	寅午	辰未	巳酉	申子	戌丑
六气	雨	阴	明	风	阳	晦

惠栋《易微言》在“性命”条专门引了翼奉之说。《白虎通》又总结道：“性所以五，情所以六何？人本含六律五行之气而生，故内有五藏六府，此情性之所由出入也。《乐

〔1〕 萧吉：《五行大义校注》，中村璋八注，汲古书院1984年，第157页。

动声仪》曰：'官有六府，人有五藏。'"[1]以上说法并非汉人杜撰，而是传自先秦。汉儒不过将之更加系统化而已。又河上公谓：

> 天食人以五气，从鼻入藏于心。五气清微，为精神聪明，音声五性。其鬼曰魂，魂者雄也，主出入人鼻，与天通，故鼻为玄也。地食人以五味，从口入藏于胃。五味浊辱，为形骸骨肉，血脉六情。其鬼曰魄，魄者雌也，主出入人口，与地通，故口为牝也。[2]

这里明显可以看到天—气—五藏（心）—五性—魂为一系，对应的地—味—六腑（胃）—六情—魄为一系。河上公对于身体的概念，源自先秦医学的身体观。要言之，人的性、情皆有其身体部位相对应，而其身体部位又是人在生成时由天地之气所塑造的。故性—情本质上来源于天地之气。

人的性情与天地之气相关联的第二方面，即人出生以后与天地之气的交感。惠栋注意到了《毛诗·烝民》郑玄笺及《正义》所引《左传》等说。郑玄注"有物有则"曰："天之生众民，其性有物象，谓五行仁义礼智信也；其情有所法，谓喜怒哀乐好恶也。然而民所执持有常道，莫不好有美德之人。"孔疏谓：

---

〔1〕 陈立：《白虎通疏证》，第382页。

〔2〕 河上公：《老子道德经河上公章句》，王卡点校，中华书局1993年，第21页。

> 性为五性，情为六情以充之。五性本于五行，六情本于六气。《洪范》五行，水火金木土。《礼运》曰："人者，天地之心，五行之端。"是人性法五行也。昭元年《左传》曰："六气，阴阳风雨晦明也。"昭二十五年《左传》："民有好恶喜怒哀乐，生于六气。"是六情法六气也。……"六情有所法"者，服虔《左传》之注以为：好生于阳，恶生于阴，喜生于风，怒生于雨，哀生于晦，乐生于明是也。[1]

与性不同，人的情是性之发，随情境、对象而呈现不同面貌。在先秦两汉的理解中，"情境"与天地之气密切相关，而且也会影响天地之气。"阴阳风雨晦明"就是在这个意义上来影响人之情，使其发动的。当然，影响的方式也要通过六腑。翼奉的六情风占，则是人情发动影响风的发动的例子。

我们需要辨析的是，先秦两汉这种将性情魂魄与身体的脏腑、时空、五行联系起来的看法，并非仅仅是象征类比、关联思维，[2]抑或"政治和文化意识形态的神话隐

---

〔1〕 毛亨传，郑玄笺，孔颖达疏：《毛诗正义》，北京大学出版社 1999 年，第 1219 页。

〔2〕 将先秦两汉的这种思想体系建构当作关联思维，较早是由葛兰言概括的，此后又由葛瑞汉加以分析，产生了较大影响。详见葛瑞汉《论道者：中国古代哲学论辩》，张海晏译，中国社会科学出版社 2013 年，第 365 页。

喻”[1]。关联或隐喻，意味着本体和喻体之间仅仅具有某种形式上的相似性，实际并不会相互发生作用。但天地有晦暗之气则人多哀情，有阳动之气则人多好情，这怎么可能仅仅是一种形式化的、语言结构性的类比呢？它是实实在在地由天地之气（自然环境）通过人体而对人的情绪产生影响。汉代的方士和儒士，建立这种体系的基础是自身的切实体验，“后伽利略科学”时代[2]的人不信这些，当然会将之看作比附或“关联”。

三　性之初有善而无恶

惠栋虽援引翼奉的性情说以证汉学，但此说似与其“情不可言恶”的立场有冲突。如前所述，惠栋极力反对“性其情”的说法是因为此说意味着“性善情恶”。在翼奉的叙述中，六情似有两类：

> 南方、恶、廉贞，西方、喜、宽大，下方、哀、公正。
> 北方、好、贪狼，东方、怒、阴贼，上方、乐、奸邪。

第一行里的廉贞、宽大、公正显然是积极性的描述，而下面的贪狼、阴贼、奸邪则是消极性的描述。由此不难推断，翼奉以恶、喜、哀三情为善情，以好、怒、乐三情为邪

[1] 徐兴无：《汉代人性论中的魂魄观念》，《南京大学学报》2010年第2期。
[2] 本文的“后伽利略科学”一词来自葛瑞汉《论道者》一书中的用法。

情。《五行大义》即引翼奉曰：“情胜性则乱，性胜情则治。性自内出，情从外来。情性之交，间不容系。”[1]汉代还有一些流派认为情是消极的。如前引河上公的性情与脏腑相配与汉儒相通，但河上公主张去情。如第十一章注谓：“治身者当除情去欲，使五藏空虚，神乃归之。”第十二章注谓：“守五性，去六情，节志气，养神明。”[2]道教对情欲持负面看法，此点可以理解。然汉儒是否也持根本的性善情恶说呢？董仲舒《深察名号》篇谓：

> 天地之所生，谓之性情。性情相与为一瞑。情亦性也。谓性已善，奈其情何？故圣人莫谓性善，累其名也。身之有性情也，若天之有阴阳也。言人之质而无其情，犹言天之阳而无其阴也。[3]

按照此段的说法，广义的性似包含阳性阴情两个方面。因为性中有情，所以不能称性善。是故徐复观、徐兴无、任蜜林将董仲舒的性情论定位为“性善情恶”说。[4]金春峰还认为，“这种以理统情的思想，在以后宋明理学中有系统的

---

〔1〕 萧吉撰，中村璋八注：《五行大义校注》，第154页。

〔2〕 河上公：《老子道德经河上公章句》，王卡点校，第41、46页。

〔3〕 苏舆：《春秋繁露义证》，第298—299页。

〔4〕 徐复观：《两汉思想史》，九州出版社2014年，第374页。徐兴无：《汉代人性论中的魂魄观念》，《南京大学学报》2010年第2期。任蜜林：《董仲舒王道视野下的人性善恶论》，《哲学动态》2016年第6期。

发挥”。[1]我们可以将他们的理解思路总结为下面这样一个推论：

> **性**包含性和情，[2]
> 性是善的，而情是恶的，
> 所以不能说**性**是善的。

但董仲舒性情论远非一句“性善情恶”可以概述。他从未说过“性善情恶”，这只是解读者的推论。董仲舒只是认为天有阳阴，人有性情，性阳情阴。他不可能说天的阳就是善，天的阴就是恶。天之阳与阴对应的是德与刑。尽管董子将天道视为人之身体及社会的根源，但并没有将属人的善恶价值直接加诸天道之上。从一般哲学理论而言，这也是不可能的。天的阳阴对应德刑，这种德刑尽管有目的性（而与王充去目的性的“自然”不同），但仍非属人的。由此其人性论也可有顺畅的理解。如前贤皆指出的，董仲舒既反对孟子的性善又反对荀子的性恶，并用了禾—米的比喻。董氏说：“今万民之性，待外教然后能善，善当与教，不当与性。”又说：“民受未能善之性于天，而退受成性之教于王。”[3]由此可见，反对以善加于性，不是因为情恶，也不是因为将来性会流于恶，而是因为他对“性”的界定乃是天生

〔1〕 金春峰：《汉代思想史》，中国社会科学出版社 1987 年，第 190 页。
〔2〕 此处加粗的“性”指广义的性，另一“性”指狭义的性的属阳部分。
〔3〕 苏舆：《春秋繁露义证》，第 303、302 页。

自然之质，此时还未能以属人伦理之“善”加于其上。以此而推，我们前面列举的诸家以性善情恶来论证整体之不可谓善的思路也是有问题的。因为**后来的伦理之善恶不能加于性之上，情犹性也，则后来伦理的善恶亦不可能加于最初的情之上。情最初只是人的一种机能事实，它只有在后来的发展中，与外物接触时，因人自主的选择而产生善或恶的结果。**这才是董仲舒否认性善论的思路，即善不可以加于最初之性情，他不是通过情恶来否定性善。《春秋繁露·实性》又谓：

> 禾虽出米，而禾未可谓米也。性虽出善，而性未可谓善也。米与善，人之继天而成于外也，非在天所为之内也。天所为，有所至而止。止之内谓之天，止之外谓之王教。王教在性外，而性不得不遂。故曰性有善质，而未能为善也。[1]

这里说得很清楚：性作为生之质，属于天；在人身上已经实现出来的善，则是王政教化的结果，属于人。以往的董学研究，往往将“天人感应”理解为天人合一，却忽视了**“感应”的前提是人已经从天分出**，若天人为均质的一，何须相感。要言之，人来源于天，其成长也取资于天地，但人有其主动性，可以赞天地之化育。王政教化，以及人在教化之下的成德，即是赞天地之化育的体现。**性属天，善恶在人**

〔1〕 苏舆：《春秋繁露义证》，第311页。

成就之后，故不得谓性善；情亦属天，善恶在人成就之后，故不得谓情恶。

由此我们再回顾翼奉的性情说。他的称述方式，比如“北方之情，好也；好行贪狼，申子主之”，“好”是情，“贪狼”是其行。六情与六行之间存在对应关系。直接可以断定正邪的是六行，即贪狼、阴贼、奸邪为邪行。这三邪行虽然与好、怒、乐相对应，但对应并非等同。正确的理解是，贪狼之行是从“好”情中发出的——从“好”情中发出并非意味着“好”就是贪狼。其他怒与阴贼、乐与奸邪关系亦然。武王一怒而伐纣，聂政之怒白虹贯日，这些都不可谓之恶或者邪情。我们可以从“怒”情中找到与“阴贼”的关系，贼之行偏向于破坏：武王怒伐纣，在纣王看来是阴贼；聂政怒刺侠累，在侠累看来即是阴贼。**贪狼、阴贼、奸邪等翼奉的“六行”不完全从道德善恶角度来立论，而是就预测者的利害来立论**。这个预测者，即是“主人—客”关系中的主人，具体主要表现为“君主—来臣”关系中的君主。**六行是实践中的功能性描述，而非伦理学意义的善恶概念**。然则其根源的六情更不可以善恶加之。

以上我们对汉儒董仲舒、翼奉的性情学说作了分析，指出他们并非性善情恶论者。但董仲舒毕竟反对性善。惠栋在继承董仲舒、翼奉等人思路的同时，有所修正。他虽然引述了翼奉之说，却并未由此推出翼奉持“性善情恶”说。毋宁说，他对翼奉的理解恰恰如我们上述所作的分析，即翼奉对于情之行的消极描述，并非是将之直接等同于情。他在解释《乐记》时指出："好近仁，恶近义。好恶得其正，谓之天理；好恶失其正，谓之灭天理。"[1]好、恶是六情中的两种，仁义则是五性。翼奉谓"好行贪狼"，惠栋此处却以为"好近仁"。正如上文所述，从"好"情中发出贪狼之"行"，并非意味着"好"就是贪狼。"好"得其正，恰恰是"仁"之发用。情为性之发，在理学那里是抽象的、建立在精神之内的关系，而在惠栋这里就是六情为五性之发，还关联着五藏与六腑的关系、六气与五行的关系。

在对汉儒消化吸收的基础上，惠栋提出"性之初有善而无恶"之说：

> 一、亦作壹。古壹字从壶吉，一之初几也。几者动之微，吉之先见者也。以此见性之初有善而无恶。恶者善之反，不与善对。故云无敌，亦曰独。君子慎独，无恶于志也（恶读如字）。几有善而无恶，周子言"几善恶"，非也。[2]

此判断与上一章的乾元太极论紧密相关。一即元，元者善也。所谓："一在《易》为太极，在爻为初。凡物皆有对，一者至善，不参以恶。"[3]董仲舒承认人有善质，其善质本于天；但他反对孟子性善说，反对将属人的伦理之善加于

〔1〕 惠栋：《周易述》卷二十三，乾隆间雅雨堂刻本，第44页。
〔2〕 惠栋：《周易述》卷二十二，乾隆间雅雨堂刻本，第48页。
〔3〕 惠栋：《周易述》卷二十二，乾隆间雅雨堂刻本，第40页。

性上。惠栋则试图将宇宙本原之善与人的性情相贯通。“性之初有善而无恶”实际已经认定，这个善是属人的善。理学也强调性善，但是在“理”的意义上来讲的；若讲到气质，未免有不善。如大程谓：

> “生之谓性”，性即气，气即性，生之谓也。人生气禀，理有善恶，然不是性中元有此两物相对而生也。有自幼而善，有自幼而恶（后稷之克岐克嶷，子越椒始生，人知其必灭若敖氏之类）。是气禀有然也。善固性也，然恶亦不可不谓之性也。[1]

惠栋对性的界定，在理学家看来，是合理气而言。然惠栋坚持认为这样的性也仍然是善的。也就是说，在惠栋看来，即使以气质而言，也没有生下来的恶人。不唯如此，人们在初发心之时，其志意也是善的。所以他把《中庸》的“无恶于志”解释成**“不存在恶的意念”**。“恶者善之反，不与善对”，这句判断的意义在于，恶并非先天地存在于人的性情之中。它是后起的，应当被理解为善的缺失。善是自然、本然的一种秩序，恶则是此种秩序的背离状态。

为区别于理学家的理性性善论，我们姑且可以将惠栋之说归入气质性善论。但须注意本于汉学的惠栋，其对“气

〔1〕 程颢、程颐：《二程集》，第10页。

质”的使用也已与理学不同，惠栋的“气质”是直接面向具体而丰富的经验世界的。由此他批评周敦颐的“几善恶”之说，即上引所谓“几有善而无恶，周子言‘几善恶’，非也”。按《系辞传》谓“几者动之微，吉之先见者也”，孔颖达疏谓“诸本或有凶字者，其定本则无”，[1]朱子《周易本义》亦谓：“《汉书》‘吉’‘之’之间有‘凶’字。”[2]惠栋则评论说：“几，即一也。一，古文作壹。《说文》：‘壹，从壶吉。’即‘吉之先见’之义。朱子据《刘向传》作‘吉凶之先见’，失其义矣。”[3]惠栋的反驳在汉儒中亦有据，虞翻注曰“复初元吉，吉之先见者也”，可知此处以“几”为初动之善；而详考《系辞传》上下文义，既云“君子见几而作”，是此“几”为吉善而非恶。周敦颐“几善恶”无疑受到“吉凶之先见”读法的影响。不过惠栋对周敦颐的理解有偏差。周敦颐并非在“宇宙最初的动几”这种意义上来说“几”。人在做事之时，有可能善也可能恶，这个最初的分界点，即周敦颐所说的“几”。惠栋则将“几微”视为性最初的展开。于《中庸》而言，未发为性，已发为情。其初发为情，情亦善而无恶。最初的志（意念）亦善而无恶。本书认为惠栋的批评主要指向的不是周敦颐，而是阳明学中“无善无恶心之体，有善有恶意之动”之类的宗旨。惠栋则要走向“至善无

---

〔1〕 王弼、韩康伯注，孔颖达疏：《周易正义》，第 309 页。
〔2〕 朱熹：《周易本义》，《朱子全书》第 1 册，第 141 页。
〔3〕 惠栋：《周易述》卷二十二，乾隆间雅雨堂刻本，第 12 页。

恶心之体，有善无恶意之动”。[1]这还**与惠栋对经学的判摄有关，在他看来，六经是圣人生知安行之学，所发之情自然皆善，不谈有恶**。此问题详后。

惠栋的性情说与宋儒的差别，最关键的不在于惠栋是否承认性善情恶——尽管批评“性善情恶”对惠栋来说很重要。关键在于，惠栋（通过挖掘汉学资源）对性情的看法，整体上就与宋明理学不同。

首先，理学对性的界定是抽象的，这意味着天与人的联结通过“理”而达成。理气二分[2]落实在人上，即性气二分。天根据“理”来生人，人禀受此理为性，性具于人心，故能在性理的趋势下行动，把理实现出来。汉儒的理解则更具有经验性的色彩。仁义礼智信，在理学看来只是理，总体一太极之理。在汉儒，则可与气化的不同类型（金木水火土）及身体官能（心肝脾肾肺）联系起来。汉儒本就把性看作“生之质”，[3]人既禀天地之气而生，其生之质自然与五行之气相关联。其身体的五藏本于五行之气而生，既生之后又与五行之气相通，自然地也与人性相关。理学反对此理解，

〔1〕有趣的是，此种观点与刘蕺山颇为相似。尽管他们的语境有差别，对性、情、意等字的使用也不同，但仍能呈现出思想的某种一致性。另外，惠栋对于“独”的重视亦与刘蕺山有一定程度的相似。

〔2〕此处我们使用“理气二分”，并非否认理学强调的理气一致、理气不离。但不离和一致，其前提仍是二分。朱子说“理气不离不杂”是最经典的表述。

〔3〕董仲舒《天人三策》谓：“性者生之质也，情者人之欲也。”（《汉书》卷五十六，第2501页）《孝经援神契》曰：“性者人之质，人所禀于天。”（赵在翰辑：《七纬》，第711页）

如朱熹批评董仲舒说："见得鹘突，如'命者天之令，性者生之质，情者人之欲''命非圣人不行，性非教化不成，情非制度不节'等语，似不识性善模样。"又说："(董仲舒'性者生之质')也不是。只当云：性者，生之理也；气者，生之质也。"〔1〕朱子与董仲舒的区分关键不在是否性善的问题，而是朱子将性看作是超验之理，董仲舒仍将性作经验化的理解。在朱子看来，若在气化中讲性，则仍无法保证绝对的善。理学不仅将"性"之理抽象化，也对"气"做了普遍化的理解。汉儒则以为，气的类型十分丰富，生之质的气是善之质，可以理解为善。

其次，理学对人之成德的理解更偏个体化、主观化，而汉儒则强调政教和身体生存方式的作用。如果粗略些概括，可以把理学的性论称作"人性论"，把汉儒的性论称作"民性论"。这是个体和群体视角的差异。理学家亦意识到其中的差别，如二程谓："今之学者，惟有义理以养其心。若威仪辞让以养其体，文章物采以养其目，声音以养其耳，舞蹈以养其血脉，皆所未备。"〔2〕又王阳明谓："所云静坐事，非欲坐禅入定，盖因吾辈平日为事物纷拿，未知为己，欲以此补小学收放心一段工夫耳。"〔3〕董仲舒等汉儒强调，因为性仅仅是"生之质"，有成善之潜能，所以需要政教来使之成就，董仲舒所谓"性待教而为善"。"教"乃是一整全的政教

〔1〕 黎靖德编：《朱子语类》卷一三七，《朱子全书》第18册，第4246页。

〔2〕 程颢、程颐：《二程集》，第21页。

〔3〕 王守仁：《王阳明全集》，第162页。

方式和礼乐文化，既包括二程所谓的“威仪辞让以养其体”、王阳明所谓的“小学收放心”等，更包括人民的全部生活安排，诸如遵循时令的生活原则、各级乡老的教化、从中央到地方的组织方式等。民之成德，是在共同体中集体成就的，是通过生活、习俗和仪轨等而成就的，这个共同体首先是宗族、乡里乃至国与天下。理学当然重视地方社会、宗族建设等，也反对逃禅之举，但其成德的途径还是在个体之“悟”，或者说来自于个体对“理”的体认。朱子的“即凡天下之物，莫不因其已知之理而益穷之，以求至乎其极”，[1]与阳明的“知而不行，只是未知”，用功方向若相反，然仍是在主体的精神世界内用功。此“知”并非认知理性的“知”，只有对应道或真理的知才是根本或体，而习俗、礼乐的培养教化尽管重要也仍只是末或用。不得不承认，这种思路与佛教有某种一致性。亦可说，这是一种“哲学”的突破。理学把人的自我觉以及对理的追思体认看作是最根本的事情，其形下的工夫论也都与此配套展开。将主要的工夫放在个体精神修炼和对道理的领悟上，表明了理学对每个人成德能力的重视和高扬，然就普通人而言，靠“立志”和对于道的体悟是否就能成德？再就一个社会整体而言，如果每人皆走成德之路，皆专心向内求“本”，而每人对于“末”（习俗、礼乐、制度）的理解又不同，则何以形成一个有机的乃至有德性的共同体呢？

---

〔1〕 朱熹：《四书章句集注》，中华书局 2011 年，第 7 页。

四　理者兼两

惠栋认同汉儒“性者生之质”，自然反对“性即理”说。且在他看来，理亦非形上的主宰或者整体[1]。其解释《说卦传》“穷理尽性以至于命”谓：

> 《韩非子》曰：“理者，方圆、短长、粗靡、坚脆之分也。”“立天之道曰阴与阳”，**不言“阴阳”而言“阴与阳”，是阴阳之理**；“立地之道曰柔与刚”，是柔刚之理也；“立人之道曰仁与义”，是仁义之理也。阴阳、柔刚、仁义，原本于性命，所谓“性命之理”。下云“兼三才而两之”，是顺性命之理也。[2]

惠栋提出了对于理的新解释，但此段稍费解。胡适说“兼两就是成双成对的。阴阳，刚柔，仁义，短长，大小，方圆……都是兼两”，并认为“这个结论可笑”。[3]遗憾的是，适之先生这种亲切直白的理解似略可笑。惠栋毕竟说得很清楚，阴阳不是理，“立天之道曰阴与阳”的“阴与阳”才是阴阳之理。其他“柔与刚”“仁与义”同然。欲明白惠栋的意思，先须看到他前面引用了《韩非子》。据惠栋之意，则他引用的韩非的一段话也可改为“理者，方与圆、

〔1〕 即朱子所谓“洁净空旷的世界”。

〔2〕 惠栋：《周易述》卷二十，乾隆间雅雨堂刻本，第3页。

〔3〕 胡适：《戴东原的哲学》，《胡适文集》第7卷，第265页。

短与长也”。也就是说，《说卦》的“与”，有分的意思。惠栋又点评《中庸》“文理密察，足以有别”谓“理者，分别之意”。[1]然理不仅仅在于分，惠氏又谓：

> **理字之义，兼两之谓也。**人之性秉于天，性必兼两。在天曰阴与阳，在地曰柔与刚，在人曰仁与义。兼三才而两之，故曰“性命之理”。[2]

“兼两”来自《说卦》“兼三才而两之”。如果说“两”代表理的“分”义，那么“兼”则代表理的统合之义。只有“统合”与“分别”合观，才是“理”的完整含义。由此则前一段引文为中惠栋为何强调“阴与阳”而非“阴阳”才是理，便得明了。“与”恰恰表达了这种既有分别又有统合的状态。

惠栋此处的分辨较以往是一大转折，而很少人能体会到其中意义。如郑朝晖谓：“道都是一个与事物的本源相关的一个概念。理则是一个言说事物本质的概念。”又解释说：“‘不言阴阳’，即不讲阴阳相生这种与道相连的内涵，‘言阴与阳’则是揭示天的阴阳属性。……也就是说，理讲的是事物的本质。”[3]陈伯适谓：“道是宇宙一切的总源，而理则是此总源呈显于宇宙间各万事万物中的具体律则或殊

〔1〕惠栋：《周易述》卷二十三，乾隆间雅雨堂刻本，第44页。
〔2〕惠栋：《周易述》卷二十三，乾隆间雅雨堂刻本，第43—44页。
〔3〕郑朝晖：《述者微言——惠栋易学的逻辑化世界》，人民出版社2008年，第204—205页。

性。”[1]如果理与道的区别仅仅是分别性的本质、规律与总体性的原理之间的区别，惠栋与理学家又有何不同呢？理学讲理一分殊，并不否认有分别性的理；理学中也有将某物的本质属性看作理的讲法；理学也并不认为道就仅仅是本质，也把道看作本原性的。由此可见，以上对惠栋“理者兼两”的认识是不清楚的。唯孙邦金注意到了其中的关键，指出惠栋的理“成为一个关系性或对偶性的概念”。[2]然他又称惠栋的理如戴震一样是“自然法则”，[3]则又做了本质化的理解。

通过对比可见，惠栋兼两说的关键在于，**它是一个标指关系或结构的范畴，而非实体或名物**。举例来说，金刚石是坚硬的、棉花是柔软的，传统的人或许会把坚硬的（或者金刚石的某种定义）当作理。但在惠栋看来这并非理，只有刚、柔的事物各得其宜才是理。**理不再指向某一个或某一类存在者，而是对所有存在者之间关系和秩序的确认**。以兼两来描述理，则“理”实际就是“乾道变化，各正性命”，成既济定，天地位、万物育的状态。

惠栋以性为“生之质”，此处他又把理看作某种关系或结构，则性必然不是理。我们可以说“性（命）之理”，但

---

〔1〕陈伯适:《汉易之风华再现——惠栋易学研究》，文史哲出版社 2006 年，第 1029 页。

〔2〕孙邦金:《乾嘉儒学的义理建构与思想论争》，中国社会科学出版社 2018 年，第 58 页。

〔3〕孙邦金:《乾嘉儒学的义理建构与思想论争》，第 54 页。

不可以说“性即理”，如同我们可以说“阴阳之理”，不可以说“阴阳即理”。他不仅借此反驳宋明理学家“性即理”的说法，还以之反对“天即理”之说：

> 《乐记》言“天理”，谓好与恶也。好近仁，恶近义。好恶得其正，谓之天理；好恶失其正，谓之灭天理。《大学》谓之“拂人性”。天命之谓性，性有阴阳、刚柔、仁义，故曰天理。后人以天、人，理、欲为对待，且曰“天即理也”，尤谬。[1]

二程谓“天者理也”，[2]惠栋不以为然，除了上面所谓的天在惠栋看来是实体而理仅仅是一种关系之外，还有易卦取象的原因。于《易》而言：乾为性，坤为理；天曰道，地曰理。然《乐记》明明提到“不能反躬，天理灭矣”，天、理组合为一个专有名词，惠栋如何解释呢？他说：

> 乐由天作。乐者，通伦理者也，故谓之天理。理，分也，犹节也。汉律：“逆节绝理，谓之不道。”康成、子雍以天理为天性，非是。理属地，不属天。一阖一辟、一静一动，谓之天理。上云“人生而静天之性，感于物而动，性之容也”，是之谓天理。[3]

〔1〕 惠栋：《周易述》卷二十三，乾隆间雅雨堂刻本，第44页。
〔2〕 程颢、程颐：《二程集》，第132页。
〔3〕 惠栋：《周易述》卷二十三，乾隆间雅雨堂刻本，第45页。

乐与天相关，是天气之律动节奏，有内在的和谐结构和秩序。既有关系结构，则谓之有理。故与乐有关的天理，实际是“天之理”，也就意味着某种来自天的关系和秩序。这与理学家同义反复使用“天理”一词有根本不同。因为性同样来自于天，所以“天理”即“天之理”，亦即“性之理”。性有阴阳，有五行，其间的配比得当，谓之得理。情为性之发，故情亦有理，而谓之“天之理”。《乐记》关注六情中的好恶。惠栋在引“感于物而动，性之欲也”时指出：“欲，《史记》作颂，徐广读为容。”[1]惠栋赞同“容”字，实取“兼容”之意，以证成“理者兼两”之说。[2]具体来说，性之兼两即好恶。物来感人时，人即产生好恶，其好恶得正，即谓之合天理。这里的合天理不是合于某种律法，而是好恶有其节度和秩序。他反对郑玄、王肃“以天理为天性”，反对理学的“性即理”和“天即理”。

《乐记》出现了“灭天理而穷人欲”的说法，宋明理学即以“存天理，灭人欲”为工夫。如程颢谓：“不是天理，便是私欲。”[3]不少学者指出，理学家的“人欲”与“欲”不同，指的是不合理的欲望，故非禁欲主义者。[4]然这其中还是体现了理、欲的对立。惠栋明确反对“后人以天、人，理、欲

〔1〕惠栋：《周易述》卷二十三，乾隆间雅雨堂刻本，第45页。

〔2〕按《乐记》此句，《淮南子》又引作“性之害也”。俞樾《群经平议》读“容”为“动”，然“感物而动，性之动也”，辞意重复，疑俞说非。

〔3〕程颢、程颐：《二程集》，第144页。

〔4〕陈来：《宋明理学》，第2页。

为对待”的说法。然在惠栋的全部著作中，讨论欲的地方不是太多。且损卦《象传》曰“惩忿窒欲”，惠栋引《说文》“欲，贪欲也”[1]以证之，似以欲为恶。又其“初”字条曰：

> 《淮南·俶真》曰：“圣人之学也，欲以反性于初。”高诱注云：“人受天地之中以生。孟子曰：‘性无不善。’而**情欲害之**，故圣人能反其性于初。”[2]

惠栋明明前引《孟子》“乃若其情则可以为善”以反对性善情恶，这里不可能接受高氏引孟子后断之以“情欲害之”来背离孟子之意。《周易述》后面的《易微言》并非终稿，其中许多引用条目并非皆为惠栋赞同者。高氏之说实本于《淮南子·原道训》的“感物而动，性之害也”，惠栋取“性之容也”而不用《淮南》的“性之害也”，即可知他若有时间修订必不会用高诱此条，定会加按语以分辨。其实段玉裁在解释“欲，贪也”时既以二字为转注，则“贪”字本义并非消极的意思，故段氏谓“非欲之外有理也”。[3]惠氏既以理为兼两，而《乐记》的好恶得其正即为理，则欲之得正亦可谓之有理。理不是内容，而是一种相宜的结构关系。

惠栋又引《荀子·解蔽》：“圣人纵其欲，兼其情而制

---

〔1〕据段玉裁校，当作“欲，贪也”，因“贪”字下云“欲也”，二字互为转注。

〔2〕惠栋：《周易述》卷二十二，乾隆间雅雨堂刻本，第33—34页。

〔3〕段玉裁：《说文解字注》，上海古籍出版社1988年，第411页。

焉者，理矣。夫何强何忍何危。”[1]此处的援引当系认同其说。所谓的“制焉”并非把捉不动，而是其情欲发动自然和谐有序。惠栋解释此句说：“兼犹尽也。纵欲尽情而不过制，犹纵心所欲不逾矩。”[2]其实“兼其情而制焉者，理矣”恰恰也是“理者兼两”说的来源。而“纵欲尽情而不过制”恰恰是“推情合性”的正面表达，即情之推自然与性合。

纵欲是就圣人而言，惠栋亦非纯粹的乐观主义者，他区分了不同的工夫：性之与反之，抑或生知安行与困知勉行之学。他有段话意味丰富：

> 后人谈孔学者，止及困勉之学，而未及生安。六经之书，生安之学为多。谈困勉之学，未尝不亲切而有味。以示学者则善，以之训诂六经则离者多矣。此七十子丧而大义乖之故，非后人之过也。[3]

“后人”可以想见指理学。“生知安行”与“困知勉行”有何区别？惠栋注《中庸》谓：

> 此修道之谓教也。得乾之易者，生而知之者也；得坤之简者，安而行之者也。九二升五，学而知之者也；六五降二，利而行之者也。二三频复，困而知之

〔1〕 惠栋：《周易述》卷二十二，乾隆间雅雨堂刻本，第15页。
〔2〕 惠栋：《周易述》卷二十二，乾隆间雅雨堂刻本，第15页。
〔3〕 惠栋：《周易述》卷二十三，乾隆间雅雨堂刻本，第47页。

者也；噬嗑初九"屦校灭止"，勉强而行之者也。[1]

以理学的思路来看，所谓生知安行、学知力行、困知勉行，对应三种不同的根性，即圣人、贤人、愚人。惠栋以《易》象注释，以为不须着力、自然得乾易坤简之正者为圣人；乾二之坤五，一变即得正成既济定，为贤人；频变、惩罚才有可能得正，则为困勉之人。惠氏以理学所谈为困勉之学，意味着理学的人性论以性善情恶说为基础，其工夫论则着重于对治或修炼人的情欲，必艰苦用力而后可以成德。理学家或许不会同意惠栋这种指责。毕竟大程言"勿忘勿助"、陆九渊讲"易简"都是强调不可艰苦着力的工夫。

但我们仍可以为惠栋的判定作一辩护。毫无疑问，从六经（及汉经学）时代到理学时代，确实发生了一种变化。惠栋以为六经是生知之学，理学是困勉之学，从广义角度来理解，意味着视角的变化。六经的视角主要是圣人。六经的作者就是圣人，且预设的阅读对象首先也是（当时或后世的）圣人。《易》为三圣推究天人之作，《书》《礼》为三代之政教，《春秋》为一王大法，《诗》为王政教化表现于性情者。《易》之"天行健"云云，《书》之"皇建其有极"云云，《诗》之"无声无臭"云云，《礼》之动容周旋，《春秋》之"元年春王正月"云云，皆圣王自然而然之流行，本不设立目的，亦不费力。理学促生了关键的转折：一是圣王变为

〔1〕 惠栋：《易大义》，《续修四库全书》第 159 册，第 435 页。

圣人，或曰道统与政统之分裂；[1]二是不从圣人着手而从士着手。“圣人可学”论虽然强调了圣人与士之间不存在根本断裂，但也凸显了士与圣人之间的距离。颜子在北宋被重视，恰恰是士人视角的一种体现。五经到四书系统的转变，也与此有关。颜子对应于惠栋判定系统中的“学知利行”，但宋代理学家很少敢以颜回自命。如此，其学问视角也就是惠栋所谓的“困知勉行”了。

惠栋的性情论，重新强调六经之学在“生知安行”，不是要回复到某种完美主义道德修养论，而是重新回归至天道—政教的视角来理解人的性情、实现人的性情之正。对大多数人来说，如果不考虑天道气运、政治制度、身体结构，仅仅靠自我意志和向内的精神磨炼，“成圣人”是非常困难的，最终也不过成为“频复厉”或“屦校灭趾”的困勉之学。戴震正是鉴于理学遭遇的困难，指出人们通过“絜矩”或遂情达欲就能成圣人。戴震取消了理学家规定的圣人标准，指出人人可达的圣人未必需要按标准来。惠栋则完全与此不同：回到汉代的立场使其认为，圣人的标准固然不可以降低，但对大多数人来说也不必人人皆成圣。以政教来保证这其中大多数人符合一般的善即可，但对有志之士来说，理学的成圣工夫无疑是可取的，故他又认为理学“亲切有味”[2]。惠栋

〔1〕关于理学发生时的道统与政统张力问题，参见余英时：《朱熹的历史世界》，第12—35页。

〔2〕惠栋并未在价值上全然与理学对立，他批评最多的是理学的方法问题。而戴震“以理杀人”诸论，诋理学不遗余力。

依据六经立场对儒家学说做了类似判教的分别，其系统实可以兼容理学。

第四节　始于幽赞，终于赞化育

我们在《微言》一章主要分析了惠栋有关太极乾元的论述。太极—乾坤是“天”的论述，于《易》而言，关于“天”的论述必然要落实于人。《易》包括三才之道，其中关于天道的探究，亦是为了贞定人在天地中的地位。

乾元、坤元合而生人物。太极为一，两仪为二，生物为三。就此而言，生物为乾坤和合而生的自然结果，无所谓独立的一极。在人出现之前，物可谓天地的一部分。但人秉其元，虽由天地而生，既生之后则不再被动地因应天地（或曰自然），而是主动地、有计划地参与到世界的构建中。自人出现，三才之道终于确立。圣人则能全体此元，是人极的代表。天地化育万物，人（圣人）参与其中，谓之参赞。如前文所述，惠栋以《易》的主旨即赞化育。其《伏羲作易大义》谓：“明堂月令由是出焉，所以赞化育也。伏羲用蓍作八卦以赞化育，其道如此。始于幽赞，终于向明。”[1]不过在论述明堂时，他又谓：“明堂之法，始于幽赞，中于向明，终于赞化育，夫子所谓‘吾道一以贯之’是也。”[2]相较

〔1〕 惠栋：《易汉学新校注》，谷继明校注，第238页。
〔2〕 惠栋：《明堂大道录》卷二，《经训堂丛书》本，第3页。

而言，“始于幽赞，中于向明，终于赞化育”更符合天道运行的过程，即生发、长养、收藏的过程。幽赞在坎，向明在离，终成既济。

幽赞是赞化育的基础，《说卦传》谓“幽赞于神明而生蓍”，惠栋解释谓：

> 幽阴，谓坤初。《太玄》曰：“幽遇神。”范望注云“一称幽”是也。《中庸》曰：“可以赞天地之化育。”郑彼注云：“赞，助也。”乾为神明，乾伏坤初。《太玄》曰：“昆仑天地，而产蓍。”在昆仑之中，故曰幽赞；以通神明之德，故“幽赞于神明”。《荀子·劝学》曰：“无冥冥之志者，无昭昭之明。”《说文》曰：“冥，幽也。”是幽赞之义也。[1]

幽赞，首先要理解何谓“幽”。惠栋以幽阴为坤初，本书以为不妥。既然以圣人赞化育始于幽赞，幽赞即乾之初九，则在初九之前更无阴。《太玄》的中首初一曰“昆仑磅礴，幽”。昆仑即是浑沦。扬雄以浑沦为幽，即“幽”指的是阴阳未分之前无形无象的状态。其实惠栋在《易微言》中，将潜、隐、幽、微、始、素、初等字关联在一起，皆与元相通。可知“幽”即原初混沦之样态。圣人赞化育，即始于对“元”或者对最几微状态的体察和效法。“几”表现的

〔1〕 惠栋：《周易述》卷二十，乾隆间雅雨堂刻本，第2页。

是自元而出乾坤，自乾坤而生物的中介状态；那么“幽”就不可以理解为从阴中显现出乾元。上一章区分乾初与复初，也是基于此视角。

《礼记·乐记》谓“明则有礼乐，幽则有鬼神”（惠栋亦尝引此句），标识了人存在的基本维度。就显明的状态而言，人们生活在一个礼乐的世界，或曰文明的世界；然在显现的存在之外，还有无形象却实有的某个世界存在，古人称之为鬼神。就《乐记》本义而言，“鬼神”当然不可上比于太极之元。然神者申也，鬼者归也。“神”亦可指称自元出万物（此处不用“自无生有”之说）的不测状态，所谓“神也者，妙万物而为言者也”。惠栋也强调“知死生之说”和“知鬼神之情状”的重要性：

> 夫《中庸》言鬼神之德，其效至赞化育，参天地。《易·系辞》曰：“是故知鬼神之情状，与天地相似。”（宋儒言《易》者以此句属下节，非。）文帝问鬼神之本，谊具道所以然之故，非知鬼神之情状与天地相似者乎？[1]

他在解释《系辞》时重申此意，以为：“鬼神之本即易之本，易之本即道之本也。……汉之贾生、董子能明道本……使文、武二君能用贾、董，汉家治道必无杂霸之讥。”[2]惠

〔1〕 惠栋：《九曜斋笔记》，见《丛书集成续编》第20册，第655—656页。
〔2〕 惠栋：《周易述》卷十五，乾隆间雅雨堂刻本，第10—11页。

栋专门批评了李商隐“可怜夜半虚前席，不问苍生问鬼神”之诗，以为鬼神恰恰为赞化育之本，天子优贤扬历，万民以和，皆须先体察鬼神之道。此处的鬼神之道不是满足君主个人长生不死欲望的仙道之类，而是明白天人关系，知晓如何贞定人在天地中的地位。

“幽赞”和“赞化育”本身的“赞”就表达了一种精微而中和的天人关系。惠栋引郑玄注“赞天地之化育”曰“赞，助也”。又泰卦《象传》“后以财成天地之道，辅相天地之宜，以左右民”，其中的“辅相”即是赞助之义。天地是化育的本原，不仅是草木虫鱼鸟兽，包括人也是本于天地的，天地之本即是元。但中国传统并未赋予“天”（元）以最完满的存在地位及绝对的权力。元展开为天地，天地化生万物这样一个过程，就否定了无中生有的绝对性“创造”概念。人非卑微的奴仆，他“受天地之中以生”，能够“得其秀而最灵”。此种人之化生的叙述，意味着人不是对“天”的形象的模仿/分有，因为那种叙述虽然也肯认人在被创造物中具有领先地位，面对创造者却仍是缺失的、卑微的，不过是一种模仿。[1]而“受天地之中以生”，天地之中即是太极之元，也就是说人“体”此元。**“体”（含禀受之义）与“模仿”是根本不同的两种思维**，此分判十分关键。天地所生万物有律数节度，因其有中和之本；人体此中和之气，其建构

〔1〕《蒂迈欧篇》叙述宇宙创造过程，宇宙和有限诸神是永恒之神的摹本，人则是有限诸神的摹本，其等级逐次递减（见柏拉图：《蒂迈欧篇》，谢文郁译注，上海世纪出版集团·上海人民出版社 2005 年，第 23—28 页）。

的世界也趋向于中和。是故人所试图达成的“中和”世界不是对天道的模仿，而是一以贯之的。

如果将“天—人—万物”视作主奴关系，此关系是对偶而生的，人的解放就意味着对天的消解。绝对的天被“杀死”，这个空白即由人来弥补，人成为新的“天”（神），不仅统治还要创造万物。在天绝对主宰的天人关系中，人作为被造者，只能是模仿式的制造，与“创造”有绝对的界限。而随着人居于主宰之后，就要开始进入“创造”的领域。一味强调天的绝对性，“蔽于天而不知人”迎来了其对立面“蔽于人而不知天”。

从“体元而生”或“受天地之中以生”去理解天人，天为“人之曾祖父”，就不是这种不断颠倒的主奴关系。元虽展开为乾坤，化生万物，却亦将中和之气赋予人，给人以设计和改造“属人之世界”的自主权；但人却知自己本于天地，故“属人世界”的设计和改造仍需法象于天地，不越其界限。人自知本于天地，知天道不可违背，又不可辜负此中和之气、发扬自己的能力，故将自己定位为“赞化育”。

“赞化育”将人定位为不断地去发扬人中和之气、努力使属人之世界和谐有序的不断生成的状态，其象数体现是“成既济”。然王夫之曾批评既济卦的取象问题：

> 一以为阳，确然而授之以位；一以为阴，确然而授之以位。安不愆之素，合不僭之交，竭往来之情，历正变之久，相与争于繁芜杂互之地，乃以得此一日，

则中流鼓枻而津岸已登矣。夫此一日者，岂可久之日哉！自屯之始交而方遇此一日也，顾未济之且乱而仅有此一日也，则其为几，亦岌岌矣。[1]

王夫之质疑既济卦不是宇宙的终极理想状态。因为阳爻必居阳位、阴爻必居阴位，如此安排太过机械。一是这种强力把捉的“当位”，是不可能长久的；二是这种六爻皆正的象数模式有一种历史终结论的倾向。船山是明确反对终结论和机械决定论的，他批判邵雍的图式、批判汉代的象数卦气，皆是立足于不断生成变化的丰富性，以及人在突破命定安排时所具有的无穷心量。

惠栋虽以诸卦皆须朝既济运动，但也反对苛细的、预定和谐的状态。六十四卦唯既济为当位，但其他六十一卦（乾坤二卦除外）皆是天地大化流行的不同阶段，有其吉，有其凶，展现了人类世界的复杂性。我们不可以用理想的既济状态去否定其他不当位的六十一卦。不当位的卦变为当位的状态，即是人通过努力改变自然界造成的不正或人类造成的不正，这个过程本身就体现了生生之道。如惠栋疏无妄卦曰：

四之正，三上易位成既济，则中和之化行。天地位，谓二五得位，所谓中也；万物育，谓六爻相应，所谓和也。以人事明之，先王当指汤，汤遭七年之旱，

〔1〕王夫之：《周易外传》，《船山全书》第1册，第973页。

以六事自责，言未已而天大雨，故云终成既济。《谥法》："云行雨施曰汤。"云行雨施，既济之事，而以为谥，明汤当既济也。[1]

无妄在汉代被认为是灾异之卦，无所期望。九四变之正，三上易位，无妄灾异之卦变为既济，是人主动努力变化的结果。以历史上的事而言，即若商汤"以六事自责，言未已而天大雨"。水旱是"天"灾（今曰自然灾害），不是人所能阻止的。但它发生之后，人可以发挥其能力减少或消解其灾害，回到正常状态；若君主在此时仍不知反躬自省、积极救灾，如《洪范》所谓汩陈五行、彝伦攸斁，终将导致更大的祸乱。又惠栋解释睽卦《彖传》曰：

天地、男女、万物皆有乖违之象，非义之常。惟尽性之圣人，能用以尽人性，尽物性，而赞化育，故曰大也。[2]

睽卦为乖乱之世，而圣人尽性，可以转睽卦为既济。据此可知，衰乱世转为太平世，并非等待顺应即可到来，必须有大心力者带领人民不断努力方可致成。其间人们的种种努力，即是赞化育之光辉。是故王夫之此语与惠栋之意实可

〔1〕 惠栋：《周易述》卷十二，乾隆间雅雨堂刻本，第 12 页。
〔2〕 惠栋：《周易述》卷十，乾隆间雅雨堂刻本，第 8 页。

相发明：

> 在天者即为理，一消一长，一盛一衰，初无损于天地之大德，特以劳君子之忧患，而遂见为不正之变。乃体其撰皆可以尽吾健顺之常，则固不越乎乾坤之合德也。治世无乱象，而乱世可有治理。[1]

天地以生物为心，然此“心”并不具有目的性，其春生冬藏皆是自然而无心的。人则须在其中顺天道而对“自然”稍加改变，以合于人之利用。王夫之所谓“延天以佑人”，[2]非“尊天而奴人”或“绝天而尊人”。此即赞化育之义。

赞化育始于幽赞，这是一个自幽向明、“本隐以之显”的过程。这一过程不是猝然完成的，而须实地践履才可渐渐成就。是故惠栋重视“积”的工夫：

> 《中庸》言“至诚无息”，而先言积。如“天之昭昭”“地之撮土”“山之卷石”“水之一勺”，所谓积也。继之云“维天之命，于穆不已”，又云“于乎不显，文王之德之纯，纯亦不已”。不已，即不息。二升五，积小以成高大，有不息之义。升五得正，故云“不息之贞”。[3]

---

〔1〕 王夫之：《周易内传》，《船山全书》第1册，第600页。

〔2〕 王夫之：《周易外传》，《船山全书》第1册，第993页。

〔3〕 惠栋：《周易述》卷六，乾隆间雅雨堂刻本，第22页。

乾元至善是赞化育之本，既济则为最后的成功。然则最能体现人之赞助能力的，即在于自乾元至既济的过程之中，这个过程也就是“积”，此是惠栋一直强调“积”为圣人之微言的立意所在：积，即圣贤时刻的践履和行事，其本身就是赞化育的体现。

本章小结

惠栋拈出《易》之宗旨为赞化育，则“无大过”居于次要意义，占筮尤非《易》之要义。自《四库全书总目》“两派六宗”之说出，谈《易》者每以象数、义理分易学，又将象数与占筮混而一之。其实象数与占筮范畴并不相同。惠栋兴复汉易，多谈象数，然其象数乃是对赞化育之道的描摹，与占筮相去甚远。汉易之中，惠栋最重视虞翻。虞氏象数体例有卦变、旁通、爻变之正。其中的爻变说，即以乾坤交通成六十二卦，其不正之爻皆当变而之正，以成既济卦。在虞翻看来，卦爻辞的吉凶悔吝、酬酢往来，皆与此相关。惠栋则更取此象数体例，推本汉儒之意，以此即《中庸》致中和、赞化育的象数表达。这一体系并非机械的决定论系统，因为爻是否变之正，乃是人之自主性的体现。在乾坤与既济之间，即是这深懋广阔的人间世。

赞化育是天地之间人的事业，与人之性情息息相关。惠栋一反“性其情”的“性善情邪”论调，以为“情”即是广大世间中三百八十四爻的各种情状。这些情状最初并非恶，只要能朝向“既济”运动，即是“推情合性”或“发而中节”的。此处的关键在于，惠栋并不否认宋明理学关于涵养或调伏人之情欲意志的工夫，只是他做了类似判教的工作：六经中的内容述上古之政教，情之推自然能合于性，情之发自然能皆中节，故六经所述是“生知安行”之道；宋明儒认识到三代以下切实存在的恶、存在的混乱，要收拾人心，故而多从调伏上用力，这些工夫是“亲切有味”的，但属于“困知勉行”事。惠栋一方面要重新表出六经中“生知安行”之道，但他既然也处于三代以下，不可能否定宋明理学的“困知勉行”工夫。至于如何“推情合性”，在惠栋看来这不仅需要个体的修养工夫，更赖于政教设计——明堂天法。下章即阐述此内容。

第五章　明堂大道：赞化育的落实者

《易》之大义在于赞化育，它不仅仅表现为卦爻的符号运动，而是人真正地要承担其作为三才之一的责任，处理好人与天地的关系，及人类社会的秩序。赞化育的主体是人类，更确切地说是圣王，其主要内容即效法天道展开政教实践。此政教实践的承当者在明堂之法。惠栋谓："庖牺画八卦以赞化育，其道在明堂月令。"[1] 又谓："盖其道本乎《易》，而制寓于明堂。"[2]

惠栋自谓命名之意："大道者，取诸《礼运》。"[3] 他于《礼记》中最重视《中庸》与《礼运》，名为《易大义》者即包括《中庸注》二卷与《礼运新注》一卷，惜后者已佚。《荀子微言》谓："蔡氏据经传，以明堂、太室、辟雍、太学为事通文合之证，此七十子所传之大义。"[4] 惠栋将周公、孔子并尊为人师、大儒，以周公摄政四方来服，与孔

〔1〕 惠栋：《周易述》卷十六，乾隆间雅雨堂刻本，第 20 页。
〔2〕 惠栋：《明堂大道录》卷一，《经训堂丛书》本，第 2 页。
〔3〕 惠栋：《明堂大道录》卷一，《经训堂丛书》本，第 2 页。
〔4〕 惠栋：《荀子微言》，《续修四库全书》第 932 册，第 466 页。

子行教七十子心悦诚服来比配。[1]可见惠栋那里的“七十子服孔子”不仅仅是抽象的师生关系，而是明堂结构的复制版，也就与七十子所传大义有关。又《明堂大道录》稿本卷四末页底有批注：“永平二年诏曰：‘先帝受命中兴，封泰山，建明堂，立辟雍，起灵台，**恢弘大道**，被之八极。’”[2]惠栋记录此段，盖亦为发明“大道”之义与明堂相关。

《禘说·叙首》谓：“愚因学《易》而得明堂之法，因明堂而知禘之说。”[3]具体而言，明堂九室基于九宫之说，八卦九宫相为表里。明堂所效法为天时（天道），而四时迎气以及王居明堂次序，即效法“帝出乎震”一节。惠栋的明堂之法是以易学理论为基础所展开的“政治设计”，为“表明列圣治天下之大端”，[4]而非纯粹的建筑考古，此一点与他同时及后来的明堂研究者有根本差别。蒙文通谓“有周之明堂大学，有儒家所设想之明堂大学，二者固区以别也”，[5]可谓一语中的。对汉儒及惠栋而言，五帝三王之明堂与设想之明堂，在同异之间，此以述为作之古意也。

---

〔1〕 惠栋：《荀子微言》，《续修四库全书》第932册，第467页。

〔2〕 惠栋：《明堂大道录》卷四，上海图书馆藏手稿本。

〔3〕 惠栋：《禘说》卷上，《经训堂丛书》本，第1页。

〔4〕 惠栋：《明堂大道录》卷一，《经训堂丛书》本，第2页。

〔5〕 蒙文通：《儒家政治思想之发展》，《蒙文通全集》第1册，第72页。

第一节　明堂大道

《明堂大道录》虽屡经惠栋改订，但引文复杂，仍偶有礼制矛盾的地方难以弭平，今姑取其大要以见惠栋明堂说的特色。另须说明的是，惠栋虽认可《周礼》，然《冬官》既亡，《考工记》所载不可据。《明堂大道录》手稿本卷四“明堂四门”之前有《辨考工所载明堂非古制》一条，其中谓：“《冬官》既亡，《考工记》出于先秦之世，三代之法已不能详。《淮南子》曰：‘堂大足以周旋理文。’必不如《考工》二九十八之数。永和、里仁之驳（按即李谧、牛弘对《考工记》明堂度数的反驳）皆中事理。”[1]如前所述，惠栋之明堂并非为了细节还原，而是理想构建。戴震、孙星衍、焦循、阮元、黄以周等人的明堂讨论，以及考古学和古建筑学家的形制推测，虽可作为我们论述惠栋之明堂学的参考，但他们与惠栋关注的其实不是一个问题。至于清代整体明堂学研究的演变脉络，可以参考徐峰的博士论文。[2]

一　明堂的性质、制度、位置

（一）明堂为大教之宫

在惠栋看来，明堂既是一组礼制建筑群，又是一种政治制度。《明堂总论》谓：

---

〔1〕 惠栋：《明堂大道录》卷四，上海图书馆藏手稿本。

〔2〕 徐峰：《清代明堂学研究：从惠栋到阮元》，同济大学 2020 届博士论文。

> 明堂为天子大庙，禘祭、宗祀、朝觐、耕籍、养老、尊贤、乡射、献俘、治历、望气、告朔、行政，皆行于其中，故为大教之宫。其中有五寝五庙、左右个。前堂后室，室以祭天，堂以布政。上有灵台，东有大学，外有四门。四门之外，有辟雍，有四郊及四郊迎气之兆。中为方泽，又有圜丘。主四门者有四岳。外薄四海，有四极。[1]

王朝的主要功能如祭祀（上帝与祖先）、治历、颁布政令、教育、养老等皆在其中进行。不同的建筑关联着不同的功能，又是一个有机的政体，是政教最集中的实现者。

（二）明堂的基本结构制度

惠栋的明堂制度分为以下几个部分。

（1）明堂核心建筑组，即所谓明堂九室。九室法于太一行九宫和八卦运行。其中的四正及中央，又是核心中的核心，称为明堂五室。五室皆有前堂后室，前堂布政，后室祭天。五室所祭祀者分别是：东方青阳祭祀苍帝，南方明堂祭祀赤帝，中央太室祭祀黄帝，西方总章祭祀白帝，北方玄堂祭祀黑帝。此即郑玄六天说中除昊天上帝之外的五方帝。祭祀五帝，先在四时五方的郊外迎气，而后接引至五室祭祀，以文王配食，此即所谓“宗祀”。因其祭神性质，故五室又

〔1〕 惠栋:《明堂大道录》卷一,《经训堂丛书》本，第1页。

皆可称太庙。五室之外，在四维上的四室，即《月令》的左右个。在惠栋这里，实际的建筑就是明堂九室，五室是取其关键中心，十二室是看待视角的不同（此问题详后）。四正的堂室中，以明堂为最尊，天子南面听天下。故又总谓之明堂。

（2）灵台。惠栋以为灵台在明堂（狭义的南方明堂）太室之上，又引诸儒说："蔡邕载明堂之制云：'通天台径九尺，阴阳九六之变也；高八十一尺，黄钟九九之实也。'《隋书》宇文恺《明堂议表》引《礼图》曰：'于内室之上起通天之观，观八十一尺，得宫之数。'然则通天观即灵台，犹黄帝之昆仑也。"[1]可知灵台即明堂太庙上建造的、用以观测天象的高台。

（3）四门。明堂有四门，分别为东、西、南、北门；其中南方又有五重门即皋、库、雉、应、路。

（4）由门所区隔的明堂之外的另两组九室建筑，即前朝，有九卿治事之九室；其后的寝宫，有王后、九嫔寝宫及九嫔治事之九室。

（5）学，分为大学和四学。大学即明堂之东序（东堂），四学则在四门之外。惠栋引蔡邕谓："东序者，东之堂也。学者聚焉，故称大学。"可知东序即南方明堂的东堂。四学在四门外，近于四郊，因天子大射在此处，故称射宫。

（6）四郊与辟雍，以及灵囿、泽。四门外为四郊，辟雍即明堂外环绕之水。近辟雍水者为灵囿、泽。"泽"即"灵沼"。

---

〔1〕 惠栋：《明堂大道录》卷六，《经训堂丛书》本，第 19 页。

（7）四郊依据距宫城距离有迎四方之气的垗（坛）。上帝之神降于圜丘，黄帝之气降于方泽。圜丘、方泽或在西南未地之中郊。

今据惠栋之意，作《新订惠栋明堂示意图》（图12）。

明堂之说，诸家纷纭，各有道理。本书主要研究惠栋之思想，故但推惠栋之意绘制此图。其中的问题及辨析略作说明于下：

（1）**关于明堂室数及形制的问题**。惠栋主明堂九室说，所据为《大戴礼·盛德》的九宫之法，根本而言则由于他将明堂理解为易学的外在体现：九宫本乎八卦，故必设九室。郑玄本乎五行，核心立场是五行学说，以祭祀五帝，故必主五室。然在惠栋看来，八卦之气的运行亦与五行相通，故五室说与九室说亦未必不能相通。《明堂大道录》手稿本有一条"辨《考工》所载明堂非古制"（《经训堂》本无）按语说：

> 盖古帝立明堂之法，本于大一之行九宫（【眉批】"双行"：太乙行九宫，本《易》一阴一阳之谓道，详《易大义》）。《盛德》所云二九四、七五三、六一八，是也（详上）。四堂各有室，合太室为五（室以祭天，堂以布政），故《考工》称五室。加四维为九（明堂之右个，即总章之左个，两个实一室），故《大戴》称九室。分左右个为十二，故《月令》称十二堂。蒙太室，则堂、个亦称室；蒙明堂，则五室亦称堂。则五室、九

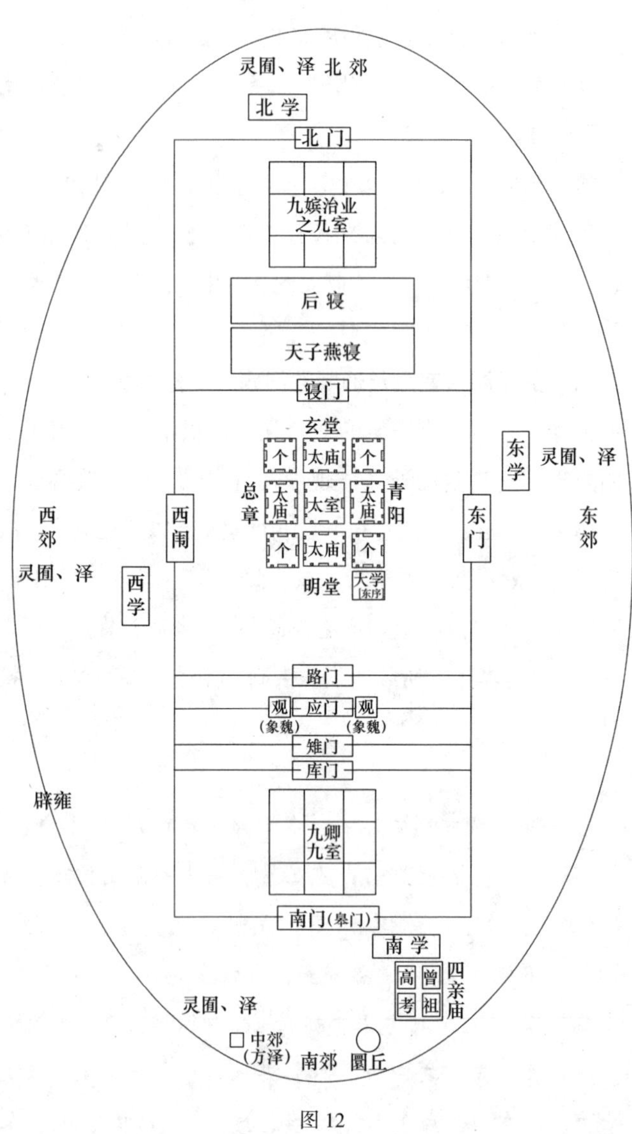
灵囿、泽 北郊
北学
北门
九嫔治业之九室
后寝
天子燕寝
寝门
玄堂
个
太庙
个
总章
太庙
太室
太庙
青阳
个
太庙
个
明堂
大学
[东序]
东学
灵囿、泽
东门
东郊
西闱
西郊
灵囿、泽
西学
路门
观
应门
观
(象魏)
(象魏)
雉门
库门
辟雍
九卿九室
南门(皋门)
南学
高
曾
考
祖
四亲庙
灵囿、泽
中郊
(方泽)
南郊
圜丘

图 12

室、十二堂之说义并同也。[1]

此处的观点，首先肯定了九室之中五室作为四正及中央是骨干，加四维之室则为九。其实八卦之中坎、离、震、兑四正也被认为是骨干，加四维之卦则为八卦，没有根本冲突。另外惠栋又指出“明堂之右个，即总章之左个，两个实一室”，否定了诸儒中以为明堂右个与总章左个等分处两方不相连接的设计。但《月令》既然数为十二，则明堂右个与总章左个虽为一室，王居明堂之时还须分开居住。一种解决的方案是如贾思伯、戴震所理解的，将每个四隅室按对角线分为二，以为左右个，如图 13 所示（图片据褚叶儿文章，详下）。

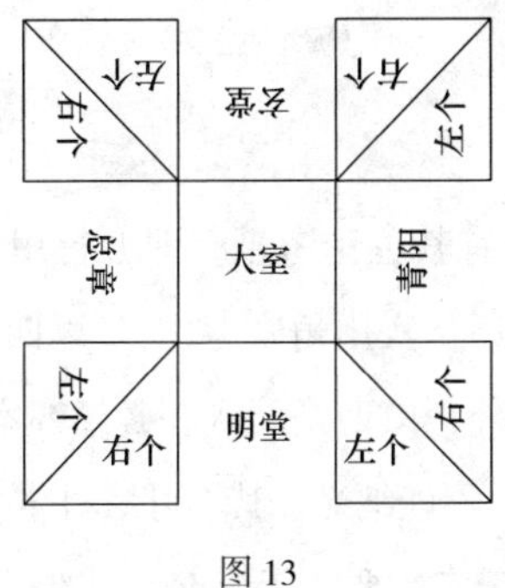

图 13

此处的问题在于，《大戴礼记·盛德》明堂九室，每室四户八牖——这意味着室与室之间当有间隙。戴震等基本不

〔1〕 惠栋：《明堂大道录》卷四，上海图书馆藏手稿本。

采用《盛德篇》之说，以为左右个的室只是明堂两边的夹室。如此则五帝之室只剩下中央太室，九室说被消解。若严格按照郑玄之意，阮元之图最为完备（图 14，亦用褚叶儿所绘）。[1]

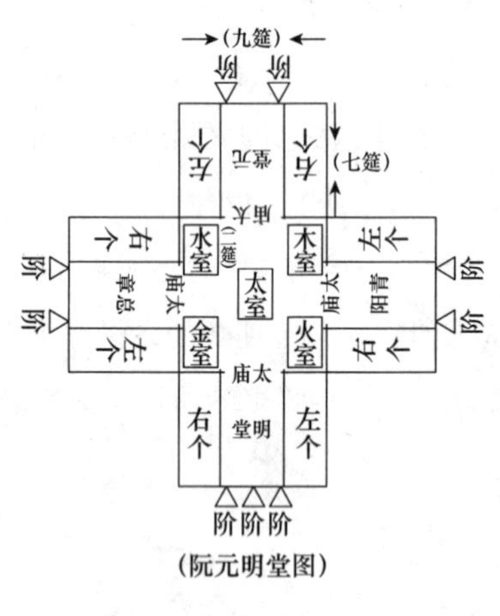

(阮元明堂图)

图 14

郑玄之说自有其理论考量，即五行用事相交之说、四立迎气。孙诒让还从实用角度考虑：“以四室移居正中，则四室环列中室之外，由四堂而入，必经四室而后可至中室，且中室四面蔽碍，不能纳光，其不可信明矣。”[2]纳光和礼仪空间的行进问题确实重要，传统五室说难以解决，九室说更难解决，故郑玄的四隅室似是最佳方案。然如果接受《盛德

〔1〕褚叶儿：《郑玄明堂五室说考议》，《经学文献研究集刊》第 24 辑，上海书店出版社 2020 年，第 130 页。

〔2〕孙诒让：《周礼正义》，汪少华整理，中华书局 2015 年，第 4153 页。

篇》每室四户八牖的说法，则九室必定为独立房间，其中必有间隔的通道，则孙诒让担心的问题亦稍得解决。只是台上九室如此排布，与一般的寝宫形制差别稍大，略显怪异而已。

江声据《盛德篇》作《明堂九室图》，又据《考工记》作《明堂五室图》。[1]按惠栋实不信《考工记》，故今作此图参考江声《明堂九室图》为之。惠栋引蔡邕《月令论》曰："堂方百四十四尺，坤之策也；屋圜径二百一十六尺，乾之策也。大庙明堂方三十六丈，通天屋径九丈，阴阳九六之变也。"反复推求，蔡邕的数据应该是：明堂总体的边长为144尺，其中最核心的部分为太庙，分为五庙，加上四隅室则为九室，即所谓九宫。这九室总体的边长为9丈（90尺），四边长36丈，即所谓"方三十六丈"。核心的五室太庙，上方第二层即起高台，所谓通天屋或灵台，直径为9丈，恰与九室边长相合，为九室正方形的内切圆；其高度为81尺（8.1丈）。九室中的四正室既然是四太庙，其外必然有堂，简单计算一下，大概各有27尺堂深。明堂总体方144尺（边长），其对角线约203.6尺，堂上覆以圆形屋盖，宜比此正方形的外接圆稍大，故屋盖直径216尺，仍可视作明堂台基的外接圆。[2]又《周易述》谓："五室，谓中太室，

〔1〕江声：《尚书集注音疏》，见《皇清经解》卷三百九十八，道光学海堂刻本，第37页。

〔2〕此即江声所谓："堂方百四十四尺，以勾股法算之得堂隅斜径二百三尺六寸强。屋圆径二百一十六尺，则出乎堂之四隅各六尺二寸弱。二十八柱承棼之下。"

东青阳，南明堂，西总章，北玄堂。四堂各有室，兼中央为五。故有五室四堂也。”[1]既谓“五室四堂”，则四隅室似不宜有堂。江声之图将九室往里收，是每一面皆三室共一堂，似与惠栋之意不同。又惠栋《周易述》载宇文恺所引《黄图》曰：“堂方百四十四尺，法坤之策也，方象地。屋圆楣径二百一十六尺，法乾之策也，圆象天。太室九宫，法九州。太室方六丈，法阴之变数。十二堂法十二月，三十六户法极阴之变数，七十二牖法五行所行日数。”[2]此数据与蔡邕所载大体一致，只是提到了太室的尺寸为60尺。太室为中央最大的祭祀场所，其制宜稍奢；况且若严格按九宫把这边长90尺的方形平分，则四方的堂太窄。惠栋引诸儒之说，似以为明堂必须有九室，法九宫，每室四户八牖，这是不可改的。然每室的大小，容有变通。如前所引，他说“明堂之右个，即总章之左个，两个实一室”，则“个”亦似不必再以对角线分为二。今略依江声之图，及蔡邕所记尺数，稍作改动，即中央太室变大，四堂变宽，四隅室（个）变小，示意图如下（图15）。

以上图示只是通过推考惠栋之意而作，至于张一兵据蔡邕数及汉代考古作的《西汉明堂推测示意图》，[3]抑或杨鸿勋根据《考工记》及周代建筑考古作的《周人明堂复原设想

〔1〕 惠栋：《周易述》卷二十，乾隆间雅雨堂刻本，第10页。

〔2〕 魏征等编：《隋书》，中华书局1973年，第1591页。

〔3〕 张一兵：《明堂制度研究》，中华书局2005年，第385页。

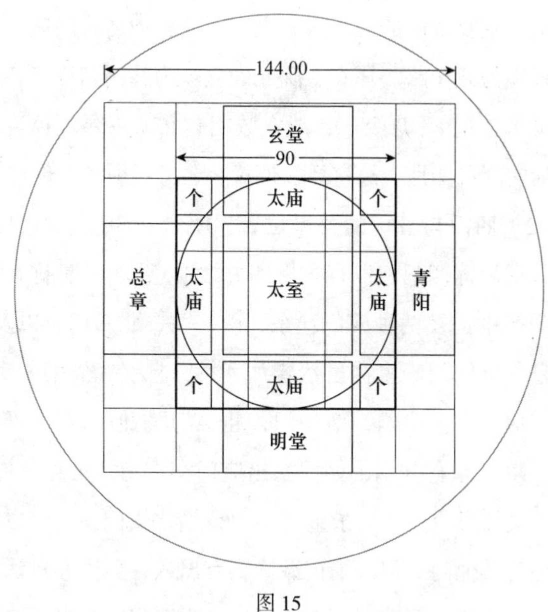

图 15

一层平面图》，[1]皆极具参考价值。然其或为汉代制度，或为《考工记》制度，非惠栋设计之意，此经学家与考古家之差别。故仅作参考，亦有不从。

惠栋取《盛德篇》之说，指出左右个虽然称作“个”，其实就是室。褚叶儿指出，戴震等人的理解，还混淆了堂、个、室的区别。[2]然如果将所有文献描述都尽可能统合为一，则不得不将某些具体名称作通称或特指的变通处理。惠栋的

〔1〕 杨鸿勋：《杨鸿勋建筑考古学论文集》，清华大学出版社 2008 年，第 162 页。

〔2〕 褚叶儿：《郑玄明堂五室说考议》，《经学文献研究集刊》第 24 辑，第 126 页。

立场是九室及背后的五行八卦之气，故其他名称问题、形制问题皆须为此让路。郑玄、阮元的立场为礼制名称（特别立足于《考工记》《月令》)，故室数问题在所不顾。孙诒让的立场为实际可能性，故室数、位置、名义皆须考虑现实。

（2）**四门与五门的关系位置**。明堂辟四门，黄以周所谓“其周垣辟四门，以存古无四方之遗意”。[1]惠栋在《明堂四门》中提及两种四门：东、南、西、北四门，以及应、库、皋、雉四门。惠栋虽然皆加列举，且引《周书·明堂》曰“东应门，南库门，西皋门，北雉门”，但四者不可如此对应。惠栋亦有分别，如他指出应门实在南，可见《周书》不确；又指出应门为天子重门，[2]既谓之重门，则南方除了应门还有其他门。但经书记载确实有出入，惠栋亦自认为不能明白：“《周书》以皋、库、雉、应为四门。汉以后诸儒则分内外。明堂之法亡，其异同不可考矣。”[3]据《周礼》通说，则天子有五重门，而先郑、后郑次序不同。《玉海·宫室》引《三礼义宗》用郑玄之说云：“天子宫门有五，法五行，曰皋门，曰库门，曰雉门，曰应门，曰路门。皋门者，王宫之外门，皋之为言高也，谓其制高显也。库门因其近库，即以为名也。雉门，雉，施也，其上有观阙以藏法，故以施布政教为名也。应门谓应接诸侯群臣，常在此门之内也。路

---

〔1〕 黄以周:《礼书通故》，中华书局2007年，第704页。
〔2〕 惠栋:《明堂大道录》卷四,《经训堂丛书》本，第6页。
〔3〕 惠栋:《明堂大道录》卷七,《经训堂丛书》本，第18页。

门，路寝之门也。”孙诒让亦同郑玄。[1]惠栋在注中提及过天子当有路门，以及先郑所谓五门。[2]此五门虽然都在南方，但中间还有区隔，见下。

（3）**明堂南北的朝、寝问题**。由于明堂主要的功用在祭天布政，所以学者关注的重点在太庙路寝合一的中央明堂。但惠栋既以明堂为中心建筑群，则必考虑到《周礼》等记载的后妃所居，以及九卿行政区域。惠栋据《周礼》及《鲁语》韦昭注推论说：“公父文伯母所云内朝，则明堂也，故合神事；外朝在皋门内，议大疑、询众庶，故合民事。《匠人》所云外有九室，乃中朝也；内有九室，公父文伯母所云寝门之内，妇人治其业，上下同之者也。案九室，明堂之法也。明堂有九室；明堂之外又有九室，九卿治事之室；明堂之内又有九室，九嫔治业之室。左王后亲蚕亲舂者之所也。盖外九室与内九室相表里，皆辅明堂之治者。”[3]据《周礼·朝士》郑玄注，路门之内为内朝之燕朝，路门外、应门内为内朝之正朝（治朝），雉门有两阙象魏，库门外、皋门内为外朝。郑注以明堂在国之南郊，与天子所居寝宫不同处；惠栋若以明堂即天子路寝、太庙，则必修正《周礼》之说。[4]惠栋因明堂之法亡，于此处言之不详，若据其意而推，

〔1〕孙诒让：《周礼正义》，汪少华整理，第655页。
〔2〕惠栋：《明堂大道录》卷八，《经训堂丛书》本，第24页。
〔3〕惠栋：《明堂大道录》卷七，《经训堂丛书》本，第19页。
〔4〕薛梦潇论证明堂即治朝，亦可参考。唯其以为前朝学者未言及此，则是未细读惠栋之书也。见氏著《早期中国的月令与政治时间》，上海古籍出版社2018年，第104页。

则寝宫分三组九室建筑，而以门区隔，则自皋门至库门为外朝九室，九卿治事之处；库门、雉门、应门、路门四重，应门两边有象魏，藏旧章；路门之内至寝门，即中央明堂九室、路寝、太庙；寝门以内则有九室，为九嫔治业之室。然问题在于，以上既皆统于明堂，则王后不得不亦在其中。惠栋并未提及王后所居，然他引用颜师古议论提及“不出墉雉，迩接宫闱。实允事宜，谅无所惑”，[1]是认同明堂路寝与宫闱相接。据《周礼》通说，天子路寝之外，燕寝一、小寝五。黄以周之礼图，则以天子燕寝之后为王后正寝一、小寝五。然则九嫔九室犹在王后正寝之后乎？

前面的四门问题亦与此相关。惠栋既然以为四门之外为四郊，则东、西、南、北四门为宫城之四方大门。后妃所居，必在宫北、北门之内。然《明堂位》四门之外有四方蛮夷，北门之外为五狄之国，是否距天子太远？五狄是否会入宫？是否自北门入？这都是一些现实的问题。若如郑玄等人把明堂放在郊外，与天子、后妃的寝宫区分开则不会产生此问题。

（4）**四学、辟雍、射宫**。明堂九室，四正之堂皆前堂后室，一般的寝庙前堂有东西堂，以序区隔。黄以周以为明堂无两序间，[2]然惠栋之意显以为明堂之前堂有东西序，东序以东之堂即东堂，是所谓太学。教育国子、养老、学礼、祭祀先

---

〔1〕 惠栋：《明堂大道录》卷一，《经训堂丛书》本，第16页。
〔2〕 黄以周：《礼书通故》，第26页。

师等，皆在太学中进行。惠栋引蔡邕《明堂月令论》曰：

《周官》有门闱之学，师氏居东门、南门，保氏居西门、北门，知掌教国子。与《易传》、《保傅》、王居明堂之礼参相发明，为学四焉。《文王世子》篇曰：凡大合乐，则遂养老。天子至，乃命有司行事，兴秩节，祭先圣先师焉。始之养也，适东序，释奠于先老，遂设三老、五更、群老之席位。言教学始之于养老，由东方岁始也。又春夏学干戈，秋冬学羽龠，皆习于东序。凡祭与养老，气言合语之礼，皆小乐正诏之于东序。又曰：大司成论说在东序。然则诏学皆在东序。[1]

惠栋强调四学与大学不同处，但可以统于明堂之法。大学又称中学。四学靠近辟雍之水，故亦称辟雍；以其在四郊，故称郊学。西学又称西雍。又礼家旧说常以四学在门塾之内，惠栋则以为四学在四门外。

四郊之学，亦进行习射之礼，故又称射宫。惠栋谓：

辟雍在明堂之四郊，天子将祭，先大射于其中，谓之射宫；其在灵囿者，谓之泽。《射义》曰："天子将祭，必先习射于泽；已射于泽，而后射于射宫。"《尚书大传》曰"乡之取也于囿中"，谓泽也；又云"今之取

〔1〕 惠栋：《明堂大道录》卷六，《经训堂丛书》本，第24页。

也于泽宫”，谓射宫也。《周官·诸子》云“春合诸学，秋合诸射”，郑注：“学，大学也。射，射宫也。”[1]

是大射先在近于辟雍的灵囿、泽进行，而后再于郊学的射宫进行。但明堂外有四郊、四学，则其选择或会根据季节变化。

（5）**辟雍，灵囿、泽**。惠栋批评说：“颖氏、蔡氏以为辟雍在明堂之中，袁氏驳之甚当。”[2]明堂宫室虽辟四门，实有围墙。蔡邕以辟雍在明堂中，或即在宫室中。惠栋则将之移入宫室外，以辟雍为宫外环行之水，且称宫外为四郊，则辟雍类似于护城河。本书新定的图示（见前图10）因为宫城太狭长，限于篇幅，不得不将辟雍变通为椭圆形。又，不仅仅明堂宫室外、辟雍之内称郊，辟雍之外亦得称郊。因四学是四门外、辟雍内最重要的礼制建筑，故四学亦得称辟雍。

惠栋又说：“辟雍为明堂四门之学，灵囿、灵沼在焉。”[3]“灵沼”就是“泽”。其具体位置，惠栋曾两次引《五经异义》载左氏说：“天子灵台在大庙之中，雍之灵沼，谓之辟雍。”[4]既称“沼”则必近水，故灵沼必邻辟雍之水。此处为郊，故鸟兽生焉，无水即曰灵囿。灵沼、灵囿为习射之处。

---

〔1〕惠栋：《明堂大道录》卷七，《经训堂丛书》本，第1页。
〔2〕惠栋：《明堂大道录》卷八，《经训堂丛书》本，第25页。
〔3〕惠栋：《明堂大道录》卷一，《经训堂丛书》本，第5页。
〔4〕惠栋：《明堂大道录》卷一，《经训堂丛书》本，第7页。

（6）**圜丘、方泽的位置**。辨析见下文。

（7）**太庙与四亲庙**。惠栋坚持传统的五庙说，即太祖庙与四亲庙，合而为五。《祭义》所谓："王者禘其祖之所自出，以其祖配之，而立四庙。"诸侯的太祖庙即始封君，天子之太庙，后世多以为是王朝开创者，惠栋则谓"天子以天为太祖"。[1] 此理论在礼制建筑上的结果便是以明堂即为太祖庙。故他又谓："天者，天子之太祖也。……上天甚神，故不曰大庙，而曰明堂。"[2] 明堂即太庙，但四亲庙需要按时毁庙，故不宜在明堂之上。按周制，左祖右社，则四亲庙似当在明堂东南。

（三）明堂分合与位置

由上分析可见，惠栋实际把明堂视作完整的古代帝王宫室制度系统。其核心为九室明堂，同时也就是祭天之室、路寝、太庙（祖宗）、太学、灵台。其最重要的意义在于凸显天为人之根本，是天子"祖之所自出"。天子祭天即最大的孝，其次以远祖、始祖、祖、考配六天，再次则己身之居明堂、告朔、布政，再次则养老、教国子，如此等等，一贯而下。蔡邕、颖容皆以为是一。后儒将路寝与祭神之事相分，天子前朝、后寝、左祖、右社，明堂在南郊，**则天人相分矣**。如郑玄注《礼记·玉藻》曰："天子庙及路寝皆如明

[1] 惠栋：《禘说》卷下，《经训堂丛书》本，第 13 页。
[2] 惠栋：《禘说》卷下，《经训堂丛书》本，第 9 页。

堂制。明堂在国之阳，每月就其时之堂而听朔焉。卒事反宿，路寝亦如之。”太庙、路寝“如明堂制”，即是以为它们形制相同，但实际不是同物。孔颖达申其意谓：

> 《礼》戴说，而明堂、辟雍是一。古《周礼》《孝经》说，以明堂为文王庙。又僖五年“公既视朔，遂登观台”，服氏云“人君入大庙，视朔、告朔。天子曰灵台，诸侯曰观台，在明堂之中”。又文二年服氏云“明堂，祖庙”，并与郑说不同者。按《王制》云：“小学在公宫南之左，大学在郊。”又云：“天子曰辟雍。”**辟雍是学也，不得与明堂同为一物**。又天子宗庙在雉门之外，《孝经纬》云：“明堂在国之阳。”又此云：“听朔于南门之外。”是**明堂与祖庙别处，不得为一也**。《孟子》云：“齐宣王问曰：人皆谓我毁明堂。孟子对曰：夫明堂者，王者之堂也。”是王者有明堂，诸侯以下皆有庙。又知明堂非庙也。以此故，郑皆不用。[1]

袁准比郑玄更为激进，亟辨其各有处所、功用，不可混同：

> 辟雍之制，圆之以水，圆象天，取生长也；水润下，取其惠泽也；水必有鱼鳖，取其所以养也。是

〔1〕郑玄注，孔颖达疏：《礼记正义》，第875页。

故明堂者，大朝诸侯讲礼之处；宗庙，享鬼神岁觐之宫；辟雍，大射养孤之处；大学，众学之居；灵台，望气之观；清庙，训俭之室。各有所为，**非一体也**。[1]

在袁准看来，明堂、宗庙、辟雍、太学位置不同，功能各异，故"非一体"。惠栋与郑玄、袁准等人的分歧在哪里呢？其中一个分歧是"同处"和"同物"的不同。郑玄等人把明堂看作特指，其最专门的意义指祭祀建筑中与青阳、总章等并列的明堂，最多可以扩大到包含青阳、总章等的**一处**建筑结构。蔡邕、惠栋则将明堂看作泛指，其根本处在于"明堂之法"，而其物质表现是包含灵台、辟雍等的一组**建筑**群。太学、辟雍、灵台、四门、太庙当然和南方堂室的"明堂"不同，但它们共同构成一组有意义的且对于天下最为关键的核心礼制建筑群，故皆可谓之明堂。因此惠栋反驳袁准说：

明堂、大庙、清庙本一物。大庙之中有大室，宗祀之所；朝诸侯，则于明堂；灵台在其上，大学在其东，辟雍在四门之外。宗祀、朝觐、乡射、视学、造士、养老、恤孤，皆统于明堂之法，故汉儒谓之一物。如袁氏之说，则圣王之政漫无统纪，非三代之法也。[2]

---

〔1〕 毛亨传，郑玄笺，孔颖达疏：《毛诗正义》，第1041页。
〔2〕 惠栋：《明堂大道录》卷八，《经训堂丛书》本，第23页。

这里先须说明对“物”的理解。“物”不是单独的具体化个体，而是“事”的意思。辟雍在四门之外，与太庙不是同一个物体或建筑，但就成体系的礼制建筑，以及与之相关联的整体制度而言，辟雍与太庙则是一回事。惠栋引《通典》“戴德曰：明堂、辟雍是一物”，自注曰“同统于明堂之法，故云一物”。是故惠栋知道明堂内的某些不同功能的建筑在不同的地方（非一处），但可以统称为明堂（为一物），所谓：“辟雍不与大庙同处，而相及者，明堂之法也。”〔1〕徐峰也指出惠、袁的区别在于“一个”和“一组”的差异。〔2〕

除了对“一处”和“一组”的理解不同之外，惠栋仍有更进一步的观点：有些建筑不仅仅是一个系统的建筑在不同位置，它们就是同一个建筑体。此处表现了蔡邕、颖容、惠栋，与郑玄、袁准及清代多数礼学家的根本分歧。郑玄等以为明堂在南郊，如《五经异义》谓：

> 《明堂月令书》说云：“明堂……在近郊，近郊三十里。”讲学大夫淳于登说：“明堂在国之阳丙巳之地，三里之外，七里之内，而祀之就阳位。”……古《周礼》《孝经》说：“明堂，文王之庙。夏后氏世室，殷人重屋，周人明堂。”〔3〕

---

〔1〕 惠栋：《明堂大道录》卷一，《经训堂丛书》本，第4页。
〔2〕 徐峰：《清代明堂学研究——从惠栋到阮元》，同济大学2020届博士论文，第41页。
〔3〕 皮锡瑞：《驳五经异义疏证》，中华书局2015年，第103页。

其所引《明堂月令书》的文字，亦见于《大戴礼记·明堂》，以为近郊三十里。又古《周礼》《孝经》说虽未言其位置，郑玄驳议引《孝经援神契》谓在国之阳。[1]其注《礼记·玉藻》亦同意此位置，前文已引："天子庙及路寝皆如明堂制。明堂在国之阳，每月就其时之堂而听朔焉。"

追循惠栋之观点的，主要为其弟子江声；但吴派中人如王鸣盛、江藩等已经主郑玄之说，以明堂在国之南，王鸣盛专门对江声之说做了驳斥。[2]惠栋以明堂即路寝、太庙，在国之中央，会产生很多问题：一者从形制来说，会给进行礼仪活动的人带来诸多不便；二者有些设计不符合后人的习俗。但这亦不足以给惠栋的明堂说足够的反驳，因惠栋所谈的明堂制度是理想与上古的。就后世帝王而言，制度渐烦冗，不得不各择地域而建设不同的机构；后世社会人员也更复杂，如王宫的隐私性、安全性皆不得不多加考虑。然凡此种种现实和后世的习俗，皆不足以衡定上古（或未来的）质朴之制。且惠栋之主合，与袁准等人之主分，表现在政治哲学上最根本的差别即在于明堂作为祭天之宫与天子路寝的分离。这意味着自后汉以降权力的来源越来越与天相远离，人们越来越肯认其"现实"的来源——不管是"民心"抑或"天理"；政教之推行方式，亦产生了重要不同。更进一步说，阮元、焦循等人考虑的是历史中明堂的实际情况，历

〔1〕 皮锡瑞：《驳五经异义疏证》，第103页。

〔2〕 徐峰：《清代明堂学研究——从惠栋到阮元》，同济大学2020届博士论文，第77—78页。

史中有比较详细的明堂形制记载是在汉代以后，此时中国已进入帝制时代（郡县制时代），天子所居处的朝堂、寝宫乃是都城乃至天下的中心，祭祀祖先在宫城左，而祭天在南郊。以此为据展开论述，固然更符合明堂在历史中发展的实情，但这除了搞清楚“历史上它是怎么回事”之外并不能给人们带来更多的设想。**惠栋直接采用蔡邕之说，表面上是遵循汉学，实际是将天下中心从天子居处改换为祭祀天帝之处。明堂太庙才是都城乃至天下的中心，天子之所以为天下仪表，也因其居处在此明堂太庙之中法天行政**。明堂既为天命所系，夏王有德可居之，姬周有德亦可居之；明堂六天万世不变，天子则随德而更替。故知惠栋述古的用心，实欲通过明堂视角的转换设计一新的政体，实现对世俗最高权力的裁抑。此意在盛清固然不可点破，他慨叹曰：

> 两汉而后，孔安国不识**大禘为明堂配天之祭**，淳于登**谬指明堂在丙巳七里之内**。沿及东汉，张纯述孔氏之学，郑氏取淳于之说。嗣是以后，明堂之法竟晦蚀不可明矣。后之**述旧信古**之士，安得不发愤而增叹乎。[1]

惠栋不仅感叹明堂大道不明，亦慨叹明堂大道自周衰至清的两千多年，帝王皆未能行用。如此迂远且富革命性的理想，才是他“述旧信古”之真意。

〔1〕 惠栋：《明堂大道录》卷一，《经训堂丛书》本，第18页。

二　纵贯的塑造：明堂天法及其祭祀系统

惠栋坚持明堂、路寝、太庙等为一物，是以明堂建筑群即宇宙之象征。明堂形制法天，即《大戴礼记》所谓“明堂，天法也”。又惠栋引《礼记明堂阴阳录》曰：

> 明堂之制，周旋以水，水行左旋以象天。内有太室，象紫垣。南出明堂，象太微。西出总章，象五潢。北出玄堂，象营室。东出青阳，象天市。上帝四时各治其宫。王者承天统物，亦于其方以听国事。〔1〕

此处以明堂结构与天上星座相对应，其实具体营造的尺寸也与天数相关。〔2〕但除了“法象”（这种形式上的仿效）意义上与天道相关之外，明堂也实际地与上天相通。因为它首先就是祭天的场域。明堂之祭天，对象有六，即郑玄的六天说。惠栋在六天说的基础上，又排比经传，给其名称以及祭祀的时间、地点及性质做了说明。

---

〔1〕惠栋：《明堂大道录》卷三，《经训堂丛书》本，第1页。

〔2〕渡边信一郎在考察曹魏洛阳宫制度时指出：“作为天子所应施行最高祭祀的圜丘郊祀——祭天礼仪与模拟紫微宫而建的太极宫型宫阙，在景初元年达至完成有其必然性。天子/皇帝权力的根源来自天，而天具象于星象；在地上再次构拟星象，则显示了在整体上意欲将天上秩序与地上秩序皆据为己有的企图。”（渡边信一郎：《中国古代的王权与天下秩序》，徐冲译，上海人民出版社2021年，第159页）渡边氏已揭示出宫阙制度、政治空间与宇宙论之关联，但明堂之法与实际的帝王政治还有不同，它并不突出天子的占有企图。

（一）惠栋对明堂祭祀体系的总体构想

明堂是政治的中央，也是天下空间的中心。大部分祭祀的礼制都在明堂进行。但文献中另有郊礼，故明堂之外还要郊天，且大禘亦在郊。《明堂大道录》之“明堂配食”条谓：

> 明堂之法：冬至降神，以喾配；南郊配天，以稷配；五郊迎气，还于明堂，以文王配；中秋大飨五帝，以文武并配。〔1〕

《禘说》又谓：

> 禘有三：有大禘，有吉禘，有时禘。大禘者，圜丘之禘也；吉禘者，终王之禘也；时禘者，春夏之禘也。吉禘、时禘皆在明堂，独大禘在圜丘，与南郊就阳位同，而亦谓之禘者，以圜丘为明堂六天之祭故也。禘者，禘其祖之所自出，皆天子配天之典。〔2〕

《明堂大道录》之“天地分合祭辨”又谓：

> 《序》云：“《昊天有成命》，郊祀天地也。”此郊祀后稷以配天之礼。祀天神于南郊，而地祇、四望、山

---

〔1〕 惠栋：《明堂大道录》卷六，《经训堂丛书》本，第7页。
〔2〕 惠栋：《禘说》卷上，《经训堂丛书》本，第1页。

川皆从而祭（郊感生帝于泰坛，而泰折、泰昭、坎坛、王宫、夜明、幽宗、雩宗、四坎坛、山林、川谷、山陵，皆从而祭也）。故《礼运》曰："礼行于郊，而百神受职。"《荀子》曰："郊及于百神。"地从天而祭，非天与地合祭之谓也。

《大司乐》冬至于地上之圜丘，夏至于泽中之方丘，奏乐降神。圜丘，昊天上帝也；方泽，中央黄帝也。合四郊迎气之祭，为六天。此明堂配天之祭也。夏正之郊用骍犊，六天之祭用五色之牲。[1]

又《明堂大道录》之"明堂二至降神四时迎气"条谓：

二至降神，则丘、泽也；四时迎气，则四郊也。丘、泽合四郊为六天。降迎于明堂，大飨合而祭之，以文武配焉。乐六奏而天神降，八奏而地示出，九奏而祖考假。[2]

综上所述，我们可以整理一下惠栋的祭祀体系。

首先，此体系可分成明堂祭祀和郊祀。明堂祭祀的主要地点在明堂，是祭祀六天的系统；郊祀的地点在南郊，每个王朝祭自己的感生帝（比如周天子祭苍帝灵威仰），而后

〔1〕 惠栋：《明堂大道录》卷四，《经训堂丛书》本，第25页。
〔2〕 惠栋：《明堂大道录》卷四，《经训堂丛书》本，第20页。

百神一起受祀。

其次，就明堂六天祭祀而言，又可分成圜丘之禘与五帝祭祀。大禘在圜丘，吉禘、时禘、祖祀、宗祀在明堂。惠栋所谓："明堂之法：①冬至降神，以喾配；②南郊配天，以稷配；③五郊迎气，还于明堂，以文王配；④中秋大飨五帝，以文武并配。祭法功施于民，则祀之。一帝配天，功臣从祀。故大禘、大尝、大烝，功臣皆祭。"[1]以上四者，分别对应**禘（大禘）、郊、祖、宗**。这是周公摄政时代，成王的视角，故文王为祖，武王为考。

五郊迎气，在郊外只是迎气，以文王配，回来后在不同的太庙进行祭祀，此所谓"祖"，亦即《孝经》的"宗祀文王于明堂以配上帝"。[2]圜丘降神，则当在圜丘即进行禘祭，以喾配。圜丘的昊天上帝，与五郊的五方帝，即郑玄的六天之说。需要注意的是，六天说在视角上具有双重性，一是"天地四时"系统，如此看则二至在圜丘方泽，再有四郊之气，姑称作"2+4"视角；二是"上帝—五帝"系统，此说亦有道理，即昊天上帝至高至尊，五帝乃其功用之神，姑称作"1+5"视角。惠栋的祭祀系统也继承了郑玄的这种双重性，故在论述祭祀地点和性质时产生了一定的游移。大概而言，惠栋主要采取了"1+5"视角，即大禘在圜丘，祭祀昊天上帝，以帝喾（远祖）配，这同时也是降天神；中央及

〔1〕 惠栋：《明堂大道录》卷六，《经训堂丛书》本，第 7 页。为层次清楚，数字为作者所加。

〔2〕 但祖和宗毕竟有区别，惠栋将二者看作一事。

四郊迎气，则是迎五帝之气，迎气在郊，但不在郊祭祀，而是回到明堂再祭祀。冬至降天神在圜丘，夏至降地示在方泽，好似天地相对，其实只有冬至降天神、祭祀昊天上帝时，才在国都之南的圜丘展开祭祀，而夏至的方泽迎中央黄帝之气则仍同四郊之气一样回到明堂祭祀，就地位悬殊而言，则大禘昊天上帝为一层，中央黄帝与四方帝为一层。

今列一表以表示惠栋弥缝群经而建构的祭祀系统：

<table>
<tr><th></th><th colspan="2">地点</th><th>时间</th><th>对象</th><th>配享</th><th>迎气位置</th><th>备注</th></tr>
<tr><td>郊</td><td colspan="2">南郊</td><td>正月</td><td>感生帝</td><td>后稷</td><td></td><td>百神从祀</td></tr>
<tr><td>大禘</td><td colspan="2">圜丘（中）</td><td>冬至</td><td>昊天上帝</td><td>喾</td><td></td><td></td></tr>
<tr><td rowspan="5">祖</td><td>方泽</td><td rowspan="5">还于明堂</td><td>夏至</td><td>黄帝含枢纽</td><td rowspan="5">文王</td><td>西南五里</td><td>黄帝 / 后土</td></tr>
<tr><td>东郊</td><td>立春</td><td>苍帝灵威仰</td><td>东八里</td><td>太皞 / 句芒</td></tr>
<tr><td>南郊</td><td>立夏</td><td>赤帝赤熛怒</td><td>南七里</td><td>炎帝 / 祝融</td></tr>
<tr><td>西郊</td><td>立秋</td><td>白帝白招拒</td><td>西九里</td><td>少皞 / 蓐收</td></tr>
<tr><td>北郊</td><td>立冬</td><td>黑帝汁光纪</td><td>北六里</td><td>颛顼 / 玄冥</td></tr>
<tr><td>吉禘</td><td colspan="2">明堂太室</td><td>丧毕</td><td>以上六天</td><td>喾 / 文王</td><td></td><td>百王、功臣配食</td></tr>
</table>

表格中有几个问题需要说明。

（1）**圜丘、方泽的位置**。《周礼·小宗伯》说“兆五帝于四郊”，未言中央黄帝在何处，郑玄注谓“黄帝亦于南郊”。蔡邕《月令章句》也提到迎中央之气在南郊五里。惠栋明确反对此说法，谓：

> 南郊当作中郊，即方泽也。郑注……云“黄帝亦于南郊”，非也。孔氏《郊特牲》正义云：“五时迎气：东方青圭，南方赤璋，西方白琥，北方玄璜，其中央无文，先师以为用黄琮。”案黄琮礼地，即方泽之祭，先师之言得其义矣。[1]

郑注源自贾逵，故惠栋又说：“中兆在四郊之中，即《大司乐》之方泽。贾氏谓‘并南郊之季’，非也。郑氏亦仍其讹。”[2]但问题是，惠栋所说的“中郊”“四郊之中”又是何意？从几何学角度来说，四郊之中在正方形之中心，为太室之中——这显然是不可能的。“中郊”其实并非惠栋生造，其《后汉书补注》谓：

> 《礼纬含文嘉》曰：“南郊、北郊、东郊、西郊、中郊，兆正谋也。”注云：“东郊去都城八里，南郊九里，西郊七里，北郊六里，中郊西南去城五里。兆者作兆域也，谋者斋戒谋虑其事也。”[3]

---

〔1〕 惠栋：《明堂大道录》卷四，《经训堂丛书》本，第22页。
〔2〕 惠栋：《明堂大道录》卷四，《经训堂丛书》本，第10页。
〔3〕 惠栋：《后汉书补注》，《续修四库全书》第270册，第630页。

按此段见于《太平御览》，北魏刘芳又引“郑别注”亦与此同，特别是指出“中郊，西南未地，去都城五里”。[1]此说与郑玄说没有大的冲突，西南为土的方位，既可谓之中郊，亦可姑且称南；如同“土王季夏”，而夏实在南。《明堂大道录》手稿卷五“明堂五人帝”篇曰：“方泽即中郊也。中郊为泰折，亦为大社。”[2]惠栋后来虽然反对五人帝、五人神的说法，故删去了此文，但中郊的位置，惠栋并无改变。是方泽即泰折，亦即社坛。社祭地示，亦合其理。至于圜丘的方位，郑玄未言，贾公彦以为就是王畿内自然的圆形山丘，孔颖达则以为在南郊，孙诒让谓：“泰坛祭受命帝，明堂祭五帝，并在南郊，则圜丘祭昊天亦在南郊明矣。汉魏诸儒并谓圜丘在南郊，故多并郊丘为一祀。”[3]惠栋《明堂总论》云“四门之外有辟雍，有四郊及四郊迎气之兆，中为方泽，又有圜丘”，[4]亦未言圜丘所在，考其文意，似当在东南。依排除法，正南方距城七里之郊为迎赤帝之兆，不宜冲突；西南既设方泽迎地示，则圜丘亦当避；按时节方位，冬至当在北，而惠栋以为迎上帝当在城南以就阳。在南而不在西南、正南，则当在东南。如此则圜丘与方泽亦适相对。惠栋未明言，而依其方法推之，义或如此。[5]

---

〔1〕 魏收：《魏书》卷五十五，第1221页。

〔2〕 惠栋：《明堂大道录》卷五，上海图书馆藏手稿本。

〔3〕 孙诒让：《周礼正义》，汪少华点校，第2120页。

〔4〕 惠栋：《明堂大道录》卷一，《经训堂丛书》本，第1页。

〔5〕 然在东南亦不能无疑，因在易学与五行之义中，东南为地户，西北为天门。

（2）**“禘”的含义**。《禘说·叙首》归纳为三：大禘，吉禘，时禘。大禘为圜丘降神时在圜丘的祭祀，以帝喾配；吉禘即三年丧毕举行的祭祀，自远祖至祖考皆配食；时禘即四时举行的一般性常规祭祀。但惠栋《明堂大道录》手稿本上册的底页背面有若干批注，其一条谓：“禘有三：有禘郊，有大禘，有祫禘。禘郊者，圜邱之禘也；大禘者，终王之禘也；祫禘者，春秋之禘也。禘郊无庙，而大禘、祫禘皆有庙。”名称略有不同，内容则一。《禘说》在具体的分疏中有时亦把吉禘称作大禘。如谓：

> 祭莫大于丧毕之吉禘。一王终，嗣天子即吉，奉新陟之王升，合食于明堂。上自郊、宗、石室，旁及毁庙，下逮功臣，无不与食。而天者又祖之所自出，合数十世之主，行配天之礼。故谓之大禘。是时四海助祭，荒服皆至，故谓之终王。祭毕而朝诸侯。……王者之祭莫大于此。[1]

三年之丧结束后，嗣君穿吉服，意味着真正独立。此时举行合祭，祭祀的对象是昊天上帝，而配享的有三类：一是远祖、始祖、祖、考，二是其他毁庙之主，三为功臣。惠栋坚持韦玄成等的四庙（四亲庙）说，亲尽则当毁庙，毁庙之主在大禘之时配食上天，故大禘为最盛大之祭祀。彼时四

〔1〕 惠栋：《禘说》卷上，《经训堂丛书》本，第9—10页。

海诸侯、荒服皆来助祭，是新君即位后重新塑造天下共同体秩序的最重要时刻。故惠栋谓“王者之祭莫大于此”。

吉禘与时禘有密切关联。惠栋提及的时禘，只有三时，即春夏禘、秋尝、冬烝。春夏禘在夏正的四月，可谓春夏之间。如果没有发生吉禘，这种常规的时祭又称作袷禘、袷尝、袷烝。因为此三时的祭祀皆是以文王、武王配天，不及其他毁庙之主，相对比较简略，前文云“中秋大飨五帝，以文武并配”亦指此。嗣君三年之丧结束后即吉服的时间取决于旧王死去的时间，是不确定的。故吉禘举行的时间，可能在四时中的任何一时；它在哪一时出现，即可代替彼时的时禘，而冠以“大”名。惠栋谓：“王者明堂吉禘之礼，行于春夏谓之大禘，行于秋谓之大尝，行于冬谓之大烝。”[1]亦即大禘、大尝、大烝皆是吉禘，是同一种祭祀，统称大禘，其不同的名字取决于嗣君在哪个季节除服、吉禘。

（3）**中央黄帝迎气**。四时迎气在四郊，中央黄帝迎气，典籍中无明文。可以推知的材料则有二种，分别依据于不同的原理。一是《周礼·大司乐》提及二至降神，冬至在地上之圜丘，降天神；夏至在泽中之方丘，降地示。惠栋以为“方泽，中央黄帝也”，[2]即以夏至降神为中央黄帝迎气。二是《续汉书·祭祀志》记载，先立秋十八日，迎黄灵于

〔1〕 惠栋：《禘说》卷上，《经训堂丛书》本，第14页。
〔2〕 惠栋：《明堂大道录》卷四，《经训堂丛书》本，第25页。

中兆。惠栋不赞同此说，以为："《皇览》不言迎黄灵之日。依《周礼》，当在夏日至。汉时明堂之法不明，故用土王之日迎黄灵也。"〔1〕按《续汉志》之说亦非无据。汉儒以为土王四时，每时各王十八日，而季夏尤为土王。先立秋十八日，即土王之时。迎四时之气既在四立，分别为木火金水各自始王之时，则土亦宜在土王之时相迎，即先立秋十八日也。此据五行为说，因中央黄帝在五行之中也。而《周礼·大司乐》亦有其道理，即地与天相对，天阳而地阴，阳气之始自冬至，故冬至降神于圜丘；阴气之始自夏至，故夏至降地示于方泽。此据阴阳之气为说，因五行中央之黄帝与天神相对也。如前所指出的，这里有"2+4"视角与"1+5"视角之别。

（4）**郊天的时间**。礼家以为夏正郊天，即建寅之月。就时间而言，此时的郊祭与祈谷之祭相同，故惠栋以为是一。他说："天子以孟春正月上辛日，于南郊总校十二月之政，还藏于祖庙。盖于上辛日郊后稷以配天，受十二月之政，谓之听朔。还于明堂，乃颁朔于邦国也。"〔2〕黄以周谓："春夏祀天为祈，秋冬祀天为报……南郊之祭为大报天，是冬至报祭，非启蛰祈谷明矣。""圜丘之祭在南郊……而祈谷之郊非即圜丘，当从郑说。……圜丘与祈谷郊二祭之礼，经传画然有分。"〔3〕黄以周以为禘、郊皆可称郊，惠栋以为郊、

〔1〕 惠栋：《明堂大道录》卷四，《经训堂丛书》本，第22页。

〔2〕 惠栋：《明堂大道录》卷三，《经训堂丛书》本，第14页。

〔3〕 黄以周：《礼书通故》，第614、612页。

禘皆可统称禘，此二人之不同。但黄以周以冬至郊天圜丘以喾配，正月祈谷郊天以稷配，此则与惠栋的区分一致。

（二）惠栋明堂祭祀说与前儒之不同

惠栋构建的明堂祭祀系统是在继承与批评前儒基础上而来，通过他对前儒的批评可见惠栋自己的特色及用意。概言之，惠栋的批评主要有以下几点。

（1）**禘、郊、祖宗之祭，唯“郊祀后稷以配天”在南郊，其他皆在明堂**。禘祭的降神（昊天上帝）虽在圜丘，但在吉禘和时禘时皆在明堂接受祭祀。故“明堂天法”为最大祭祀之法。因而将禘郊合一的观点，为惠栋所不取。

（2）**祭祀皆须配天（或上帝）**。所谓：“古之帝王，生有配天之业，殁享配天之祭。四代制禘、郊、祖、宗，皆配天之礼。禘者远祖配天也，郊者始祖配天也，祖者祖配天也，宗者考配天也。古者四庙亲尽则毁，而配天之礼不废。”[1]刘歆认为禘礼只是审谛昭穆。郑玄把“禘”分成几种含义，以为圜丘之禘以喾配昊天上帝，而宗庙之禘仅仅审谛昭穆。王肃则认为“祖之所自出”指喾，禘祀变成了祭祀帝喾，以后稷配。其共通的问题在于，不认为禘祀会祭祀上天。惠栋批评其错误的根源说：“其误在推诸侯之礼而致于天子，以禘在太庙，不于明堂。既在太庙，遂以禘止审谛昭穆，非配天之祭。既非配天，又以禘其祖之所自出为以祖配

〔1〕 惠栋：《明堂大道录》卷六，《经训堂丛书》本，第1页。

祖。由是禘之说不可得而闻，而明堂之法愈不可考矣。”[1]

（3）**与前一点相关的，即是明堂与太庙同处**。天子太庙即明堂，祭天而以祖配；诸侯不能祭天，故只为太庙。

（4）**否认所谓五人帝与五人神**。

（三）祭祀中的天人相与之道

惠栋整理的祭祀系统，弥缝经传，左右采获，与伏生、董仲舒、郑玄、何休、王肃等有同有异，于经书也有合有不合。其建构的意义并不在于给出了一个相对融贯的祭祀方案，抑或推求出了三代最“真实”的祭祀系统；而是惠栋这些采获取舍背后的考虑，及其为祭祀系统做出的理论说明。

（1）**天、帝、神的统一性构建**

对于郑玄六天说中昊天上帝与五方帝的关系，孔颖达即有说明：

> 指其尊极清虚之体，其实是一；论其五时生育之功，其别有五，以五配一，故为六天。据其在上之体，谓之天，天为体称……因其生育之功谓之帝，帝为德称也。[2]

“天为体称，帝为德称”，十分精准地概括了郑玄六天

〔1〕 惠栋：《禘说》卷上，《经训堂丛书》本，第1页。
〔2〕 郑玄注，孔颖达疏：《礼记正义》，第766页。

说中上帝与五方帝之关系，亦即体、用之别。褚叶儿又结合《易纬》“四太”之说，谓：“虽然太易已含生生之理，但是它并不是直接生物的，正如昊天上帝并不直接生物一样……五天帝是昊天上帝生育之德的具体体现……五天帝的生育又具体体现在阴阳和五行之上，阴阳和五行的流行才直接使得天地位、万物育。”〔1〕我们这里则需进一步指出一个情况：在六天祭祀系统中，昊天上帝属天，而五方帝的中央黄帝属地示，则四方帝也当是与地相关的。但我们又不能说五方帝直接就是地。

惠栋则在郑玄、孔颖达等说的基础上，又以五神加入此系统，给予统一性的说明：

> 神农法八卦而立明堂，于是有十二室。《说卦》先言“帝出乎震”，次言“神妙万物”。盖帝者主宰，神者用事。故有六天、有六宗，助阴阳变化者。《月令》五帝，又有五神，亦此义也。主四时者谓之帝，变化于四时之中者谓之神。故《说卦》前陈八卦为明堂之位，后言六子叙成物之功。六子共成万物，实乾坤之变化为之。《荀子》所谓“不见其事而见其功，故谓之神也”。刘邵据《老子》，以太极中和之气为六宗。太极中和，即坎离也。乾坤交而为坎离，坎上离下，二五为中和。太极中和之气，即欧阳、夏侯“实一而

〔1〕 褚叶儿：《郑玄的六天说与阴阳五行》，《中国哲学史》2020年第4期。

名六之”说，《礼正义》所云“指其尊极清虚之体，其实是一；论其五时生育之功，其别有五。以五配一，故曰六天”。义并得通，兹并载之。至刘歆驳欧阳、夏侯之说，刘邵改六子为中和之气，皆不知二五之为十者也。[1]

他首先根据《说卦传》“帝出乎震”“神也者妙万物而为言”两段的同构性，指出帝、神不一不异，所谓“帝者主宰，神者用事”。按程颐即有此说，所谓“以形体言之谓之天，以主宰言之谓之帝，以功用言之谓之鬼神，以妙用言之谓之神，以性情言之谓之乾”。[2]但程颐的界定是为了将这些概念都统一到“天理”中来，以消除其中的神秘主义色彩，[3]强调的是多中之一。惠栋强调的则是一中之多，即天、帝、神虽一，却因其视角不同而可分别祭祀。

前文据《乾凿度》指出汉儒以“易为太易，则太初、太始、太素即太极，所谓‘具而未离’的浑沦”，惠栋用之。此段中惠栋提及刘邵将六宗解释为“太极中和之气”，惠栋则进一步解释为坎离。坎离为六子卦的代表。惠栋又曾引《春秋繁露》“中者，天地之太极也”，然在坎离成既济的结构中，二五为中，相应为和，可知他即以太极中和为既济定的状态。昊天上帝是体，五方帝及五方神是用。

---

〔1〕 惠栋:《明堂大道录》卷四,《经训堂丛书》本，第 16 页。

〔2〕 程颢、程颐:《二程集》，第 288 页。

〔3〕 唐纪宇:《程颐〈周易程氏传〉研究》，人民出版社 2016 年，第 135 页。

（2）惠栋对五人帝、五人神的纠结

上引惠栋语中提及："帝者主宰，神者用事。故有六天、有六宗。六宗，助阴阳变化者。《月令》五帝，又有五神，亦此义也。"是知帝泛称即六天，助六天变化者即六宗；称五帝则为六天中的五方帝，与此配的即《月令》五神。

《月令》在每个季节会提到"其帝某，其神某"，如孟春谓"其帝太皞，其神句芒"。帝、神所指，郑玄注谓："此苍精之君，木官之臣。自古以来著德立功者也。大皞，宓戏氏。句芒，少皞氏之子，曰重，为木官。"[1]可知郑玄以此帝、神为人君、人臣死后之神。又可称作**五人帝、五人神**，配食五方帝。郑注《周礼·小宗伯》"兆五帝于四郊，四望四类亦如之"谓："五帝苍曰灵威仰，大昊食焉；赤曰赤熛怒，炎帝食焉；黄曰含枢纽，黄帝食焉；白曰白招拒，少昊食焉；黑曰汁光纪，颛顼食焉。黄帝亦于南郊。"[2]又郑玄注《尚书大传》曰："神灵，谓……木帝大皞，火帝炎帝，土帝黄帝，金帝少皞，水帝颛顼；木官句芒，火官祝融，土官后土，金官蓐收，水官玄冥。皆是也。古者生能其事，死在祀典，配其神而食。"[3]

王肃不信郑玄六天之说，以为只有昊天上帝，不存在灵威仰等谶纬中的五方帝，故以五人帝、五人神配天。《孔子家语·五帝》谓：

---

〔1〕 郑玄注，孔颖达疏：《礼记正义》，第445页。

〔2〕 郑玄注，贾公彦疏：《周礼注疏》，北京大学出版社1999年，第487页。

〔3〕 皮锡瑞：《尚书大传疏证》，中华书局2015年，第193页。

> 天有五行，木、火、金、水、土，分时化育，以成万物，其神谓之五帝。古之王者，易代而改号，取法五行，五行更王，终始相生，亦象其义。故其为明王者，而死配五行。是以太皞配木，炎帝配火，黄帝配土，少皞配金，颛顼配水。……凡五正者，五行之官名。五行佐成上帝，而称五帝，太皞之属配焉。亦云帝，从其号。昔少皞氏之子有四叔，曰重，曰该，曰修，曰熙。实能金木及水，使重为勾（句）芒，该为蓐收，修及熙为玄冥。颛顼氏之子曰黎，为祝融。共工氏之子曰勾（句）龙，为后土。此五者各以其所能业为官职，生为上公，死为贵神，别称五祀，不得同帝。[1]

此与郑玄以五人帝、五人神配五方帝虽不同，其皆以五人帝、五人神配食则同。黄以周所谓："王肃改定《家语》，五天帝为五行之神，其祭配以五人帝、五人神。此实与郑同义，盖师说相传有自，王肃不敢尽改也。"[2]

惠栋一开始亦用五人帝、五人神之说。《明堂大道录》手稿中有《五帝五神》两段，后来被删去。其中谓：

> 古之帝王，以一德贯三才，以至诚参天地，没则配天。故自神农造明堂，配天之礼已具。太皞、炎帝、

〔1〕 高尚举等校注：《孔子家语校注》，中华书局 2021 年，第 341—343 页。
〔2〕 黄以周：《礼书通故》，第 611 页。

黄帝、少皞、颛顼五人帝，历代所禘。后王兴而不废其礼。于四郊迎气之后，还于明堂，以一帝配。其礼略，故不称禘。

古有配天之礼，即有配食之祭。五郊迎气降神（四郊迎气，方泽降神），既以五人帝配天，又以五人神配食。故自句芒以下，皆五人帝之臣也。[1]

此处也是直接以太皞即伏羲，炎帝即神农。《周易述》引蔡邕《独断》也采用伏羲、神农、黄帝、少皞、颛顼的五德次序，注文谓："古之圣人生有配天之业，没有配天之祭。故太皞以下历代所禘：太皞以木德，炎帝以火德，黄帝以土德，少昊以金德，颛顼以水德。……一帝配天，功臣从祀。"[2]此处所谓的太皞为历代所禘，指的就是以太皞、炎帝等配享。所谓"一帝配天，功臣从祀"，配天之帝只能是人帝。其具体所指，似乎当是四郊迎气之后，以五人帝及五人臣配食。如春季迎木气苍帝（五方帝），至明堂，以太皞伏羲（人帝）及其臣句芒配食。然惠栋在《周易述》写作中已经表现出了对此问题的游移，故又谓：

《礼运》云"大道之行也，天下为公"。郑注《祭法》云："有虞氏以上尚德，禘郊祖宗，配用有德者而

〔1〕 惠栋:《明堂大道录》卷五，上海图书馆藏手稿本。又见本书末附录《松崖文集补遗》。

〔2〕 惠栋:《周易述》卷二十，乾隆间雅雨堂刻本，第9页。

已。自夏已下，稍用其姓氏代之。”《礼运》所谓“大道既隐，天下为家，禹、汤、文、武、成王、周公由此其选”，言禹、汤以下虽用明堂之法，而大道稍隐也。若然，太皞、炎帝当亦黄帝以下所禘。其黄帝以下，乃四代所禘，见于《鲁语》及《祭法》也。[1]

《祭法》提及“有虞氏禘黄帝而郊喾，祖颛顼而宗尧”，此处的配食对象并非皆是自己的始祖、祖、考，而是禅让制下的古代帝王，亦即郑玄所谓的“配用有德者”。据此而推，对黄帝来说，则必以伏羲（太皞）、神农（炎帝）为禘郊祖宗的对象，所谓“太皞、炎帝当亦黄帝以下所禘”。惠栋在《明堂大道录》手稿中列五人帝、五人神一篇，指出太皞等五帝是历代所禘，即每一代的五方迎气皆以太皞等五人帝、五人神来配。但《周易述》已据上述原理改成：“《明堂月令》以太皞相次者，盖唐、虞已前之制，其实历代皆有损益也。”[2]

《明堂大道录》手稿的改订，当在《周易述》之后，已在五人帝、五人神的篇目上标“「 」”符号，表示删去。并改写了一段完全反对五人帝、五人神配食的文字：

《明堂月令》五帝，郑氏以为大昊伏羲氏等；五神，郑氏以为颛顼之五官。非也。古《尚书》说：“元

---

〔1〕 惠栋：《周易述》卷二十，乾隆间雅雨堂刻本，第10—11页。
〔2〕 惠栋：《周易述》卷二十，乾隆间雅雨堂刻本，第11页。

气广大，谓之昊天。”东方生养，故曰大昊；西方收敛，故曰少昊。《白虎通》曰：“炎帝者，大阳也。颛顼者，寒缩也。黄帝者，黄中合之色。”皆以五行为言。伏羲等乘五行而王，故亦有大昊以下之称。五神亦然。木初生之时句曲有芒角，故曰句芒。祝，始也；融，明也。黎为火正，以焞耀惇大，天明地德，光昭四海，故命之曰祝融。祝融火德，谓黎为祝融则可，谓祝融为黎则不可也。犹后土土神，玄冥水神，谓句龙为后土之官修及熙为玄冥之官则可，谓后土为句龙，玄冥为修、熙，则不可也。《晋语》：“……蓐收也，天之刑神也。”天之刑神谓之蓐收，则非少昊氏之子该可知矣。《说卦》曰“帝出乎震”，此即月令五帝。又曰“神也者，眇万物而为言者也”，此即《月令》五神。非五人帝、五人神之谓也。〔1〕

惠栋此前犹用郑玄之说，以太皞为配享五方帝的人帝。此处考察惠栋语意，实以太皞、少皞等即与灵威仰等五方帝同；人间的伏羲、神农等君王，因为各本五行之德而兴，故亦得蒙太皞、少皞、颛顼等五德之名。句芒、祝融、蓐收等亦是神名，其初与重、黎、该等无关，因人间重、黎等主管四时五行事务，故蒙神名。惠栋的祭祀系统里，首先是昊天上帝；其次是五方帝，在《纬书》中有灵威仰等名，在《月

〔1〕 惠栋：《明堂大道录》卷四，《经训堂丛书》本，第20页。

令》中即太皞等名；其次是五行之神如句芒、祝融等，六宗之神即日、月、星辰、山、川、海泽之精等。

在《明堂大道录》的定本中，惠栋并非否定了历史上曾以伏羲配食，只是他以太皞、炎帝等即五方帝，与具体的人物伏羲、神农分开。在“大道之行”的时代，如《周易述》所说，以有德者配天，故“有虞氏禘黄帝而郊喾，祖颛顼而宗尧”，黄帝则自当禘伏羲等[1]。但大道既隐，天下为家。人们注重血缘，是故推其远祖、始祖、祖考配天，扩大至以圣贤功臣配食。

惠栋之所以如此区分，乃因若按王肃之说，五帝为人，则禘祭变成了以人配人，不符合天人之际的祭祀之义。若按郑玄之说，其系统如下表：

<table>
<tr><th>天</th><th>五方帝</th><th></th><th colspan="2">五行之帝</th><th colspan="2">五官之神</th></tr>
<tr><td rowspan="5">昊天上帝</td><td>苍帝灵威仰</td><td rowspan="5">文王</td><td>太皞</td><td>伏羲</td><td>句芒</td><td>重</td></tr>
<tr><td>赤帝赤熛怒</td><td>炎帝</td><td>神农</td><td>祝融</td><td>黎</td></tr>
<tr><td>黄帝含枢纽</td><td>黄帝</td><td>黄帝</td><td>后土</td><td>句龙</td></tr>
<tr><td>白帝白招拒</td><td>少皞</td><td>少皞</td><td>蓐收</td><td>该</td></tr>
<tr><td>黑帝汁光纪</td><td>颛顼</td><td>颛顼</td><td>玄冥</td><td>修\熙</td></tr>
</table>

顾颉刚《三皇考》亦曾列出郑玄的天神系统，把太皞、

[1] 《周易述》以为禘太皞，即以太皞伏羲配食苍帝，《大道录》定本则以为太皞即苍帝，则以伏羲配食。此二者之不同。

炎帝等称作“五行之精”，[1]似乎是独立的神位，只不过以人鬼充当。然推考郑玄之意，似非如此。根据《周礼》“兆五帝于四郊”郑注曰“苍曰灵威仰，大昊食焉；赤曰赤熛怒，炎帝食焉”云云，则在五郊迎气的时候，以太皞配食灵威仰，以炎帝配食赤熛怒等。然太皞、炎帝等若是独立的神体，则此种配食岂非以神配神？郑玄断不会作如此理解。再仔细研读郑注《月令》“此苍精之君，木官之臣。自古以来著德立功者也。大皞，宓戏氏。句芒，少皞氏之子曰重，为木官”，则郑玄以为太皞就是伏羲，苍精则是苍帝灵威仰之精。所谓“苍精之君”意即太皞伏羲为苍帝之精所笃生的帝王君主。在这个意义上理解，“兆五帝于四郊”注文的“苍曰灵威仰，大昊食焉”才能成立。

金鹗的说法非常简明，有助于理解惠栋与郑玄的差异。彼谓：

> 五帝为五行之精，佐昊天化育，其尊亚于昊天。……《月令》云“春帝大皞，夏帝炎帝，中央黄帝，秋帝少皞，冬帝颛顼”，此五天帝之名也。伏羲、神农、轩辕、金天、高阳五人帝，以五德迭兴，故亦以五天帝为号。若《月令》所言，则天帝也。郑注《月令》以五帝为人帝……其亦误矣。《周官》注引《春秋

〔1〕顾颉刚、杨向奎：《三皇考》，见《顾颉刚全集·顾颉刚古史论文集卷二》，中华书局2011年，第115页。

纬·文耀钩》谓“苍帝灵威仰，赤帝赤熛怒，黄帝含枢纽，白帝白招拒，黑帝汁光纪”，以此为五帝正名，而不知其怪妄不足据也。[1]

金鹗反对郑玄引纬书的“灵威仰”等名为五方帝，而认为《月令》的太皞、炎帝等为“五行之精”，即五方帝。郑玄把太皞等同于伏羲，以为《月令》的帝是人帝，为金鹗所不取。惠栋则认同郑玄的以灵威仰即五方帝的观点，但他认为太皞、炎帝等与五帝相同，只是名字有别。而伏羲、神农，以及重、修等，如果死后配食，那么只是以人配天，其自身并非帝或神。

也就是说，**以五帝配食的具体方案而言，郑玄和惠栋的差别其实不大，其差别主要在概念理解上**。惠栋的大同之世伏羲、神农配五方帝，小康之后如周代以文王配五方帝，这个方案也来自郑玄。然惠栋认为太皞是帝，伏羲是人君，不可混同，反对郑玄用“苍精之君”指称伏羲的做法。其动机在于，此种“五人帝”“五人神”的说法，似乎将死去的有德人君或人臣变成了具有共相意义的位格神，或者说，人鬼变成了帝和神。举例而言，立春时东郊迎苍帝，以伏羲配或以文王配，这是流动的，就意味着伏羲、文王是人鬼。但若说伏羲、神农等死后称太皞、炎帝等，成为“五行之精”，则意味着他们不再是人鬼，而是神灵。神灵是有常职的，永

---

〔1〕 金鹗：《求古录礼说》卷十三，《清经解续编》本，第4页。

恒不变——那么就失去了以人配天的意义。**如果说王肃的禘嘗之说是以人配人，那么郑玄在“太皞伏羲”上的观点颇有以神配神之嫌。**[1] **前者是天混入人，后者是人混入天。惠栋恰恰是要在天人相分的基础上成立“天人之际”的祭祀意义。**惠栋的学问根柢来自《易》，他认为《易》最根本宗旨为赞化育。赞化育强调人的意义，以一德贯三才。若人只是与天合一，则人不过是自然的一部分，无主动性；若人不顾天，只随心所欲，逆天而行，则人亦不符合“赞助”的角色。（圣）人为天之灵气所生，既生之后有独立的自主性，但又须顺天道而发挥自己的自主性，此谓赞化育。祭祀时，先辨天、人之分，神、人不相混，而后讲天人之际，此亦是赞化育之宗旨。[2]

需申明的是，此处言及惠栋的“天人相分”不是人文理性意义上的天人不相干的观点；相反，它恰恰是要成立天人之间的关系。这里的天人相分只是认为人可以配天，但人

---

〔1〕 如我们前面所指出的，郑玄本人注《月令》“苍精之君”意即太皞伏羲为苍帝之精所笃生的君王。他说“太皞配食苍帝”其实也是以人君配上帝而已。但《尚书大传》注又说“木帝太皞”云云，似乎在五方帝（灵威仰等）之外又存在一个五行之帝的系列。综言之，郑玄在这个问题上也有一定的含糊性。

〔2〕 近来有普鸣（Michael Puett）著《成神》一书，以为：“祖先祭祀不仅仅是要顺从祖先，更是要创造称职的祖先。这些祖先被请求去安抚更高的、非祖先的力量——包括最重要的帝。这样整个宇宙就能最大限度为生者所秩序化（ordered）。”（普鸣：《成神——早期中国的宇宙论、祭祀与自我神化》，张常煊等译，生活·读书·新知三联书店 2020 年，第 109 页）按中国古人确实试图使宇宙最大限度地秩序化，但这种秩序化并非通过“创造称职的祖先”而来，此意并不符合古典之精神。

不能成为永恒的神灵。从根本上来说，惠栋要淡化神的位格意义，不承认其具有各自分别的独立实体。前引惠栋以“不知二五之为十”批评执着六宗不能和昊天等同的学者。若持守人格神的观念，当然不能将之等同。据此而推，惠栋必不以一般宗教中的人格神观念去理解六天，他其实是以元气论为基础理解上帝、五方帝、五神、六宗的统一性。其引古《尚书》说“元气广大谓之昊天，东方生养故曰大昊，西方收敛故曰少昊”，即可知他认为昊天上帝是元气根本之称，五方帝则是元气在五时五方流行之别，其实皆一。六宗亦然。换言之，就“天”的一方来说，名虽有别，其实一物。〔1〕

但若以伏羲等为太皞，为神灵，则天的统一性便被打破了。以人配天则不同。惠栋说“严父配天，天人、祖宗聚于一堂，联为一气”，联为一气，意味着人具有独立性，是三才之一，所以祭祀时暂时地回归到这种统一体中——这种暂时的回归、联为一气，仍然不是纯粹均质化的一，而是家族和谐式的一。就如同子来源于父，父子一体，子可以继志述事，但仍具有自身的独立性。

（3）**感生与笃生**

就个体的意义来讲，人的来源即祖、父这样代际相承的序列，故事奉曾、高、祖、考为孝，天子之孝则是要以曾高祖考配天，使四方来助祭。就群类的意义而言，人的来源

〔1〕“一物”，如同惠栋以“大庙、明堂一物”的“一物”之义。

乃是天，董仲舒所谓“天亦人之曾祖父”。惠栋承此而谓：“天者，天子之太祖也。……上天甚神，故不曰大庙，而曰明堂。”[1]王肃以为祖即后稷，祖之所自出为喾，但禘祀却变成仅仅王朝一家之祭。

陈赟即曾引用惠栋此段，指出王肃等人对配天之祭的解构可能带来的问题：“但配天之义一旦瓦解，那么，一方面禘其祖之所自出，就会下降为‘以祖配祖’或‘以人配人’这样一种既缺乏天命论根基而又于理不通的祭仪；另一方面则‘不王不禘’的禘礼就会从王者特有的典礼下降到诸侯与大夫皆可从事的祭仪，礼以别尊卑贵贱而建构政治社会秩序的机制就难以立身。”[2]陈壁生亦指出，六天说与三统说相配，而“通三统之义，是明确天下并非一家一姓之所有，天下是天下人之天下。……高扬‘天’的公共性，并在此基础上，把天下系于天，使‘天子’系于天人之际，最大程度地彰显天下的公共性”。[3]二人皆指出禘天的意义在于将政权的合法性安置在“天人之际”，凸显出天的公共性，如何休所说“五帝在太微之中，迭生子孙，更王天下”。

惠栋比郑玄更进一步的在于，他从气化论的意义上来理解禘祭的这种关联：

---

〔1〕 惠栋：《禘说》卷下，《经训堂丛书本》，第 9 页。

〔2〕 陈赟：《周礼与“家天下”的王制——以〈殷周制度论〉为中心》，中国人民大学出版社 2019 年，第 221 页。

〔3〕 陈壁生：《周公的郊祀礼》，见《湖南大学学报（社会科学版）》2018 年第 4 期。

明堂，天法也。嗣天子奉新陟之王，祭于明堂，**由考而及祖，由祖而及高曾，由高曾而及垝祖，由垝祖而及始祖，由始祖而及远祖，且上极于祖之所自出**。严父配天，天人、祖宗聚于一堂，联为一气，此禘说之所以难知也，故曰“唯圣人为能飨帝，唯孝子为能飨亲”。〔1〕

惠栋与郑玄有别。在郑玄看来，感生帝最为重要。如陈壁生所谓：“在郑玄的经学体系中，‘始祖’扮演着一种天人相交的角色，一方面，‘始祖’是六天说背景下，一方之天所感生，就如后稷是东方青帝灵威仰实际上的儿子；另一方面，‘始祖’又是某一朝代的开创者。”〔2〕而惠栋对何休“更王天下”一段的解释是：“《郊特牲》曰：‘万物本乎天。’圣人而为天子，尤天所笃生者。故云‘迭生子孙，更王天下’。如下所云五德相次是也。”〔3〕此处的“笃生”尤值得注意。《诗经·大明》曰“笃生武王，保右命尔，燮伐大商”，郑玄笺谓：“天降气于大姒，厚生圣子武王，安而助之，又遂命之尔，使协和伐殷之事。”孔疏谓：“厚生，谓圣性感气之厚，故言天降气于大姒也。圣人虽则有父，而圣性受之于天，故言天降气也。”〔4〕孔颖达以“笃生”为天降圣性之气于

〔1〕惠栋：《禘说》卷下，《经训堂丛书》本，第6页。

〔2〕陈壁生：《周公的郊祀礼》，见《湖南大学学报（社会科学版）》2018年第4期。

〔3〕惠栋：《周易述》卷二十，乾隆间雅雨堂刻本，第9页。

〔4〕毛亨传，郑玄笺，孔颖达疏：《毛诗正义》，第973页。又马瑞辰《毛诗传笺通释》将“笃”字解释为语气助词，完全消解了其中的神性解读，恐非《诗经》之本义。

圣人，似与“感生”类似，实则有区别。感生侧重于某个具体的帝王，笃生则扩大到所有有圣德之君王。前者的宗教意味更浓厚，是位格的神与某个圣人之间一次性的叙事；后者则与“天命之谓性”的哲学表述无本质差别，是普遍性的叙事。在谶纬的叙事里，后稷“感生”乃是一次性的，因此事而后稷前有祖考、后有子孙，却得称为始祖。而在惠栋看来，喾、后稷、太王、王季、文王、武王皆是“笃生”。故惠栋谓：

> 五德之次，开创之主，乘五行用事之一而王，**不必言感生，而实天之所笃生也**。万物本乎天，远祖、始祖与祖考，皆天之所笃生。故喾、稷以下，文、武以上，合以配天，享帝立庙。[1]

基于此我们便可理解郑玄与惠栋虽同主六天说，却在祭天礼的侧重点上不同。郑玄最重视的其实是郊祀，即在南郊祭祀感生帝，周人祭祀苍帝灵威仰，此时以被“感生”的始祖后稷配。郑玄提到了圜丘禘天，以喾配，然其规模实不可与郊相比。且郑玄又以为吉禘、时禘皆为宗庙之祭祀，小于祫。惠栋则不同，他坚持不管郊禘、吉禘、时禘，皆须配天，皆在明堂，不存在另外的宗庙。因他认为天人的关键不是某次“感生”，而是普遍地“笃生”。如此则最重大的祭祀不是周人祭祀感生帝，而是六天皆祭，自远祖至祖考，

〔1〕 惠栋:《禘说》卷下,《经训堂丛书》本，第9页。

以及功臣、圣贤皆得配食的终王吉禘。“郊配一帝，百神从祀；禘配六天，百王与食。”[1]郊祀的关系是某感生帝与某王以及百神，禘祀的关系是六天与百王，二者之轻重，皎然可见。

惠栋的庙制理论亦与此分判密切相关。天子、诸侯皆五庙，即太祖庙与四亲庙。如前所述，天子以天为太祖庙，故明堂即太祖庙，与四亲庙不同处。诸侯的祭祀对象很简单，太祖即始封之君。但天子以天为太祖，就意味着自己的祖先无法充当太祖。以周代为例，若按后世一般的礼制，文王宜为太祖。然在惠栋看来，喾为远祖，后稷为始祖，文王为始受命之君——并没有太祖。太祖是不可以毁庙的，但天子既以天为太祖，则开国之君若在四代之外，其宗庙也当毁去。这对于后世统治者来说，是个严重的政治问题。文王如何安顿？对于郑玄和惠栋来说，五郊迎气即以文王配，此即“宗祀文王于明堂以配上帝”的意义，也就是禘、郊、祖宗中的“祖宗”之祭。问题是，惠栋指出祖宗是“祖配天”，于周公、成王而言以文王配五帝是祖宗配天，那么以后世代的周王呢？是推尊自己的祖考配五帝？惠栋在此问题上是含糊的，然根据《祭法》“周人祖文王而宗武王”之说，则不管哪个周王的世代，明堂的五方迎气都应当以文王配。这样，“太祖”的问题就得到了安顿，即太祖不必有自己的宗庙，因其已在明堂配食。陈赟曾分析感生和受命之别，指出

[1] 惠栋:《禘说》卷上,《经训堂丛书》本，第 15 页。

文王作为受命王的重要性，值得参考。[1]

正因王者的祖考乃至远祖皆是“天之所笃生”，所以最大的祭祀即终王吉禘时百王配食。此时天（太祖）与百王共同融会在一个统一体中，此原则已大大地超越亲亲原则，而不必通过属人宗庙的推扩来完成宗族凝聚。故惠栋推崇古制，以为王者当立四亲庙。若周昭王时立有文、武、成、康四庙，到穆王时当毁文王庙，共王时当毁武王庙。但《王制》《祭法》提到了七庙，可见文武二庙未毁。惠栋将之归为穆王的责任：“穆、共之时文、武亲尽，创立二祧，于是有七庙之说。”[2]他由此认为五庙变为七庙是对明堂制度的破坏，是穆王德衰的象征：“自穆王观兵，荒服不至，而明堂之德衰；二祧并建，推广四庙，而明堂之法废。”[3]推广四庙为七庙，如何就破坏了明堂之法呢？是因为它与明堂的逻辑相冲突。亲庙的设立基于亲亲原则，对穆王、共王而言，文王已属亲尽，当毁庙，此时若设二祧，其原由只能基于文王为开国之“太祖”，有功德。但功德高者已通过配天来体现，在亲尽的时候还因为功德在属人的宗庙里接受祭祀，其逻辑就是重叠或累赘混乱的，明堂有功德配天的独特性也就被打破了。故惠栋谓：

[1] 陈赟：《周礼与“家天下”的王制——以〈殷周制度论〉为中心》，第262—265页。

[2] 惠栋：《禘说》卷上，《经训堂丛书》本，第16页。

[3] 惠栋：《禘说》卷上，《经训堂丛书》本，第16页。

自古有配天之王，无不毁之庙。故殷之三宗推以配天，庙仍不世。配天者，功德高也；庙毁者，亲属竭也。仁之至，谊之尽也。[1]

此处的分疏十分清晰，即明堂凸显以功德配天的原则。毁坏**文王、武王的属人之宗庙，不妨碍其功德之尊，因其在明堂已有配天的角色**。

惠栋以“笃生”代替“感生”的另一个考虑是如何使明堂之法在大同和小康的时代各有其宜。感生指向某个“神圣家族”的始祖。虽说感生以五德终始为前提，郊祀配天也可以使君王意识到自己的神圣家族不过是五德之一，但它仍然侧重于以祖配天。那么在大同之世，郊祀如何以始祖配天呢？不管是《祭法》“有虞氏禘黄帝而郊喾，祖颛顼而宗尧”的说法，抑或《月令》记载的古制以伏羲、神农等人帝配食五方迎气的方案，皆是以德为原则。若以天之所笃生皆可配天，则大同之世，有圣德者生为人王，死则配天；小康之世，世及为王，死则配天。**大同之世明堂大禘一样可以“天人、祖宗聚于一堂，联为一气”，只是这里的祖宗不是以血缘，而是以德行传承**。如若禹时明堂大禘，则尧、舜配天，二者不必有血缘，然可以联为一气。气类相感，有血缘相感之气类，故孙可以为王父尸；更有德行相召之气类，超越血缘之上。若家天下的时代结束，公天下之世再现，有德之英

〔1〕 惠栋：《禘说》卷下，《经训堂丛书》本，第5—6页。

灵皆升入明堂，天人联为一气，重回大同之一体，或亦惠栋所设想者。

三　横摄的建构：月令、官制与朝觐

明堂祭祀六天，以祖配食，可谓“格于上下”，是纵贯的塑造。而王平日要根据时气，在十二月居于不同方位的堂室，此即王居明堂礼；又明堂建官行政，皆以历象为首；而终王吉禘之后，天子朝诸侯及四方蛮夷于明堂，这是横摄的政治体建构，以政治与时空的相互赋予意义为特色，可谓“光被四表”。

惠栋称自己因学《易》悟明堂之法。其关键处即《说卦传》“帝出乎震”一段。《周易述》中对明堂的详细论述也集中在对此段的注疏之中。“帝出乎震”与明堂最基础的一致，即气在时空中的流转分布。“帝”自东方震开始，到艮位结束，共经历八个阶段（八节）。此处的帝为上帝，汉代的魏相还据以给五帝分配具体的卦位。惠栋将之与明堂联系起来，有两个主要方面。一是如前一节所考察的，惠栋坚定支持明堂九室说，以为五庙、十二堂都不过是九室说的不同表达，均源于明堂法八卦而立。二是《月令》最显著的为王居明堂之礼，即王根据月份居于不同的堂。然此处的居者为君王，君王之所以顺时气而迁居，根本原因在于上帝每时皆有流转。明堂为天法，天子所居法于天气之流转，即是“天法”之重要表现。且明堂为天子太庙，上帝为天子之太祖；明堂同时又为天子路寝。天子所居与天既在一处，其节奏又保持一致，体现了顺天而行的极则。

王居明堂的位置，具见于《月令》，兹不赘述。惠栋笔记中还特别抄录了唐代以二月一日为中和节的诏令："朕以春方发生，候及仲月，勾萌毕达，天地和同，俾其昭苏，宜助畅茂。自今宜以二月一日为中和节，以代正月晦日，备三令节之数，内外官司休假一日。"[1]中和节设立在春方发生之日，也正是明堂月令以及"帝出乎震"的起点。后世帝王有此顺天时之举（尽管可能只是形式上的），为惠栋所注意、表彰，可见惠栋的意图。

《礼运》载孔子曰："我欲观夏道，是故之杞而不足征也，吾得《夏时》焉。"郑玄注谓"得夏四时之书也，其书存者有《小正》"。惠栋引此谓：

> 《礼运》孔子先言大道之行而及礼，继言夏殷之道而及《夏时》《坤乾》。盖二书皆大道之寄也。夏有《大正》，有《小正》。《大正》者，即《周语》所称之《夏令》；《小正》者，《大戴记》所载是也。《夏小正》曰："四月昴则见，初昏南门正。"戴氏《传》曰："南门者，星也。岁再见，一正。盖大正所取法也。"四月直离。离，南方之卦，明堂取诸此，故云《大正》所取法也。然则孔子所云《夏时》，乃《大正》也。戴氏《传》传诸周秦先师，知当时有《大正》之

[1] 惠栋：《松崖笔记》，《丛书集成续编》第20册，第590页。

书。汉时已亡。[1]

《夏时》即《大正》，孔子以之为大道寄托，惠栋以为即明堂所法。然就《月令》而言，沿袭其结构的后世书籍如《四民月令》《荆楚岁时记》《玉烛宝典》，似乎当不起根本的天道与治道。人们如今更是会反问：君主仅仅靠每个月换个房子居住便能实现天下大治吗？难道春天（而非冬天）修个宫室就会天下大乱？这些问题，都是因处在祛魅时代的我们，只看到《月令》等书中那些具体的措施而轻率地觉得其荒唐不经引起的。

王居明堂礼，其义在于顺天时。上奉天时，乃是中国自有文明以来的核心意识。在《明堂大道录》中，与《王居明堂》相关的是《明堂朝日》《明堂颁朔》两篇。这组文献有个共同特点：以"奉天时"为根本。惠栋强调明堂为"天法"。天法展开，即三才、五行（四时），合为"七始"。三才的天难以直接去认识、体察，人们只能通过观象的方式去了解。天象的运转本身指示了"时"的意义，地、人亦莫不由"时"所度量，其存在方式也由"时"所规定。《中庸》谓"上律天时，下袭水土"，《彖传》谓"观乎天文以察时变"，皆表明"时"是人们理解天道的基本方式。

《春秋》首书"元年春王正月，公即位"，元、春、王、正月四个基本要素，三者皆与"时"相关。元、春是君王

[1] 惠栋：《明堂大道录》卷六，《经训堂丛书》本，第 15 页。

所奉之时（天时），正月则是君王法天而参与之时（人文之时）。董仲舒谓："是故《春秋》之道，以元之深正天之端，以天之端正王之政，以王之政正诸侯之即位，以诸侯之即位正竟内之治。"[1]元是前天时状态，然既谓之元，则仍有起始的时间性含义。春则为一个循环之"时"（四时）的起点。从一般的历史记述角度来看，《春秋》的元年指鲁国国君即位的始年。然《春秋》并非一般的史书，而是孔子的一王大法，普通的历史记载直接书"元年正月"就好了，此处书"王正月"，显示"正月"自王出，亦即天下诸侯所奉之正朔，皆天王所颁，此所谓"以王之政正诸侯之即位"。元、年在王之上，必非诸侯所能当，何休解释说："变一为元，元者，气也，无形以起，有形以分，造起天地，天地之始也，故上无所系，而使春系之也。"[2]元为根本，它之前便不能更有根本，不然不可谓之元。由此而推，元实为世界的绝对起点。"时"无法度量元，元的自身展开即是"时"。元所分化出的天地，以及天地合而生草木虫鱼鸟兽乃至人类，皆在"时"中。

在先秦两汉的中国，人们认为时间是既自在而又可以为人所参与构建的，它并非人类思想或者心灵的伸展。[3]元

---

〔1〕苏舆：《春秋繁露义证》，第70页。

〔2〕何休注、徐彦疏：《春秋公羊传注疏》，第7页。

〔3〕奥古斯丁认为时间是某种东西的伸展，人在心灵中度量时间，即时间是心灵的伸展（见氏著：《忏悔录》，周士良译，商务印书馆1963年，第253—255页）。此一解释对后来西方的时间观影响深远。

气展现为阴阳，阴阳进一步交融而展现出更复杂的节度，即变为四时。“日月相推而明生焉”，此即一日之昼夜；“寒暑相推而岁成焉”，此即一岁之四时。时在这里特指季节。就中国传统的时间表达而言，其尺度有一纪十二年、一岁四时、一岁十二月、一月三十日等。然而人们何以选择表达季节的“时”作为时间的普遍指称？《说文》：“时，四时也。”段玉裁谓：“本春秋冬夏之称，引伸之为凡岁月日刻之用。《释诂》曰：‘时，是也。’此时之本义，言时则无有不是者也。”〔1〕时间虽是客观的，但就人而言，其把握时间的方式必以自身的感受为依据。人的生命以百年计，若按月、日来计算，则太过细碎；若按后来的劫或“元会运世”计，则太过宏大。且百岁以上，我们很难找到明显的、与人自身节律相关的循环。人们生产生活所必需的粮食，主要以年来度量。〔2〕春生、夏长、秋收、冬藏，最初描述的就是农作物生长的节律。在现代科学看来，农作物的生长节律与地球绕日公转相关。推广而言，人及其周围的物，不管是偶然抑或是自然选择的结果，其现存者都与宇宙（至少是现阶段太阳系内的运转、地球某一期的气候环境）的节律相一致。古人的“时”（四时），恰恰是站在地上，对于天体运行及其对大地、品物之影响的一种度量。

《系辞传》说：“法象莫大乎天地，变通莫大乎四时，

〔1〕 段玉裁：《说文解字注》，第 302 页。
〔2〕 甚至“年”字本身便是作物成熟的意思。

悬象著明莫大乎日月。”四时变化来源于日（月），“变通”不仅仅在于变化，还在于通：首先是春夏秋冬嬗变之间有某种无形者使其贯通，处于生长收藏诸状态的存在者也能保持其同一性；其次是本年的冬藏结束之时，孕育着下一年的春生，循环是继继不已的。人为天所生，即是在时间中的存在者，天时先于人而在，并规定着人的节律。人既生之后有了独立性，成为三才之一，在属人的世界中，以自己的内在秉性去体察天时，且参与自己世界的“时”的建构。历数家推历以“上元甲子”为绝对起点，《汉书·律历志》称为“太极上元”，它的所指为属天的时间，但探寻的方式已经属人。在人的世界中，政治文明也需要有起点，其起点在受命、建国、即位等“时”，此“时”是属人的，却又本于天。

《大戴礼·盛德》谓：“凡人民疾、六畜疫、五谷灾者，生于天［道不顺］；天道不顺，生于明堂不饰，故有天灾则饰明堂也。”卢辩注引《淮南子》云：“明堂之庙，行明堂之令，以调阴阳之气，而知四时之节，以辟疾之灾也。”〔1〕水旱、疫病等自然灾害，除了不可改变的气运之外，它造成的灾害扩大，肯定是因人不顺于天道。“天道不顺”换句表述，即人们（王）在处理与天地的关系，以及处理人与人之间关系时出了问题。至少在传统的农业社会中，经常违背农时大概率会引发灾荒。在现代社会的语境下，“元气”“天道”为

〔1〕 方向东：《大戴礼记汇校集解》，中华书局2008年，第828、831页。

“自然”所代替，人们需要处理的问题却仍在继续着。人类的认识能力和改造能力不断变强，在某些领域也可以局部改变“天时”（或曰自然之时），然从总体来看，我们的生活世界仍被天时所支配。《大戴礼》应对灾变的方法是“饰明堂”，即修治明堂，《明堂大道录》亦引此文。在惠栋看来，所谓的“饰明堂”并非仅仅在明堂之中向六天祷告而已。修治明堂所指向的，是天子在明堂礼之中增加自己对于天的崇敬之心，认真对待元气展开的节度，使王政回归正途。关于“元气展开的节度”，每个时代的人会有不同的认识，[1]但无疑这是每个时代都要面临的首要问题。

上古对于时的重视，也体现在官制上。尧的时代，首要的政事是“乃命羲和，钦若昊天，历象日月星辰，敬授民时”。后人将之归纳为“观象授时”，把“敬顺昊天”的根本意义给简化掉了。三代之前，奉天时的职官排在最前。《礼记·曲礼》谓：“天子建天官，先六大：曰大宰、大宗、大史、大祝、大士、大卜，典司六典。天子之五官：曰司徒、司马、司空、司士、司寇，典司五众。”《左传》昭公十七年，郯子追述少皞氏时代的官制，以五鸟为首：“凤鸟氏，历正也；玄鸟氏，司分者也；伯赵氏，司至者也；青鸟氏，司启者也；丹鸟氏，司闭者也。”这五鸟负责天时之事，其后才列“五鸠，鸠民者也”“五雉，为五工正，利器用、正

〔1〕在有些时代，甚至连“元气”这个词也变成了虚伪的概念，但这并不妨碍人需要认识和效法生成、支配这个世界的结构规则。

度量，夷民者也”。惠栋由此考察说：

> （少皞）五鸟班五鸠之上，(《曲礼》) 六大居五官之首，先天地而后人事也。自颛顼以来，不能纪远，而以五行命官，谓之五官。制少变于前矣。然犹命南正重司天以属神，火正黎司地以属民。司天者，五鸟之职也；司地者，五鸠之职也。而使木正、火正为之，其兼官之始与。尧之羲和主历象，仲叔主四时，初不异于少昊也。四时之官，分宅四方，谓之四岳，位在稷、契之上，尧舜求禅、命官则咨之。《周官》六卿，亦分天地四时，但冢宰天官无司历之事，唯春官之属太史掌之，下大夫之职也。然《顾命》太史序太宗之上，《春秋传》谓天子之日官居卿以底日，古制犹未泯也。[1]

惠栋以为，尧求贤时所咨询的四岳，主于明堂四门，即羲和之官。其位仅在尧之下，序百官之首，可见彼时对天时之官仍然重视。《曲礼》记载的是殷商之制度，仍然以掌管天时之官居政务官之前。到了周代发生了变化，《周礼》的六官系统，天官太宰居首，但不负责天时而是总揽政务。太史掌管历象，却仅仅是春官的下属。为何天时之官如此重要？惠栋谓：“盖上古天官**斟酌元气，典调阴阳**。故生为上

〔1〕 惠栋：《明堂大道录》卷五，《经训堂丛书》本，第4—5页。

公，没为贵神，是尊是奉。”[1]“斟酌元气，典调阴阳”，可谓最精确之概括。天官对时的探求，终究是为了寻找元气展开的内在节度，使王政与民生的节奏与之相适合。它规定了王以及全体民众的生活方式，最为基本。只是后来天官所推出的这些知识渐渐成为固定的背景，人们在不知不觉中循此而行，反而忽略了其重要性，处理人事的职官成为最重要者，天官地位随之下降。[2]

如前文所述，元可视为宇宙的绝对起点。在一本论的传统宇宙观中，绝对起点就意味着统领万物的根本，体会元之道即可统御万物。人们对于元之展开的认识，即律历。元的展开有其不同级别的循环周期，其最大的重合点仍可谓之“元”，亦即每一个循环周期的开始。而就属人的世界而言，传统中的共同体时代，大的分界节点，每一阶段循环的开始，亦可谓之元。政治世界的起点即在此。公天下的时代，每届帝王践祚之刻即是元，其德各自不同。到了家天下时代，“德”以血缘家族的传递来共同继承。如周文王、周武王、周成王皆为木德，其起点一为感生的后稷，一为受命的文王。故《公羊传》解释“春王正月”曰“王者孰谓？谓文王也”，何休云：“以上系王于春，知谓文王也。文王，周始受命之王，天之所命，故上系天端。”[3]就在

---

〔1〕惠栋：《明堂大道录》卷五，《经训堂丛书》本，第5页。

〔2〕这里还须说明的是，《周礼》分天地四时六官，天官自冢宰始，不主历象之事。惠栋使用之“天官”，则具有“历象”的意义。

〔3〕何休注、徐彦疏：《春秋公羊传注疏》，第10页。

这“神圣家族”之内，历代天子虽然同德，毕竟皆独立之君，各有其风格，用惠栋的话说“皆天之所笃生”，故新君即位仍可谓之新一小周期的“元”，得称元年。惠栋将终王吉禘看作最重要的祭祀，亦由此故。祭祀在新王除服之后举行，意味着向旧王、旧政告别，新王要**重新确认**“神圣家族”所继承自天的德行（而不是改变德行），并更新自己的具体措施，**重新确立**天下的秩序。终王吉禘四海皆来助祭，祭祀结束后新王朝诸侯及四海蛮夷会于明堂。惠栋描述道：

> 一王终，嗣天子即吉，奉新陟之王升，合食于明堂。上自郊宗石室，旁及毁庙，下逮功臣，无不与食。而天者又祖之所自出，合数十世之主，行配天之礼，故谓之大禘。是时四海助祭，荒服皆至，故谓之终王。祭毕而朝诸侯，天子负斧依，南乡而立；三公中阶，诸侯阼阶，诸伯西阶；诸子门东，诸男门西；九夷东门之外，八蛮南门之外，六戎西门之外，九狄北门之外；九采应门之外。《孝经》所谓“孝莫大于严父，严父莫大于配天”，配天之礼，九夷八蛮五戎六狄，各以其职来助祭，所谓合万国之欢心，以事其先王。通神明而光四海。王者之祭，莫大于此。[1]

---

〔1〕 惠栋：《禘说》卷上，《经训堂丛书》本，第9—10页。

此时可分两个阶段，一是吉禘祭祀，一是朝诸侯。《明堂大道录》的《明堂助祭》讲前者，《明堂朝觐》涉及后者，《明堂四门》又兼述之，皆引《顾命》及《礼记·明堂位》以说之。今斟酌《明堂位》及惠栋之说，参考汪中之图，[1]作《明堂朝诸侯示意图》（图 16）。

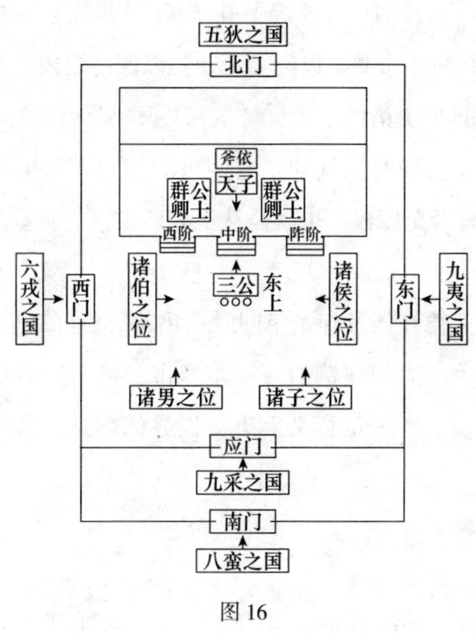

图 16

此图只是示意图，比例并不准确，有些机构也省略了。吉禘时天子及群公卿士只是在南方明堂的前堂，而公侯伯子男以及蛮夷皆围绕此机构展开，故省略了青阳等其他四室以及燕寝等，且门数也有省略，应门与南门位置也与汪中有所

[1] 汪中：《新编汪中集》，田汉云点校，广陵书社 2005 年，第 368 页。

不同[1]。此时的明堂，就是整个天下政治秩序的模型。堂上为王畿内的行政班子；庭中为九州内的诸侯，按公侯伯子男爵位排列；最外面是蛮夷。王柯称此为“三重的天下”。[2]据惠栋明堂之说，明堂四门之外有环水曰辟雍，象征的就是四海。则蛮夷戎狄当在四门之外、辟雍水之内，象征着四海皆来助祭。惠栋谓：“《孝经》孔子曰：‘昔周公郊祀后稷以配天，宗祀文王于明堂以配上帝，是以四海之内各以其职来祭。’四海即四夷诸侯也。”[3]《尔雅》又提及更远的四荒、四极，惠栋以为四时迎气即是对四极的连通。从王所在的斧依，到四海乃至四极，也就是从王到诸侯，再到蛮夷的政治格局。

伊利亚德在谈及神圣空间时指出：“世界的创造是一切建筑的典范。人们建造的每一座城市，每一间新家都是一次新的模仿，在一定意义上重复世界的创造。实际上，每

---

〔1〕汪中把应门放在南门之外，这缘于他据《逸周书·明堂解》“四塞九采之国，世告至者应门之外，北面东上”而论。如果四塞、九采并列，他们比蛮夷还要远，在明堂中的位置自然在八蛮之国的外面，故汪中推应门在南门外。而《礼记·明堂位》之文则作：“九采之国，应门之外，北面东上。四塞，世告至。”郑玄注曰：“九采，九州之牧，典贡职者也。”九采既为州牧，宜较蛮夷更近于明堂，不在外，则应门当在南门内。且据《尚书·顾命》“太保率西方诸侯入应门左，毕公率东方诸侯入应门右”，知应门当在内。郑玄说是。惠栋认为《逸周书》字句有误，当据《礼记·明堂位》改正。

〔2〕王柯：《从“天下”国家到民族国家：历史中国的认知与实践》，上海人民出版社 2020 年，第 32 页。

〔3〕惠栋：《明堂大道录》卷八，《经训堂丛书》本，第 8 页。

一座城市、每一间住所都位于‘世界的中心’。”[1]这可以在一定程度上使我们理解明堂的神圣意义，然犹有未尽。明堂及《明堂位》的礼仪开展，具有强烈的空间感。其空间的分布则展现了时间的流动，如东方为春、南方为夏等，人们常称之为“时空一体”的结构。然这种简单的总结遮蔽了真正深刻的问题：古人是缘何对四时与四方进行融合理解的？前面提及，古人认为元气展开自身即有了“时”，同时也形成了空间。人禀元气而生，即具备了理解这种时—空的能力。“一日”这样的时间观念，来自于人对阴阳昼夜的直观感受，所谓“通乎昼夜之道而知”。然一岁之中，四时的观念尤其与四方的感受密切相关。人类最早根据物候感受确定的季节或许只有春和秋，但既然空间有四方，则有四时。特别是随着人们对太阳周年视运动认识的精细化，黄道上的二分二至点自然与四方相关联。易言之，时空在先天是一体的，然**就人而言，是以空间的经验去理解“时”，又据以理解“时”所赋予四方的内容**。

从祭祀六天的角度看待明堂，它其实就是沟通天人的神圣中心。天神降下，五方帝之功用在四方及中心显现。未有人之前，天地自是天地；既有人以后，人的世界便是天地以及人类共同演绎的三才世界。明堂是这属人世界的时间起点的象征，也是世界中心的象征。王在其中，成为时间与空

〔1〕 伊利亚德：《神圣的存在：比较宗教的范型》，晏可佳译，广西师范大学出版社 2008 年，第 370 页。

间起点的代表者、守护者。惠栋谓：

> 一帝配天，功臣从祀。故禘礼上溯远祖，旁及毁庙，下逮功臣。圣人居天子之位，以一德贯三才，行配天之祭，推人道以接天。天神降，地示出，人鬼格。夫然而阴阳和，风雨时，五谷孰，草木茂，民无鄙恶，物无疵厉，**群生咸遂，各尽其气**，威厉不试，刑措不用，风俗纯美，四夷宾服。诸福之物，可致之详，无不毕至。所谓既济定也。庖牺画八卦以赞化育，其道如此。〔1〕

“王”的字义是通天地人三才。〔2〕王为天所笃生，即天子。就人类个体而言，其生来自于自己的父母；就人的整个种类而言，则是天之所生。〔3〕个体不必直接去面对上天以报本，只需孝敬父母来报本；天子祭六天，以先王、功臣配食，也非天子本人以天为太祖，而是代表整体人类追认天为太祖。在明堂祭祀中，“天子—王”并非如现代国家中所谓的主权代表，而是整个人类的代表。是故只有天子才可以祭天，诸侯则不可，惠栋称之为“等礼”。〔4〕出于此考虑，惠栋极力强调“笃生”，淡化“感生”。**因王纵则沟通天人（格**

〔1〕惠栋：《周易述》卷二十，乾隆间雅雨堂刻本，第6—7页。

〔2〕此处取《说文》的汉人理解，不取甲金文字所谓“斧钺之形象征王权”的含义。

〔3〕用现代科学的话说，即自然选择的结果，亦可谓之自然所生。

〔4〕惠栋：《明堂大道录》卷一，《经训堂丛书》本，第2页。

于上下），横则收摄四海（光被四表），必须克服其作为个体的私我，使之成为一种结构性的公共存在。由此推之，这种结构性的公共存在，在古代的大同之世由有德之君王来承当，在小康之世由“神圣家族”的成员依据继承法来承当（可以被革命掉）；在没有君王的时代，则由某种超越的政党或者代表机构来承当。[1]惠栋谓六经为生知安行之学，非困知勉行之学，以此。

第二节　圣王的工夫论

一　絜矩

上节论述惠栋以明堂为赞化育之事。天子之禘郊祖宗、依月份居明堂、朝日、颁朔、布政、养老等，皆所以赞化育。不管在天下为公（五帝）抑或天下为家（三王）之时，天子皆为人类世界的起点与中心。故天子自身的德行，亦与赞化育密切相关。《荀子·不苟》有“君子不下室堂，而海内之情举”之说，惠栋即以为此“堂”即明堂。《荀子·不苟》具体说道：

> 君子位尊而志恭，心小而道大，所听视者近而所闻见者远。是何耶？是操术然也。故千人万人之情，一人

〔1〕不同在于，后君主制时代的公天下，失去了前君主制时代公天下“天”的维度。

之情是也。天地始者，今日是也。百王之道，后王是也。君子审后王之道，而论于百王之前，若端拜而议。推礼义之统，分是非之分，总天下之要，治海内之众，若使一人。故操弥约而事弥大。五寸之矩，尽天下之方也。故君子不下室堂，而海内之情举。积此者则操术然也。

惠栋注解上文“千人万人之情，一人之情是也”曰“是以君子有絜矩之道”，注解“五寸之矩，尽天下之方”曰“《大学》‘絜矩’义疏”。[1]可见惠栋即将此段的君王治术总结为“絜矩”之道。《大学》言及“絜矩之道”，以“所恶于上，毋以使下；所恶于下，毋以事上”云云解释。朱子谓：“所谓絜矩者，矩者，心也。我心之所欲，即他人之所欲也。我欲孝弟而慈，必欲他人皆如我之孝弟而慈。”[2]此解释与《荀子》相合，所谓“五寸之矩”也是就己心而言。但问题在于“心”的主体是谁：是所有的人，还是君王？在《大学》的语境中自然指君主。朱子的注解也暗示是君主，有时也指向普通人；阳明学后学，则完全将之指向所有人；惠栋重新回到专指君王的解释立场。“推礼义之统，分是非之分，总天下之要，治海内之众，若使一人”，可以不固定某一家一姓，但也不是随便在大街上找一个人就能胜任的（对比“满街都是圣人”）。在惠栋看来，有德之圣王，以自身之

〔1〕 惠栋:《周易述》卷二十二，乾隆间雅雨堂刻本，第 52 页。
〔2〕 黎靖德编:《朱子语类》,《朱子全书》第 14 册，第 555 页。

矩推广于天下，此即絜矩之道。矩在君王自身，亦本于天，若“天畀禹洪范九畴，彝伦攸叙”者是也，故絜矩统于明堂之法。宋翔凤即取此义：

> 治国以及天下，犹积矩以裁制万物。……《明堂》取一至九之数，与《大学》絜矩同义。尧命舜曰“天之历数在汝躬”，谓此矩也；“允执其中”，谓絜矩也。自古帝王之治世，皆以矩之数裁制万物。〔1〕

絜为度量，矩为法度，絜矩即可引申为制法。圣王制法以推之于天下，即絜矩之道。这与阮元、钱大昕等人的理解是不同的。

二 一贯

明堂之法，由天及人，由王以及百官万民，由明堂以及四海。此皆自一本推出，既谓之絜矩，又可称作“一贯”。他在解释大学八目时举《尧典》首段而后谓：“由本达末，原始及终，一以贯之之道也。”〔2〕具体来说：

> 《尧典》之“克明俊德”，《大学》之“欲明明德”，即一也。明俊德以及九族、百姓、万邦、黎民，**明明**

〔1〕 宋翔凤：《大学古义说》，《续修四库全书》第159册，第230页。
〔2〕 惠栋：《周易述》卷二十二，乾隆间雅雨堂刻本，第34页。

德以修身、齐家、治国、平天下，即一以贯之也。一即本也，故云“壹是皆以修身为本”。物有本末，事有终始。由本达末，原始及终，一贯之义也。忠，一也。以忠行恕，即一以贯之也。以忠行恕，即《中庸》《大学》所陈是也。[1]

前几章言及惠栋乾元太极论与性情论时已指出，惠栋以一为道本，所谓“一在《易》为太极，在爻为初九。凡物皆有对，一者至善，不参以恶”。[2]一是最初之善，在君王即自身最初之仁心。将之推扩出去，即一贯，即絜矩。同时，君王沟通天人，亦得谓之贯，即前文引用的“以一德贯三才”。要之，惠栋的“贯”取“以一穿物”[3]的本义，与清儒后来“一以行之”的解读不同。惠栋又谓：

以忠恕之道终身行之，以絜矩之道平天下，所谓“一以贯之”也。《大学》言“平天下”，而云“明明德”；《中庸》言“至诚尽性”而可以赞化育。皆所谓“一以贯之”者也。[4]

此处将“一贯”与赞化育相联系。“一”有两个向度：

〔1〕 惠栋：《周易述》卷二十二，乾隆间雅雨堂刻本，第50—51页。

〔2〕 惠栋：《周易述》卷二十二，乾隆间雅雨堂刻本，第40页。

〔3〕《说文》谓：“毌，穿物持之也。”

〔4〕 惠栋：《周易述》卷二十二，乾隆间雅雨堂刻本，第49页。

首先是道之根本，此为所以贯穿群物的保证；其次是贯穿之后统一性的状态，此即成既济定的太平世界。又惠栋解“贯”除了贯穿，还有积累之义。他引《韩非子》以及《楚辞》王逸注等证明“贯皆有积义，道积于一”，[1]贯穿与积累义相通。惠栋特别点明此意，因“一”作为道本，是道之微。对于一的把握是“幽赞”，但圣王要扩展到赞化育，必然要积累而成。犹乾之初九必积累至六阳而后成整全之乾。在《易微言》的下卷，惠栋又列举积、天地尚积、圣学尚积、王者尚积、孟子言积善等条。如果说一贯的“贯穿”义侧重于圣王之矩必然要推扩到整个天下，那么“积累”义则强调圣人在推扩的过程中必须稳步前进，“成章而后乃达”。不唯如此，他还认为“积”乃是圣人之微言，七十子之大义：

> 盖天道与圣人始于一，所谓不贰也；渐于积，所谓昭昭、撮土、卷石、一勺也；成于不息，所谓于穆不已、纯亦不已也。（升卦）上六云“利于不息之贞”。二升五，积小以成高大，故云“不息之贞”。此皆圣人微言，七十子之大义也。[2]

看似普通工夫的“积”，缘何被惠栋视为微言大义？实因“积”正是自“幽赞”到“赞化育”的关键方法。“幽”，

---

〔1〕 惠栋:《周易述》卷二十二，乾隆间雅雨堂刻本，第48—49页。
〔2〕 惠栋:《周易述》卷十三，乾隆间雅雨堂刻本，第16页。

即《中庸》引《诗》曰“德輶如毛”“上天之载，无声无臭”；赞化育，即天地位、万物育，毛虽轻，积累不已，则人莫能举。

惠栋据“一贯”之义批评了理学。首先“一贯”强调推扩于万事，“一”作为善端并非全部，故他说：

> 《庄子·天地》曰：“《记》曰：‘通于一而万事毕，无心得而鬼神服。’”郭注云：“一无为而群理都举。记，书名也，云老子所作。”案：此论一贯，与宋儒同，与孔子异。道家以一为终，故《庄子》曰“得其一而万事毕”；圣人以一为始，故夫子曰“吾道一以贯之”。此儒与道之别也。[1]

与道家相较，古儒的一贯有三个特色：一是“一”乃是乾元之初，为根本之善；二是侧重“贯”，即推扩到家国天下的事业上，是面向实践和未来而开展的；三是以忠恕为一贯的内容，注重人与人之间的关系。在惠栋看来，这与自然主义和虚无因循有着根本的区别。看似都讲一与万的关系，道家以一为归结，其终结点是混沌。古儒则反是，自元气而展开，也就是“赞化育”，面向纷繁复杂、充满丰富可能性又和谐统一的未来。在道家和佛教那里，要与天地相融，根本不需要“赞—化育”：“赞”是有为、多事，是戕

〔1〕 惠栋：《周易述》卷二十二，乾隆间雅雨堂刻本，第52页。

害；“化育”则恰恰是堕落的根源，故不如无生归空。

在思想史中，惠栋之前的王夫之也对“归一”做了类似的批评。他解释“天下同归而殊途，一致而百虑”谓：

> 天下之生，无不可与道为体；天下之理，无不可与道为本。成熟扩充，以臻于光大，随所入德而皆有其大备，而量有不齐，则难易差焉。故君子择其精粹以为之统，则仁首四端而孝先百行，其大凡也。立本者，亲始者也。序立而量能相给也。〔1〕

王夫之强调“成熟扩充”至为重要，与惠栋之意同。他指出佛教的“万法归一”是“于一之上索光怪泡影以为之归”。朱子门人陈埴解释“一贯”时以“殊途而同归，百虑而一致”说之，〔2〕王夫之又批评道：

> 《易》云“同归殊途，一致百虑”，是“一以贯之”。若云“殊途同归，百虑一致”，则是贯之以一也。释氏“万法归一”之说，正从此出。……“同归殊涂，一致百虑”者，若将一粒粟种下，生出无数粟来，既天理之自然，亦圣人成能之事也。其云“殊涂同归，

〔1〕 王夫之：《周易外传》，《船山全书》第1册，第1049页。

〔2〕 惠栋《易微言》中也有“天下殊途而同归，百虑而一致”之语，但这是引《论语》时所附载的何晏注，并不代表惠栋就认可，且《易微言》非定稿。

百虑一致”，则是将太仓之粟，倒并作一粒，天地之间，既无此理亦无此事。[1]

从形上学的理论视角来看，如陈赟所指出的，“万法归一”是“形而上学神话”。[2]王夫之回到气学的立场对此进行反思，惠栋亦然。推扩、生成，内含着积累之义。惠栋强调一贯的积累之义，虽然他未说明是在针对顿悟和现成良知说，但读者不难理解其指向。

三　慎独

一为道本。既谓之一，则没有与之相对者。惠栋由是称“一”为“独”。《文子》：“一也者，无适之道也。”惠栋谓：“适读为敌。一者道之本，故云无适。”[3]即以无适为“没有敌对”的意思。一者至善，则无恶与之相对，恶为后起之偶然。惠栋还借机批评了程子“主一之谓敬，无适之谓一”[4]之说：“后儒有‘主一无适’之语，读适如字，训为之，殊非古义。”[5]其实程颢不之东、不之西的说法，也与“独”相通，惠栋强调读为“敌”，一方面出于故训考量，一

〔1〕王夫之：《读四书大全说》，《船山全书》第6册，第644页。
〔2〕陈赟：《回归真实的存在》，复旦大学出版社2007年，第163页。
〔3〕惠栋：《周易述》卷二十二，乾隆间雅雨堂刻本，第47页。
〔4〕程颢、程颐：《二程集》，第169页。
〔5〕惠栋：《周易述》卷二十二，乾隆间雅雨堂刻本，第47页。

方面是强调此“一”的绝对性。

在理学的一般性理解中，“慎独”是工夫，“独”可指处境或工夫的对象。然在惠栋那里，“独”本身就是工夫，“慎独”即慎用此工夫。“一”亦如此：既指称道本之一，又指称使其精纯的工夫。一为隐微，唯己独知，他人不能知，故为独。惠栋引《诗》来解释：

> “德輶如毛”，言微也；“民鲜克举”，言慎独者少，唯仲山甫能慎独，故克举之。**隐微之中，神明独运，非人所能助**，故云“爱莫助之”。《荀子》曰“能积微者速成”，引此诗为证。〔1〕

“独”是至高的工夫，涉及对于道本最深刻的体会。由此“慎独”不仅仅是“不欺暗室”之义，而是在最微妙的状态上，一般人难以理解。“爱”即隐秘之义，惠栋甚至由此批评郑玄“不明古义，改训为惜”。

诚、独、一，义并相通，故《荀子·不苟篇》曰：

> 君子至德，嘿然而喻，未施而亲，不怒而威。夫此顺命，以慎其独者也。善之为道者，不诚则不独，不独则不形，不形则虽作于心，见于色，出于言，民犹若未从，虽从必疑。天地为大矣，不诚则不能化万

〔1〕 惠栋：《周易述》卷二十二，乾隆间雅雨堂刻本，第26页。

物；圣人为知矣，不诚则不能化万民；父子为亲矣，不诚则疏；君上为尊矣，不诚则卑。夫诚者，君子之所守也，而政事之本也。

前文引无敌即独，是不独则贰其心。贰者，心思不能精纯体道。如此自然不能将至善的道本顺畅无碍地表现出来，故“不独则不形”。通过近几十年的出土材料可知，“慎其独”乃是先秦哲学的一个重要话题，如帛书《五行篇》曰“‘鸤鸠在桑，其子七氏。淑人君子，其宜一氏’，能为一，然后能为君子，君子慎其独也。‘燕燕于飞，差池其羽。之子子归，远送于野。瞻望弗及，泣涕如雨。’能差池其羽，然后能至哀，君子慎其独也”，[1]并把慎独的方法解释为“舍五而□心”和“舍体”，[2]亦即超越外在形式返归内心。李景林据此认为：“先秦儒言慎独，包括三个层次的义涵：一是工夫义，二是心性本体义，三是德治义。《大学》《中庸》《荀子》所论偏重在其工夫义……强调于心之初发之几微处，敬慎其所始。……帛书《五行》篇的慎独说则注重从心性的角度对‘独’作本体意义的揭示。”[3]王中江综合先秦文献，认为：“孔门后学从自我的‘内在性’到‘心性’再到‘仁

[1] 裘锡圭主编：《长沙马王堆汉墓简帛集成》第4册，中华书局2014年，第58页。

[2] 裘锡圭主编：《长沙马王堆汉墓简帛集成》第4册，第72页。

[3] 李景林：《教化的哲学——儒家思想的一种新诠释》，黑龙江人民出版社2005年，第232页。

爱’和‘诚’等具体德目这种环环相扣而确认的道德‘本性’，实际上就是‘独’的实质。反过来说，‘独’就是以‘性’和‘心’等为根本的人的内在道德本性。”〔1〕惠栋也主张先秦文献如《大学》《中庸》《荀子》中“慎独”之义的统一性，然实际上，三篇的角度各有差别。惠栋发挥的是荀子之义，即将独与诚、一融会起来。《荀子》说“不诚则不独，不独则不形”，《中庸》说“诚则形，形则著”，合比而推之，“独”实为从诚（内）到形（外）的关键一环。

除了就道德修行意义来说，“慎独”还有宗教向度的义涵。惠栋在论及礿祭时说：

> 禘行春夏，物未成熟，其荐简略，而莫重于始灌。天道暗昧，推人道以接之，故始灌之礼，以孙假祖，以祖假天。惟圣人为能飨帝，以其内心也。德产之致也精微，观天下之物无可以称其德者，是故君子慎其独也。〔2〕

其说本于《礼记·礼器》：“礼之以少为贵者，以其内心者也。德产之致也精微，观天子之物无可以称其德者，如

〔1〕王中江：《简帛文明与古代思想世界》，北京大学出版社 2011 年，第 299 页。此外张锦枝也主张慎独具有统一内涵，见《简帛〈五行〉“慎独”涵义探析——兼论与〈大学〉〈中庸〉〈礼器〉〈不苟〉篇“慎独”涵义之统一》，《哲学分析》2012 年第 4 期。

〔2〕惠栋：《禘说》卷上，《经训堂丛书》本，第 14 页。

此则得不以少为贵乎？是故君子慎其独也。”尽管此处“慎其独”与上句“乐其发”相对，独与内心相关，但此处的内心特指祭祀之时至诚格天的状态。盖心中不专一，则无法体会元气氤氲，聚拢天地精气。惠栋以圣王之事始于幽赞，终于赞化育。幽赞为赞化育的基础，而幽微的起点，其实就是天人之际。**此处唯己所独知，以慎独工夫保证圣王能获得对天人之际或者幽微之地的体悟**。他解释“王者敬日，霸者敬时”说：

> 一日二日万几，王者敬日也。声色化民，霸者敬时也。敬日者，在隐微幽独。敬时者，在政教号令。[1]

霸者敬时，仅仅靠外在的“政教号令”强迫人们服从，人民并非心悦诚服，只是慑于强权。王者敬日，其“隐微幽独”不仅仅是纯粹的道德修养工夫，更涵括了对天地之“元”的体会。天子体元，诚于中，形于外，百官、万民皆从而化之，以成既济。“以力假仁”者则不会有这种效验。

四　惠栋与宋儒、清儒的分歧

在通行的清代思想史叙述中，反对或解构宋明理学一直被当作关键线索。理学家围绕“四书”展开的关键诠释如絜矩、一贯等，皆被钱大昕、阮元、焦循、王氏父子通过训

〔1〕 惠栋：《周易述》卷二十三，乾隆间雅雨堂刻本，第38页。

诂的手段加以拆解，进而在义理上立异。惠栋在这些问题上固然与理学有别，但与后来的阮元等也不同。其解释的差别背后隐藏着根本性的立场差异。

先分析“一贯”的解释。如前所述，惠栋以“贯”为贯穿和积累，一以贯之即将根本隐微之“一”扩充出去。此种对“贯”的训释与理学实无大差别。然阮元谓：

> 贯，行也，事也。……孔子呼曾子告之曰：“吾道一以贯之。”此言孔子之道皆于行事见之，非徒以文学为教也。“一”与“壹”同。壹以贯之，犹言壹是皆以行事为教也。[1]

阮元从两个角度消解理学的解释：首先将“贯”训为“行”，以针对理学重冥思与议论的倾向；更为关键的是，他把“一”当作状语，而不是当作道本。“一以贯之”由之便成了“都是讲的践履的事情”。王念孙亦将之解释为“一以行之”，[2] 刘宝楠并同。[3] 此解释的针对性极为明显：“若云贤者因圣人一呼之下，即一旦豁然贯通焉，此似禅家顿宗冬寒见桶底脱大悟之旨，而非圣贤行事之道也。何者？曾子若因一贯而得道统之传，子贡之一贯又何说乎？”[4] 按朱子注

---

〔1〕 阮元：《揅经室集》，第 53 页。

〔2〕 王念孙：《广雅疏证》，中华书局 2019 年，第 28 页。

〔3〕 刘宝楠：《论语正义》，中华书局 1990 年，第 152 页。

〔4〕 阮元：《揅经室集》，第 53—54 页。

《论语》“一以贯之”曰：“夫子知其真积力久，将有所得，是以呼而告之。曾子果能默契其指，即应之速而无疑也。”[1]阮元谓“一呼之下，即一旦豁然贯通”正指此而言。但他下面又说“此似禅家顿宗冬寒见桶底脱大悟之旨”，将朱子之说判为禅宗，乃因他所认为的儒释之辨，就在于是否脱离具体事务[2]来讲玄妙的东西。

清儒训诂水平最高，但“一贯”是否真如阮、王所解为“皆以行之”？贯本就是贯穿之义，贯穿可以引申为“行”，但不代表“贯”直接具有“行”的意思。贯穿某类事物，必用“一”；而解释为“皆以行之”，则缺少了所以行之之物，哪有这么穿凿的解释呢？清儒抱有“理学空疏”的偏见，矫枉过正，从貌似辗转相通的众多训释中挑出对自己前见有利的解释。辗转相通，终致泛滥无归。惠栋笃于两京家法，自不至于此。

再看“絜矩”。戴震的解释与惠栋迥异：

> 理也者，情之不爽失也；未有情不得而理得者也。凡有所施于人，反躬而静思之：“人以此施于我，能受之乎？”凡有所责于人，反躬而静思之：“人以此责于我，能尽之乎？”以我絜之人，则理明。天理云者，言乎自然之分理也；自然之分理，以我之情絜人之情，

〔1〕 朱熹：《四书章句集注》，第71页。

〔2〕 我们此处用“事务”而非“实践”一词，乃是因程朱陆王何尝没有实践？在自家心性上用功与应对事务，皆是实地践履。

而无不得其平是也。[1]

虽非对“絜矩”的直接注释，然其下文又引述《大学》“所恶于上”云云来解释絜情，可见其对“絜矩”的理解也类似。戴震与惠栋的不同在于，他的“絜”着眼于社会中交往的双方商议，惠栋则着重于自我主体的推扩。在戴震看来，理学家的“理”具有强烈的独断性和压制性，理学家们把自己想出来的当作理，用以规范、裁制他者。戴震以为实际的理，应当是在自我与他者的交流之中建立起来的。杨儒宾将戴震之学归结为“建立在感性生命上的间主体性之道德”。[2]戴震又说：

> 惟以情絜情，故其于事也，非心出一意见以处之，苟舍情求理，其所谓理，无非意见也。未有任其意见而不祸斯民者。[3]

戴震认为理学家就是以自己的意见为理，他自己则把所有人“意见”的商度称为理。然其问题有二。第一，何以保证“絜”能够达成一致？若要人们通过商度来达成一致，首先要有充分、理性的交流，但现实中这基本上是不可能的。每个人的教育水平、认知结构、所处环境差别非

〔1〕 戴震：《孟子字义疏证》，《戴震全书》第6册，第150页。
〔2〕 杨儒宾：《异议的意义：近世东亚的反理学思潮》，第192页。
〔3〕 戴震：《孟子字义疏证》，《戴震全书》第6册，第153页。

常大，且人数越多、结构越复杂的共同体，商兑就变得越困难。[1]同时，我们无法保证或要求参与讨论或“絜矩”的人都在当时是理性的。多人商度絜矩，只要一人非理性，便不容易达成共识。郑宗义亦曾指出类似的问题：“心知之计虑效益而认为人己两蒙其利的以情絜情乃得理者，倘就个人的层面说恐怕并不易得到充分的证成，因为个人心目中意谓的最大的效益者往往是很主观的，并不一定客观地等于最长远的或最有保障的效益。”[2]第二，即或商度絜矩能在局部达成一致，他们这种一致就是正义的吗？一个小行业絜情，只能絜出有利于自己行业的规则；一个郡县絜情，只能絜出有利于自己郡县的规则。其他若宗族、民族、集团亦然。戴震等学者或可回应说，絜乃是不断地去扩充，若一个集团面对其他集团，也要秉着忠恕的商度原则，而不是以本集团所商度出来的原则为准去要求另一个集团。那么这种絜矩推扩到哪里为止呢？一个节点是一国之人，再往外就是世界上所有人（天下之“凡有血气者”）。但天下的绝大多数人在某一个节点絜矩之后达成某种看法，就一定“是”吗？

焦循继承了戴震的讲法，他把“格物”称作“絜矩”，

〔1〕就国家而言，人数并不是一个可以被忽略的问题。大国和小国的政体当然不可能相同，而且大国除了人口庞大的问题会制约充分的商度，还有众多民族、地域等小共同体，若要完全通过商度来构建，有崩裂的风险。

〔2〕郑宗义：《明清儒学转型探析》，香港中文大学出版社 2000 年，第 251 页。

所谓“格物者，絜矩也。絜矩者，恕也”。[1]具体而言：

> 饮食男女，人之大欲存焉。圣人于己之有夫妇也，因而知人亦欲有夫妇。……与人相接也，以我之所欲所恶推之于彼，彼亦必以彼之所欲所恶推之于我，各行其恕，自相让而不相争，相爱而不相害，平天下所以在絜矩之道也。[2]

焦循对絜矩的理解与戴震类似。但“以我之所欲所恶推之于彼，彼亦必以彼之所欲所恶推之于我”有问题，我以恕道对他人，他人不必然就会以恕道对我。这是一个经验性的命题，却常常为经验性的事实所证明其不可行。[3]

明代后期进入平民化的社会，理学仍为在上者所提倡，二者必然会产生冲突。冲突在学术上的表现就是阳明后学的运动，以及清代儒者的反思。泰州学派也讲“絜矩”，如王艮谓：

---

〔1〕 焦循：《焦循诗文集》，广陵书社 2009 年，第 162 页。

〔2〕 焦循：《焦循诗文集》，第 163 页。

〔3〕 焦循还举例论证：“人有玉而吾爱之，欲也。若推夫人之爱玉亦如己之爱玉，则攘夺之心息矣。能推，则欲由欲寡；不能推，斯欲由欲多。”（焦循：《焦循诗文集》，第 163 页）某块美玉在归属权清晰的情况下，某个爱玉的人一般不会去抢夺这块属于他人的玉。但这个人做出此决定不在于“絜矩”之推，而是“抢别人的玉是犯罪”的朴素观念。换一个情境，若一位富商悬赏一块稀世美玉，谁的诗写得好就把此玉奖他，那么两个诗写得差不多好的爱玉之人，会彼此相让吗？让玉固然是君子之风，但恐怕还是争抢的情况多。

> 格，如格式之格，即后“絜矩”之谓。吾身是个矩，天下国家是个方。絜矩，则知方之不正由矩之不正也。是以只去正矩，却不在方上求。矩正则方正矣，方正则成格矣。故曰物格。吾身对上下前后左右是物，絜矩是格也。[1]

以己为矩，以己身推扩到天下即絜矩。王艮对絜矩的理解看似与朱熹、惠栋一致，与戴震的“以情絜情”不同；但从精神实质来说，王艮恰与戴震一致，与朱熹、惠栋不同。其“吾身是个矩”，矩的主体已经扩大为所有人，这继承“尔那一点良知，是尔自家底准则”而来。“每个人都有权把自己的良知扩充到世界”和“我们要通过以情絜情达到共识”，都指向了如下主张：“没有任何世俗的权威可以自称掌握了真理而强迫我服从。”我在讨论王船山时指出：“阳明后学强调‘满街都是圣人’，意味着将下层抬高到与圣人一个层面上；而戴震反对宰制之理，则是把圣贤降低到与庶人一个层面上。阳明后学与戴震哲学，一左一右，在消解古典等差结构的问题上达到了吊诡的统一。”[2]

惠栋仍秉持古典的立场。戴震的思想是激愤于当时的社会风气和政治制度，反宋明理学而出。惠栋较超然，他关心更为远大（“迂远”）的问题，不在乎当下救世。自秦汉以

〔1〕 王艮：《王心斋全集》，江苏教育出版社 2001 年，第 34 页。
〔2〕 谷继明：《清代思想的异调：王船山政治哲学再探》，《孔学堂》2016 年第 4 期。

后，是帝王不断自我膨胀的时代；明中后期以降，又到了每个人都自我膨胀的时代。与此相伴的是超越于人的两极（天地），其地位越来越坠落。我们如今固然不可拿古代对于天的具体知识来指导当下的生活，但人的认知并非是完美的。人仍然不能自我拔升为天地本身，他是不完满的，这种不完满包括德性、知识、情感的不完满。就认知而言，人们都承认我们的知识水平在不断提高，但不论科学知识还是关于政治社会的知识，仍有许多现有理性所不能达到的地方。特别是就政治和社会而言，建构一种合乎适宜的共识，必须通过深入的协商与交流，而非某一时间的“相絜”。情感方面更是如此，如理学家所深刻体察的那样，情易变而难察，易发而难制。处在情绪泛滥中的两个人或多个人，让他们实现“以情絜情”具有一定困难。

人是历史性延续的存在，而非当下的、每个时刻都与其他时刻断裂的存在。这一特点对人的生存具有重要意义。人们不可能于任何时刻都在不断地“以情絜情”以决定如何行动。他们在某个闲暇的时刻认真地通过“以情絜情”来确定的社会、政治、伦理规则，自然可以成为未来一段时间内的指导。法律、经典、礼俗，因之而具有权威性。戴震也承认，心之所同然不仅仅是某一时刻的所有人，还包括历史维度的过去和未来，所谓：“如直者之中悬，平者之中水，圆者之中规，方者之中矩。然后**推诸天下万世**而准。……《中庸》称‘考诸三王而不谬，建诸天地而不悖，质诸鬼神而无疑，百世以俟圣人而不惑’，夫如是，是为得理，是为心之所同然。”[1]圣人代表着权威，“天下万世”代表着历史维度，综言之皆是对当下性的“以情絜情”之说的突破。孙邦金据此认为，“普遍正义而非达情遂欲才是戴震伦理学的最高追求”，[2]然而戴震学说中也有大量关于达情遂欲的表述，可见孙邦金的解读恰恰显示了戴震哲学内在的冲突。另一方面，就现实而言，人的认知结构、性情能力有差别，“以情絜情”就不能是毫无差别地平等相絜。我们不能从经济地位、社会身份、官僚品级来断定一个人是否更具有现成的德性和智慧，但人的智慧德性总有差别，故需要有德性和智慧的人为社会确立某种在一段时间内具有稳定性的法则。如果不承认以上条件，“以情絜情”往往会陷入每个人皆坚持自己意见、靠力量博弈而争相追逐话语权的乱斗局面。戴震为了不使“絜矩”陷入混乱争吵，设立了一个前提：人们的“血气心知”自然具有理性的倾向，会通过和平的讨论确立大家皆能接受的、符合某个具体情境的“具体办法”。之所以强调“具体办法”，乃是因他激烈反对“如有物焉”的普遍化之理。但这种倾向只是就潜能而言人人平等，现实并非如此。退一步讲，即使要走向人人具有现实独立决断、不需要任何权威指导的社会，这个社会也不是闭着眼就可以忽然到来的。首先要通过一定的制度（“王”）和教育者（“师”）的培育来促成。通过并不自由平等的途径而要达成自由平等的状

〔1〕 戴震：《孟子字义疏证》,《戴震全书》第 6 册，第 162 页。
〔2〕 孙邦金：《乾嘉儒学的义理建构与思想论争》，第 116 页。

态，这本身就是一个难题。

职是之故，惠栋并不认为众人是“道”的来源，“以情絜情”也并非找寻或确立“道”的主要方式。道具有超越性，其来源在天：不属于世俗的君王，也不属于知识阶层和大众。道展开为天地人三才之道，则属人的世界仍与道相关。在属人的世界中，必然有秩序，其中有一个存在者成为道的总体代表，还有一些人更能理解道。代表者可以是禅让的帝王、家天下的帝王，也可以是某种集体（比如议会或政党），还可以是师儒。但需要指出的是，惠栋认为天远远在这些代表之上。明堂成为如下一个场域：它不是天子展现其至高无上权力的场所，而是纵则敬畏于天、横则合乎四海万民之情，时刻修持自己的场域。

王艮、戴震、焦循等把“絜矩”的主体定位为每个人，朱子等将之定位为君主与士人群体，惠栋则主要以“絜矩”者为圣王（或圣人）。或许有人会质疑惠栋在设想一个皇权专制的时代，其实不然。天子的“私我”随便做出的决定或说出的话并不是矩，也无法“絜”（推扩）。惠栋举《大学》桀、纣“其所令反其所好”之语来说明，可推知其观点。他以《荀子》“千人万人之情，一人之情是也”为絜矩之道，即以为天子不当纵容私我，而需尽格上天之意，尽纳天下人之情，使自己具备最大的公共性。这与理学“廓然而大公，物来而顺应”的意识是一致的。其不同在于，惠栋主要以之说圣王，而理学家以之推广到士大夫的修养工夫。但常人很难做到极“公”或“无我”的境界，于是前文提及惠栋的

"后人谈孔学者，止及困勉之学，而未及生安。六经之书，生安之学为多"便可以理解了。然相较于戴震及其门徒，理学的精神及工夫仍与惠栋更一致。他曾说："汉人经术，宋人理学，兼之者乃为大儒。"[1]

与"生安之学"相关的一个问题是：圣王是不是现成的？如果是现成的，工夫论是否还必要？在惠栋看来，存在着"天纵之圣"以及"生知安行"的圣人。但这种"现成"的圣人仍需要一个由微至著的过程。普通人从微小之初善发展下去，中间经历许多波折扭曲，不复保有其善，须加克治；圣人则自然从"微"生长壮大，故仍需"积"作为工夫。此种工夫乃顺行而非逆取的。

如前所述，《易》之道在于赞化育，而始于幽赞。自幽赞至赞化育，即是一个不断积累的过程。王居明堂之中，慎独而积微，其工夫的推扩即是政治的展开，亦即一贯之道："明堂之法，始于幽赞，中于向明，终于赞化育，夫子所谓'吾道一以贯之'是也。"[2]

第三节　师　儒

一　人师与大儒

惠栋在解释《荀子》时有段颇具意味的议论：

---

〔1〕 惠栋：《九曜斋笔记》，《丛书集成续编》第20册，第635页。
〔2〕 惠栋：《明堂大道录》卷二，《经训堂丛书》本，第3页。

> 《荀子·儒效篇》首云“大儒之效”，引周公相成王事，以周公为大儒。又与秦昭辩儒者有益于人国，末云“夫是之谓人师”。所谓人师，即大儒也。盖师儒之义详于太学，故亦引镐京之诗以为证。又《荀子·王制篇》云：“王者等赋政事，财万物，所以养万民也。田野什一，关市几而不征，山林泽梁以时禁法而不税云云，夫是之谓人师。”与孟子对齐宣明堂之政略同。然则明堂之政非大儒不能行也。自古为大儒者二人，周公、孔子是也。故孟子陈汤、文之事云“以德服人者，中心说而诚服也，如七十子之服孔子也”，亦引镐京之诗为证。[1]

《明堂大道录》亦载此文，[2]可知为惠栋晚年的重要观点。他以周公、孔子并为大儒、人师，与理学的道统说稍有不同。理学的道统叙事以治统与政统的分裂为关键点，如《大学章句序》谓：“有若孔子之圣，而不得君师之位以行其政教，于是独取先王之法，诵而传之以诏后世。”[3]在朱子看来，孔子有圣人之德行智慧而无权位，故成为“道学”的开端。余英时已揭出此点。[4]是以周公与孔子之间，当划出一条界限。惠栋以周公、孔子并列为人师、大儒，仍与权位有关。在理学

---

〔1〕 惠栋：《荀子微言》，《续修四库全书》第932册，第467页。

〔2〕 惠栋：《明堂大道录》卷七，《经训堂丛书》本，第8页。

〔3〕 朱熹：《四书章句集注》，第3页。

〔4〕 余英时：《朱熹的历史世界》，第15页。

看来，周公摄政辅成王，得以实现其治道，故可归之于尧舜禹汤圣王之列；然在惠栋看来，周公为人臣，其摄政亦不过人臣之极——从另一方面看，人臣之极可以摄天下之政。

此说乃因公天下转入家天下之后的张力而来。天下为公的时代，选贤与能，讲信修睦，圣王皆德位相配。孟子引《尚书》曰："天降下民，作之君，作之师。惟曰其助上帝，宠之四方。"[1]最初之君有圣人之德，足为万民效仿，君就是师。惠栋谓"明堂之政非大儒不能"，可知师德恰恰是君主行明堂之政的必备条件。家天下的时代，"世及以为礼"，不能保证天子必为有德有智的圣人。此时宰辅对天子的匡正辅助就十分重要。伊尹放太甲，周公辅成王，皆人臣匡正天子、裁成天下的极致。易言之，大儒作宰辅，亦可代天子行明堂之政。故惠栋又谓：

> 盖明堂为大教之官，四学具焉，官司备焉。政教之所由生，变化之所来，非得人师如周公、孔子者，不能通神明而光四海。使近者歌讴而乐之，远者竭蹶而趋之，中心悦而诚服，若是之盛也。[2]

尧、舜、禹、汤本身就是君师合一的王者，故不单独

〔1〕今清华简《厚父》此句作"古天降下民，设万邦，作之君，作之师，惟曰其助上帝乱下民之慝"[《清华大学藏战国竹简》(五)，中西书局 2015 年，第 110 页]。

〔2〕惠栋:《荀子微言》,《续修四库全书》第 932 册，第 467 页。

以大儒、人师目之。然伊尹、傅说、太公望何以不为大儒？一者诸人的德行事功虽亦盛大，然犹不及周公、孔子；二者人师、大儒不仅需要有事功德行，更需要垂教。周公制礼作乐，文物大备，“郁郁乎文哉”，凡周人子弟皆遵周公之教；孔子删述六经，垂宪后世。是明堂太学所教学，即周公、孔子之法。

惠栋以周、孔并为大儒，而章学诚论周公、孔子之别云：

> 孔子之大成，亦非孟子所谓也。盖与周公同其集羲、农、轩、顼、唐、虞、三代之成，而非集夷、尹、柳下之成也。**盖君、师分而治教不能合于一，气数之出于天者也。周公集治统之成，而孔子明立教之极**，皆事理之不得不然，而非圣人异于前人，此道法之出于天者也。故隋唐以前，学校并祀周、孔，以**周公为先圣，孔子为先师**，盖言**制作之为圣，而立教之为师**。故孟子曰：“周公、仲尼之道一也。”然则周公、孔子，以时会而立统宗之极，圣人固藉时会欤？〔1〕

章学诚以为“周公集治统之成，而孔子明立教之极”，周公为制作之圣，孔子为立教之师。然在惠栋看来，周公的制作即已垂教，周礼便是周公作垂之教；孔子的立教即有制作，《春秋》为一王大法，岂非制作？周公在明堂政治中有

---

〔1〕 叶瑛校注：《文史通义校注》，中华书局 1985 年，第 122—123 页。

实践，《孝经》所谓“昔者周公郊祀后稷以配天，宗祀文王于明堂，以配上帝。是以四海之内，各以其职来祭”。惠栋认为，这是明堂之法的精义所在。在《孝经》的叙述中，居于明堂的至尊人物当然是周成王，然实际的主持者为周公。只有周公之德，才达到“近者歌讴而乐之，远者竭蹶而趋之，中心悦而诚服”的效果。

那么孔子如何在明堂之法中实践自己的道呢？他本即无位，无法像周公那样摄天子之政行明堂礼，故无法在生前实践其道。但既为圣人，则死后必在太学中被祭祀，其道为天子、太子、诸子所学习。太学为明堂之东序，四学在明堂之郊。孔子之前，太学与四学中即有先圣、先师的祭祀和尊崇；孔子既出世，为最盛之人师，殁后宜在明堂东序中祭祀，为最尊。[1]但这只是表象，在惠栋看来，孔子自有其“国土”，即万世之教。在万世之教中，孔子自为王。《孟子·公孙丑上》谓：“以德服人者，中心悦而诚服也，如七十子之服孔子也。《诗》云：‘自西自东，自南自北，无思不服。’此之谓也。”七十子服孔子，犹诸侯之服天王；推而广之，天下万世服孔子之教，学孔子之学，犹四海蛮夷服于天王。不特如此，天子姓氏或数十年或数百年而一更替，孔子则世世代代皆服行之，其配天之德，无以加矣。惠栋以孔子作六经为赞化育，其功不在尧舜之下：

〔1〕 后世立孔庙，未尽合惠栋所谓明堂之法，然亦略得其意。

> 《中庸》“唯天下至诚”已下，是言孔子论撰六经之事。孔子当春秋之世，有天德而无天位，故删《诗》述《书》，定礼理乐，制作《春秋》，赞明《易》道。戴宏《春秋解疑论》所云：“圣人不空生受命而制作，所以生斯民，觉后生也。”其孙子思知**孔子之道在万世**，故作《中庸》以述祖德云“仲尼祖述尧、舜，宪章文、武”；极而至于“天地之覆载，四时之错行，日月之代明”，言其制作可以配天地；继乃举至圣、至诚以明之。[1]

“孔子之道在万世”，广而言之，万世即孔子的“四海国土”；近而言之，《春秋》二百多年的人事历史即孔子的“国土”。故惠栋又引公羊学家“文致太平”之说，以为作《春秋》即孔子赞化育、成既济。[2]不独作《春秋》，他引《法言》注曰“天事，雷风云雨；人事，《诗》、《书》、礼、乐也”，知孔子删述六经，即赞化育之事。论述至此，孔子的意义与六经的地位方凸显出来。后世即或明堂大道不行，其道犹保存在六经之中。研习六经，即是探求明堂大道。惠栋欲重新恢复经学、收摄理学，其意义在此。

惠栋既以周公、孔子为人师（大儒），又有如下说法：

---

〔1〕 惠栋：《周易述》卷十一，乾隆间雅雨堂刻本，第 4 页。

〔2〕 高瑞杰指出：“何休既认可孔子为汉制法，又强调此法贯于百王，使孔子制法兼具现实性与超越性维度，其普适性意涵得以充分彰显。”（高瑞杰：《今文经学视域下的孔子圣化》，《孔子研究》2021 年第 3 期）

汉人经术，宋人理学，兼之者乃为大儒。荀卿称周公为大儒，大儒不易及也。[1]

此处对汉代经术与宋代理学做了双重肯定，又指出兼有二者则为大儒。“兼之”有两种视角，一者是汉宋未分之前的古儒时代，周公、孔子兼有二者；二者是汉宋之后，能有“集大成”者吸纳汉宋之长。此段似乎更倾向于后者的意思。但既然周公、孔子已为大儒，后来者又有谁能融摄汉宋、足以与周孔比肩而成为大儒呢？一种可能的解释是，惠栋所谓的大儒也有高下，若周公、孔子为人师/大儒之最高模范，此后能融摄汉宋的经师，若做到据六经而通大道，虽不及周孔德盛，亦得谓之大儒。这样的人师，天子也当以之为师，因其为道统之传。惠栋自我的定位是经师，经师较之人师、大儒自是低一等，但观“汉人经术，宋人理学，兼之者乃为大儒”之语，**他是有大儒人师之志向的**。由此我们再回顾他“此书（《周易述》）若成，**可以明道，其理与宋儒不异**，惟训诂章句绝不同耳。然都是**六经中来，兼用汉法**耳”的说法，知其**兼摄汉宋，亦是欲集其大成，以回到孔子六经之学**。这与东原欲遮拨宋学，自出心意，是全然不同的。从思想的文体形式上看，惠栋异于宋而戴震近于宋；从精神品格看，惠栋与汉宋一致而戴震实已折入现代。

惠栋《明堂大道录》专门有“明堂尊师”一节，引

---

〔1〕 惠栋：《九曜斋笔记》，《丛书集成续编》第20册，第635页。

《学记》曰："君之所不臣于其臣者二：当其为尸，则弗臣也；当其为师，则弗臣也。大学之礼，虽诏于天子，无北面，所以尊师也。"同时又引郑注载太公读丹书，武王不敢南面之事。[1]其实宋学家即已要求师道尊严，如王安石、程颐皆要求经筵进讲须坐讲。[2]惠栋又引《金史》的益政院职官："以学问该博、议论宏远者数人兼之。日以二人上直，备顾问，讲《尚书》《通鉴》《贞观政要》。名则经筵，实内相也。"[3]以经筵帝师即内相，仍为二程以来道统意识的延续。惠栋则进一步将此意识安排到明堂政治的结构中。

在明堂中，太学为东序。惠栋将东序理解为明堂东偏堂。[4]明堂为天子布政之堂，太学与之同处，则明堂有大礼，学生得以观闻，其学不脱离政治；天子每在明堂有举动皆为师生所观，有疑义辄可访之于师，是其政不脱离于学。君、师虽分立，犹可借明堂之法而统合，学、政亦得由之贯通。惠栋谓：

> 古之圣王，卜禘之后则视学，朝庙之后则听政，日与学士大夫相亲，而敬天法祖、严师尊文之意无一时而敢懈。故明堂之法，室以祭天，堂以布政，东序

---

〔1〕惠栋：《明堂大道录》卷七，《经训堂丛书》本，第7页。

〔2〕关于宋代经筵进讲争坐讲之事及其意义，可参考姜鹏：《北宋经筵与宋学的兴起》，上海古籍出版社2013年，第207—211页。

〔3〕惠栋：《九曜斋笔记》，《丛书集成续编》第20册，第629页。

〔4〕礼学家多以庠序之序为学校之义，与宫室名词中"堂序房室"之序，其义有别。惠栋混而一之，似不合于通行说法，但有其考量。

以视学，何君臣同处、死生参并之嫌乎？[1]

提高学校之地位，尊崇师道以制君权，黄宗羲已发其义。《明夷待访录·学校》谓：

> 然古之圣王，其意不仅此也，必使治天下之具皆出于学校，而后设学校之意始备。**非谓班朝、布令、养老、恤孤、讯馘，大师旅则会将士，大狱讼则期吏民，大祭祀则享始祖，行之自辟雍也**。盖使朝廷之上，闾阎之细，渐摩濡染，莫不有诗书宽大之气，天子之所是未必是，天子之所非未必非，天子亦遂不敢自为非是，而公其非是于学校。[2]

黄宗羲否定从礼学角度来建构学校的权力，所谓“非谓班朝、布令、养老、恤孤、讯馘，大师旅则会将士，大狱讼则期吏民，大祭祀则享始祖，行之自辟雍也”，似与惠栋相反。但看他具体的设施，如“太学祭酒，推择当世大儒，其重与宰相等，或宰相退处为之。每朔日，天子临幸太学，宰相、六卿、谏议皆从之。祭酒南面讲学，天子亦就弟子之列。政有缺失，祭酒直言无讳”，[3]这与惠栋崇师法之意是一致的。所不同者，黄宗羲从心学立论，新的设计感比较突

〔1〕 惠栋：《明堂大道录》卷八，《经训堂丛书》本，第23页。
〔2〕 黄宗羲：《明夷待访录》，《黄宗羲全集》第1册，第10页。
〔3〕 黄宗羲：《明夷待访录》，《黄宗羲全集》第1册，第12页。

出；惠栋从明堂天法之礼学立论，继承于古意者看似较浓。蒙文通对这一点看得很清楚，他指出：“今文学家强调明堂制度，其意义正在明堂议政这一点。……太学议政便不再是贵族子弟的课程实习，而是具有全国性的对政治的献可替否。……从天子以至太学生，都是来自畎亩之中，同在明堂议政，这种理想就很高了。”〔1〕

在惠栋的明堂政治中，不仅孔子这样的人师大儒要被尊崇，一般的经师也须被尊重。帝王之师傅不必皆如孔子，然即或有董仲舒、郑玄、二程、朱熹之德性见识，亦当被尊崇。《松崖笔记》专门列“已贵从师”条，抄录汉代侍御史朱穆虽为显贵却仍从学于隐者赵康的故事。〔2〕《周易》的蒙卦与教育相关，虞翻以九二为经师，惠栋疏谓：

> 经者六经，师者师长。……《太宰》九两：“一曰牧，以地得民；二曰长，以贵得民；三曰师，以贤得民。”师与牧、长同称，教人以道，可为民长，亦犹师之丈人。丈有长义，故经师之师亦得是称。汉时通经有家法，故五经皆有师，谓之经师。虞氏以二为经师，借汉法为况也。〔3〕

疏文揭出《周礼》以为“师与牧、长同称”，也就意味

---

〔1〕 蒙文通：《孔子和今文学》，《蒙文通全集》第1册，第343页。
〔2〕 惠栋：《松崖笔记》，《丛书集成续编》第20册，第605页。
〔3〕 惠栋：《周易述》卷一，乾隆间雅雨堂刻本，第13—14页。

着各级的“师”与各级的行政长官有同等地位。但“师”毕竟不直接行使政治权力，故在二位，即有德无位。“经师”则是强调了师的资格，必须是通晓五经之道的人。惠栋又谓：

> 高诱注《吕览》曰：“师道与天子，遭时见尊，不可常也。”师道无常，故有臣而为师者，亦有师而为臣者。《学记》曰：“君之所不臣于其臣者二：……当其为师，则弗臣也。”是臣而为师也。《孟子》曰：“汤之于伊尹，学焉而后臣之。”是师而为臣也。[1]

在惠栋看来，士人师与臣的身份可以随时机转换。既然谓转变，则师、臣地位不同。臣对君言，服从于君，君尊而臣卑；[2]师对弟子言，即便面对天子，师犹尊。士人为臣时秉臣节，为师时固须维持师儒尊严。

惠栋在当时的环境下重提人师大儒之尊，乃至要隆尊经师，是有危险的。清代帝王以君师合一标榜，以为自己既是治统所在，又是道统所系。黄进兴指出，自康熙、雍正到乾隆，“把道统纳入政治建设中”，实现了专制意义上的“道治合一”。[3]在此背景下隆师法，难免杀身之祸。如乾隆四十六年（1781），尹嘉铨为父请谥且从祀孔庙，惹怒乾隆，

---

〔1〕惠栋：《周易述》卷一，乾隆间雅雨堂刻本，第15页。

〔2〕但就大臣而言，仍然可以“以道事君，不可则止”。

〔3〕黄进兴：《李绂与清代陆王学派》，郝素玲、杨慧娟译，江苏教育出版社2010年，第152页。

下令追查其父尹会一的文字，最后尹嘉铨被判绞刑。乾隆数其罪行曰：

> 古来以讲学为名致开朋党之渐，如明季东林诸人讲学，以致国是日非，可为鉴戒。乃尹嘉铨反以朋党为是，颠倒是非，显悖圣制，诚不知是何肺肠！且其书又有“为帝者师”之句，则竟俨然以师傅自居，无论君臣大义不应如此妄语，即以学问而论，内外臣工各有公论，尹嘉铨能为朕师傅否？昔韩愈尚言“自度若世无孔子，不应在弟子之列”，尹嘉铨将以朕为何如主耶？〔1〕

乾隆显然不是因为尹会一之德行不足以当帝师而大怒，而是在他看来经筵之师不过是臣而已，根本无隆之必要，“君臣大义，不应如此妄语”才是重点。自清代帝王创立此基调，学者多默不噤声，抑或在有意无意间发挥此说，〔2〕如章学诚的治教无二、官师合一之论。〔3〕惠栋推汉儒之学，兼摄宋儒精神，故在《明堂大道录》中寓其隆师法之说。孟子引《尚书》曰：“天降下民，作之君，作之师。”帝王自是以

---

〔1〕 上海书店出版社编：《清代文字狱档》，上海书店出版社2011年，第371页。

〔2〕 具体可以参考孙邦金《清代道治合一论的政治含义》，见氏著《乾嘉儒学的义理建构与思想论争》，第318—325页。

〔3〕 叶瑛校注：《文史通义校注》，第131页。

此语为君师合一之证。惠栋则特别在“作之君”后注曰“明堂”，在“作之师”后注曰“大学”。[1]又《大戴礼·礼三本》曰：“礼有三本：天地者性之本也，先祖者类之本也，君师者治之本也。”君师连用，或以为君即师，而惠栋小注曰：“作之君，明堂之政；作之师，大学之教。”[2]由此推之，孟子、《礼记》所谓“宠君师”，非独崇君，乃是君、师并崇。

惠栋又谓：“《易》，屯建侯，蒙作圣，有君、师之义。故逸《书》曰：‘天降下民，作之君，作之师。’”[3]建侯为君，在屯卦；作圣为师，在蒙卦。亦以二者分立。考虑到惠栋曾说过“乾坤之次屯，利建侯，明诸侯不世，贤则建之”，[4]则**君、师分立**，亦统合于明堂之公共性中。

二　学制

君持治权，师持教权，而人才之教育、选举既关乎教，又关乎治。自隋唐以来推行科举取士，至元明以后以八股为科举主要形式，桎梏人心、毁坏经术，惠栋对此多有反思。其笔记特别录了毛奇龄关于科举和经学关系的一段话：

古经儒以经术起家，凡设科劝禄，每论说至数百万

〔1〕惠栋：《明堂大道录》卷七，《经训堂丛书》本，第7页。按此处区区四字小注，君、师并列而非统于帝王之义昭然，孰谓注经之学不关乎义理？

〔2〕惠栋：《明堂大道录》卷七，《经训堂丛书》本，第9页。

〔3〕惠栋：《明堂大道录》卷六，《经训堂丛书》本，第23页。

〔4〕惠栋：《明堂大道录》卷三，《经训堂丛书》本，第24页。

> 言，大师征召至千余人，无非以阐明经义为事。自元时以八比取士，始用一家言，始定《大》《中》《论》《孟》为四书，专用朱子所注，而结以己意断之。《易》用程氏、朱氏……加之以试贴，语词周章杂出，而**经学晦矣**。我皇上圣明，曾于康熙甲辰、丁未两科，敕废八比。既而以古学未复，姑从旧以待徐定。乃复特开制科进士，使古学大显。然后重颁圣谕，博搜天下经解殊异于《章句集注》者，使陆续呈进，以充实内府。[1]

此段见于《西河合集·经问》卷首。[2]所谓“特开制科进士”即指康熙十八年的博学鸿词科，当时毛奇龄等五十名硕学鸿儒被录取，对毛奇龄来说可谓莫大激励。惠栋对毛奇龄的感恩戴德之辞固然不感兴趣，他之所以在笔记中录下这段，是因其抱有改革科举、重振经学的理想。经学兴衰与学制和人才选拔制度有莫大的关系。汉代的博士制度与经学兴盛密切相关，九品中正则伴随着清谈风气。唐朝科举考试，明经与诗赋二科分列，故训诂、词章分途。及至元明八股取士，以朱注为主，天下遂“此亦一述朱，彼亦一述朱”，经学荒芜已极。惠栋读到毛奇龄的“经学晦矣”四字，想必心有戚戚焉。且科举造成的恶劣后果，不仅是经学荒芜，还有人才凋零。才士困于场屋，于真实学问不究心，于国计民生

---

〔1〕 惠栋:《松崖笔记》,《丛书集成续编》第20册，第608页。

〔2〕 毛奇龄:《西河经集凡例》,《毛西河先生全集》，嘉庆刻本，第1页。

不关心，于道义廉耻不经心。惠栋笔记又有“论吉壤”一条，载青乌家言谓“吉壤出圣贤者第一，其次忠臣节士，其次博学就征，以科甲为最下”。[1]可见他心目中士人学习立志的等次：为学首先是要成圣贤，至于知识取向而言，治经（博学就征）要比写作时文（科甲）高一等。他又引阎若璩论“时文”曰：

> 《潜邱札记》曰：“昆山吴乔论八股时文曰：自六经以至诗余，皆是自说己意，未有代人说话者。维元人就古事作杂剧，始代他人说话。八比时文，虽阐发圣经，非注非疏，代他人说话亦然，故曰俗体也。”[2]

元以后的八股文要求“代圣人立言”，因而算得上经典解释的一种形式。孔庆茂在总结前人论述此文体的性质时说：

> 八股文是介于经义诠释与文学创作之间的文体。从诠释经义这个角度讲，它被称作经义文、四书文，是**注疏之流亚**……但它又不是严格意义上的经学理学的研究……而是以注疏章句为基础而别出心裁做的发明义理的文章，这种文体的长处是设身处地地理解经义。[3]

---

〔1〕 惠栋：《松崖笔记》，《丛书集成续编》第20册，第606页。

〔2〕 惠栋：《九曜斋笔记》，《丛书集成续编》第20册，第637页。

〔3〕 孔庆茂：《八股文史》，凤凰出版社2008年，第6页。

在惠栋看来，这种“非注非疏”的时文，美其名曰“代圣人立言”，实则空疏浮华，为经学之蠹贼。在元明，与八股文应试相配合的则有各类讲章，虽然高谈心性，肚子里打的却是考试生意，无怪乎使理学失去了生命力。他特别厌恶这类的“讲经活套，全无发明”[1]。

惠栋对科举之弊的体会，亦与他饱受其折磨有关。惠士奇科举较为顺利，后来还督学广东，按理说在科举上能传授儿子不少经验。但惠士奇已有汉学倾向，惠栋继承此方面，自二十岁补县学生，此后应该参加过几次乡试，都不成功。到乾隆九年（1744），惠栋乡试以用《汉书》为考官所黜，由是息意于进取，此时他已经四十八岁了。可以说，“汉学”的追求拖累了他，然他仍不愿放弃自己的学术使命，以就科举的功名。他又引傅山的“人才命脉系提学官”之说，[2]李开已指出这表达了他对科举的不满。[3]

如何改革科举呢？惠栋既服膺汉学，主张以经学取士。清朝在正常的科举之外，为牢笼士人，又两举博学鸿词之科。当选举参考经学标准时，惠栋对此还是有心动的。乾隆十五年（1750）惠栋被尹继善等督抚举荐为经明行修之士，在与尹继善的书信中，惠栋说：

> 寻历代选举，朝廷亲试，不涉有司者，谓之制科，

〔1〕李鼎祚：《易传集解》卷四，国家图书馆藏韩应陛校跋本，第24a页。
〔2〕惠栋：《松崖笔记》，《丛书集成续编》第20册，第607页。
〔3〕李开：《惠栋评传》，南京大学出版社2006年，第17页。

又谓之大科。国家两举制科，犹是词章之选。近乃专及经术，此汉魏六朝唐宋以来所未行之旷典。[1]

此书信写于惠栋刚刚得知被举荐时，他天真地以为乾隆诏求经师真是为了访求通经之士，故将自己几十年研《易》心得全分享给尹继善。然而现实还是打破了惠栋的畅想——不仅仅是因为他的落选，而且因为此次的标准仍是看重“德行”、资历和口碑，[2]与经术无大关联。

若科举不可行，是否可以回到汉代的察举呢？惠栋并非一味佞汉，他看到汉代的选举也有弊端。其笔记中列“汉末用贡举之弊”条，[3]引《抱朴子》对察举的批评，段末谓：“桑梓议主，中正吏部，并为魁侩，各责其估。清贫之士，何理有望哉！”即地方豪强操控乡议，中正也与之串通，向参与选举的士人索要好处。这样的察举，没有客观标准，滋生了腐败的空间，也是惠栋所不取的。

不仅惠栋，黄宗羲虽大力抨击科举，却也未主张完全废除之。黄宗羲关于取士的改革之法有二：一是扩大取士渠道，“有科举，有荐举，有太学，有任子，有郡邑佐，有辟召，有绝学，有上书”；二是改革科举的考试内容，遍及群经、子、史，以矫士子空疏之弊。[4]惠栋虽于此没有系统

---

〔1〕 惠栋：《松崖文钞》，《续修四库全书》第1427册，第275页。

〔2〕 详本书末附录《惠松崖先生学行系年稿》之乾隆十五年下考证。

〔3〕 惠栋：《九曜斋笔记》，《丛书集成续编》第20册，第628页。

〔4〕 黄宗羲：《明夷待访录》，《黄宗羲全集》第1册，第17页。

论述，但从他笔记数条亦可推出，他真心希望未来取士有多种途径，即科举、制科等，且期望“制科”是真正实行而非仅为虚名；于科举而言，惠栋显然也希望能用汉学来作为考试标准。然需要注意的是，在乾隆中期以降，科举答题中参用汉魏旧注、用考证方法，已非进取的障碍，甚至成为风气。但这是惠栋所期望的经术科举吗？恐怕未必然。惠栋曾引阎若璩之语：“以《禹贡》行河，以《洪范》察变，以《春秋》断狱。或以之出使，以《甫刑》校律令条法。以《三百五篇》当谏书，以《周官》致太平，以《礼》为服制，以兴太平。斯真可谓之经术矣。”〔1〕由此可见，惠栋所期待的经术并非仅仅局限于训诂考证，而是欲通经致用。

三　养老

《明堂大道录》重视养老之礼，亦继承自汉儒。就场所而言，惠栋坚持养老礼在太学，而太学即明堂东序，是养老亦在明堂。养老与学制同处，有两个基本含义：一者养老表彰了孝道，这是太学诸生所应当学习的内容；二是“老”有时亦兼任师儒，孟子称伯夷、太公“二老者，天下之大老也”（《离娄上》），二人不仅仅是年龄高，且有德行和智慧，太公更是被称为“师尚父”。

又《逸周书·大匡解》曰“明堂所以明道，明道惟法。

〔1〕惠栋：《九曜斋笔记》，《丛书集成续编》第20册，第629页。

法人惟重老，重老惟宝”，惠栋注曰“法，师法”，[1]可见养老与师法之间有密切关系。六天，天子当祖事之；人师大儒，天子当师事之；天下之大老，天子当父事之。惠栋谓：

> 余尝考应仲远《汉官仪》诠三老五更云：“三者，道成于天地人；五者，训于五品。”夫通天地人曰儒。训五品者，今文《尚书》文。盖用儒生以掌教化，故有三五之目。[2]

三才五行是《易》之核心，为儒者所当通。此处解释三老五更之象数含义，言及“用儒生以掌教化”，是知三老、师儒皆所以执掌教化，非天子所得专也；又人必待教化而后成，虽曰教学相长，而教育不可倒持。[3]

惠栋期盼明堂的尊师、养老之礼能在未来重新施行，他为翁照及其夫人作寿序谓：

> 先生两举大科，鸿儒、经术兼擅无遗，通三才而训五品，则更老之选非君其谁属耶？他时国家复四代之制，建立三雍，视学养老，群司当以君名上，适馔

〔1〕惠栋：《明堂大道录》卷七，《经训堂丛书》本，第 15 页。

〔2〕惠栋：《松崖文钞》卷二，《续修四库全书》第 1427 册，第 283 页。

〔3〕无德教有德，无知教有知，谓之倒持。人人皆自为师，则无师。表面看来是自由选择，打破师之权威；实则潜移默化为有权有利者豢养其志欲好恶。师法似专权，实欲童蒙成人、成就自我；顺其欲者似自由，实以民众为牲畜、可得利而已。

省醴，退修发咏。君既邀酺馈之荣，太孺人亦蒙牛酒之赐。惇史彤史一时并记，彰圣朝之人瑞，播雅颂之新诗。侯不美哉，侯不美哉。[1]

按乾隆时征访经明学修之士，翁照、惠栋同被举荐，惠栋落选，他为翁照《赐书堂诗稿》作序谓“先生两举制科，皆移疾不赴，人咸为之扼腕太息。余以为先生固不朽，不在遇合”，[2]实亦寄托了自己的失望和不平。然则“国家复四代之制，建立三雍，视学养老”，是他对乾隆朝的期待吗？建立三雍，即设立明堂，行其大道，此事当然不可能指望乾隆朝。但一时之王朝不能施行，不代表不可以建立此理想，以及讨论理想整体中的各个要素。

第四节　明堂之法与太平之道

一　天下为公

明堂大道来自《礼运》“大道之行”，追求公天下之理想。在惠栋看来，明堂之道的兴衰与易道兴衰是同步的。他疏解《系辞》“易之兴也，其当殷之末世周之盛德”谓：

“大道之行，天下为公，选贤与能”，故庖牺作易，

〔1〕 惠栋：《松崖文钞》卷二，《续修四库全书》第1427册，第284页。

〔2〕 王欣夫辑：《松崖文钞续编》，见本书末附录。

> 创二五升降之法，以天德居天位。夏、商以后，“大道既隐，天下为家，大人世及以为礼”。至殷之末世，纣为无道，故文王演《易》，昌明大道。书《易》六爻之辞，而明吉凶悔吝，易道废而复兴。屯之六三“君子以经论”，是文王演《易》，文致太平之事。[1]

明堂之道的起点即在《说卦》“帝出乎震”一段，描述的是伏羲作八卦的情况。[2]此时的八卦及明堂皆与“天下为公”有关。此后“大人世及以为礼”，而家天下的末世君主更加隳败无度。文王演《易》昌明大道，与此相配合的即文王修明堂之政，周公法之而礼乐大备，致太平。继续往前推，孔子删述六经、作《易传》而复明易道，也有明堂之效：伏羲、文王以天下为明堂之所摄，四方莫不心悦诚服；孔子以万世为明堂之所摄，七十子之徒莫不心悦诚服。伏羲、文王、周公致太平，孔子文致太平。[3]要言之，皆指向大同太平之道。

是知《易》之要义也在天下为公之道。故惠栋谓：

> 明堂之制本于《易》：乾变坤匕，故云“大道”；乾升坤降，壹尚乎德，故“天下为公”。乾坤之次屯，利建侯，明诸侯不世，贤则建之，故“选贤与能”。自

---

〔1〕 惠栋：《周易述》卷十八，乾隆间雅雨堂刻本，第 14 页。

〔2〕 详细的比附可参考《明堂大道录》之《明堂权舆》。

〔3〕 “君子以经纶”注，惠栋以为文王演《易》亦为以文致太平之事。

此至“外户而不闭”，皆五帝之事。然三代明堂之政，犹有其遗意也。[1]

此段既提到乾坤次屯蒙，则此《易》当为文王之易。文王之《易》包含了伏羲之易道。《易》的象数结构虽然没有直接将政治观念及价值性表达出来，但我们一旦赋予此象数结构以价值内容，其运行自然会展现出政治逻辑。惠栋敏锐地注意到，在乾坤生卦的运动中，根据爻位原则阳当上居五，阴下居二，体现了唯贤是举、天下为公的状态。就体例而言，“乾升坤降说”的昌言者为荀爽。惠栋认为此说渊源有自，比如西汉盖宽饶引《韩氏易传》谓：“五帝官天下，三王家天下，家以传子，官以传贤，若四时之运，功成者去，不得其人则不居其位。”[2]惠栋评论盖宽饶之说谓：

伏羲作《易》，分布六爻，以五为君位，阴为虚，阳为实。故用九之义，乾之九二当升坤五，以坤虚无君，九二有君德，故升坤五。坤为田，五为大人。经云：“见龙在田，利见大人。”二中而不正，升中正之位，故《文言》曰：“龙德而正中者也。”“不得其人，不居其位”，谓六居五失位当降也。此论《易》爻升降之理如是。非三代之法，故自夏禹受舜禅而传子启，

〔1〕 惠栋：《明堂大道录》卷三，《经训堂丛书》本，第24页。
〔2〕 班固：《汉书》卷七十七，第3247页。

大人世及以为礼矣。宽饶不揆时义，动以五帝之法相绳，故太子庶子王生以宽饶欲以太古久远之事匡拂天子，宜其为文吏所诋挫也。[1]

如前文所述，用九、用六的意思就是九、六之用，亦即阳爻、阴爻的运动原则：乾升坤降。《韩诗易传》“不得其人则不居其位”大概就是通过乾升坤降的爻位运动体现出来的。西汉前期的大儒，最高理想仍在“官天下”而非“家天下”的时代。惠栋指出，此即《礼运》大同与小康之别、五帝与三王之别。值得玩味的是惠栋的评论，“宽饶不揆时义，动以五帝之法相绳，故太子庶子王生以宽饶欲以太古久远之事匡拂天子，宜其为文吏所诋挫也”，这是在否定乃至嘲笑盖宽饶的说法吗？陈启云以为惠栋就是这个意思。[2]但我们看到，他后面又引《礼运》之说，再结合《明堂大道录》的讲法，可知惠栋当然认同乾升坤降说，且以大同为最高理想。故此处的按语，并非嘲讽，而是有某种慨叹在里面。在《周易述》中，惠栋直接引盖宽饶之说解释谦卦九三：

韩婴《易传》曰：“五帝官天下。”又曰：“官以传贤。”三有嗛德以升五，故“尊而光，卑而不可逾”。

〔1〕 惠栋：《易汉学新校注》，谷继明校注，第264页。

〔2〕 陈启云：《荀爽易传中的革命思想》，见氏著《中国古代思想文化的历史论析》，北京大学出版社2001年，第225页。

是德成而上之事，故云“君子之终”也。[1]

可见惠栋最向往的，还是“官天下”（即选贤与能的公天下）时代。三王的家天下小康时代，可谓既济之初成；必要达到公天下之时代，方可谓之终成。这是惠栋晚年观点的最精要所在，通过《易》学重新激活了原始儒学和汉学微言中的公天下问题。

后文将提到，“天下为公”之大同即太平世，亦即成既济的状态。但我们不得不忽略的一个事实是：既济卦六爻皆正，而非六爻皆同。既济卦的根本特征在于中和：二五为中，相应为和。易言之，它所表达的是差异之上的和谐。《礼运》对大同的描述也是“选贤与能，讲信修睦”，可知大同社会也有着圣、贤、不贤的差别。另外，在大同社会，父子夫妇的伦理是否还在呢？吴飞曾指出：“《礼运》的主题正是以人伦为核心的礼制运转演变。没有对人伦价值的肯定，不仅大同不能成立，小康也完全没有实现的可能。”[2]《易》卦的男女夫妇与阴阳的区分，亦不可能泯灭。《家人》的《彖传》谓“父父、子子、兄兄、弟弟、夫夫、妇妇，而家道正也”，惠栋以为是既济定之事：

一卦六爻，备有六戚，家人卦具，故详言之。三

〔1〕 惠栋：《周易述》卷九，乾隆间雅雨堂刻本，第12页。

〔2〕 吴飞：《大同抑或人伦？现代中国文明理想的探索》，《读书》2018年第2期。

动受上，上之三，六爻位正，故成既济定。所谓“父父、子子、兄兄、弟弟、夫夫、妇妇，而家道正也”，而其义在九五一爻。九五“王假有家”，王者以天下为家，而父子兄弟夫妇各得其正。“正家而天下定”，是言既济之事也。[1]

六戚，即纳甲法所谓六亲，父母、兄弟、子孙、妻财、官鬼及自身。要言之，既济定是六亲相和的状态，[2]而非对于六亲关系的否定。每个时代对于上古（或未来）的具体想象容有差别。如惠栋对既济的另一处描述：

汤遭七年之旱，终成既济。《礼记·王制》，郑氏以为殷法也，其言曰：“冢宰以三十年之通制国用，量入以为出。三年耕，必有一年之食。九年耕，必有三年之食。以三十年之通，虽有凶旱水溢，民无菜色。”是其事矣。[3]

虽遭重大的自然灾害，民无菜色，是郑玄对于汤之既济的向往。汤之既济为小康，则大同应该比这更好。如今社会的生产力远超往古，人们读到这种理想或许会掩口而

---

〔1〕 惠栋：《周易述》卷六，乾隆间雅雨堂刻本，第6页。

〔2〕《老子》谓：“六亲不和，有孝慈。”三代提倡小慈，而三代之前，六亲相和也。

〔3〕 惠栋：《周易述》卷十二，乾隆间雅雨堂刻本，第11页。

笑，[1]但它表达了人类值得更丰富的物质文明、更舒适的生活、更美好生存质量的向往。再如古人言君臣，现今已无帝制时代的君臣关系，而一个集团、公司、帮会，仍需要某个符号和秩序聚拢在一起。如今的父子夫妇，亦与古代的想象有别。每个时代具体的取象可以变化，而取象之法自在。

二 革命

从政治变动来看乾升坤降，使有德者居天位，有两种途径：一是禅让，一是革命。前者属官天下的时代，后者属家天下的时代。惠栋在家天下的时代提乾升坤降，蕴含着革命的可能。尽管惠氏之说以述古的面貌出现，仍有些学者对此颇为警惕。礼学大师黄式三在解释“天尊地卑”时谓：

> 以卑高定爻位，懔懔乎天秩之不渝如此。……上下无常，刚柔相易，惟变所适，此以卦变言之也，岂谓卑高之可易共位乎？近惠氏定宇注于“列贵贱”则专以五二言，既失之偏。于“上下无常”专以乾坤升降言，尤未是。此开焦里堂说之谬也。[2]

黄式三面对清末的变革狂潮，选择了重新讲求古代礼法以塑人伦秩序的道路。他重视“易有三义”中的不易和易

[1] 然从全球来看，“民无菜色”至今仍然未能全部达成。
[2] 黄式三：《易释》卷三，光绪十四年刻《儆居遗书》本，第27页。

简，即要重新拾起纲常和礼制，[1]无怪乎他对惠栋恢复的汉易所蕴含的革命性如此反对。然前文亦提到，惠栋以君臣之义为爻例（第三章第一节“隐括荀虞”条），《乾凿度》曰：

> 初为元士，二为大夫，三为三公，四为诸侯，五为天子，上为宗庙。凡此六者，阴阳所以进退，君臣所以升降，万人所以为象则也。[2]

《易汉学》及《易例》皆载此说。京房说亦同。此体例似乎是一种僵化的等级秩序。[3]比如公羊学有“讥世卿”的说法，许慎《五经异义》则引用爻位说来反对公羊说，为世卿辩护：

> 《易》爻位：三为三公，二为卿大夫。讼六三曰：“食旧德。”食旧德，谓食父故禄也。[4]

《五经异议》的理解是有问题的。讼卦九三虽有“食

〔1〕谷继明：《黄式三与晚清易学》，《海南大学学报》2016年第6期。

〔2〕赵在翰辑：《七纬》，第38页。

〔3〕王夫之即批评此体例：“若陋者之说《易》曰：‘初为士，二为大夫，三卿，四公，五天子，上宗庙。’或曰：‘二为臣，五为君，上为师。’以人之位限天之理，以物之滞锢道之灵，技术之鄙，**训诂之愚**，学《易》者斥而绝之久矣。”见王夫之：《周易外传》，《船山全书》第1册，第1066页。

〔4〕皮锡瑞：《驳五经异义疏证》，第391页。

旧德”的说法，但并不意味着世卿而不变。如王符《潜夫论·三式》谓：“先王之制，继体立诸侯，以象贤也。子孙**虽有食旧德之义**，然封疆立国，不为诸侯；张官置吏，不为大夫。**必有功于民，乃得保位**。故有考绩黜刺，九锡三削之义。《诗》云：‘彼君子兮，不素餐兮。’由此观之，未有得以无功而禄者也。”也就是说，子孙虽然可以承袭父爵，但一样需要参加考核来进退。[1]且就《乾凿度》而言，它虽然规定了自上而下的爵位、职级，但关键在于人在这些等级中可以也有必要升降、进退，所谓“阴阳所以进退，君臣所以升降”。阴阳进退，即上节所涉及的乾升坤降成既济的象数运动模型。阴阳的进退，表现了人事世界的变动，也就是秩序的变化。

特别值得注意的是，《易纬》提到“君臣所以升降”，意味着君可以为臣，臣可以为君，这就有比较强的革命思想。再回到“初为元士，二为大夫，三为三公，四为诸侯，五为天子，上为宗庙”的叙述，天子虽尊贵，却仍与大夫、诸侯等一样，为爵位序列中的一种而已。汉代的今古文经学

---

〔1〕惠栋在《公羊古义》的“讥世卿”条，虽列举了《五经异议》中公羊家以及《左传》说，且未对《左传》家引用《易》爻位说进行反驳，但他总结说：“《传》当云‘世禄，礼也；世卿，非礼也’，三传之说未甚抵牾。”（《九经古义》卷十三，第5页）陈立亦谓：“《公》《穀》讥世卿非礼，自谓不得世位尔。”（《公羊义疏》，第185页）然则据此而推惠栋对爻位说的看法，他肯定也不赞同爻位说就意味着某一人在此的位置固定不变。大夫可以世禄，但不可以世位。爻位说恰恰指示的是位，故此不得由专人把持，而需选贤与能。

即有天子是否有爵的争论：

> 天子有爵不？《易》孟、京说，《易》有周人五号：帝，天称，一也；王，美称，二也；天子，爵号，三也；大君者，兴盛行异，四也；大人者，圣人德备，五也。是天子有爵。古《周礼》说：天子无爵。同号于天，何爵之有？[1]

表面看来这仅仅是礼制和称号的问题，实则关系着重要的政治分判：天子是爵位序列中的一员，还是一绝对存在者，与下面的诸侯、大夫有根本的界限？今文家主张前者，则君主亦可以易位。陈立谓：

> 《孟子》序班爵之制云："天子一位，公一位，侯一位，伯一位，子、男同一位。"以天子与五等之爵并称，安见天子非爵也？顾氏炎武《日知录》云："为民而立之君，故班爵之意，天子与公、侯、伯、子、男一也，而非绝世之贵。代耕而赋之禄，故班禄之意，君、卿、大夫、士与庶人在官一也，而非无事之食。是故知天子一位之义，则不敢肆于民上以自尊；知禄以代耕之义，则不敢厚取于民以自奉。不明乎此而侮夺人之君，常多于三代以下矣。"而《礼记·王制》云

〔1〕 皮锡瑞：《驳五经异义疏证》，第352页。

“王者之制禄爵，公、侯、伯、子、男凡五等”者，盖以王者之制言之，则不数天子；以作君作师之义言之，则天子亦侪乎公、侯也。[1]

《孟子》“周室班爵禄”之说可证今文经说在先秦渊源有自。如此则无德之人居天子位，从根本上说是不符合正义原则的，自然应该被黜。惠栋解释乾卦《象传》时说：

《乾凿度》曰：“三为三公。”上失位，当下居坤三，故云“降为三公”。董子曰：“君不能奉天之命，则废而为公。王者之后是也。”后世封先代之后为公，其取法于此欤。[2]

据《九家易》的说法，上九不当位，下居坤三，则屈为诸侯。[3]然据《乾凿度》三为三公（这是惠栋特别坚持的易例），惠栋改诸侯为三公，且援引王者失去天命降而为公之事。惠栋所引董氏说，见《春秋繁露·顺命》：“天子受命于天，诸侯受命于天子，子受命于父……天子不能奉天之命，则废而称公，王者之后是也。公侯不能奉天子之命，则名绝而不得就位，卫侯朔是也。”[4]然此条在诠释史上讨论得

〔1〕 陈立：《白虎通疏证》，第1—2页。
〔2〕 惠栋：《周易述》卷十一，乾隆间雅雨堂刻本，第2页。
〔3〕 李鼎祚：《周易集解》，第8页。
〔4〕 苏舆：《春秋繁露义证》，第413页。

并不充分。与此意思接近的是所谓“存二王后”,《白虎通》论其义谓:

> 王者所以存二王之后何也?所以尊先王,通天下之三统也。明天下非一家之有,谨敬谦让之至也。故封之百里,使得服其正色,行其礼乐,永事先祖。[1]

在《白虎通》看来,“存二王后”是为了展示天下的公共性,亦即成全三统,而天下并非某一姓的天下。二王之后仍可以保存自己原来朝代的正朔服色,以示天子不臣;就爵号而言,二王之后也称“公”。[2]《公羊传》隐公三年何休注谓:“宋称公,殷后也。王者封二王后,地方百里,爵称公,客待之,不臣也。”[3]仔细比较董仲舒与《白虎通》对二王后的说法,二者精神基本一致,但立论角度仍有不同。《白虎通》强调二王后的存在提示了天下的公共性,突出二王后存在的积极意义;董仲舒的“君不能奉天之命,则废而为公”,则是点明二王之后实际的政治身份来源。亦即在董仲舒那里,特别提示出了天子若不奉天命即可黜为公——也就意味着,有德者可以继承天命而为新的天子。以根源而言,废天

〔1〕陈立:《白虎通疏证》,第366页。

〔2〕其实《乾凿度》“三为三公”,今文家以三公为司徒、司马、司空,古文家以为是太师、太保、太傅,皆时君之臣。二王后虽然亦称公,却与此三公不是一回事。惠栋一定要在此重新突出董仲舒“废天子为公”的说法,亦可见其政治的构想。

〔3〕何休注,徐彦疏:《春秋公羊传注疏》,第64页。

子的是天，但实际上仍然是人，或者说是掌握天命的有德之人。这在儒家本来是通义，但家天下的时代，特别是东汉以后，敢讲进退天子的变得越来越少，[1]而主要集中于公卿大夫的进退升降。

荀爽保存汉儒乃至先秦之古义，不以天下为一家之天下，亦不以君主为永恒的权力保有者。在爻位关系中，若五位不正（阴爻居五位），则当有其他阳爻居之，特别是若有九二，则当时九二上居五。最典型的是师卦，荀爽注师九二"王三锡命，怀万邦也"曰：

> 王谓二也。……德纯道盛，故能上居王位而行锡命，群阴归之。故曰"王三锡命，怀万邦也"。[2]

又六五"田有禽，利执言"注曰："田，猎也。谓二帅师禽五，五利度二之命，执行其言。"[3]由此可见，荀爽将九二当作暂时无位的有德之君，将要上居天之位，以讨伐六五。六五见天命难违，遂让其位而无咎。荀爽如此理解，也有其依据，即《易》据称作于殷周之际，是文王、武王革命的时刻。与荀爽同一系的《九家易》即以九二当周武王。[4]其实《易纬》亦如此解释："有盛德，行

---

〔1〕 虽然有讲此理的，但往往是阴谋者的托辞。

〔2〕 李鼎祚：《周易集解》，第 73 页。

〔3〕 李鼎祚：《周易集解》，第 75 页。

〔4〕 李鼎祚：《周易集解》，第 73 页。

中和，顺民心，天下归往之，莫不美命为王也。行师以除民害，赐命以长世，德之盛。”[1] 荀爽的这种革命思想，在《易》中有其渊源，又与公羊家的革命与致太平精神相通。[2]

陈启云较早注意到荀爽乾升坤降说中的革命思想，然他认为汉晋易学只有荀爽有此革命学说，郑玄等强调“不易”，皆未见及此。[3] 这种说法显然是不对的，且对于荀爽、虞翻的体例理解也颇有问题。[4]《系辞传》说“《易》之兴也，其于中古乎，当文王与纣之事乎”，汉代盛行“三正”的理论，汉代易学家们也常常在这个理论中审视《周易》中的殷周之变，从而为易学带来更丰富的内涵。这才是汉代儒者心中的“革命”思想。革命的意思，是天命的变更，而非“造反”或者简单的下陵上。易言之，前一个朝代失去“天命”，后一个朝代获得新的“天命”，此即革命。《周易》就反映了文王获得新的天命，最终由武王实现革命的过程。荀爽固然提到过这一点，然而《易纬》早就讲得十分清楚。《周易》卦爻辞中有三处出现了“王用享”，《易纬》皆以为此王是文王，并这样来解释：

---

〔1〕 赵在翰辑：《七纬》，第 39 页。

〔2〕 曾亦、郭晓东谓：“从其著述及对策来看，（荀）爽应为公羊学者。”（见氏著《春秋公羊学史》，第 58 页）

〔3〕 陈启云：《荀爽易传中的革命思想》，见氏著《中国古代思想文化的历史论析》，第 233 页。

〔4〕 比如陈氏文认为虞翻之学主要是星历分野之学，又比如以为郑玄只强调不变，等等。

升　孔子曰：升者，十二月之卦也。阳气升上，阴气欲承，万物始进，譬犹文王之修积道德，宏开基业，始即升平之路。当此时也，邻国被化，岐民和洽。

益　孔子曰：……益者，正月之卦也。天气下施，万物皆益。……王用享于帝者，言祭天也。三王之郊，一用夏正，天气三微而成一著，三著而成一体。

随　孔子曰：……随者，二月之卦。随德施行，藩决难解。万物随阳而出，故上六欲待九五，拘系之，维持之。明被阳化，而阴欲随之也。譬犹文王之崇至德，显中和之美，拘民以礼，系民以义。当此之时，仁恩所加靡不随从，咸悦其德，得用道之王，故言王用享于西山。[1]

不特如此，张惠言在解读虞翻易学时，还特别指出晋、升、明夷为“周家受命三卦”，且谓：

《易》著殷周革命之文，《彖传》言之，《纬》言之，汉儒莫不言之。后人不敢道文王受命称王改制，遂使大义沦晦。岂知圣人膺箓受图，灼然天人相与，而易姓七百二十轨，为易道之大哉。[2]

〔1〕赵在翰辑：《七纬》，第36页。
〔2〕张惠言：《虞氏易礼》，《续修四库全书》第26册，第604页。

张惠言以晋卦为文王为方伯以服事殷之象，升为文王始受命之象，明夷为武王伐纣之象。此三卦正好构成殷周之际天命转移的序列。虞翻没有明确说这三卦就是周伐殷，但在注明夷卦的时候也提到了纣王、文王、箕子。晋卦以虞氏卦变而言，则是观四之五，则阴进尊位，五阳反退居在四，张惠言以为是进康侯辅王之象。

惠栋、张惠言所发挥的汉易之学及《明堂大道录》所具有的冲击力，有些学者已意识到。章太炎谓：

> 《明堂大道录》流为张翰风之《风后握奇经》，《公羊》《齐诗》流为康长素之《孔子改制考》。翰风为义和团之先师，长素虽与相反，而妖妄则同。若探其原，则董仲舒、翼奉亦义和团之远祖矣。[1]
>
> 昧者或不识人事臧否，苟务博奥，而足以害民俗，乱政理。自惠氏为《明堂大道录》，已近阴阳；而孙星衍憙探《道藏》房中之说，张琦说《风后握奇经》，神仙兵符，几于一矣。琦尝知馆陶县，其后山东有义和团。刘逢禄以《公羊传》佞谀满洲。大同之说兴，而汉虏无畔界。延及康有为，以孔子为巫师。诸此咎戾，皆汉学尸之。要之，造端吴学，而常州为加厉。[2]

---

〔1〕 章太炎：《章太炎全集·菿汉微言》，第48页。
〔2〕 章太炎：《章太炎全集·检论》，第491页。

章太炎虽然对此肆意发挥，颇有深文周纳之嫌。但他的分析，却也反映了今文学所具有的危险性一面。这种危险性，在蒙文通看来是一种积极的革命性，他说：

> 大义晦、微言绝。于是李寻、甘忠可、夏贺良之徒，传《包元太平》之经，以帝王不可与言，博士之未足共论，因托其事于宗教，播其说于民间……今《太平经》犹在，其所推极，与秦汉师说异途同归，斯固足以征经师所传意之所在。[1]

蒙氏以为民间宗教、农民起义恰恰是（未经董仲舒之后的儒者所改造的）今文古学的实践者，此说颇继承了今文家"非常可怪"的传统，但即以思想史而言，公羊家之太平与后来太平道之运动，实可系联，更何况其精神真有一致之处。[2]

三　文致太平

《礼运》之大同，于《易》为成既济，于《春秋》为致太平。惠栋解释随卦谓：

---

〔1〕蒙文通：《儒家政治思想之发展》，《蒙文通全集》第一册，第79页。

〔2〕刘小枫又将先秦两汉的革命精神分为两种类型，一为以《易传》、齐诗为代表的道德—宗教义理的革命论，一为以纬书为代表的宗法革命论（或曰素王革命论）。参见氏著《儒教与民族国家》，华夏出版社2007年，第144页。

> 《礼器》"因名山升中于天"，是言太平封禅之事。三、四易位，成既济定，亦是太平功成。故云"既济告成之事也"。卢植注《礼器》云："封太山，告太平，升中和之气于天。"王者致中和，天地位，万物育，故升其气于天，亦是既济之事也。[1]

随卦的三、四爻一易位，就成为既济卦。其上六爻曰"王用亨于西山"，惠栋以为即《礼器》所谓封禅之事："先王尚有德，尊有道，任有能，举贤而置之，聚众而誓之。因名山升中于天，因吉土以飨帝于郊。升中于天而凤皇降，龟龙假；飨帝于郊而风雨节，寒暑时。是故圣人南面而立，而天下大治。"郑玄注即谓"功成而太平"，而卢植注更具体地指出太平之背后实为"中和之气"。明堂政治若实现，即可致太平。五帝时代皆太平世，三代的开创初期若商汤、周武（周公）时代虽为小康，亦得谓之太平。

但孔子有德无位，是否可以致太平？公羊家认为孔子为后世制法，《春秋》非现实历史的演变记录，而是借事明义，故有乱世、升平、太平三世。《春秋》以昭、定、哀三君为太平世，现实却愈加黑暗，故公羊家谓之"文致太平"。定公六年疏曰："实不太平，但作太平文而已，故曰文致太平也。"[2]

〔1〕 惠栋：《周易述》卷三，乾隆间雅雨堂刻本，第 7 页。
〔2〕 何休注、徐彦疏：《春秋公羊传注疏》，第 1088 页。

孔子的“文致太平”何以可能？这是惠栋要思考的问题。在他看来，孔子之前并非没有先例。文王演《易》，即文致太平之事。文王有位，受命称王，伐崇戡黎，武王继之，终有天下，何以仅仅是文——致太平？惠栋以为，文王拘于羑里之时，无法真正地实现太平，作《易》重新显明伏羲之道，也有太平的功效，故为“文致太平”：

> “经论大经”，谓文王演《易》也。《白虎通》曰：“文王所以演《易》何也？文王时，受王不率仁义之道，失为人法矣。己之调和阴阳尚微，故演《易》，使我得卒至于大平，日月之光明如《易》矣。”是文王经论大经为既济也。九五“屯膏”，以喻受德；初九“建侯”，以喻文王。三动反正为既济，是其事矣。“中和之本”者，中和谓二五，本谓乾元也。乾元用九，坎上离下，六爻得正。二五为中和，圣人致中和，天地位，万物育，故能“赞化育”也。[1]

此段是对屯卦的解释。屯卦六三爻变之正，则成既济卦。前儒多以九五为君主，初九为有德之诸侯，诸侯贤能而秉臣德。惠栋以九五为纣王，初九“利建侯”为文王，是支持文王当革命而代殷纣。不过此处的重点不在于现实中的平定天下，而是寄托了文王拘羑里演《易》之事。其引《白虎

〔1〕 惠栋：《周易述》卷十一，乾隆间雅雨堂刻本，第4页。

通》“已之调和阴阳尚微，故演《易》，使我得卒至于大平”，则演《易》时尚未太平，而可由《易》来构想太平之所以然与所当然。文王演《易》文致太平，孔子删述六经亦可文致太平。故惠栋谓：

> 孔子当春秋之世，有天德而无天位，故删《诗》述《书》，定礼理乐，制作《春秋》，赞明《易》道。戴宏《春秋解疑论》所云：“圣人不空生受命而制作，所以生斯民，觉后生也。”其孙子思知孔子之道在万世，故作《中庸》以述祖德云“仲尼祖述尧、舜，宪章文、武”；极而至于“天地之覆载，四时之错行，日月之代明”，言其制作可以配天地；继乃举至圣、至诚以明之。至圣，尧、舜、文、武也；至诚，仲尼也。大经，六经也；大本，中也；化育，和也。以无天位，曰立，曰知；而其本已裕也。[1]

此后惠栋引用隐公元年何休注来说明乱世、升平世、太平世。而后谓：

> 是言孔子作《春秋》，亦如伏羲、神农、黄帝、尧、舜、禹、汤有既济之功，故以所传闻之世见治起于衰乱之中，所闻之世见治升平，所见之世著治太平

〔1〕 惠栋：《周易述》卷十一，乾隆间雅雨堂刻本，第4页。

为既济也。孟子言“一治一乱”，以治属禹、周公、孔子。子思作《中庸》，谓尧、舜、文、武之既济人知之，仲尼之既济人不知之。故曰“苟不固聪明圣知达天德者，其孰能知之”，言非至圣如尧、舜、文、武，不能知至诚之孔子。故郑氏据《公羊传》，亦以为尧、舜之知君子也 。何氏于定六年注云“《春秋》定、哀之间，文致太平”，即是此传“君子以经论”成既济、《中庸》经论大经赞化育之事。何氏传先师之说，知孔子作《春秋》文致太平；后儒无师法，不能通其义也。[1]

公羊家有口传微言，此谓之师法，而不是文字、音韵等事。口传以孔子文致太平，其功与尧、舜、文王、周公等同。公羊家描述太平世是“远近大小若一”，与《礼运》大同之道近似，二者皆孔子之道，故惠栋相互发明而称说之。然段熙仲指出，公羊家的三统说以夏商周三代各自代表的黑白赤往复循环，在《礼运》中却仅为小康之世，所以是公羊家之别传。但段熙仲并非主张《礼运》不可与《公羊》相发明，他只是指出大同、小康与三统说龃龉，却恰恰与三世说相合：

《公羊》本指属辞之远近详略而言，与《论语》世

〔1〕 惠栋:《周易述》卷十一，乾隆间雅雨堂刻本，第5页。

变之三差近。若衰乱、升平、太平之别，则与《礼运》大同、小康较近。太平世之远近大小若一，即大同世之大道之行也。[1]

段氏之意，公羊家本来有张三世之义，只是就属辞的远近详略有差别。将衰乱、升平、太平之三世与所传闻、所闻、所见之三世相对应，出自何休的引申发挥。他还揭示了一重要来源：

《隋书·袁充传》引京房《别对》之言曰："太平日行上道，升平行次道，霸世行下道。"区太平、升平与霸世而三之，疑即何君说所出也。何君说灾异不尽与董君同，固尝引京氏说，疑其《易》学盖京氏、《诗》韩氏、《春秋》胡毋氏也。[2]

按京房《别对》论日行之道在三世之不同，即分太平、升平、霸世，适与五帝、三王、五霸相对应。惠栋诸书中犹未见其引用。何休太平、升平、衰世之区分虽不必如段熙仲所说传自京房，然尤可见汉易与《公羊》有互通之处，其一即在公天下之追求。

---

〔1〕 段熙仲：《春秋公羊学讲疏》，南京师范大学出版社 2003 年，第 497 页。
〔2〕 段熙仲：《春秋公羊学讲疏》，第 497 页。

惠栋之说，为常州公羊学派所踵继。[1]如戴望于《论语》终篇谓：

> 《论语》为**仲弓、子游、子夏等共撰微言**，故往往具见制作之义。君子拨乱世，反诸正，以兴学为首，故首以《学而》，犹《春秋》之始元，正本以理万事也。**古者大学、明堂同处。明堂天法，礼度德法**。学以为政，明堂之政也，故次以《为政》。治起衰乱莫先于正僭窃之诛，明礼教之本，故次以《八佾》。为礼当帅天下以仁，故次以《里仁》。仁道不立，则刑狱繁兴，虽有贤者，犹不免囹圄囚诸之辱，故次以《公冶长》。**仁者宜在高位，南面以兴明堂之治**，则贤者进，不肖者退，故次以《雍也》。**明堂之法，三代所同，述古昔，称先王，要皆归乎六位时成，终既济定。《易》与《诗》、《书》、礼乐、《春秋》，皆太平之正经也**，故次以《述而》。[2]

---

〔1〕钱穆曾经揭示常州学派与苏州惠栋之学的关联，且举宋翔凤《大学古义说》的明堂之学或受惠栋影响。蔡长林以为“常州学派的产生不过是一个有特殊策略的科举世家与这一股汉学考据风潮擦撞之后所产生的火花”（蔡长林：《从文士到经生：考据学风潮下的常州学派》，“中研院”中国文哲研究所 2010 年，第 84 页）。我们认为从历史来考察，常州庄氏的经学有科举策略的影响，但经学发展亦有其自身逻辑，时代要求与经学发展必然会出现今文经学的复兴，而此复兴不出于庄氏，亦会出于他氏。

〔2〕郭晓东：《戴氏注论语小疏》，华东师范大学出版社 2014 年，第 289 页。

以上加粗的字体部分，皆惠栋所常言者。此前庄述祖亦谓："《易》终未济，《书》终《秦誓》，《诗》终《商颂》，《春秋》终于西狩获麟，《夏时》终于陨麋角。戒之哉，戒之哉。"[1]他以为《春秋》终获麟与《月令》的麋角解，皆寓拨乱反正之意。至于宋翔凤，更是取大学与明堂相发明，明堂与大学同处，[2]天子与士人通过在明堂太学中的教育，最后达到"中外之治清和咸理，民用和睦，上下无怨，恩及禽兽，泽臻草木，以成太平世。是谓亲民，是谓止至善，皆诚意之学一以贯之也"[3]的状态。

四 天法人法

前文论述古明堂的大同、太平之意，常以"公共性"解说。但现代意义的"公共性"实不能尽明堂之意。蒙文通尝谓：

> 君权民权云者，乃政治敌对之谓。君主专制诚不足道，而议会专制之弊，今日西方学者类能言之，亦颇谋所以救之，固不得为世界最理想之政治也。……专制于一夫诚非，专制于多数亦未是……《月令》所陈

〔1〕庄述祖：《夏时说义》卷下，第18—19页，见氏著《明堂阴阳夏小正经传考释》，光绪间《珍執宧遗书》本。

〔2〕宋翔凤虽然以为明堂即太学，却又据韩氏说，以为明堂太学在城南七里之内，此与惠栋不同。又惠栋严厉批评王弼"性其情"，以为《文言》当读曰"情性也"，而宋翔凤明确取王弼"性其情"说。

〔3〕宋翔凤：《大学古义说》，《续修四库全书》第159册，第237页。

者，为政治积极之职责，而非权力消极之限制。乃政治之规定，而非权力之规定。[1]

《明夷待访录》也提到学校议政，而惠栋所论明堂之礼中，王居明堂以及太学议政亦甚重要，其形制上的“外户不闭”也体现了“公共性”的一方面。然正如蒙文通所指出的，近代西方政治“曰独裁，是恃强凌弱也；曰民治，亦众暴寡也”。[2]易言之，近代以来的“公共性”奠基于个体的绝对权利，个体通过让渡权利而组成契约型的社会和政府。[3]个体的意见是多种多样的，如何保证国家所做出的决定是统一或正确的？多数人的意见是否代表真理？许多政治学者和哲学家已争论过此问题。明堂政治的议政权在“众贤”，众贤既非君主以个人好恶直接任命，亦非仅依靠民众选举得来。但众贤的讨论意见何以就能成为具有超越性的决定？蒙文通未明言，然考之于惠栋明堂之说，则知其最终必须追本于天。惠栋引《大戴礼》“明堂天法也，礼度德法也”，是知明堂制度讨论的并非具体的礼度施设、政治权力

〔1〕 蒙文通：《蒙文通全集》第1册，第172页。

〔2〕 蒙文通：《蒙文通全集》第1册，第154页。

〔3〕 如李猛在分析霍布斯时所指出的：“现代道德生活的‘造成状态’就始于人为国家的原初契约这一决定性的时刻。在这一时刻，借助自然状态已经解体了传统纽带的‘自然人’，可以彻底摆脱人性的自然力量，以及各种先在的道德假设，为人的生活方式提供一个全新的开端。”（见氏著《自然社会——自然法与现代道德世界的形成》，生活·读书·新知三联书店2015年，第397页）

运行等，而是政治之来源。

明堂之政所展开的公共性逻辑在于：人为天之所生，圣贤尤其为天之所笃生，人类形成组织、过一种良好的生活，本就是天所赋予人性命的内在要求。人的生存、生活是化育的一部分，其中的贤能者要参与化育的过程。是此种公共性仍奠基于天，而非个体的绝对权利。明堂的设计首先在于祭祀六天以帝王配，其意义亦在此。这里不免让人疑惑：生活在清朝的惠栋，是要重新回到原始的神权政治吗？

惠栋固然反对“天者理也”的解释，然他虽对汉儒及以前的六天之说多加引用，其理解实已有转化。他的两处文字颇堪玩味。一者他引顾栋高之说：“感生之帝确然无疑，弟不必如纬书云灵威卬诸名尔。”[1]此引用系对顾栋高之说的肯定，这说明惠栋对纬书中过于人格化的天（帝）并不十分肯认。另一条则更能表现惠栋的想法：

> 太极中和之气，即欧阳、夏侯“实一而名六之”说，《礼正义》所云“指其尊极清虚之体，其实是一；论其五时生育之功，其别有五。以五配一，故曰六天”。义并得通，兹并载之。至刘歆驳欧阳、夏侯之说，刘邵改六子为中和之气，皆不知二五之为十者也。[2]

---

〔1〕惠栋：《明堂大道录》卷四，《经训堂丛书》本，第21页。

〔2〕惠栋：《明堂大道录》卷四，《经训堂丛书》本，第16页。

在惠栋看来，之所以分六天，是因元气可展开为不同的节度，有不同的功用。六天、六宗、太极中和之气，既然是“二五之为十”，看似是以人格神去解释太极，实际却暗含着以元气说来消解人格神具有的绝对意义。**生活在后理学时代的惠栋，不可能不正视理学对纬书和上古天帝所做的理气化解释**。但若纯以理来解释天，则天之本源义和主宰义便会被消解，故惠栋重新引入汉儒之说。惠栋的“六天”主宰，已非如上古那样靠巫师通灵去获得“帝”之命令来对世人发号施令。从明堂祭祀的最完美状态是“联为一气”的描述，可知惠栋对“六天”的人格神意义是有所保留的。融摄明堂的《易》学既保持“天”之尊位并肯认其轨约和引导人类世界的力量，又竭力淡化天的人格神意义，同时强调人在化育中具有的创造力。然则天人之际，至为难言矣。

本章小结

惠栋的明堂之法是以易学理论为基础所展开的“政治设计”，为“表明列圣治天下之大端”，而非纯粹的建筑考古，此一点惠栋与他同时及后来的明堂研究者有根本差别。不明乎此，将惠栋的明堂著作放在清代明堂争论中，则会治丝益棼，且无法论断出是非。惠栋的明堂设计，有纵向和横向两个维度。纵向而言，明堂沟通天—人（王），在后天理的时代为权力合法性重新寻找根源。更重要的是，纵的向度试图考察人在天地之中的意义，在其中人须顺天之命，却又不完全被动，他还要在顺于天命的前提下赞助天地来进行创造性的活动；同时，人的这种创造性活动又是天命的展现和延续。如果说纵向维度呈现的是《中庸》的“天命之谓性”和《尧典》的“格于上下”，那么明堂的横向意义则是《大学》的“修齐治平”和《尧典》的“光被四表”。

惠栋详论明堂六天祭祀系统，其目的不在于恢复神祇信仰，而是突出“明堂天法”的天之意义，指向了世界存在本原的神圣维度及其公共性。人之法天，正是在此公共性之下展开的。人顺天而生存、生产，各种组织也由此建立，是故明堂之道与大同之道名异实同。在此要求之下，君王、师儒各有其角色，共同担负起维护共同体德性的义务。大道之“大”，即在于此。

第六章　惠栋《易》著次第考

惠栋自壮至暮，孜孜于《易》，著述不辍，有《周易古义》《易汉学》《周易述》《易微言》《明堂大道录》《禘说》《易例》《易大义》，并辑有《周易郑注》等。漆永祥考论其种类、版本甚详，[1]唯于惠氏著述之年次未及多言。最近张素卿关注惠栋著述最用力。今既研究惠栋易学，须知其治《易》历程次第，故在前贤基础上，稍为排次考证。

第一节　《周易古义》《周易本义辩证》

惠栋四世传《易》，幼承庭训，而其正式治《易》，或在三十四岁（1730）左右。松崖于乾隆十七年（1752）撰《沈君果堂墓志铭》："余学《易》二十年，集荀、郑、虞诸家之说，作《周易述》。先以数卷就正于君。"[2]据惠氏之子惠承萼所云，《周易述》始撰于乾隆己巳（1749）。以此上推二十年，即1730年，或为松崖始学《易》之岁。

---

〔1〕 漆永祥：《惠栋易学著述考》，《周易研究》2004年第3期。

〔2〕 惠栋：《松崖文钞》，《续修四库全书》第1427册，第287页。

惠栋治《易》的早期成果，为《周易古义》《易汉学》《周易本义辩证》。《周易古义》初名《志小编》/《周易会最》，《易汉学》名《汉易考》。雍正十三年乙卯（1735），惠栋三十九岁，作《九经古义述首》，改《九经会最》为《九经古义》。1739年，惠栋作《重卦考》，此时对《周易本义辩证》进一步修订。[1]1741年，惠士奇去世，时惠栋四十五岁。至此当为惠栋早年著述期。而这一阶段的著作《周易本义辩证》在称引另外两部作品时，分别作《九经会最》与《汉易考》。三书似乎主题不同，实可相互补充。

惠栋求古义，在研读九经注疏的时候便将特别的古训摘出加以考订，此即《九经会最》；但欲明汉易的“故训”，仅凭零星的文字考订是不够的，必须通师法，此即《汉易考》。复兴汉易，须面对朱子易学，且惠氏本即习朱子学，欲从中走出也要作一反思，故作《周易本义辩证》，以见汉宋异同。三书的初稿，写作时间相近，亦有共同的征引文献。本节先论《周易会最》与《周易本义辩证》。

一 《周易会最》（《周易古义》）

《周易古义》为《九经古义》之一种。今据上海图书馆所藏《九经古义》手稿可知，此书最早名《识小编》，后名《九经会最》，最后定名《周易古义》。邓志峰曾据稿本指出：

---

〔1〕 以上具体的考订，详见本书各相关章节及末附《惠松崖先生学行系年稿》。

前四卷的“某某经考”下方或右侧有“九经会最卷某”字样。后五卷的“识小编”经勾抹后，或下题“改九经会最”，或于右侧题“九经会最卷某”。由此可知，《九经会最》一名在《识小编》之后。另外，各卷改题篇名中的“会最”二字，或被勾抹，或被保留，其右侧皆另题“古义”二字，知《九经古义》一名又在《九经会最》之后。[1]

《九经会最》改为《九经古义》的时间下限，根据苏州博物馆藏《周易古义》手稿即可断定为雍正乙卯（1735）。王欣夫曾见此书，谓：

今于苏州文物管理委员会见有《周易古义》手稿一册，序题乙卯，为雍正十三年。则其时长子九岁，次子七岁，定宇盖甫三十有九，半农尚健在。故序又云：长闻庭训。核之无不适合。[2]

稿本卷端有《述首》曰：“作《九经古义》二十卷……乙卯春日，东吴松崖惠栋识。”其卷端本题“志小编卷一”，端楷，与正文一致；又勾去，于右旁题“九经会最”，墨色稍淡；而“会最”旁又题“古义”二字，大题之左，正文之前，

〔1〕 转引自赵四方：《〈九经古义〉与惠栋汉学思想的形成》，《学术月刊》2016年第3期。

〔2〕 王欣夫：《蛾术轩箧存善本书录》，第1317页。

又夹入“周易古义”题。凡“古义”“周易古义”皆墨色较浓，行书书写，与《述首》字迹完全一致。知此为乙卯岁新改。

但在苏博本《周易古义》公布前，赵四方曾据《后汉书补注》的称引推断改名《九经古义》的时间为乾隆壬戌（1742）：

> 惠栋所著《后汉书补注》……卷十三、十五、十七尚称引《九经会最》，至卷十八则称引《九经古义》，则书名改《九经古义》必在撰写《后汉书补注》卷十八之时。……惠书原稿《范氏后汉书训纂》，“自始至列传第二订为第一本，列传第三至十五订为第二本……六十六至七十二为第八本……”今检《后汉书补注》卷十八内容，正为《儒林列传》第六十九、《文苑列传》第七十，则该卷在原稿第八本无疑。惠氏在原稿第七本末题“壬戌二月艮受丙撰毕”，第八本末题“壬戌三月巽受辛撰毕”，则可知第八本内容撰写于乾隆七年壬戌（1742）二三月间。而其中已称引《九经古义》，则《九经古义》的定名很有可能就在此时。[1]

赵四方之推测甚精巧，然亦有可疑之处。根据其逻辑，《后汉书补注》卷十七称引《九经会最》，在《后汉书》列

〔1〕 赵四方：《〈九经古义〉与惠栋汉学思想的形成》，《学术月刊》2016年第3期。

传第六十五“绍非袁氏子”条。据漆永祥所载薛氏说，此条在原稿第七本中，而第七本则题“壬戌二月艮受丙撰毕”。[1]此用月体纳甲法，即二月廿三日。由此而推，惠栋壬戌二月廿三尚称“九经会最”，三月十六日便改为“周易古义”，何其突然？三月既名“古义”，二月底稿何不回改？

这里的推测有两个漏洞：第一，**惠栋著作具有流动性和不确定性**。德裕堂刻本是定稿，而《范氏后汉书训纂》（以下或简作《训纂》）是初稿，两者不可等同。赵四方所引证的《九经古义》那一条，在朱邦衡的《训纂》抄本中便仅有“经籍志曰”至“又加润益”，无“九经古义曰”以下文字。[2]可知此段文字为后来订补。[3]第二，薛寿所记录的稿本撰写信息，是《训纂》初稿撰作的时间，但并不意味着此时惠栋才开始《训纂》的撰作。这涉及**惠栋著作的第二个特点，即往往先在书上作批注、作笔记，而后汇集成书**。《易汉学》《周易古义》等莫不如此。[4]是以《训纂》初稿之前，

---

〔1〕 漆永祥：《东吴三惠著述考》，《国学研究》第14卷，北京大学出版社2004年，第401页。

〔2〕 惠栋：《范氏后汉书训纂》，朱邦衡抄本，见《二十四史订补》第3册，书目文献出版社1996年，第755页。

〔3〕 其实前面称引《九经会最》时言“详余所撰《九经会最》”，而此处征引却作“《九经古义》曰”，称引体例不同，亦令人疑其为后补。

〔4〕 王欣夫即曾指出此特点，如谓：“先生群经注疏校阅本，虽多已采入所著《九经古义》，但《九经古义》为早岁所编定，晚年续有心得，皆随手笺记于书眉。”（《蛾术轩箧存善本书录》，第1321页）又论京房《易传》三卷本惠氏批校谓：“其说（惠氏父子校语）之精者，已入《易说》及《周易述》，此为其著书之朴。”（《蛾术轩箧存善本书录》，第363页）

当还有零星批注甚至草稿。而称引《九经会最》的文字，最早也可能是《后汉书》上的眉批，[1]及至正式撰作时，因而不改。第六本题“寓金陵库使署抄”的“抄”字表现了此种状态。

张素卿又提出了一种看法。他根据惠栋批阅《荀子》“吹律定姓之说，详余所撰《九经会最》”一条，将改名《九经古义》定在乾隆十五年以后。他对批注时间判断的依据是：“此书卷六末页惠栋跋云：‘《荀子》六册，先君子手阅，内缺一册，此册为栋补阅也。庚午十二月谨识。’卷五、卷六同册，惠栋批阅的时间在乾隆十五年庚午。”[2]然而题记的时间是否就是批阅的时间呢？恐亦未必然。[3]要言之，将《会最》更名为《古义》的时间定在1750年，既与苏州博物馆《周易古义》乙卯（1735）题识的确证不符，亦与惠栋学术思想变化的历程不协调，是说不通的。

根据上海图书馆藏（以下或简作上图藏）《九经古义》稿本，及苏州博物馆藏（以下或简作苏博藏）《周易古义》

---

〔1〕今苏州大学图书馆藏有《后汉书》惠栋批校本，因新冠病毒，阻隔未见，深以为憾。

〔2〕张素卿：《惠栋〈周易古义〉稿本及其学术价值》，“第六届中国古典文献学国际学术研讨会”宣读论文。

〔3〕按今上海图书馆所藏惠栋批注世德堂本《荀子》有两部，一部为惠士奇、惠栋校并过录叶奕（林宗）批校（线善786119-28），一部为沈大成过录。又上图藏惠氏过录叶林宗批校本，其中多为惠氏过录叶氏批校，而惠栋之批校，仅见于卷四、五、六，卷六末有惠栋跋：“内缺一册，此册为栋补阅。”其上的惠氏批语，与另一部沈大成所临者，差别甚大。而其中各处批阅时间，则不可确定。

稿本，可知《九经古义》最初名《识小编》。赵四方指出："由此篇名（《识小编》）可推知，惠书最初仅是治经所得的零言积累。会最即会聚，由散殊而渐至综会之意。《九经古义》手稿中，每页眉端、行间、地脚处，多有增补……则惠氏将《识小编》改题《九经会最》，必是取上述之意。"[1]惠栋先读书作批注和零碎的笔记，因其零碎，故曰"识小"；将之汇编，即为"会最"。

在《九经会最》中，最为特殊的是《周易会最》，因惠栋于《易》用力最深，对此反复推敲增删。比较能反映该书改订情况的本子有三种：一是苏州博物馆藏《周易会最》稿本，二是上海图书馆藏《九经古义》稿本（线善 802660–61），三是李文藻刻本（后周永年收其板片集入《贷园丛书》中）。三者相互对比，可知其前后改订情况。

苏州博物馆藏稿本与后来版本的比较，张素卿已有论述，今更分类说明。一者原稿中批评汉儒的条目被删去，如：

> 《讼·象》："天与水违行，讼。"荀爽曰："天自西转，水自东流、上下违行，成讼象。"家君曰："水流湿，故水与地比；天与水违，斗指寅，日在亥，故寅与亥合。天西水东，天水相逢，是合也，非违也。乾为燥，坤为湿。火就燥，故天与火同人。水流湿，故地上有水比。"

---

〔1〕 赵四方：《〈九经古义〉与惠栋汉学思想的形成》，见《学术月刊》2016年第3期。

此处引惠士奇之说批评荀爽，在上图藏稿本中已删去。惠士奇于汉易虽偶表章，实则隔阂，汉易师法，自惠栋始明（详第二章）。惠栋后来批阅，觉不妥而删去。

二者原稿中过多引用宋学的文本被删掉或改写，如：

> 六二直方大。郑注云："直也，方也，地之性。此爻得中气而在地上，自然之性，广生万物，故生动直而且方。"熊氏《经说》云："郑氏古易云：'坤爻辞履霜、直方、含章、括囊、黄裳、元黄协韵，故《象传》《文言》皆不解大，疑大字衍。'"（熊氏之说本蒲阳郑厚。江陵项安世曰："郑谓大字作衍文者，非。大字自为句。与既济小字同。《易》中大字与亨利贞同为四德，皆附于爻辞之下，别自为句也。"）

括号内容在底稿为小注，然上图所藏稿本已删去。盖追溯其训释来源以相互辩驳，亦无关宏旨也。

三者批评宋学过于严厉的措辞亦被改写，如：

> 《说卦》云："神也者，妙万物而为言者也。"王肃本作眇，董遇曰："眇，成也。"陆士衡《文赋》云："眇众虑而为言。"盖用《说卦》语（妙，本古眇字，古文作玅，见《义章章》[1]。《国三老袁良碑》，顺帝册曰

[1] 今按：当作"义云章"。

“朕以妙身”，妙身即眇躬也。眇之言小，言神则万物皆小，故曰眇万物。后世妙作眇，以妙为精微，以别于眇，此老庄之说，周子因之，遂有“真精妙合”之语，非圣读本义也）。

上图藏稿本改作：

“玅万物而为言者也。”妙，王肃本作眇，音妙。董遇曰：“眇，成也。”栋案：妙字近老庄语，后儒遂有“真精妙合”之说，当从王子雍本作眇。陆士衡《文赋》云：“眇众虑而为言。”盖用《说卦》，不作妙字，此其证也（《义云章》妙字作玅，见《汗简》。《说文》云“玅，急戾也，从弦省少声”）。[1]

此处专门把周敦颐的名字隐去，说明他在后来修订初稿时，对宋学既不想因袭表章，又不想肆力批判，故而采取一种“悬搁”的态度。

四是一些具体考证观点的改正或补充，比如关于“帝乙归妹”之帝乙，苏博藏稿本以为是纣父，上图藏稿本则已认同成汤之说。五是初稿特别喜欢引《五经文字》《九经字样》等唐代字书，上图藏稿本多删去或减省。

值得注意的是，后来修订本所删去的条目，有一些却

〔1〕 惠栋：《九经古义》卷一，上海图书馆藏稿本，第14a页。

被其晚年的《周易述》所采纳。这说明惠栋的删改，并不仅仅出于观点变化，有些条目的删去，乃因其对《九经古义》的定位发生变化。

二 《周易本义辩证》

《周易本义辩证》(以下或简作《辩证》) 现存版本，主要有四种稿本，两种刻本。稿本四种即上海图书馆藏叶景葵跋六卷手稿本（线善 T00474)、上海图书馆藏叶景葵跋五卷稿本（线善 T00452)、北京大学图书馆藏红豆斋抄本、复旦大学图书馆藏翁方纲批抄本。刻本有两种，一为常熟蒋光弼省吾堂四种刻本，一为日本享和二年江户官刻本，后者为省吾堂本的翻刻本。翁批本与北大藏抄本略同，而其他三种稿本皆与惠栋本人有关，故今对两种稿本进行考订，并及省吾堂刻本。

(一)

上海图书馆藏叶景葵跋六卷本当为惠栋手稿（以下简称上图六卷手稿本)，我们可选其中一则作对勘。先看手稿本总体的面貌：

> ~~黄，中之色也~~。[~~荀~~《九家易》言："乾为衣，坤为裳。"] 裳，下之饰也。[~~乾在上，坤在下，故~~] 六五虽在尊位，宜居下体，~~故有是~~ [~~黄裳之~~] ~~象~~。[言坤五当降乾二也，其说本之] ~~以~~荀慈明~~之易参之，乾之九二~~

~~利居坤五，坤之六五利居乾二~~)，[~~今坤虚无阳，五无居上之理。然~~卦辞言先迷后得主，象辞言乃顺承天，是~~知~~]乾坤~~气相通也。详见《汉易考》~~。[二卦旁通之义也。荀氏之说为有据矣。]

以上[ ]表示夹批增入的部分，删除线表示涂抹去的部分，而增入的部分又有涂抹。其最初的版本应该是：

黄，中之色也。裳，下之饰也。六五虽在尊位，宜居下体，故有是象。以荀慈明之易参之，乾之九二利居坤五，坤之六五利居乾二，乾坤气相通也。详见《汉易考》。

而上海图书馆藏叶景葵跋五卷抄本（以下简称上图五卷抄本）作：

《九家易》言："乾为衣，坤为裳。"裳，下之饰也。六五虽在尊位，宜居下体，故有是黄裳之象。言坤五当降乾二也，其说本之荀慈明。

北大藏抄本作：

《九家易》言："乾为衣，坤为裳。"裳，下之饰也。六五虽在尊位，宜居下体，故有黄裳之象。言坤五当降乾二也，其说本之。卦辞言先迷后得主，彖辞言乃顺承天，是乾坤二卦旁通之义也。荀氏之说为有据矣。

由此可见，上图六卷手稿本未涂抹的文字是四种版本中最早的，其涂改的部分也是层累地形成的。最初的改动，反映在省吾堂刻本之底本；其次反映在上图五卷抄本；其后反映在北大抄本。有意思的是，北大抄本所据可能就是手稿本的最终样态，因为有个地方抄错了，即“其说本之。卦辞言先迷后得主”，中间漏掉了“荀慈明”，大概此处反复删定涂抹，文字混乱，故抄者有是疏漏。类似例子还有不少。

上图六卷手稿本卷首题名“刻朱子本义辩证凡例”，后涂去“刻朱子”三字，改作“周易”，则惠栋本或应人之邀刊刻朱子《周易本义》，以己说厕朱注下。正文最初的修订，以方框圈出，或删或改。比如卷一第8b页“驯至其道”，“至”字圈出，旁改为“致”字；卷一第15a页“吴氏曰慎曰”，“曰慎”圈出，旁改为“曰慎”小字；[1]卷一第20a页“京君明以西为西郊”，“西”圈出，旁改为“兑”。凡此种种，可知此手稿本因欲刊刻而校过一遍。

由上图六卷手稿本引用称《九经会最》而非《九经古义》可知，《周易本义辩证》的初稿当在雍正乙卯《九经会最》更名《九经古义》之前。文本校勘也支持此判断，比如屯卦“君子以经纶”条，上图六卷手稿本作：

---

〔1〕《辩证》凡称引人名，名用小字。

"经纶"，《释文》《音训》作"经论"。~~音~~郑氏读如字，荀氏读为伦。姚信~~读~~释为经纬字，后人始改为纶。[《礼记·]中庸》云"经论天下之大经"，~~后人亦读为~~纶。[**郑氏注云："经论，谓论撰书礼乐，施政事。"刘勰《文心雕龙》曰："《论语》以前经无论字。"~~乃知俗学之盛于六朝。~~**盖汉以前论字皆读为伦。]

原稿中的红字，此处以粗体表示。今以苏博藏《周易古义》(《周易会最》)作一对比：

君子以经纶。纶，《释文》作论。郑注云："谓论撰书礼乐，施政事。"刘勰曰："《论语》已前，经无论字。"晁子止以书有论道经邦。愚谓《周官》后出，不足难刘氏，当引《屯·象》以折之。

若《辩证》初稿在苏博《周易古义》初稿之后，则直接写入郑注及刘勰说即可，不必用红字补入。可知《辩证》初稿在苏博《周易古义》前。据前文所论，苏博《周易古义》手稿也是一个层累叠加的文本，其初稿名"志小编"[1]，在雍正乙卯改名《周易古义》之前。

漆永祥曾言《辩证》成书在雍正十三年之前，张素卿

[1] 苏州博物馆藏《周易古义》年代较早，题名作"志小编"，而上海博物馆藏《九经古义》则题作"识小编"，志、识二字相通。

驳之，谓“《重卦说》撰于乾隆四年，六论移入《易汉学》卷末乃乾隆九年以后事。《辩证》一书在乾隆四年犹撰稿不辍，随时删修”。〔1〕按《辩证》一书初稿必成于1735年之前，证据已如上论。张素卿之辩驳，对惠氏稿本流动性的认识有问题。我们认为，不能把附录的六论作为判断凭据。

（二）

其次论省吾堂刻本所据底本与上图五卷抄本的先后关系。叶景葵曾指出，省吾堂刻本所据底本在其所藏五卷抄本之前。今录叶氏题跋如下：

> 顷又见常熟蒋氏省吾堂刻本，与稿本对校，发现不同之点甚多。兹将已校出者录下：
>
> 凡例，稿本共十条，刻本八条，缺第九、第十。
>
> 卷一，坤六五“黄裳元吉”条，刻本“以荀慈明之说参之”至末十七字，稿本作“其说本之荀慈明”七字。
>
> 蒙“以亨行时中也”条，刻本云“详汉易考”，稿本“汉易考”三字朱笔改为“易汉学”。
>
> 需上六“入于穴”条，刻本注云“与《月令》天气上升，地气下降之说相违”，稿本无。

〔1〕张素卿：《从典范转移论惠栋之〈周易本义辩证〉》，见《国文学报》第53期，2013年，第103页。

又稿本注云“自复而临而泰而大壮而夬，此乾自下升之证。谓乾无自下升上之义，殊不可解”，刻本无。

卷二，泰“拔茅茹”句，“郭璞《洞林》读至汇字绝句”条，稿本朱笔注云“朱子不读汉易，故止据《洞林》”，刻本无。

复六四“中行独复”条，稿本朱笔注云“愚近撰《易述》，以中行属初，异于前说矣”，刻本无。

无妄“刚自外来而为主于内”条，稿本朱笔注云“无妄遁上之初，与复卦剥上之初同例”，刻本无。

刻本卷二首谦，稿本首泰。

卷三，益六四“中行告公从”条，稿本朱笔注云“复初称中行，以为乾元也”，刻本无。

卷四，小过六二“过其祖遇其妣”条，稿本朱笔注云“爻辞为文王作，则顾氏亦未尽然仍当以象为主”，刻本无。

凡稿本朱笔圈点及校改增注，均系松崖先生手笔，大约**蒋刻本出于及门传钞，而稿本则先生写定后随时修正**。名家著述，精益求精，得此原稿，洵足珍重。且据此可知先生所著《易汉学》原名《汉易考》，《周易述》原名《易述》也。[1]

叶氏所论不误，今更补充几则校勘证据。

〔1〕 惠栋：《周易本义辩证》，上海图书馆藏五卷抄本，卷首页。

（1）乾卦“君子体仁足以长人”条，六卷手稿本作：

胡氏炳文曰：“元亨利贞，释《彖》分而二之，一阴一阳之谓也；《文言》分而四之，四时五行之谓也。前四句《程传》从人事上说，《本义》兼天人说。”汉易《彖辞》《文言》一例，与此异。

[《周语》曰：“言义必及利。”韦昭曰：“能利人物，然后为义。”《礼记》所谓以义为利也。]

「王氏应麟曰：“贞者元之本，周公曰：‘冬日之闭冻也不固，则春夏之长草木也不茂。’可以发明贞固之说。”**周公语出《韩非》。**」

以上[ ]表示眉批增入的内容；「」是手稿原有标记，表示应当删去；加粗表示朱笔。省吾堂刻本此三段俱全，[1]说明手稿当时增入了“《周语》曰”一段，且尚未打算删去“王氏应麟曰”一段。而五卷抄本则已无“王氏应麟曰”一段，是故其当在省吾堂刻本所据抄本之后。

（2）上引叶景葵题跋指出分卷的问题，“刻本卷二首潗，稿本首泰”。按今六卷手稿本在泰卦上用线引出一眉批“周易本义辨正卷二”，[2]由此可见最初手稿忘题卷二标识，省吾堂刻本所据底稿亦无，故刻者以己意分卷，遂误分谦卦

〔1〕 惠栋：《周易本义辩证》卷一，省吾堂刻本，第6b页。

〔2〕 惠栋：《周易本义辩证》卷一，上海图书馆藏六卷手稿本，第23a页。

为卷二首卦；而五卷抄本则在惠栋眉批插入卷二标题之后。[1]

（3）卷首凡例，省吾堂刻本阙最后两条，上图五卷抄本不阙。此处显然不是省吾堂刻本漏掉，而是初稿本即无此二条。手稿本卷首凡例共4页，其中主要为惠栋笔迹，但第2b页末三行及第3、4页，全然是另一笔迹，盖有他人补写。然则卷首页亦非最初手稿之旧观。“一本义前列九图”条（倒数第二条），眉批有“见陆氏游《剑南集》”云云，而其封面浮签即载陆游《跋蒲郎中易老解》一文。及至五卷抄本，已抄入后两条凡例。

（三）

《辩证》称引《九经会最》凡四见，其六卷手稿本，两处皆先作《九经会最》，后改作《九经古义》，即艮卦“厉熏心”与《系辞》“圣人所以极深而研几也”两条。[2]省吾堂刻本皆作《九经会最》，[3]而五卷抄本皆作《九经古义》。[4]这说明**省吾堂刻本之底稿的时代，亦当在雍正乙卯（1735）惠栋改名《九经古义》之前，而上图五卷抄本则在《九经古义》更名之后**，当时只改两处，有两处不及更改，一直到北

〔1〕六卷手稿本最初第十卷亦未标出，仍在革卦前以墨线引出眉批曰“周易本义辨正卷四”，而省吾堂刻本从革卦分第四卷，不误。

〔2〕惠栋：《周易本义辩证》，上海图书馆藏六卷手稿本，卷三第28b页、卷五第9a页。

〔3〕惠栋：《周易本义辩证》，省吾堂刻本，卷四第8b页、卷五第12a页。

〔4〕惠栋：《周易本义辩证》，上海图书馆藏五卷抄本，卷四第8b页、卷五第12a页。

大藏抄本誊录之时犹未及改订。

另外，省吾堂刻本的底稿与五卷抄本的时间应该在《汉易考》更名为《易汉学》之后。坤卦用六条之段末小注，六卷手稿本先是朱笔“说详汉易考”，又墨笔改作“易汉学”。[1]省吾堂刻本[2]与五卷抄本[3]皆直接作“说详易汉学”。至于蒙卦“以亨行时中也”注，六卷手稿本先作“说详汉易考”，后改“易汉学”；省吾堂刻本则作“说详汉易考”，[4]五卷抄本用朱笔改作“易汉学”。[5]由此可见，**惠栋始撰《辩证》时，其考订汉易之作尚名《汉易考》，后来改名《易汉学》，遂在修订《辩证》时将称引的《汉易考》校改为《易汉学》，但其中有些未能尽改，如省吾堂所据底稿及五卷抄本是也。其后批阅手稿本，又发现未尽改者，复加改订；而五卷抄本后来亦将《汉易考》尽改为《易汉学》。**

三 《辩证》末附录六论

《辩证》六卷手稿本卷末附论六篇，题“周易附录”，与正文笔迹不一致，省吾堂本及五卷抄本皆不附。是《辩证》初稿写作时，尚无此六论。[6]又手稿本封面题“凡例一卷，附录一卷。一载卷首，一附卷末”，可知此附录六论，

---

〔1〕 惠栋:《周易本义辩证》卷一，上海图书馆藏六卷手稿本，第 10a 页。
〔2〕 惠栋:《周易本义辩证》卷一，省吾堂刻本，第 13a 页。
〔3〕 惠栋:《周易本义辩证》卷一，上海图书馆藏五卷抄本，第 12b 页。
〔4〕 惠栋:《周易本义辩证》卷一，省吾堂刻本，第 18b 页。
〔5〕 惠栋:《周易本义辩证》卷一，上海图书馆藏五卷抄本，第 18a 页。
〔6〕 凡例末两条，与卷末所附六论无关，叶景葵跋文失考。

实为后来撰写而附入。题下又添"入《易汉学》卷末"六字，知后来并入《易汉学》。今复旦大学藏《易汉学》稿本无此六论，而《四库全书》本《易汉学》则有之，《经训堂丛书》本《易汉学》较之四库本则缺最后的《重卦说》《卦变说》两篇，或与惠栋学术观点变化有关[1]。

最初附入《辩证》的六论，与四库本《易汉学》卷八篇目并不完全一致。今先列《辩证》所附：

第一论河图洛书　第二论先天后天
第三论两仪四象　第四论重卦
第五论卦变　　第六附论太极图

四库本《易汉学》卷八篇目（《经训堂丛书》本无最后两篇）：

辨河图洛书　辨先天后天
辨两仪四象　<u>辨太极图</u>
<u>重卦说</u>　　<u>卦变说</u>

《辩证》所附的次序是最初次序，也是最合理的排布。其排列逻辑，乃是对应《周易本义》卷首九图逐一辨驳：

---

〔1〕卦变说，惠栋晚年犹信；神农重卦之说，惠栋晚年似已放弃。他晚年以为伏羲作《易》之大义在成既济，则必为重卦而非三画卦。详第五章第一节辩说。

《第一论河图洛书》对应《本义》卷首的《河图》《洛书》；《第二论先天后天》对应《伏羲八卦次序》《伏羲八卦方位》；《第三论两仪四象》批评邵雍一分为二的画卦逻辑；《第四论重卦》以为伏羲作八卦、神农重卦，强调“因而重之”，从而进一步否定邵雍所谓伏羲六十四卦之说；《第五论卦变》，则针对最后一图《卦变图》。驳《本义》已毕，而周敦颐《太极图》犹为朱子所尊信，亦是宋代易学之大宗，故又另论之，称为“附论”，以其与驳《本义》九图不相关也。

篇中最可考证其层次的，为《论重卦》（重卦说）一篇。目前可见五个文本：（1）稿本《周易古义》（识小编）底稿；（2）稿本《周易古义》所加两处浮签；（3）《松崖文钞》所载《重卦考》；（4）上图藏六卷《辩证》手稿本所附《论重卦》；（5）四库本《易汉学》卷八之《重卦说》。今先载其最初文本（即苏博《周易古义》初稿本）：

> 重卦之始，其说纷纭。康成以为神农，[虞翻、]王弼以为伏羲，孙盛以为夏禹，马迁、扬雄以为文王。案《系辞》云：“包牺氏作结绳而为网罟，盖取诸离。”离者，包牺所作十言之一，非重卦也。至神农氏作，始有盖取益与噬嗑之事。故郑氏以为神农重卦。京房《易积算法》引夫子曰：“神农重乎八纯。”《系辞》“因而重之”，因伏羲也。淳于俊亦云。愚窃谓郑说近之。《周礼》：“太卜掌三易之法，一曰连山，二曰归藏，三曰周易。其经卦皆八，其别皆六十有四。”古文“别”字重八，

八八六十四。三易首《连山》。连山夏易，故孙盛以为夏禹重卦。《洪范》“二衍忒”者，谓贞悔也。内卦曰贞，外卦曰悔。此商时重卦之明文也。惟夏商用七八，文王用九六，以此异耳。《乾凿度》曰：“益卦演德者文。”故马迁、扬雄据以为文王重卦。惟［翻］、王弼之说绝无所据，而唐宋诸儒皆从（王）［其］说。《周礼》“太卜掌三易之法”，干宝注云：“伏羲之易小成，为先天；神农之易中成，为中天；黄帝之易大成，为后天。”《系辞》云“庖牺始作八卦，八卦而小成”，是干氏亦以为伏羲不重卦也。《隋经籍志》有《神农重卦经》二卷，今亡。〔1〕

《重卦说》前后有不同的文本结构，不同的文本结构来自于不同的写作逻辑，进一步说则来自于撰作时不同的学术背景和问题意识。苏博《周易古义》可以认为是惠栋初读《周易正义》《周易集解》《周易本义》的结果，其问题意识受《周易正义》卷首八论影响很大。《周易正义》八论“第二论重卦之人”，其“王辅嗣等以为伏牺重卦，郑玄之徒以为神农重卦，孙盛以为夏禹重卦，史迁等以为文王重卦”，〔2〕直接即惠栋所本。〔3〕《正义》赞同伏羲重卦说，此说通过邵雍先天次序而益得信众。惠栋则主神农重卦说，首先就列举神农重卦的证据，其次列举夏禹、文王的证据，而后批评伏

〔1〕 惠栋：《周易古义》卷一，苏州博物馆藏手稿本，第1页。

〔2〕 王弼、韩康伯注，孔颖达疏：《周易正义》，第7页。

〔3〕 王应麟《玉海》亦讨论此问题。

羲重卦说，以为无所本。以上基本可以视作是对《周易正义》讨论的延续。今再对照《辩证》所附《论重卦》：

重卦之始，其说纷纭。虞翻、王弼以为伏羲，郑康成以为神农。愚以《系辞》考之，郑氏之说是也。《系词》云："八卦成列，象在其中矣。因而重之，爻在其中矣。"又曰："古者庖牺氏之王天下，仰则观象于天，俯则观法于地，于是始作八卦。"继之曰："作结绳以为网罟，以佃以渔，盖取诸离。"离八纯卦，则知庖牺未尝重卦也。庖牺氏没，神农氏作，始云"盖取诸益""盖取诸噬嗑"。二卦皆有贞悔，则神农重卦明矣。八卦成列，谓伏羲也；因而重之，谓神农也。凡作者曰造，述者曰因。《礼器》曰："夏造殷因。"《论语》曰："殷因于夏礼，周因于殷礼。"古有因国。《王制》："天子诸侯祭因国之在其地而无主者。"《春秋传》曰："迁阏伯于商丘，商人是因。迁实沈于大夏，唐人是因。"又齐晏子对景公曰："昔爽鸠氏始居于此地，季荝因之，有逢伯陵因之，蒲姑氏因之，而后太公因之。"盖古有是国，而后人居之者为因；犹古有是卦，而后人仍之者亦为因。因而重之，非因伏羲所作之八卦而重之者乎？若云自作之而自重之，则不得言因矣。

京房《易积算法》引夫子曰："八卦因伏羲，暨乎神农，重乎八纯。"《易积算法》已亡，载见《困学纪闻》。魏博士淳于俊曰："庖牺制八卦，神农演之为六十四。"

《隋书·经籍志》有《神农重卦经》二卷。[1]

《松崖文钞》所载基本与上文同。对比初稿可知，此处增加的部分，主要是为论证神农重卦，一是对“因而重之”之“因”字的发挥，通过“因果”说明因者与被因者不同，说明重卦者与三画卦作者不同；二是仔细比较了《系辞传》“十三盖取”中伏羲与神农的不同。这两个新增加的段落，不是一蹴而就的，我们在苏博《周易古义》稿本的浮签中发现了这两条内容，一条曰：

> 京房《易积算法》引夫子曰：“八卦因伏羲，暨于神农，重乎八纯。”魏博士淳于俊曰：“包牺制八卦，神农演之为六十四。”《周礼》三易，一曰连山。杜子春曰：“连山，神农。”郑康成亦曰“神农重卦”。案下《系》云“古者庖牺氏之王天下，于是始作八卦”，继之曰“作结绳以为网罟，以田以鱼，盖取诸离”。离，八纯卦也。则知庖牺未尝重卦也。庖牺氏没，神农氏作，始云“盖取诸益”“取诸噬嗑”二卦，皆有贞悔，则神农重卦明矣。

以上与《辩证》附录《论重卦》相同的部分，我们在

〔1〕惠栋：《周易本义辩证》，上海图书馆藏叶景葵跋六卷手稿本，附录第7页。

彼处已用下画线标出。另一条曰：

> 《礼器》曰："夏造殷因。"《论语》曰："殷因于夏礼，周因于殷礼。"古有因国。《王制》："天子诸侯祭因国之在其地而无主者。"《春秋传》曰："迁阏伯于商丘，商人是因。迁实沈于大夏，唐人是因。"又齐晏子对景公曰："昔爽鸠氏始居于此地，季萴因之，有逢伯陵因之，蒲姑氏因之，而后太公因之。"盖古有是国，而后人居之者为因；犹古有是卦，而后人仍之者亦为因。因而重之，非因伏羲乎？如云自作之而自重之，则不得言因矣。

以上与《论重卦》相同的部分，我们在彼处以粗体表示。

对比可知，《辩证》附录《论重卦》实为惠栋增删所作，而此文本的立意，已非与孔颖达为难，不必辨夏禹和文王重卦说之非[1]。此处惠栋着力证明神农重卦，否定伏羲重卦，如前文所指出，放在整个六篇辩论的结构中看，此乃是为了否定邵雍的伏羲画卦说。《本义》卷首《伏羲六十四卦次序》，朱子谓"此图即所谓因而重之者也"。[2]今惠栋既辨明"因而重之"者为神农，则所谓加一倍法不出自伏羲可知矣。

---

〔1〕 二说之误显然，亦不必辨。

〔2〕 朱熹：《周易本义》，《朱子全书》第1册，第20页。

《松崖文钞》所载《重卦考》与此文本相同，而与四库本《易汉学》所附不同。其文末署“己未稿”。可知此文惠栋曾专门撰写，己未（1739）当即其成稿之岁。而后惠栋将之附入《周易本义辩证》，题作“第四论重卦”。据此可推，《辩证》卷末六论，或在己未所附。《辩证》之省吾堂刻本和五卷抄本皆作于此年之前，故无此附录一卷也。

又张素卿怀疑省吾堂刻本之凡例，谓：

> 今各本《辩证》均无“附录”。然而“手稿”《凡例》十条，并未删改，而且“稿本”、红豆斋抄本之《凡例》也都保留未改。顾氏《墓志铭》亦明言“凡例十条”，唯独省吾堂本《凡例》仅存八条，将涉及河图洛书与八卦取象歌的第八、第九两条删去。省吾堂本所据底本传抄较早，于此反而符合最后的修改，何以如此？只能阙疑待考。[1]

张素卿之怀疑，或许受到叶景葵错误理解的影响，即认为凡例第九、十条与卷末附录有关，实则第九、十条仅言及卷末附录《周易本义》卷首九图、八卦取象歌等事，并未言及自己对于易图的辩驳。不然，五卷稿本凡例为十条，何以也没有附录的六论呢？故其怀疑实无必要。至于顾栋高为

---

〔1〕 张素卿:《从典范转移论惠栋之〈周易本义辩证〉》,《国文学报》第53期，2013年，第99页。

惠栋作墓志铭称“早岁著《周易本义解正》五卷，中有凡例十条”，[1]张素卿据以论《辩证》初稿名《解正》；又以为顾氏所见为早期稿本，遂以顾氏所谓“凡例十条”与省吾堂凡例为八条相龃龉，而生疑问。今按此墓志铭既系顾氏为卢见曾代笔，而顾氏乾隆十九年（1754）与惠栋晤于卢见曾幕，时《周易本义辩证》早已定稿。又按墓志之作，多来源于死者家人所作行状，此墓志亦明言“承绪等具状请余文其墓中之石”。是“周易本义解正”之名，或家人误记，或顾栋高误认，或抄者手讹，要非本名，不可据以疑其定名也。

由上比勘众多稿本，我们附带说一下惠栋手稿本、抄本的特点：

（1）惠栋自己有一个主要的手稿本，他在先后不同的时间段对此有不断的增删改易。比如上图《辩证》六卷本（线善 T00474），以及苏博《周易古义》稿本。

（2）同时，他在某个时间段会自己（或请子弟、书手）誊录一本作为暂时的“定稿”。其改动也可能又在这个新的抄本上进行。比如上图《辩证》五卷本（线善 T00452），以及上图《九经古义》稿本、复旦大学稿本《易汉学》。

（3）他的朋友、弟子也可能在不同修订阶段将其撰述抄去。比如北大《辩证》抄本，叶景葵藏《易汉学》抄本。

---

〔1〕顾栋高：《万卷楼文稿》第 7 本，国家图书馆藏清抄本，第 46a 页。

附:《周易讲义合参》乃伪书辨

上海图书馆藏有《周易讲义合参》二卷稿本（线善843145），卷首钤“惠栋之印”“定宇”等印，漆永祥据此断为惠栋原稿。[1]今按此书既有惠栋印，笔记又似出自惠氏，则无疑为惠氏所藏，但绝非惠氏著作。考其内容，与今传题为朱长文著《易经解》者完全一致，然则此实伪中之伪。惠栋自著书，皆题“东吴惠栋撰”之类，而此书并未题名，则印章只具有藏书印的意义；且《易经解》亦非朱长文著，庄民敬已论之甚详，[2]今更稍加申说。

朱长文生于宋仁宗康定元年（1040），卒于哲宗元符元年（1098），其事历见邓小南的研究。[3]观《易经解》卷首为八卦取象歌、分宫卦象次序、《河图》、《洛书》、《卦变图》等，全然是朱熹《周易本义》卷首、卷末之附录。再观其正文，也多取朱子《周易本义》及朱子门人阐发朱注之语。柯劭忞尝亟辨之，谓：

> 长文……不闻有《易经解》，诸家书目亦不载其名。巴陵方功惠，始据明王文禄校本刊入丛书。……其

---

〔1〕漆永祥:《东吴三惠著述考》,《国学研究》第14卷，第391页。

〔2〕庄民敬:《〈周易讲义合参〉疑义考辨》,《版本目录学研究》第六辑，北京大学出版社2015年。

〔3〕邓小南:《朱长文家世、事历考》,《北大史学》第四辑，北京大学出版社1997年。

> 经解则袭取程朱之义，依傍为之……其出于赝托明矣。卷末王文禄跋，谓朱子为长文五世孙，尤为诞妄。疑文禄跋亦出于赝托者之手也。[1]

《易经解》如今有湖南省图书馆藏崇祯刻本，其末有王文禄跋文，谓“紫阳朱氏乃先生之五世侄孙，崇阐经学，莫不由先生而出”，[2]上引柯劭忞说已辩其非。邓小南亦指出朱熹祖先在唐末已居婺源，与吴郡朱氏毫无关系，王说不可信。[3]可见刻者故意张大作者门户，攀附显学。

其序文亦颇可疑，落款虽为“绍圣元年秋九月既望吴郡朱长文伯原序”，但一开始“诸儒奚啻数百家，其所论注非不繁多，顾或执阴阳，或泥象数，或推之于互体，或失之于虚无”便露了马脚，因为这是房审权《周易义海》序文，见于李衡《周易义海撮要》序。[4]知其杂凑伪撰，根本不是什么“原序”。

再以内容覆按之，此书既抄袭朱子，内容当然一致。跋文倒果为因，谓“紫阳之祖述先生，益可概见”，如此说法，非愚即妄。至其又曰“不敢自秘，因将所藏宋本付诸剞劂”，则此书或系明人有好事者杂抄朱注，而刻者伪托朱长文也。

---

〔1〕《续修四库全书总目提要》，中华书局 1993 年，第 29 页。

〔2〕（伪托）朱长文：《易经解》，《续修四库全书》第 1 册，第 612 页。

〔3〕邓小南：《朱长文家世、事历考》，《北大史学》第四辑。

〔4〕李衡：《周易义海撮要》，《通志堂经解》本，卷首页。

惠栋学识渊博，盖亦疑此书非朱长文作，因更名《周易讲义合参》，以备参阅而已。

第二节　《易汉学》《易例》

《易汉学》是惠栋影响最大的著作。自此书出，不仅汉学旗帜得以张大，学界对汉易的理解也基本笼罩在此范式中。今人如朱伯崑、余敦康、林忠军阐发汉易，亦在此基础上加以论述。《易汉学》论述家法源流，《易例》进一步归纳汉易通例，其中一部分内容采掇《易汉学》，可见二书关系之紧密。

一　《易汉学》的主要版本

叶景葵据《周易本义辩证》手稿本，指出《易汉学》初名《汉易考》，[1]漆永祥亦尝言之。[2]又湖北省图书馆藏汲古阁刻本《毛诗注疏》，有清张尔耆录惠栋、卢文弨批校，其中一处惠栋批校曰："栋案：康成注《易》主爻辰，爻辰与十二律合，见余所撰《汉易考》。"[3]

然则惠栋何时将之改名《易汉学》？《易汉学自序》曰："先君子即世三年矣。"[4]惠士奇卒于乾隆六年（1741），

〔1〕惠栋：《周易本义辩证》，上海图书馆藏五卷抄本，卷首页。
〔2〕漆永祥：《惠栋易学著述考》，《周易研究》2004年第3期。
〔3〕本条承蒙华中师范大学历史文献研究所樊宁兄赐告，特此致谢。
〔4〕惠栋：《松崖文钞》，《续修四库全书》第1427册，第270页。

则此序文当作于乾隆九年（1744），时松崖四十八岁。然我们不可以序文之年为更名之年。前文提及省吾堂刻本《辩证》称引《易汉学》及《九经会最》，则其底稿之修订当在《汉易考》改名《易汉学》之后，《九经会最》改名《周易古义》之前。是故**《易汉学》之命名当在《九经古义》更名（即1735年）之前。**

需指出的是，《九经会最》是大题，而其各经小题初名《某经考》，如《周易》部分即名《周易考》。这并不意味着《周易考》与《汉易考》可混同。《周易考》侧重于零星故训的考订，而《汉易考》则专门系统地介绍汉易师法。**盖《周易》《春秋》在五经中最特殊，其微言、大义、条例，非经过一系统论述不可。**[1] **惠栋既致力于《易》，则专门论述汉易师法的《汉易考》为不得不作之书。**《九曜斋笔记》卷二“趋庭录”条谓：

> 汉人传《易》，各有源流。余尝撰《**汉易学**》七卷，其说略备。识得汉易源流，乃可用汉学解经。否则如朱汉上之《易传》、毛西河之《仲氏易》，鲜不为识者所笑。[2]

---

〔1〕 惠栋批校《周易集解》曰：“宋元三礼有胜汉儒处，《诗》《书》《易》《春秋》远不逮汉。以解《诗》《书》好立异，解《易》《春秋》无师法故也。”（上海图书馆藏韩应陛跋本《周易集解》卷四，第24a页）可见其对《易》《春秋》之条例的重视。

〔2〕 惠栋：《九曜斋笔记》卷二，《丛书集成续编》第20册，第646页。

未知此处“汉易学”是刻本讹误抑或有意为之。惠栋批评了朱震和毛奇龄的易学。二人亦皆推崇汉易，惠栋却不认可，因二人未明白孟、京、郑、荀、虞各家的家法，混而一之，颇有杂烩之嫌。仅从文字考订的角度无法把家法说明白，故《汉易考》之作为“不容已”。

《汉易考》更名《易汉学》，标志着惠栋学术意识的一次觉醒。以前的**学术以“会最”和“汉易考”命名，是零星考订和汇纂性的学问**，虽有师法的模糊概念，却还没有完全摆脱朱子学和文人好奇之学的影响。**《易汉学》的更名，表明惠栋擎起了“汉学”的旗帜，明确地意识到汉学是一个结构复杂的义理系统**，只有在这个系统的基础上，才能进一步达到对孔子之道的理解。而后他将《九经会最》改为《九经古义》，“会最”是汇纂，“古义”则强调这些看似零星的字词训释，要放在师法义理的系统（即“古义”系统）中才得以成立，《某经考》的名字也随之不用。是知**以惠栋为代表的吴派汉学，其倡导的实为汉学之义理系统，与考据学是有距离的**。

惠栋著书，多有改订增删，前举《周易古义》《周易本义辩证》已见。《易汉学》为惠栋写作时间跨度最长之书，[1]其增删批阅，更当频繁。王昶《春融堂集》卷四十三《易汉学跋》:

> 夫汉儒诸家之说，今略见于李鼎祚《易传》。颇

---

〔1〕 盖惠栋晚年于《九经古义》及《周易本义辩证》已无暇措意，故王欣夫曾谓，《九经古义》有惠栋未定之论，其后来精义亦未采入。

恨其各摘数条参差杂出，不获见其全，因不能推而演之也。定宇采掇排次，**稿凡五六易**。丁丑与余客扬州，始定此本，命小胥录其副，以是授余，盖其所手书者，今下世已十年矣。〔1〕

“稿凡五六易”，说明其稿本已更迭有五六次，更何况每种稿本还有不同时期改订的叠加。《周易本义辩证》数种稿本，已令人难理其头绪，而《易汉学》情况更为复杂。其前后去取，亦能见惠栋思想之变化。今略举数种版本，粗为理董。

（一）复旦大学图书馆藏抄稿本

此本七卷，半页十行，行二十四字。可惜卷首脱去三页，无法确定此书曾被谁收藏过。〔2〕此本当是较早的稿本，而观其墨色，亦有后来补写之痕迹，甚至还有裁截补入者〔3〕。经训堂刻本所据底本，较复旦抄稿本尚多出不少内容，当为最后定稿。两者对比，可略见其改订情况。〔4〕

---

〔1〕王昶：《春融堂集》卷四十三，《续修四库全书》第1438册，第108页。

〔2〕此本与王昶所描述的惠栋亲授本比较接近。

〔3〕如松崖在卢见曾幕阅《经义考》后录入关于《火珠林》的两条，就直接补写在抄稿本的卷末空白处。本文下章有专门论述。

〔4〕我据复旦大学图书馆所藏稿本为底本，作《易汉学新校注》（中国社会科学出版社2020年），具体版本差异可参考此书。惜撰写该书《前言》时对《易汉学》稿本流传认识仍不充分，史实推断偶有失误。

（二）陆锡熊藏本与《文渊阁四库全书》本

文献学界对四库本多有不好的评价，因它在抄录的过程中，由于忌讳或敷衍产生了不少脱衍臆改。就《易汉学》而言，《文渊阁四库全书》本也有这方面的问题。但它仍是一个有价值的版本，其底本属于稿本中较早的一种。

据《四库全书总目》，它的底本是陆锡熊家藏本。陆氏对《易汉学》甚熟悉，其诗《题韦约轩前辈〈秋林讲易图〉》曰：

> 自从王学行，清谈久驰骛。《九家》尽湮埋，百氏竞喧嘑。浸淫及图书，往往失牴牾。星盘并弈谱，黑白体纠互。嗟哉汉经师，遗文委蟫蠹。我昨校中书，兰台发缣素。肖然《中孚经》，一一辨章句。寒温候风雨，消息验燠沍。六日又七分，卦气理可悟。源流识焦京，古义宁强附。四正逮杂卦，流转四时具。即以秋而论，一气一爻布。候占立秋恒，归妹及寒露。公卿与大夫，直事视此数。儒林珍寸璧，赖有康成注。其词或怪迂，其出非晚暮。摩挲古敦彝，当复胜康瓠。征君白发翁（**谓惠定宇先生**），掇拾搜武库。粗成《汉学》书，惜此目未遇。惟公彻天人，万象剧奔赴。滥觞溯西京，醇驳洞深故。愿言从诸郎，执卷请正误。更续红豆编，研朱为公赋。[1]

---

〔1〕陆锡熊：《篁村集》卷八，《清代诗文集汇编》第 383 册，上海古籍出版社 2010 年，第 303 页。

韦约轩，即韦谦恒，彼督学山东时，为其二子讲《易》，作《秋林讲易图》，并自题诗。[1]其后陆锡熊、朱珪、王昶等名家多有题咏。[2]韦谦恒自题曰“程邵吾兼师，焦京汝姑舍”[3]，其他唱和韦氏的题诗，多附和溢美而已；陆锡熊虽也少不了夸赞，但“自从王学行”，笔锋一转，举起汉学大旗，转而为焦、京辩护，这就相当于发表不同意见了。

欲明了此诗与《易汉学》的关系，需解读诗中的几个关键点。一者“我昨校中书，兰台发缣素。眘然《中孚经》，一一辨章句”，指的当是陆锡熊阅读《易纬稽览图》的事。[4]

---

〔1〕韦谦恒《传经堂诗抄》卷六《自题〈秋林讲易图〉并序》：“济南使院在大明湖东，水石清幽，致有雅趣。新秋雨霁，校士余闲，偕儿子协梦、协中学《易》于坳芥亭，因为《秋林讲易图》，并题五言二首。”（《清代诗文集汇编》第348册，第193页）

〔2〕考二人交游唱和，见于《篁村集》者，多是在京之作，如《韦约轩前辈招游怡园，登四松亭赋赠二首》《四月朔日，偕褚筠心学士、张涵斋侍讲、吴白华庶子、曹习庵中允小集韦约轩前辈有椒书屋，分体得五言古诗一首》《送约轩前辈典试云南二首》。这些唱和交游值韦谦恒于京担任翰林编修时，亦即乾隆四十二年（1777）至四十四年（1779）间。朱珪的题诗《题韦约轩秋林讲易图，图作于济南使者之署》，在《笥河诗集》卷十五丁酉（1777），有明确的时间，前二句谓：“十年以来解履舄，与公再注翰林籍；十年以往乘輶轩，历下亭边讲《周易》。”乾隆四十二年韦谦恒入翰林，距其济南讲《易》恰隔十年。陆锡熊《秋林讲易图》的题诗，抑或在此间。但也不排除寄图题诗的可能。

〔3〕韦谦恒：《传经堂诗抄》卷六《自题秋林讲易图》，见《清代诗文集汇编》第348册，第193页。

〔4〕《易汉学新校注》之《点校说明》以此诗为读《易汉学》后所作，鲁莽之至。

按《易纬》八种由闵思成、邹炳泰辑自《永乐大典》，[1] 总其事者为陆锡熊。[2]《中孚经》即《易纬稽览图》，钱大昕《易稽览图序》谓：

《易纬》有六家，今行于世者唯《乾凿度》上下二卷，此外绝无传本。乾隆癸巳春，天子诏儒臣校《永乐大典》，择世所未见之书凡若干种，将刊布以嘉惠学者，《易稽览图》其一也。谨案此书首言"甲子卦气起中孚"卦气之法，以坎离震兑四正卦主春夏秋冬，爻主一气，余六十卦，卦主六日八十分日之七，始中孚终颐，而周一岁之日。大指即《说卦传》帝出乎震一章之文而推演之。其以风雨寒温验政治得失，亦与《洪范五行》相为表里。汉人引此书者，或称《中孚经》，或称《中孚传》，或称《易内传》，或称《易传》。盖七十子之微言间有存者，而术士怪迂之说亦颇杂其中。要其精者足以传经义，其驳者亦足以博异闻。穷经嗜古之士宜有取焉。第中多脱简讹字，难以尽通。

---

〔1〕张学谦：《〈易纬〉篇目、流传与辑佚的目录学考察》，《古典文献研究》2017年第1期。

〔2〕陆氏起草了《永乐大典》辑佚条例。见张升：《陆锡熊与四库全书编修》，《史学史研究》2014年第2期。又《清实录》乾隆三十八年八月："谕办理四库全书处：将《永乐大典》内检出各书，陆续进呈，朕亲加披阅，间予题评。见其考订分排，具有条理；而撰述提要，粲然可观，则成于纪昀、陆锡熊之手。二人学问本优，校书亦极勤勉，甚属可嘉。纪昀曾任学士，陆锡熊现任郎中。着加恩均授为翰林院侍读，遇缺即补，以示奖励。"是《永乐大典》辑校，陆锡熊出力甚多。

安得博物如郑康成、何邵公者出而正之。是岁七月廿五日，手钞毕，识于卷端。[1]

陆锡熊的诗自“寒温候风雨，消息验燠沍”以下，介绍《易纬稽览图》的内容，而“源流识焦京，古义宁强附”，恰与《四库提要》之《易纬稽览图》条“盖即孟喜、京房之学所自出。汉世大儒言《易》者悉本于此，最为近古”相发明，“儒林珍寸璧，赖有康成注。其词或怪迂，其出非晚暮”，与“谨以《后汉书》郎顗、杨赐传，《隋书》王劭传所见纬文及注、参校，无不符合，其为郑注原书无疑”[2]相一致，或此条提要即陆锡熊所撰也。[3]

诗的后面言及“征君白发翁（谓惠定宇先生），掇拾搜武库。粗成《汉学》书，惜此目未遇”，说明此时陆锡熊已经读过惠栋之《易汉学》。惠栋见到的《易纬》全篇仅《易纬乾凿度》，其余则采自群书征引而已，未见全本《易纬稽览图》，故陆锡熊说惠栋“惜此目未遇”。他勉励韦谦恒的后辈弟子等能研究《易纬稽览图》而后“更续红豆编”。可见

---

〔1〕钱大昕：《潜研堂文集》卷二十四，《嘉定钱大昕全集》第9册，第366页。

〔2〕永瑢等：《四库全书总目》，中华书局1965年，第46页。

〔3〕陆锡熊参与《四库提要》修改，见司马朝军：《陆锡熊对四库学的贡献》，《图书·情报·知识》2005年第12期。又《易纬》自《永乐大典》初辑成时，刊入《武英殿聚珍版书》中，前有提要，署名为纪昀、陆锡熊、闵思成，知此篇提要当为闵思成所撰，其中并无学术考辨内容。然则《四库提要》之内容，或系陆锡熊所增。

陆锡熊对惠栋《易汉学》及其总体学术的推服。

这里有一个问题：陆锡熊与王昶为友，他所藏的本子，是不是录自王昶呢？王昶曾写信给陆锡熊说：

> 比者征书遍天下。遗文坠简，出于荒冢破壁者必多。未审亡友惠君定宇之《周易述》及《易汉学》，当路者曾录其副以上太史否？《周易述》，德州所刊，闻其家籍没后，版已摧为薪。此书本发明李资州《集解》，而《易汉学》为之纲。微《易学》，则《易述》所言不可得而明。此二书，某寓中皆有之。《易学》盖征君手写本，凤喈光禄、搢升员外，皆覆加考正，尤可宝贵。如四库馆未有其书，嘱令甥瑞应检出，进于总裁，呈于乙览，梓之于馆阁，庶以慰亡友白首穷经之至意。余尚有《古文尚书考证》等书，晓征学士殆有其本，如得并入秘书，尤大幸也。[1]

此书信开始提到陆锡熊刚“改翰林”，据王昶为陆锡熊写的墓志，其时应在乾隆三十八年（1773）八月[2]，则此信亦当在此后不久。王昶的抄本可以视作定稿，如果陆本录自

〔1〕王昶：《与陆耳山侍讲书》，《春融堂集》卷三十一，《续修四库全书》第1438册，第13页。

〔2〕王昶《都察院左副都御史陆君墓志铭》载陆锡熊履历：“三十三年十二月迁宗人府主事，继擢刑部员外郎，进郎中。三十八年八月，以撰提要称旨，改授翰林院侍读。四十年二月，授右春坊右庶子，未几擢侍读学士。”（《春融堂集》卷五十五，《续修四库全书》第1438册，第219页）

王昶，则不得视为较早的刊本。陆锡熊的回信现今已亡佚，我们无法由书信来考订此事。然四库本为八卷本，而王昶藏本为七卷本，二者当非同本。

四库本所据底本与复旦抄稿本二者孰早？应当是四库本所据底本稍早，复旦抄稿本的初稿次之，其修订部分更晚。我们有几个证据。

（1）《易汉学》卷五最后两条，复旦抄稿本为“陈振孙书目解题曰”及“季本曰”云云，但墨色较淡，显为后来补入。四库本无此二条。经训堂本则不仅有此二条，还多出一条“困学纪闻曰”云云。

（2）《易汉学》卷三的“八卦纳甲图”说，四库本作：“此天地自然之理。宋人作是图者，依邵氏伪造伏羲先天图之位，错乱不可明。今正之，而附汉儒诸说于左方。”复旦抄稿本与此同，但内容却被覆盖在裁割的纸下面，似乎欲删去。经训堂本将此句改为小注：“《系辞》所云‘在天成象’，又曰‘悬象著明，莫大乎日月’是也。仲翔述道士之言，谓易道在天，三爻足矣，其言旨哉。”

（3）《易汉学》卷五“卦身考”条《洞林》按语，四库本作：“案土谓九五戊戌土也。蹇不利东北，内艮为狗，故云东北有黑狗。”复旦抄稿本则远比此丰富，而与经训堂本大致相同。盖复旦抄稿本在四库本所据底本的稿本上有所增补。

（4）《易汉学》卷七的“易尚时中说”条，复旦抄稿本“言中者三十六卦”，小注列举的例子实际只有三十五；四库本“三十六”作“三十三”，小注多师卦，无小畜、大有、渐。按师曰“刚中而应”，小畜曰“刚中而志行”，大有曰“柔得尊位大中”，渐曰“刚得中也”，皆当数之。惠栋不可能补充之后又删去。唯一合理的解释是，四库本的底本较早，只数了三十三个；复旦抄稿本稍后，又补充了三个例子，为三十六，但抄的过程中脱去了师卦；经训堂本遂据实际数字改正为三十五。盖复旦抄稿本作三十六者，其小注本当有“师”而脱去；经训堂本数小注有三十五卦，遂改正文三十六为三十五。

（5）还是“易尚时中说”条中，“文王爻辞于泰之六二”，四库本作“周公爻辞”，此未必是四库抄者臆改，[1] 亦非误抄，而当是《易汉学》初稿即作“周公”。先儒多有谓文王作卦辞、周公作爻辞之说，惠栋最初盖亦用此说，如苏州博物馆藏《周易古义》稿本即有“周公于初九曰勿用，于上九曰有悔”之语。后来为否定箕子明夷之说，惠栋转而以文王兼作卦辞、爻辞。复旦抄稿本《易汉学》本卷（卷七）末还有“后人遂谓爻辞为周公作，则乱易者（马）融”之语，而四库本无此语。然则此处“周公爻辞”与“文王爻辞”的异文，当出于观点之变化，而“周公爻辞”为沿袭旧说，理应在前。

（6）《易汉学》卷三《虞仲翔易》末载《孔文举书》，四库本《易汉学》作：

---

〔1〕《易汉学新校注》以为是四库馆臣据《周易正义》误改，非也。

> 孔融《答虞仲翔书》曰：示所著《易传》，**观象云物，应察寒温，原本祸福，与神合契，可谓探索穷通者也**。自商瞿以来，舛错多矣。去圣弥远，众说骋辞。曩闻延陵之礼乐，今观虞君之治易。知东南之美，非但会稽之竹箭焉。(《御览》六百九)

按今《太平御览》卷六百九作：

> 孔融《答虞仲翔书》曰：示所著《易传》，自商瞿以来，舛错多矣。去圣弥远，众说骋辞。曩闻延陵之理乐，今睹吾君之治易。知东南之美，非但会稽之竹箭焉。
>
> **又观象云物，应察寒温，原本祸福，与神合契，可谓探索穷通者也。**

两者相比，四库本文字有错位，引文中以加粗字体显示。此处《易汉学》明确说引自《太平御览》，而四库本文字何以错谬？一种可能的情况是，写初稿时，惠栋观《太平御览》，认为“观象云物”是孔融称赞虞翻《易传》之语，理应紧接在“示所著《易传》”之下。易言之，惠栋认为《太平御览》载的这两段文字是节抄，非书信原本的顺序，是故他在著《易汉学》时根据自己的意见做了“还原”。但他后来见到《艺文类聚》此段材料时想法发生了改变，《艺文类聚》卷五十五载：

孔融答虞仲翔书曰：示所著《易传》，自商瞿以来，舛错多矣。去圣弥远，众说骋辞。曩闻延陵之理乐，今睹吾君之治易，知东南之美者，非但会稽之竹箭焉。又观象云物，察应寒温，本祸福，与神会契，可谓探赜穷道者已。**方世清，圣上求贤者，梁丘以卦筮宁世，刘向以《洪范》昭名，想当来翔，追踪前烈，相见乃尽，不复多陈。**

惠栋应该是读到《艺文类聚》后知道自己以前所移易不妥，遂采用《艺文类聚》的方案，并增入了《太平御览》所不备的“方世清……”以下数句，复旦抄稿本即是据此而改。

由以上例证可见，四库本所据底本较早，而复旦抄稿本的初稿比四库本的底本稍晚，其修订（比如补入的墨色较淡的小注、粘贴覆盖新写的文字等）则更晚，经训堂本所据的底本为最晚。

（三）两种名家藏本

纪昀藏有《易汉学》，据李文藻言：

惠定宇经义底稿数种，在予房师纪晓岚先生所。乾隆己丑夏，予以谒选客京师，时先生方戍西域，郎君半渔招予检曝书籍，得见惠著《周易述》《易汉学》《周易本义辨证》《左传补注》《古文尚书考》共五种。《周易述》已有卢雅雨运使所饷刻本，《易汉学》《周易本义辨证》《左传补注》俱未及录，所假录者，特《古文尚书考》二卷耳……中秋前四日，益都李文藻记于虎坊桥北百顺胡同寓舍。〔1〕

李文藻热衷于惠氏学术，《九经古义》《易例》等皆为其所刊。据樊宁的研究，乾隆三十三年（1768）卢文弨卸任湖南学政，返回北京，途中经惠栋家借得《九经古义》，携至京师，钱大昕、周永年皆据以传抄。〔2〕然则《易汉学》等书或在此时传入北京？服膺惠栋的吴地学者甚多，如钱大昕、王鸣盛等，彼等仕宦京城，传抄多途，亦未可知。要之，据李文藻所言，乾隆己丑（1769）时纪昀已藏有《周易述》《易汉学》《周易本义辩证》《左传补注》《古文尚书考》诸书的"底稿"。底稿二字颇堪玩味，须知惠栋每种著作皆有多种手稿，而且每种手稿都可能有先后的修订增补，纪昀所藏《易汉学》，或即抄稿之一种。纪昀所藏，与前文提及的四库底本究竟有何关系呢？《四库提要》既明言《易汉学》乃据"光禄寺卿陆锡熊家藏本"，纪昀、陆锡熊各有进书，《提要》皆严格记载，不应有误。只是此本今不见，而纪昀亦未描述其面貌、来由，则此本与陆氏所藏同出一系，抑或与王昶藏稿本同源，则无由得知了。

王昶曾藏有一部《易汉学》稿本，为惠栋亲授，是较

〔1〕 刘国宣：《李文藻书跋初辑系年考证》，《山东图书馆学刊》2018 年第 1 期。
〔2〕 樊宁：《惠栋〈春秋左传补注〉版本考述》，《文献》2020 年第 6 期。

晚出的。前引王昶作《易汉学跋》曰：“定宇采掇排次，稿凡五六易。丁丑与余客扬州，始定此本，命小胥录其副，以是授余，盖其所手书者，今下世已十年矣。”[1]王氏谓丁丑（1757）岁“始定此本，命小胥录其副，以是授余”，揣测其语脉，盖松崖亲以之为定稿。据前文所引，此稿本“《易学》盖征君手写本，凤喈光禄、搢升员外，皆覆加考正”，是王鸣盛、褚寅亮皆考订过此书。李文藻刻《易例》时谓曾有《易汉学》抄本，后来丢失[2]，其实亦录自王昶藏本。[3]李文藻又谓钱大昕藏有《易汉学》抄本，此本仍当来自于王昶。因钱大昕致王昶的书信（《与王德甫书》）说：“惠氏《易汉学》，鹤侣大兄现在手抄，此时尚未付还。来春当邮致吴门，决不遗失也。”[4]鹤侣即褚寅亮。是王昶藏本经王鸣盛、钱大昕、褚寅亮抄录过。

王鸣盛所见之《易汉学》从王昶传出。他描述《易汉

---

〔1〕王昶：《春融堂集》卷四十三，《续修四库全书》第1438册，第108页。

〔2〕李文藻：《易汉学跋》，载惠栋：《易列》，《贷园丛书》本，卷末题记。

〔3〕按王昶《蒲褐山房诗话》：“素伯（李文藻）穷经志古，肆力于汉唐注疏。以粤东县令洊升州牧，引见来京。闻余有惠氏《易汉学》诸书，至余寓舍借钞。大暑中，漫肤多汗，沾渍衣襟，不以为苦也。”（王昶：《湖海诗传》卷二十五，《续修四库全书》第1626册，第121页）李文藻于乾隆四十二年四月自粤抵京，引见毕，于六月十五日出都归里，料理家事（潘妍艳：《李文藻与周永年书札二十八通考释》上，《国学季刊》第5期，山东人民出版社2017年，第240页），则其抄写当在此时。是年六月十八日大暑，六月初三小暑，王昶此云“大暑”，或表示暑热之意。

〔4〕钱大昕：《与王德甫书》，载王昶编：《湖海文传》卷四十，《续修四库全书》第1668册，第736页。

学》谓：

又别撰汉经师说《易》之原流，作《易汉学》七卷，曰孟长卿，曰虞仲翔，曰京君明，曰郑康成，曰荀慈明。其意以虞氏《易》即孟氏《易》，京虽亲受业于孟，而书已失传，故反次于虞；郑注《易》最在后，老耄昏忘，道涂倥偬，故不能密也；荀爽最后出，而推阐独精，故特进之，附于五家之末。[1]

王鸣盛引述“郑注《易》最在后，**老耄昏忘，道涂倥偬，故不能密也**”。按复旦大学图书馆所藏抄稿本《易汉学》有“康成注《易》专用爻辰……又兼用卦气消息六日七分，而独不及升降与纳甲，**在军旅之中，匆匆结撰，故其注《易》疏于诸经，时使之也**”，这段话，见于四库本，不见于经训堂本。

（四）叶景葵藏抄本与《经训堂丛书》本、《清经解续编》本

上海图书馆藏有一部《易汉学》抄本，为叶景葵旧藏，题卷端曰“乙亥（1935）九月至故都，张庾楼兄以此册见惠”。[2]此本颇为奇特，据篇目为七卷，实为八卷，因为其

---

〔1〕 王鸣盛：《蛾术编》，上海书店出版社 2012 年，第 62 页。

〔2〕 张庾楼即张允亮。据《叶景葵年谱长编》1935 年：“10 月中旬赴北平。访章钰，晤顾廷龙。在北平期间，又应顾廷龙之邀，参观燕京大学各部。顾颉刚作陪。”（柳和城：《叶景葵年谱长编》，上海交通大学出版社 2014 年，第 808 页）时张允亮任职于北京大学图书馆。

中的《郑康成易》一卷无篇题，而《荀慈明易》题为“易汉学卷六”，后有附录则题为“易汉学卷七”。

经过对比，我们发现此本有些多出的条目与毕沅刻《经训堂丛书》本《易汉学》一致；又卷末附录，四库本为六篇，此抄本与《经训堂丛书》本仅有四篇（阙《重卦说》与《卦变说》）。由此判断，抄本在《经训堂丛书》本之先，且关系十分密切。

首先，抄本题“东吴惠栋定宇”符合惠栋稿本的特色，[1]而《经训堂丛书》本改题“东吴征士惠栋学”，若据刻本抄写，不必再改成“东吴惠栋定宇”。

其次，“大衍步发敛术”条，此抄本作：

> 天中之策五　余二百二十三⃞［一］　秒三十一　秒法七十二
>
> 地中之策十⃞八⃞［六］　余一⃞［二］百六十五　秒八十六　秒法一百二十
>
> 贞悔之策三　余一⃞百三十二　秒一⃞百二「秒法如前」[2]

上面的□、「」符号是底本原有，表示删去；［］是笔者新加，表示底本在旁边增入的校改。眉批有“发，叶石

〔1〕比如苏州博物馆藏手稿本《周易古义》亦如此。

〔2〕惠栋：《易汉学》卷二，上海图书馆藏叶景葵跋抄本，第13a页。

君校法”“十八，叶石君校六”等，可见是据叶石君校改。[1]其后的七十二候表里，将内卦、外卦的卦字圈去，亦同此。四库本、复旦抄稿本与未改前同，《经训堂丛书》本与校改后同。可见它正是《经训堂丛书》本的底本。此本附录了《辨太极图》等，可知它与复旦抄稿本不同，与王昶所藏亦不同。

缘何此本“郑康成易”部分没有篇卷题目？根据前面的题篇体例，此处当题“易汉学卷六 东吴惠栋定宇 郑康成易”，四库本及复旦抄稿本即如此。抄本则无篇题，而是以“郑氏周易爻辰图”名题，再校对则发现，此二图及其文字，与《雅雨堂丛书》中《周易郑注》前所附《郑氏周易爻辰图》完全相同，而与四库本、复旦抄稿本文字有出入。难道是抄者所据底本此处残缺，即取《雅雨堂丛书》本所附据以填补，遂遗其卷首题名，又觉诸家谓《易汉学》七卷，遂臆改“荀慈明易”为卷六，附录为卷七乎？今已不可考。[2]但《经训堂丛书》本此卷题“易汉学卷六”，次二三行题惠栋及

---

〔1〕叶石君，名万，清初藏书家，江苏吴县人。其所校《旧唐书》，今藏湖南图书馆。

〔2〕观此抄本字体及其圈点，与惠栋手笔相似，但仍有不同，当非惠栋手笔。且若惠栋自阅，无容不数“郑康成易”卷次。又如上文所述，此抄本取叶石君校《旧唐书》作校勘，而叶校见之者鲜，最早提及此本的是王鸣盛（参见武秀成：《〈旧唐书〉至乐楼抄本与叶石君校本考略》，《古籍整理研究学刊》2004年第1期）。然则此抄本有无出自王鸣盛之手的可能？如前文所述，王鸣盛藏本出自王昶，其所述亦多与复旦抄稿本合，不应与此同；且王氏佞郑，不当刊落“郑康成易”卷次。盖叶氏书既在吴中，其地学者能睹此书者尚多，特王鸣盛较为出名，见引于其书耳。

毕沅名，皆如前例，而第四行同抄本作“郑氏周易爻辰图”，不题“郑康成易”，盖刻者所据底本即此抄本，而知其卷次有误，遂厘正其卷次，而“郑氏周易爻辰图”未及改也。

毕沅早年曾受惠栋教诲[1]，故《经训堂丛书》收惠栋书数种。然其刻成的前后时间并不一致。丛书中，或题“灵岩山馆藏板”（如《正字释名疏证》），或题“经训堂藏板”（如《篆字释名疏证》）。[2]其中多数会题写刊刻时间，如《山海经新校正》《夏小正考注》题乾隆癸卯（1783），毕沅的官衔题“兵部侍郎兼都察院右副都御使巡抚陕西西安等处地方赞理军务兼理粮饷”；《正字释名疏证》题“乾隆己酉校刊”，官衔题“兵部尚书兼都察院右都御使总督湖北湖南等处地方军务兼理粮饷”。而《易汉学》与《明堂大道录》都没有题刊刻时间，且此二书卷前书名的篆书风格与他书不同。由其

〔1〕史善长撰毕沅年谱载：“（乾隆十三年，1748）时惠征君栋博通诸经，著书数十种，至老弥笃，公叩门请谒，问奇析疑，征君娓娓不倦，由是经学日邃。”（史善长：《弇山毕公年谱》，见《北京图书馆藏珍本年谱丛刊》第106册，第129页，原刻本第4b页）

〔2〕统计《经训堂丛书》各种，则凡乾隆癸卯及以前（《关中金石记》在辛丑）所刻，称“经训堂藏板”，次年甲辰所刻，称“灵岩山馆藏板”，其余则乾隆五十三年刻《吕氏春秋》及五十四年刻《正字释名疏证》称“灵岩山馆藏板”，乾隆五十五年刻《篆字释名疏证》称“经训堂藏板”。按乾隆四十五年（1780），乾隆为其亡母题“经训克家”匾额，毕沅遂在灵山阳建御书楼，将藏书处命名为“经训堂”。又《履园丛话》谓：“灵岩山馆在灵岩山之阳西施洞下，乾隆四十八、九年间，毕秋帆先生所筑菟裘也。”（钱泳：《履园丛话》，中华书局1979年，第527页）然则乾隆四十八年（1783）末，毕沅欲在家乡营建灵岩山馆，故此年以后所刻书皆称“灵岩山馆藏板”也。至于乾隆五十五年《篆字释名疏证》复称“经训堂藏板”，盖所以别于《正字释名疏证》。

卷端页可以确定《易汉学》与《明堂大道录》为同时刊刻，《易汉学》题毕沅的结衔是“兵部侍郎兼都察院右副都御史巡抚河南提督全省军务兼理河道”，按毕沅于乾隆五十年二月调补河南巡抚，乾隆五十三年八月升任湖广总督。[1]则此二书当刻于其间。

此书的实际校刻者，或以为是孙星衍。《蒲褐山房诗话》谓：

> 毕秋帆抚军在西安刊刻惠征君《易汉学》《九经古义》《禘说》《明堂大道录》《古文尚书考》诸书，皆渊如为之校定，而秋帆撰《山海经校正》，亦藉其搜讨之力。故其学壹以汉魏诂训为宗，钩深致远，探颐索奥，孙珏、董悦所弗能逮。[2]

毕沅未刻《九经古义》与《古文尚书考》[3]，所以王昶追述的准确性不是特别高。而法式善谓：

> 毕氏灵岩山馆刻书，《山海经》《夏小正》《老子道德经考异》《墨子》《三辅黄图》《晋书地道记》《太

---

〔1〕 李金华：《毕沅及其幕府的史学成就》，南开大学2010届博士论文，第258页。

〔2〕 王昶编：《湖海诗传》卷二十五，《续修四库全书》第1626册，第343页。

〔3〕 疑王昶将李文藻所刻《九经古义》《古文尚书考》与毕沅《经训堂丛书》混为一谈。

康三年地记》《晋书地理志新补正》《长安志》《关中金石记》《明堂大道录》《易汉学》《说文解字旧音》《经典文字辨正》《书音同义异辨》《乐游联唱集》十六种，其校正多出洪稚存、孙渊如之手。[1]

据尚小明统计，孙星衍乾隆四十五年（1780）底至五十年（1785）初客陕西巡抚毕沅幕，五十年春至五十二年春客毕沅河南巡抚幕[2]。然乾隆五十一年二月，孙星衍入西安修《长安志》，次年二月即入都会试，[3]恐无时间校刊《易汉学》与《明堂大道录》。

毕刻《易汉学》的底本来自何处呢？王昶于乾隆四十八年、五十一年分别在陕西、河南到毕沅幕中与之相见。但王昶所藏七卷本与毕刻八卷本有很大差别，故排除其可能。[4]在毕沅幕府者除了孙星衍、洪亮吉，还有惠栋的好友吴泰来。《弇山毕公年谱》于乾隆四十七年（1782）下谓："公著《乐游联唱集》，时在幕府者：长洲吴舍人泰来、江宁严侍读长明、阳湖洪孝廉今翰林院编修亮吉、孙文学今山东兖沂曹道星衍、嘉定钱明经今乾州州判坫，皆吴会知

〔1〕 法式善：《陶庐杂录》，中华书局1959年，第127页。

〔2〕 尚小明编著：《清代士人游幕表》，中华书局2005年，第126页。

〔3〕 李金华：《毕沅及其幕府的史学成就》，南开大学2010届博士论文，第255页。

〔4〕 予旧撰《易汉学新校注》之《整理说明》以为《经训堂丛书》本《易汉学》所据可能是王昶藏本，此为肤浅之见。

名士。"[1]据王昶谓："十余年后，虽成进士，以召试赐中书。而少无宦情，壮而弥甚。东南人士望之如仙。既而兄弟争析产，出藏书而货之，并售其园。于是同年毕公沅招主关中书院，携家而往。后又随至开封。年六十余而卒。"[2]然若吴泰来有此底本，四十六、七年至毕沅幕当即刊行，故不可能是吴氏。我们认为，此底本最有可能来自江声。毕刻《明堂大道录》的底稿即江声所提供，而《易汉学》与《明堂大道录》扉页款式相同。考证见本章《明堂大道录》下。

通过校勘可知,《清经解续编》收入的《易汉学》，底本为《经训堂丛书》本。后来《丛书集成》排印本，亦是据《经训堂丛书》本。

二 《易例》成书年代及其版本

《易例》一书前后并无序跋，似无由考其著作年代。唯李文藻刻此书时有跋文曰："甲午（1774）十月，予自潮来羊城。周校书永年寄《易例》一册，亦先生所辑，中多有目无说，盖未成之书。然读先生之《易》者，非此无以发其凡。予以意厘为二卷，属顺德张明经锦芳校勘。乙未（1775）夏再至，已蒇事。"[3]是此书乃未成稿。四库馆臣

---

〔1〕史善长:《弇山毕公年谱》,《北京图书馆藏珍本年谱丛刊》第106册，第178页。

〔2〕王昶编:《湖海诗传》卷二十三,《续修四库全书》第1626册，第89页。

〔3〕惠栋:《易例》,《贷园丛书》本，卷末题记。

谓："今考其书，非惟采摭未完，即门目亦尚未分。意栋欲镕铸旧说，作为《易例》，先创草本，采摭汉儒《易》说，随手题识，笔之于册，以储作论之材。其标目有当为例而立一类者，亦有不当为例而立一类者；有一类为一例者，亦有一类为数例者。"[1]他们觉得此书的"例"有些烦冗混乱，故将《易例》看作最初的草稿或者长编材料集。窃以为这个论断稍为严苛。烦冗混乱的判断涉及对"例"和易学本身的理解，带有很强的主观性，不适合作为坚实的判断理由。《易例》确是未完之稿，但也不像四库馆臣说的那么原始；且此书是与《周易述》的撰写相伴随的。从内证来看，《周易述》豫卦曾引《易例》："半象之说，《易例》详矣。"[2]这说明，惠栋在撰作《周易述》时已经开始《易例》的写作。但《易例》引用《周易述》的地方更多（标引"述曰"）。

《易汉学》与《易例》孰先孰后？二书有大量一致的内容，究竟是谁采用谁？经过对比可见，重复的内容，比如说京房的世应一节，《易汉学》的经训堂本比复旦抄稿本多了数条，而《易例》与《汉易学》经训堂本同。由此我们认为：《易例》要晚于《易汉学》的修订稿，其不少内容袭自《易汉学》。易言之，《易汉学》是以人物、流派为纲的著作；而《易例》则是以问题为中心，求汉学解《易》之通例的著作，是在《易汉学》基础上的一次重新叙述。

---

〔1〕 永瑢等：《四库全书总目》，第 44 页。

〔2〕 惠栋：《周易述》卷三，乾隆间雅雨堂刻本，第 3 页。

至于此书的版本，根据前引李文藻跋文，其手稿来自周永年，而由李文藻在乾隆乙未（1775）刻成，由顺德张锦芳校勘。李文藻去世后，周永年得其书版，为之辑成《贷园丛书》，于乾隆五十四年（1789）再加刊行。《四库全书》亦收入此书，《四库全书总目》谓“桂林府同知李文藻校刊”，则其乃根据李文藻刻本誊录。樊宁曾比对《左传补注》的李文藻初刻本与《贷园丛书初集》本，指出：“《贷园丛书》本虽是据李文藻所刻书板重印，但内容却与李氏刻本存在不同，并有墨钉与阙文。可见此时李氏书板已有部分损坏，周永年进行修补，但所补文字不仅不全，还与李氏刻本不完全一致，很可能并未参考李氏刻本。”[1]但就《易例》校勘来看，《贷园丛书》本与四库本不一致处并不甚多，盖重刊时修版较少故也。

三 《易例》的基本结构与文本来源

《易例》固然是未成之书，但并非毫无章法，它有相当多的内容录自《易汉学》，还有数条录自《周易述》。从结构上看，它可以分为以下诸多方面，共84条：

1. 太极生次。　　2. 太易。
3. 易。　　4. 伏羲作《易》大义。
5. 伏羲作八卦之法。　　6. 大衍 太极。
7. 元亨利贞大义。　　8. 利贞。

〔1〕 樊宁：《惠栋〈春秋左传补注〉版本考述》，《文献》2020年第6期。

9．天地之始。 10. 八卦。

11. 兼三才。 12. 易初爻。

13. 虞氏"之卦"大义。 14. 占卦。

15. 阴爻居中称黄。 16. 扶阳抑阴。

17. 阳道不绝阴道绝义。 18. 阳无死义。

19. 中和。 20.《诗》尚中和。

21. 礼尚中和。 22. 君道尚中和。

23. 建国尚中和。 24.《春秋》尚中和。

25. 中和。 26. 君道中和。

27. 易气从下生（缺）。 28. 卦无先天。

29. 古有圣人之德，然后居天子之位。

30. 中正。 31. 时。

32. 中（缺）。 33. 升降。

34. 大衍之数五十一章，即伏羲作八卦之事，后人用之作卜筮即依此法（缺）。

35. 左传之卦说（缺）。 36. 乘承（缺）。

37. 应（缺）。 38. 当位不当位（附应）。

39. 世应。 40. 游归。

41. 飞伏。 42. 贵贱。

43. 爻等。 44. 贞悔。

45. 消息。 46. 四正。

47. 十二消息。 48. 乾升坤降。

49. 元亨利贞皆言既济。 50. 诸卦既济。

51. 用九用六。 52. 用九。

53. 用九用六之法在乾坤二卦。

54. 甲子卦气起中孚。 55. 既济。

56. 刚柔。 57. 天道尚刚。

58. 七八九六。 59. 天地之数止七八九六。

60. 九六义。 61. 两象易。

62. 反卦。 63. 反复不衰卦。

64. 半象。 65. 爻变受成法。

66. 诸卦旁通。 67. 旁通卦变。

68. 旁通相应。 69. 震巽特变。

70. 君子为阳大义。

71.《说卦》方位即明堂方位（缺）。

72. 诸例。 73. 性命之理（缺）。

74. 君子小人。 75. 离四为恶人。

76. 五行相次。 77. 土数五。

78. 乾为仁 79. 初为元士。

80. 震为车。 81. 艮为言。

82. 中和之本，赞化育之本。

83. 乾五为圣人。 84. 易例。

以上的结构如下：第1—12条，解释太极、太易、八卦、三才等易学基本概念，解释八卦创制的基本原理和方法。第14条讲占筮，涉及《易》最直接的应用，第34、35条可以与此并在一处；第15—18条，讲《易》“扶阳抑阴”的价值倾向，第70条也当归入此处；第19—26条，发明

"《易》尚中和"之道；第30—33条，第36—38条可以并在一起，涉及《易》的乘承比应中和等爻例。第39—44条是京氏例，第45—47条是孟氏例，第48条是荀氏例。由荀爽的乾升坤降例，引出《周易》的爻变之正成既济定，即第49—55条。第61—69条讲卦变，是第13条"爻之"总例的特例，故第70条宜放在这里。第72、74、75、78、79、80、81、83条是一些关于卦爻和名辞的杂例。第71条论述《说卦》与明堂相通，虽然阙略，但若补足，也就是用《周易述》之《说卦传》相关的疏文。这是松崖真正的关怀所在，故放在最后，连同第73、82条一起，是最高和最圆成的条目。最后一条，相当于后序和方法论说明。

惠栋晚年纂辑《易例》，是对以往易学的一次重新总结，故许多内容不必重新写就，而可以部分地因仍旧文。"39. 世应"至"44. 贞悔"六条，全部录自《易汉学》之"京君明易"部分；"45. 消息。46. 四正。47. 十二消息"三条，全部录自《易汉学》之"孟长卿易"部分；"48. 乾升坤降"，录自《易汉学》之"荀慈明易"部分。

我们通过《易例》与《易汉学》的对比可知，孟氏的六日七分、推卦用事，京房的占验，虞翻的八卦纳甲、孤虚等，皆被排除在《易例》之外。这固然可以认为是《易例》一书的体例所致，但也可见松崖晚年对于"易外别传"占验之术，已不再像早年那么关心。其实《易汉学》中对于占验之术的研讨，也是为了恢复汉易不得已的方法，经史不足征，只好征之于方术。但晚年《易例》紧贴《易经》文本，故惠栋所得更加深而粹。

其中最明显的变化在虞翻易例的论述上。《易汉学》言及虞翻，主要是八卦纳甲和孤虚，尤其大量引用《周易参同契》来说解虞翻。其实，纳甲只是虞翻易学的一个方面。其最关键的，还有卦变等诸多条例。大概《易汉学》写作的时候，松崖尚未认识到这点，或者虽有所认识，但还没有完全想透彻。因为虞翻的卦变虽然貌似有规则，但又产生了许多特例，如何处理是十分花费脑筋的。值得注意的是，惠士奇曾说：

> 《易》无达例，故曰不可为典要。俗儒拘守旧例，未可与言易也。《易》言象，不言例，例随象变。[1]

尽管这句话是批评“俗儒”拘于乘承比应和爻位说，然径谓《易》不言例，仍与汉易言例的精神相左。惠栋后来直接作《易例》一书，恰恰与上一节的观点相印证。

第三节 《明堂大道录》《周易述》

一 惠栋晚年易学诸书

如果说惠栋早期的代表作为《易汉学》，其后期的代表作当然是《周易述》一书。然此书所包含内容，有广义与狭

〔1〕 惠士奇：《易说》卷三，清《璜川吴氏经学丛书》本，第10页。

义之分。狭义而言《周易述》即后期对《周易》经传的专门注疏（自注自疏），自鼎卦以下未成。广义而言，则《易微言》《易大义》等皆在其中。其子惠承萼有记述：

> 先子研精覃思，于汉儒易学凡阅四十余年，于乾隆己巳，始著《周易述》一书，手定为四十卷。如《易微言》《易大义》《易例》《易法》《易正讹》《明堂大道录》《禘说》，俱以与《易》互相发明，故均列卷内，不谓书未成而疾作。命不肖辈曰："余之精力，尽于此书。平时**穿穴群经，贯串周秦汉诸子之说，因得继绝表微，于圣人作《易》本旨庶乎有合。**独以天不假年，未能卒业为憾。今已脱稿者，惟《明堂大道录》及《禘说》两种耳。下经尚缺十有四卦与《序卦传》、《杂卦传》俱未脱稿，而《易微言》采辑十有七八，《易大义》止有《中庸》一种，《易例》则粗有端绪。然皆随笔记录，为未成之书。知音者希，真赏殆绝，汝其录而藏之，毋致迷失可也。"〔1〕

惠承萼此文，见于雅雨堂本《周易述》卷首，位于卢见曾序文之后、目录之前。此文十分明白：《周易述》缺十四卦，《明堂大道录》《禘说》已成书，而"《易微言》采辑十有七八，《易大义》止有《中庸》一种，《易例》则粗有

〔1〕 惠承萼：《周易述序》题记，乾隆间雅雨堂刻本《周易述》，卷首。

端绪”，可见《易微言》的性质更类似于数据长编，《易例》虽未成，但远较《易微言》完备。其实雅雨堂刻本《周易述》卷首篇目即列有各种图书，今列其目，并说明其现存状况：

<table>
<tr><th colspan="2">《周易述》目录</th><th>现存情况</th></tr>
<tr><td colspan="2">《易微言》卷二十二、卷二十三</td><td>在《周易述》中</td></tr>
<tr><td rowspan="2">《易大义》</td><td>《中庸》二卷，卷二十四、卷二十五（二卷未刻）</td><td>《周易述补》附录刻本（江藩根据江声抄本刻）</td></tr>
<tr><td>《礼运》一卷，卷二十六（阙）</td><td>阙</td></tr>
<tr><td colspan="2">《易例》卷二十七、卷二十八（二卷未刻）</td><td>李文藻刻本、四库本</td></tr>
<tr><td colspan="2">《易法》卷二十九（阙）</td><td>阙</td></tr>
<tr><td colspan="2">《易正讹》卷三十（阙）</td><td>阙</td></tr>
<tr><td colspan="2">《明堂大道录》卷三十一至三十八（以下未刻）</td><td>《经训堂丛书》本</td></tr>
<tr><td colspan="2">《禘说》卷三十九、卷四十</td><td>《经训堂丛书》本</td></tr>
</table>

以上目录，当是惠栋临终前在《周易述》稿上的拟目，此后卢见曾刊刻时，根据当时遗稿的见存和刊刻情况做了“阙”或“未刻”的说明。“阙”说明仅仅有撰写计划还没完成，抑或未见其稿；“未刻”说明有稿本，但未刊刻。其中《易例》《易大义》未刻是因二书属于草稿、未成书，[1]《明堂大道录》《禘说》则以其非直接解《易》经文之书，且有待

〔1〕《易大义》应该有《中庸注》《礼运注》二种，《中庸注》是成熟的稿子，但《礼运注》未成，故不算完稿。

进一步修订。[1]

在以上“未刻”或“阙”的著作中,《易例》《易汉学》《禘说》《易大义》(《中庸注》部分)皆有刻本。其中《易大义》由江藩刊刻，附在其《周易述补》后面。据江藩跋文，他在南昌见到了江声所录《易大义》的抄本，以为“非《易大义》，乃《中庸注》也”。然《周易述》四十卷的目录,《易大义》下面是注有“《中庸》二卷,《礼运》一卷”的，江藩便推论：“征君先作此注，其后欲著《易大义》以推广其说，当时著于目而实无其书。嗣君汉光先生即以此为《大义》耳。”[2]漆永祥先生曾据《续修四库全书总目提要》加以反驳，以为《中庸注》即《易大义》一部分[3]。陈伯适亦曾就此加以说明。[4]其实松崖亲言“《易大义》止有《中庸》一种”，江藩的猜测是站不住脚的。

据“《易大义》止有《中庸》一种”之语，则似《礼运注》未撰作。然《明堂大道录》卷三引及《礼运》首章，而后为之申说，末尾小注曰：“详《礼运新注》。”[5]今查上海图书馆所藏底稿，此末段原稿被裁去，而后以新抄补者粘

[1] 今观上海图书馆所藏《明堂大道录》手稿，批校删改甚多，且附江声与惠栋讨论手札，则虽然成稿，但未经最终改定，且惠栋属意江声为之校订，则手稿虽在惠承萼手中，亦不便率意付梓。

[2] 江藩:《易大义跋》,《续修四库全书》第159册，第439页。

[3] 漆永祥:《惠栋易学著述考》,《周易研究》2004年第3期。

[4] 陈伯适:《汉易之风华再现——惠栋易学研究》，文史哲出版社2006年，第54页。

[5] 惠栋:《明堂大道录》卷三,《经训堂丛书》本，第24页。

上，则“详《礼运新注》”等语亦为后来所增。由此可推惠栋临终前或已有《礼运注》首章初稿。[1]又稿本《明堂大道录》卷四“明堂四门”之前，尚有“辨考工所载明堂非古制”一节，今刻本删去。其中“盖古帝立明堂之法，本于大一之行九宫”一句，眉批欲增加双行小注曰“太乙行九宫，本《易》一阴一阳之谓道，详《易大义》”。今《中庸注》中并无太一行九宫之说，而《礼运》文中涉及“礼必本于太一”云云，可知惠栋乃牵合“一阴一阳之谓道”及《易纬》太一行九宫之说以注《礼运》“本于太一”之文。又《明堂大道录》卷三“明堂七始”条按语小注“三五之义别见《易大义》”[2]。今《易微言》虽有三五条[3]，然惠栋既明云见《易大义》，则仍当据此而寻。《中庸注》未详言三五，然则此注当在《礼运》“三五而盈，三五而阙，五行之动，迭相竭也”之下，其内容或与《易微言》“三五”条相近。然则惠栋改订《明堂大道录》时，已有《礼运注》之部分草稿，且作为《易大义》之一部分，《中庸注》晚年已成，断可知矣。[4]

---

〔1〕今《明堂大道录》所载解说，以乾升坤降之说与大道为公相互发明，极具卓识，《礼运注》虽不见，然吾辈尤可据此段略见其意。

〔2〕惠栋：《明堂大道录》卷三，《经训堂丛书》本，第 2 页。

〔3〕惠栋：《周易述》卷二十三，乾隆间雅雨堂刻本，第 40 页。

〔4〕郑朝晖据《上制军尹元长先生书》“十五年前，悟子游《礼运》、子思《中庸》纯是《易》理”，又据江藩以《中庸注》为少作，故系《中庸注》之年为乾隆乙卯（1735）（郑朝晖：《述者微言：惠栋易学研究》，人民出版社 2008 年，第 284 页）。其说非是。今《中庸注》“回之为人也”一章注文谓“《周易述》备言之矣”，惠栋己巳年（1749）才开始著《周易述》。

我们还可以从题名方面来解答江藩的怀疑。惠栋的这个目录，经过严密思考，具有完备的义理结构。《周易述》是自注自疏解释《周易》经传文字，其后《易微言》主要申述自伏羲至孔子的思想，是圣人所传之“微言”；其后《易大义》则申述七十子所传之“大义”；《易例》《易法》乃专述《易》的体例，《易例》今有草稿可见其归纳解《易》之体例，而《易法》推其名义，当偏重于易学占筮、成卦规则方面的问题；[1]《易正讹》或解决其字形、字音、训释的错误，此部分表明他晚年拟重新修订《周易古义》，也不排除里面会有专门批评王弼、宋儒义理的部分；《明堂大道录》《禘说》则是其易学的真正落实。这其中，《易微言》《易大义》比邻相次，顺序不可更变，因为惠栋对微言、大义有区分。据“仲尼没而微言绝，七十子丧而大义乖”，**孔子所传是微言，七十子所传是大义**。惠栋批注《说卦》“巽为鸡”之九家《易》注曰：“此易生人之法，七十子之大义。”[2]按此说出自《大戴礼记·易本命》，《礼记》即七十子之徒所作，如《中庸》《易本命》《礼运》皆为惠栋所崇重，以为七十子大义所在。

二 《周易述》

卢见曾刻《周易述》时作序谓：

---

〔1〕 惠栋注“制而用之谓之法”曰：“爻法之谓坤，故谓之法。”注“效法之谓坤”曰：“三才成八卦之象，故成象之谓乾。效三才为六画，故爻法之谓坤。”此盖“易法”称名之由来。

〔2〕 李鼎祚：《周易集解》卷十七，国家图书馆藏韩应陛校跋本，第11b页。

> 先生六十后力疾撰著，自云三年后便可卒业。孰意垂成疾革，未成书而殁。今第如其卷数刊刻之，不敢有加焉，惧续貂也。先生年仅六十有二，余与先生周旋四年，为本其意而叙之如此。[1]

惠栋卒于乾隆戊寅（1758），年六十二；卢氏文意，则似惠氏于六十岁即丙子年（1756）开始撰述《周易述》，此年即《李氏易解》付梓之岁。然而惠栋之子对于《周易述》的著作时间还有另一更为详细的说法，附于卢见曾的序文之后："先子研精覃思于汉儒易学，凡阅四十余年，于乾隆己巳，始著《周易述》一书，手定为四十卷。"[2]乾隆己巳（1749），惠栋五十三岁，比卢氏所谓惠栋始撰《周易述》之年早七年，也比《李氏易解》付梓早七年。而卢见曾序文谓与惠栋周旋四年，校勘《李氏易解》当即在此四年之中，则惠氏始撰《周易述》实早于校勘《李氏易解》。

松崖于乾隆十七年（1752）撰《沈君果堂墓志铭》云："余学《易》二十年，集荀、郑、虞诸家之说，作《周易述》。先以数卷就正于君。"[3]此处所谓的"先以数卷就正于君"，王欣夫先生所辑《松崖文钞续编》，恰恰有一封与沈彤的书信提及此事：

---

〔1〕 惠栋：《周易述》，乾隆间雅雨堂刻本，序言页。

〔2〕 惠栋：《周易述》，乾隆间雅雨堂刻本，序言页。

〔3〕 惠栋：《松崖文钞》，《续修四库全书》第1427册，第287页。

先生学问人品俱是第一流，《禄田考》自是不朽之作。天下后世必有知音，一时恐不即得耳。鄙制乾坤二卦经文，已尘清鉴。近又就二卦彖象。此书若成，可以明道，其理与宋儒不异，惟训诂章句绝不同耳。然都是六经中来，兼用汉法耳。未知大雅以为何如。[1]

所谓的“鄙制乾坤二卦经文”，即是《周易述》的乾坤二卦注疏。此书题“四月廿五日”，未系年。但里面提到“《禄田考》自是不朽之作”，至早也是乾隆十三年（1748）沈彤的《周官禄田考》成书以后。是年九月《禄田考》成书，惠栋的书信于四月写就，当在《禄田考》成书的次年，即乾隆十四年己巳（1749），这与惠栋之子的说法可以相互印证。

关于《易例》与《周易述》的关系。《周易述》有称引《易例》的情况，如《周易述》豫卦：“半象之说，《易例》详矣。”《易例》卷下有“半象”之例。[2]

但我们并不能就此认为《周易述》晚于《易例》，因为《易例》凡称引“述曰”者有十处，如：

《文言》曰：“利贞者，性情也。”《述》曰：“《易》

〔1〕 王欣夫辑：《松崖文钞续编》，复旦大学图书馆藏稿本，第21页。

〔2〕 惠栋：《易例》卷下，《贷园丛书》本，第27页。

尚中和，故曰‘和贞者情性’，情和而性中也。圣人体中和，赞化育，以天地万物为坎离也。”[1]

按《周易述》所载《文言传》文作“利贞者，情性也”，而后《述》曰：“性，中也。情者，性之发也。发而中节，是推情合性，谓之和也。《易》尚中和，故曰‘利贞者情性’。圣人体中和，天地位，万物育，既济之效也。”[2]松崖将《文言》的“性情”改成“情性”，乃是有特殊的考虑，并借以反对王弼的“性其情”。而《易例》所引，偶有讹误，顺序亦有别，盖是约引。

《易例》的成书，当比《周易述》晚，但是惠栋以条例治《易》的想法，自《易汉学》已经开始，而在《周易述》尤为明显。《周易述》在解释注文的时候常称“易例”如何，或者“某氏易例”如何。尽管这时的“易例”未必指现在存世的《易例》那本书，但其主要的内容已在此中。《易例》恰恰是松崖在撰作《周易述》时，另外专门总结的条例。可以说，**以条例治《易》，乃是重视家法、师法的必然要求。**惠氏在另写作《易例》的过程中，进一步凝练了自己的思路，故又采入《周易述》，才发生了《周易述》援引《易例》的情况。

《九经古义》《易汉学》等书都是不断改订的著作，《周

〔1〕 惠栋：《易汉学新校注》，谷继明校注，第252页。
〔2〕 惠栋：《周易述》卷十九，乾隆间雅雨堂刻本，第5页。

易述》作为惠栋晚年的大成之作，当然亦会被反复修改。惜其稿本今未公布，或在私家秘藏亦未可知。但我们仍可探得其不断改订的一些痕迹。如《明堂大道录》之征引，该书卷二“坤也者，地也”引“《述》曰”：

> 坤位未而王四季，故用事于西南而居中央。西总章个，南明堂个，中央太庙太室也。[1]

此文与今《周易述》同。然稿本《明堂大道录》本作：

> 中央土，太庙太室也。火土用事，交于中央，故不言西南卦。

而后此文以朱笔删除，旁边改写为如今的文字。下引“兑正秋也”的“《述》曰”文有“金土用事，交于西南，故不言西方卦”，亦被朱笔删去。考《明堂大道录》此稿本在“乾隆丙子（1756）夏脱稿”，则此年之前，《周易述》如今的初稿已颇具规模。此后惠栋修改了《明堂大道录》此段，因而复修改《周易述》相关文字。

又“神也者，妙万物而为言”至“既成万物”，《明堂大道录》引“《述》曰”：“神，六宗之神。妙读曰眇，成也。助阴阳变匕成万物，故妙万物而为言。变匕，谓乾变坤

---

〔1〕 惠栋：《明堂大道录》卷二，《经训堂丛书》本，第3页。

匕也。”[1]稿本原作“神，五神。妙读曰眇，成也。助五帝成万物，故妙万物而为言。六子效四时之功，乾变坤化而成万物”，亦是复经涂抹而改为如今的文字。然今《周易述》作：“神谓易，即一也。妙，微也。圣人饬明堂，以一偶万，明者以为法，微者以是行。不见其事而见其功，故妙万物而为言。变化，谓乾坤。乾道变化，各正性命，成既济定，故既成万物矣。不言乾坤而言变化者，以见神之所为。”[2]与上述二者皆不同，盖惠栋后定。

又卷五《明堂建官》，开卷一段“大衍之数，备三才五行”下小注，稿本原作“详《周易述》”，其“周易述”三字被涂抹，旁边改为“明堂权舆”。可知此时《周易述》的《系辞传》部分也已初具规模。

三 《明堂大道录》

《明堂大道录》当作于《周易述》初撰之后，因为其中引《说卦》证说明堂的时候，曾多次援引《周易述》的解释，称作“《述》曰”。今上海图书馆藏《明堂大道录》稿本（线善 762504–05），末题“丙子夏脱稿，男承绪校”，即成稿于乾隆二十一年（1756），而其始撰《周易述》则在乾隆十四年（1749）。盖为《明堂大道录》初稿成后，继续撰《周易述》。

---

〔1〕 惠栋：《明堂大道录》卷二，《经训堂丛书》本，第 4 页。
〔2〕 惠栋：《周易述》卷二，乾隆间雅雨堂刻本，第 8 页。

《易汉学》目前常见的是毕沅《经训堂丛书》刻本，署“东吴征士惠栋学”，而《明堂大道录》《禘说》则题“东吴惠栋学”，无毕沅署名。观其版式，《易汉学》明显为匠体刻版，而《明堂大道录》《禘说》为写刻本。前文考察《经训堂丛书》本《易汉学》曾论及王昶谓帮助毕沅校刊的为游其幕的孙星衍。然此说未必完全可信，特别是《明堂大道录》是否也是孙星衍主要负责校刊的呢?

上海图书馆藏惠栋稿本《明堂大道录》用俗字、行体书写，而《经训堂丛书》本的此书并非匠体，却也与手稿不同，而是古文写刻本。然则当时谁能改变惠栋遗稿的形态，使推崇惠学者皆信服呢？我们颇疑其人为江声。孙星衍《江声传》谓:

> 督部（毕沅）延致家塾校书，声为刊《释名》为之疏证，以篆书付刊。声不为行楷者数十年，凡尺牍率皆依《说文》书之，不肯用俗字。[1]

江声的《尚书集注音疏》，起初即自为篆书以刊刻。但《释名疏证》有两个刻本，开始没按江声的想法，而是用今文刊刻。毕沅记此事曰:

> 暇日取群经及史汉书注、唐宋类书、道释二藏校

〔1〕 孙星衍:《平津馆文稿》卷下，《清代诗文集汇编》第436册，第249页。

之，表其异同，是正缺失，又益以《补遗》及《续释名》二卷，凡三阅岁而成。复属吴县江君声审正之。江君欲以篆书付刻，余以此二十七篇内俗字较多，故依前例写云，所以仍昔贤之旧观，示来学以易晓也。时乾隆五十四年，岁在己酉九月朔日。[1]

但江声仍坚持自己的想法，因此在第二年又有了《篆字释名疏证》，此时又有序文曰：

刊印寄归，属江君声审正其字。江君谓必用篆文，字乃克正，请手录之，别刊一本。余时依违未许，既而覆视所刻，辄复删改。适江君又以书请，遂以删改定本属之抄写，并述前叙未尽之意。复为叙以诒之。时乾隆五十五年岁在上章阉茂如月甲寅朏。[2]

陈鸿森谓，此序署毕沅名，其文当为江声代作。盖《释名疏证》改定本即出江氏之手。[3]此说良是。尚小明根据孙星衍《江声传》及此序文，以为江声1789年前后入湖广总督毕沅幕。[4]然据序文，《释名疏证》是"刊印寄归"，

---

〔1〕 毕沅：《释名疏证》序，《续修四库全书》第189册，第580页。

〔2〕 毕沅：《篆字释名疏证》序，《丛书集成新编》第38册，第425页。

〔3〕 陈鸿森辑：《江声遗文小集》，《中国经学》第4辑，广西师范大学出版社2009年，第19页。

〔4〕 尚小明编著：《清代士人游幕表》，第96页。

江声未随毕沅入其官署。而孙星衍谓“督部（毕沅）延致家塾校书”，所记当不误。毕沅家在今江苏太仓，所谓“延致家塾”盖即延聘江声至毕沅老家校书。且毕沅与江声的交往，不必自校《释名疏证》始。《洪北江先生年谱》载：“五十年乙巳，先生四十岁，在西安节署。正月，毕公入觐，并摩唐《开成石经》进呈，拟荐先生、孙君及吴县江布衣声，书《国朝三体石经》，即在西安刻石以进，为当轴者所阻而止。”[1]是当时毕沅即已知江声。

根据上图藏稿本末的附录书信可推，江声的古体抄写本还是得到了惠栋认可的。上图藏稿本末附江声书札，探讨该稿本问题，其中两条谓：

> 卷三　明堂象巍
>
> 《周礼·太宰》曰“正月之吉，始和”云云“挟日而敛之”，下双行补录云“大司徒垂教象，大司马垂政象，大司寇垂刑象，小宰、小司徒正岁帅属观治象之法、教象之法、刑象之法”。声案，《周礼·小司马》阙，小司寇亦正岁帅属观刑象，今未及小司寇，未识当补入否？今空数行，候示知补录。
>
> 卷四　明堂门数
>
> 应、库、皋、雉四门，原本首应门，次库门，次

〔1〕 吕培：《洪北江先生年谱》，《北京图书馆藏珍本年谱丛刊》第116册，第394页。

皋，次雉。"《周书·明堂》"云云及"《唐会要》颜师古议"云云。夫子载入应门节内，而于库、皋、雉三门不但注云"见上"，略其文不载，今夫子更其次，首皋门，次雉，次库，次应，则《周书·明堂》及《唐会要》云云，似当载皋门节内。然"《周书·明堂》"云云之下，注有"应门当在南"五字，则此条又似宜仍载应门节内，而于皋门节内当注云"见下"。又《明堂位》"雉门天子应门"二句原本与"九采之国"云云并载应门节内。今雉门列应门之前，则此二句疑当载雉门节内。然应门节内有"九采之国"云云数语，若略"雉门天子应门"二语，而但于"北面东上"之下空一字，注"又见上"一笔，终不见分晓。似于应门节内仍不可略此二句。以上二条，未知当如何抄法。今是卷既已抄完，但于此处空二十四行候示明补抄。

此页前则似是回信，对此二条的回复曰：

卷三　明堂象魏

"《周礼·太宰》"云云。此举六象，以证象魏之义，小司马、小司寇即大司马、大司寇也，似不必重出，可以不载。

卷四　明堂门数

原稿门数本无次第，后依先郑之说，由外及内，始皋门而终毕门。如此则先载者全录经传，后载者注明“见上”。贤友酌量书之可也。

江声书末题“录呈老夫子览，祈一一教示之。声百拜谨录”。观江声恭敬至极，而称“夫子”，则当系给惠栋写信请教；而回信笔迹似惠栋，称江声为“贤友”亦符合其身份。江声所描述的问题，完全符合上图藏稿本的特征。而就其所改而言，卷三条惠栋回信认为不必再补“小司寇”，卷四则请江声酌情处理。今观《经训堂丛书》本此书，则卷三亦增入“小司寇”，其余亦皆如江声之意，可见江声最后还是按照自己的想法修订了此书。

据这两通惠栋、江声讨论的书信，可推知惠栋《明堂大道录》书稿成后，江声借去抄录，且似有刊刻之打算，惜无缘付梓。上引江声书信谓“今是卷既已抄完，但于此处空二十四行候示明补抄”，按今《经训堂丛书》本《明堂大道录》卷四“明堂门数”下，自“皋门”题目至“路门”题目之前，恰二十四行。[1]是知江声所抄录修订之本，即后来《经训堂丛书》本的底稿。江声为惠栋亲炙弟子，又擅篆书，将《明堂大道录》改俗体为古体，群情皆孚。而此丛书的《易汉学》既与《明堂大道录》同时刊刻，则其底本亦有来自江声的可能。

然仍有疑问的是，惠栋《明堂大道录》底稿引《康王

---

〔1〕 惠栋:《明堂大道录》卷四,《经训堂丛书》本，第 7—8 页。

之诰》，说明他已分《尚书·顾命》之后半部分为《康王之诰》。上图所藏《古文尚书》（索书号 793633），亦分出《康王之诰》，并在解题中说明了理由。此书（又名《尚书郑注》）是惠栋托名王应麟所辑，[1]可见惠栋是主张分《康王之诰》的。由《尚书集注音疏》中《康王之诰》的解题可知，江声也是主张分《康王之诰》的。然而《明堂大道录》底稿中的"康王之诰"，在《经训堂丛书》刻本中却改回了"《顾命》"。但卷七言及"《明堂位》及《顾命》所载"，小注曰"郑氏《尚书》以'王若曰'以下为《康王之诰》"，[2]抑或彼时江声尚未认同惠栋分《康王之诰》之主张欤？

第四节　惠栋校读诸《易》籍丛考

一 《周易集解》的批阅与校刊

对惠栋易学最具关键影响的典籍，为《周易集解》一书。其《上制军尹元长先生书》谓："十五年前，曾取资州李氏《易解》反复研求，恍然悟洁静精微之旨。"[3]盖欲考订汉易，其音训可见于陆德明《周易释文》，其师法必考之于李鼎祚《周易集解》。至于《周易正义》及南北朝隋唐注疏及类书所征引，已属摽尽之余，不可与《周易集解》同日而语。

---

〔1〕 赵四方：《吴派与晚清的今文学》，复旦大学 2016 届博士论文，第 90 页。
〔2〕 惠栋：《明堂大道录》卷七，《经训堂丛书》本，第 9 页。
〔3〕 惠栋：《松崖文钞》，《续修四库全书》第 1427 册，第 275 页。

惠氏家族对《周易集解》的兴趣在明末即已发生。惠栋谓："栋曾王父朴庵先生，尝闵汉易之不存也，取李氏《易解》所载者，参众说而为之传。天、崇之际，遭乱散佚，以其说口授王父，王父授之先君。先君于是成《易说》六卷。"[1]惠有声是否真著有《易传》不得而知，但明后期兴起了一股研读《周易集解》以与朱子学立异的风潮。嘉靖时的朱睦㮮、万历时的胡震亨、崇祯时的毛晋，皆曾刻《周易集解》。[2]惠氏家族亦当受此风潮影响。今天所存惠氏家族批校，自惠士奇始。

惠士奇、惠栋父子批校《周易集解》的时间跨度很长，且其批校为不少学者传校，因此有不少临写本传世，目前可见者有三种：一是惠栋再传弟子朱邦衡所临惠士奇、惠栋父子批校本，一是潘世璜所临惠栋批校本，一是韩应陛所藏、徐大容所临惠栋批校本。海内外或许还存有惠氏父子的批阅原本以及临写本，期望将来各公私藏家能有更多分享。今分别考订三种临写本的情况。

（一）惠士奇及惠栋早期批校

惠士奇认真研究过《周易集解》，且有批注，后用之以著《易说》。惠栋初读本，抑或是此本，也即汲古阁毛氏刻本。其后惠氏亦读过多种《周易集解》刻本，国家图

〔1〕 惠栋：《易汉学新校注》，第16页。
〔2〕 谷继明：《论李鼎祚〈周易集解〉的流传》，《周易研究》2012年第3期。

书馆所藏有朱邦衡录惠氏父子批校本《周易集解》，其跋文曰：

> 癸丑初秋，假得余友漪塘周君所藏红豆斋评本，此汲古毛氏《津逮秘书》中本也。半农先生用墨笔评注，后加朱笔。松崖先生所参亦用朱笔而无圈点。……毛氏所刻是书倒颠舛误处甚多，今当以卢本为正。盖雅雨所刊即松崖先生手定本也。[1]

朱邦衡所用以过录之底本虽为《雅雨堂丛书》本，而惠氏原本则为汲古阁本。彼时毛氏之书走天下，较易获得，故为惠氏所据。此书的批校至为宝贵，我们可据以看到从惠士奇到惠栋，“汉学”是如何形成的。也可以看到惠氏父子关于虞翻易学的不同看法和对话。当时已经刊刻的惠士奇《易说》并非全本，《周易本义辩证》征引《易说》往往有不在刻本中者，而惠氏《周易集解》批校中却有此类内容。

（二）潘世璜所临批校

上海图书馆藏有两部潘世璜所临惠栋批校《周易集解》，皆有潘景郑题签。其中一部为《雅雨堂丛书》本《易传集解》（线善823560-63），潘景郑题曰“清乾隆雅雨堂刊本，先高伯祖理斋公世璜临惠栋校”；一部为木渎周氏刻

〔1〕国家图书馆藏雅雨堂本《周易集解》，朱邦衡临惠栋批校，卷首。

本《周易集解》（线善 820930–32），潘景郑题曰“清嘉庆戊寅木渎周氏刊本，族叔祖玉荀公介祉校”。今观其所临，内容一致，而雅雨堂本批校或在行间或在天头，皆在其相应位置；木渎周氏本，则皆临写在天头上。木渎周氏本除潘世璜所临批校，又有“介祉谨藏”等印，故潘景郑曰“玉荀公介祉校”。是可推知雅雨堂本所临在先。两种书内皆题“丁丑春日”（录），即嘉庆二十二年（1817），时潘世璜五十三岁。两书皆分朱、墨两种。今据《雅雨堂丛书》本作一探讨。

潘世璜自题谓“临惠松崖先生评阅本”，然其中既分朱、墨笔，似乎为惠士奇、惠栋父子同批的体例。前引朱邦衡所见惠氏父子批校本谓“半农先生用墨笔评注，后加朱笔。松崖先生所参亦用朱笔而无圈点”。又对比其内容，朱邦衡所临本与此本亦有不少相同之处，主要集中在墨笔部分。

比如谦卦九三“荀爽曰：体坎为劳，终下二阴，君子有终”，〔1〕其中“终下二阴”四字，潘世璜临写本旁边墨笔批“艮终万物”；而朱邦衡所临本先在四字旁批曰“艮终万物”，又在天头写“艮终万物”，小注曰“四字半农改”。盖底本旁批四字为惠士奇所改，而天头四字乃朱邦衡特别注明。

又否卦《大象》“不可营以禄”，虞翻曰“坤为营”，潘世璜临写本之，天头墨笔批曰：

坤为营，乾为禄，必有据。今不可考矣。〇愚案

〔1〕 李鼎祚：《周易集解》卷四，上海图书馆藏潘世璜临惠栋批校本，第 22a 页。

> 坤为旬，古文旬、营通。《诗·江汉》云“来旬来宣”，笺云“旬当为营”，此其证也。[1]

朱邦衡所临本则在天头分两段，第一段录“坤为营”至“不可考矣”，墨笔；第二段录“坤为旬”至“此其证也”，朱笔。然则“愚案”以下为惠栋说无疑，此惠栋解答其父疑惑也。此说不见于《周易古义》《周易本义辩证》，而《周易述》采入此说，是知为后期所批。[2]

类似的例子甚多，但两种批校本亦不尽相同。总体而言，朱邦衡所临本惠士奇校语甚多，惠栋校语相对较少；潘世璜所临本惠士奇校语相对较少，而以惠栋校语为主，且其中不少校语采入《周易述》中，不全是早期内容。朱邦衡临写本有明确说得自周漪塘（锡瓒）家所藏红豆斋评本；潘世璜则未交代其来源，其所据究竟为另一种惠氏批校本，抑或几种批校本之合抄，已不可考。

（三）惠栋晚期批校本

又国家图书馆藏有韩应陛校跋雅雨堂本《易传集解》（善本号 07909），著录为“清韩应陛校跋并录孙堂校语”。

据韩应陛题识，他在咸丰时得到了一木渎周氏《周易

〔1〕 李鼎祚：《周易集解》卷四，上海图书馆藏潘世璜临惠栋批校本，第 8a 页。

〔2〕 本书第六章已为惠栋学术作粗作分期，大约以惠栋四十五岁（此年惠士奇去世）时为界，分前后两段。

集解》版本，有张惠言、孙堂等的校语，遂将之过录在所藏的雅雨堂本上。今观此书的批校字体，至少有两部分，一是眉批和行间夹批，一是地脚的韩应陛过录校记。前一部分当是主体，且韩应陛的题识说明，张惠言、孙堂等人的校语本来是在他得到的木渎周氏刻本上，而非在此雅雨堂本。然则此雅雨堂本的校语，其作者及过录者是谁呢？《云间韩氏藏书题识汇录》谓：

> 《李氏易传》十七卷，附《易》释文一卷，雅雨堂刊本。某氏用朱笔度惠半农校语，卷首有“乾隆己丑八月从王太史史亭处，借沃田先生校定红豆斋本校”廿五字，末署“己丑八月十二日至廿六日校竟”十三字。每册卷首皆有“徐大容”白文、“鹿樵”朱文二方印，想是校者图记。藏章有“臣大容印”白文，“复堂”朱文二方印，“张允华藏书记”朱文长方印，“昌泰”朱白文联珠印，“夏心珊”白文方印。[1]

邹百耐以为朱笔是“半农校语”，盖据其中眉批“半农先生曰‘未济主月晦’，然则既济主月望也”，[2]然称半农者仅此一见，且若半农批注，不应自称。此语惠栋采入《周易述》，则为惠栋眉批称引其父无疑。其余内容绝非惠士奇之

〔1〕 邹百耐纂：《云间韩氏藏书题识汇录》，上海古籍出版社2013年，第3页。

〔2〕 李鼎祚：《易传集解》卷十七，国家图书馆藏韩应陛校跋本，第41a页。

说，而应为惠栋之说，因其主要文字与《易汉学》《周易述》相合。特别是一处眉批谓："古辨字作釆……详余所撰《九经古义》。"[1] 是此为惠栋校语无疑。

其次确定校语过录者。该本的卷首在《周易集解序》下有"乾隆己丑八月从王太史史亭处，借沃田先生校定红豆斋本校"，书末有"己丑八月十二日至廿六日校竟"十三字。可见此校者与王史亭和沈大成有关系。我们推测，此书最初的藏者或许即校者。该本的卷首钤印，右下方为"复堂"，其上为"臣大容印"。大容即徐大容，而复堂即徐大容的号。《湖海诗传》载：

> 徐大容，字莪址，江南华亭人。乾隆四十四年举人。有《复堂诗钞》。《蒲褐山房诗话》："莪址为文贞公九世孙，性情萧澹，幼耽吟咏。既从沈上舍大成游，覃精经术，一以汉魏为师。作诗好押剧韵，盘硬语，而近体亦复娴雅，如'垂老尚虚谋负郭，吟秋无恙健登楼'，'不见便同千里隔，得归已负一年间'……皆雅音也。"[2]

徐大容尝从沈大成游，故借得"沃田先生校定红豆斋本"，所谓红豆斋本者，即惠栋批校本，此本盖为惠氏赠予沈

[1] 李鼎祚：《易传集解》卷五，国家图书馆藏韩应陛校跋本，第27a页。
[2] 王昶编：《湖海诗传》，《续修四库全书》第1626册，第279页。

大成者，又复经沈氏考订。徐大容即借此本过录惠氏校语。

于此可以考见，惠栋的批校本、稿本常有多个本子，他生前亦常常赠予友人或门弟子，如王昶论及《易汉学》说：

> 定宇采掇排次，稿凡五六易。丁丑与余客扬州，始定此本，命小胥录其副，以是授余，盖其所手书者，今下世已十年矣。[1]

惠栋与王昶在扬州会面，讨论学问，即将《易汉学》定稿赠予王昶，而仅仅“命小胥录其副”。王昶所藏，无疑是体现了不少改订痕迹的稿本，而惠栋自己留的抄本，则将这些改订痕迹无差别地湮没在整齐的文本中。《周易本义辩证》也至少有三个稿本与惠栋有关。

至于惠栋此处校语与其他批校本的关系，本书倾向于认为此本多系惠栋晚年批校，其少量内容因自《九经古义》《周易本义辩证》《易汉学》，更多的则被《易例》《周易述》所采用，还有一部分言辞过于激烈故未写入著作中。

其引用《周易古义》者，前文曾提及。其因袭《周易本义辩证》者，如遁初六行间夹批批评陆绩曰：“初可谓尾，不可谓后。比‘后夫凶’，后谓上，以初为后，乱其例矣。”[2]《辩证》先引“陆公纪曰”，而后自案谓：

---

〔1〕 王昶：《春融堂集》卷四十三，《续修四库全书》第1438册，第108页。
〔2〕 李鼎祚：《易传集解》卷七，国图藏韩应陛校跋本，第10b页。

初言尾，不言后者，初不得为后，故以象言之。卦象初为尾，上为角。[1]

其引《易汉学》者，即“变动不居周流六虚”虞注眉批“辰谓戌亥之类，详《易汉学》”[2]，此在《易汉学》之虞仲翔易“周流六虚”条。

二 《京氏易传》与《易纬》

汉代官方今文易学，称施、孟、梁丘、京四家，施、梁丘二家早亡，而孟氏所存学说，仅偶见于唐僧一行《历议》；又虞翻称其家世传孟氏易，亦多有损益。四家之中，唯京氏盛于东京，尤多占验，故官方、民间多传其学。今京房易注虽佚，而史志（《汉书》《后汉书》）所载京房及京房系学者之议论不少；至于《京氏易传》一书，载其建侯、积算、纳甲、值宿之学，虽为术数之书，犹可略窥京氏之学。

惠栋作《易汉学》，于《京君明易》一章，亦必参考此书。惜《京氏易传》罕见善本，明末有《范氏奇书》《汉魏丛书》《津逮秘书》收入此书。毛本（《津逮秘书》）较为通行，然舛误甚多。惠氏家藏有宋本（抑或宋本的抄本），惠士奇、惠栋于此多有校正，朱邦衡临录此本及惠氏父子批

〔1〕 惠栋：《周易本义辩证》卷三，省吾堂刻本，第4页。
〔2〕 李鼎祚：《易传集解》卷十六，国图藏韩应陛校跋本，第9b页。

校，后归王欣夫先生收藏，有著录，[1]今藏复旦大学图书馆。传世《京氏易传》诸刻本既无善本，则此惠校宋本之价值，至为宝重矣。

惠栋对此书作者表达过质疑。根据朱邦衡所谓墨笔录惠士奇校、朱笔录惠栋校的体例，惠栋在无妄卦上批校说：

> “刚正阳长，物无妄矣”，似非大旱之义。余窃疑此书非京房作也。妄读为望。无妄，大旱之卦，万物皆死，故有是象。[2]

按《周易集解》载虞翻谓“京氏及俗儒以为大旱之卦，万物皆死，无所复妄。失之远矣”，是指京氏《周易章句》以无妄为大旱之卦。此《京氏易传》则以无妄为阳长而万物盛壮之卦。又蛊卦《京氏易传》曰：“阴阳复位，长幼分焉。八卦循环始于巽，归魂内象见还元。六爻进退，吉凶在于四时。”惠栋批注谓：“语俗，不类先汉之文。”[3]惠氏所考甚是，京房自己的著作当是《周易章句》，而《京氏易传》虽用京房之术，实多后人损益，因术数书具有丰富而复杂的流动性，“京氏”实为学派的代名词，而非后人故意伪托。

然惠氏父子仍很重视此书。惠士奇批注家人卦曰：“精

〔1〕 王欣夫：《蛾术轩箧存善本书录》，第363页。

〔2〕 京房：《京氏易传》卷中，复旦大学图书馆藏朱邦衡临惠氏批校本，第9页。

〔3〕 京房：《京氏易传》卷中，复旦大学图书馆藏朱邦衡临惠氏批校本，第11页。

理妙义。晋人谓易无互体，宋儒依之，而汉学亡矣。”[1]又旅卦“仲尼旅人”，惠士奇批注曰：“王弼取之，此弼盗为己语，久假不归，非盗而何？”[2]除此之外，惠栋还根据朱震、胡一桂有关京氏易的研究对《京氏易传》进行批校，其中一部分成果反映在了《易汉学》《周易述》中。

《易纬》今传世有八种/篇，即《稽览图》《乾凿度》《坤灵图》《通卦验》《是类谋》《辨终备》，以及存疑的《乾坤凿度》《乾元序制记》。此八种收入《永乐大典》，清代四库馆臣自《永乐大典》中辑出，而其内容在民间多有亡佚。据研究，元代民间除了《乾坤凿度》《周易乾凿度》二种，其余各篇均已不存。[3]惠栋未及见八篇本的《易纬》，所引《稽览图》等，多是采自类书。陆锡熊诗所谓“粗成《汉学》书，惜此目未遇”。唯《乾凿度》，似得见单行本。因天一阁范钦《范氏二十种奇书》曾有此书（以下或简作范钦本），钱叔宝还藏有抄本。《雅雨堂丛书》收入此书，卢见曾序（实即惠栋作）曰：“此书，前明刊本流传而多阙误，兹得之嘉靖中吴郡钱君叔宝藏本，不失旧观，为梓而行之，以备汉学。”这里所谓“多阙误”的“前明刊本”，《纬书集成》认

---

〔1〕 京房：《京氏易传》卷中，复旦大学图书馆藏朱邦衡临惠氏批校本，第8页。

〔2〕 京房：《京氏易传》卷中，复旦大学图书馆藏朱邦衡临惠氏批校本，第13页。

〔3〕 张学谦：《〈易纬〉篇目、流传与辑佚的目录学考察》，《古典文献研究》2017年第1期。

为就是范钦本[1]；而雅雨堂本又用钱叔宝的本子做了校勘。此后，《武英殿丛书》从《永乐大典》辑《易纬》诸篇，《乾凿度》部分又用了钱叔宝抄本校对，并附有校记。我们猜想，既然松崖校勘《乾凿度》用了钱叔宝抄本，那么《易汉学》所引亦当与雅雨堂本一致。然而校勘的结果颇成问题。

> （《乾凿度》）又云："天地之气必有终始。六位之设，皆由上下，故易始于一，易本无体，气变而为一，故气从下生也，分于二清浊分于二仪，通于三阴阳 气，人生其中，故为三才□□□□□□□盛于五二壮于地，五壮于天，故为盛也，终于上。"

"阴阳 气"：抄本阳、气二字之间空一格，盖阙，四库本作"阴阳二气"，经训堂本、续经解本作"阴阳气交"。抄本白围占七格，四库本注"阙"，留六字空白。经训堂本、续经解本作三大字白框、八小字（双行，每行四字）白框。

范钦本《乾凿度》的阙文与此差别明显，主要在"阴阳气交，人生其中，故为三才"的留白。武英殿本及四库本《乾凿度》此处作："通于三（阴阳气交，人生其中，故为三才），□于四（□□□□□□□□□）。"并校注曰："案原本脱'于四'二字，及阙文九方空，今据钱本补入。"雅雨堂本同

[1] 安居香山、中村璋八辑：《纬书集成》，河北人民出版社1994年，第10—11页。

于武英殿本，盖亦据钱叔宝本校刻。

由此可见，松崖所据绝无可能是范钦刻本。而《易汉学》抄稿本与经训堂本的差别倒不大，只是抄稿本把小注当成了正文，故双行八字的八个白框变成了单行四字的四个白框。武英殿本所谓的“原本”，即《永乐大典》本；它脱“于四”二字，又阙文九方空，盖即一个大字，八个小字。

在《周易述》中，松崖亦引用了此段文字，作：“易始于一，分于二，通于三，□于四，盛于五，终于上。”[1]可见松崖此时所据已为钱叔宝本。

不过以下两处异文，《易汉学》所引与雅雨堂本保持了一致：

> 康成注云：“太易之始，漠然无气。可见者，太初之气，寒温始生也。”
>
> 《易纬乾凿度》曰：“中孚为阳，贞于十一月子；小过为阴，贞于六月未。法于乾坤。”

第一条“太初之气”的“之”字，范钦本、雅雨堂本《周易乾凿度》同，武英殿本、四库本作“者”。第二条的“中孚”，范钦本、雅雨堂本《周易乾凿度》同，武英殿本、四库本作“而孚”；殿本的异文，可以认为是所据《永乐大典》本如此，而钱叔宝的异文，馆臣未暇校出。雅雨堂本即是据钱叔宝本。

---

〔1〕 惠栋：《周易述》卷十六，乾隆间雅雨堂刻本，第 10b 页。

由此我们或许可以推断，松崖所据《乾凿度》盖是与钱叔宝本极其接近的抄本（或是传抄自钱本，或是钱本本身"于四"二字漫漶）。松崖后来虽校刻《周易乾凿度》，未暇据以再次校改《易汉学》此处的白框。

三 《周易本义启蒙翼传》《易纂言》

丁丙藏有惠校《通志堂经解》本《易纂言》（此书现藏南京图书馆，以下或简作"通志堂本"），其目录曰："此通志堂刊本也。后有惠定宇手跋三条，都有未满之词。"[1]由此可推，惠栋所读宋元诸家易著，多为《通志堂经解》本。今《易汉学》引据《易纂言》处，有三条，皆在荀氏九家逸象处：

> （震）为鹄，吴澄本作鸿。
>
> （艮）为虎，吴澄曰："履象、六三、九四，颐六四，革九五。履、革皆无艮，艮不象虎也。"先儒解《易》，皆取二象，不闻艮为虎也。虎当为肤字之误也。
>
> （艮）为狐。吴澄本作豹，非也。

按第一条，据吴澄《易纂言·说卦传第八》所附逸象，此处实作"为鹤"，小注曰"误作鹄，中孚九二"；作"鸿"者，在巽卦逸象下。此虽未显言吴氏之误，实亦不以

[1] 丁丙：《善本书室藏书志》卷一，光绪刻本，第13页。

作“鹤”为正也。第三条则直言吴氏之非。丁丙谓松崖于吴澄多有不满，据漆永祥所录，惠栋有批校曰：

> 说《易》而自得于心，便是道家。汉魏以前，道家与圣人不异，后世道家，圣经之贼也。
>
> 通晓圣经无方，而自得于心，犹之可也。于圣人作《易》之本原，本无理会，猥云“自得于心”，其不流于异端者几希矣。宋元诸儒，都坐此病。
>
> 易学一坏于王弼，再坏于孔颖达，三坏于邵氏，而易道遂亡。[1]

惠栋批评吴澄“自得于心”之说，此语不见于其《易纂言》，实为通志堂本所载观生[2]之跋语：“然尝闻诸先生曰：吾于《易》书，用功至久，下语尤精，其象例皆自得于心，亦庶乎文王、周公系辞之意。”[3]四库本删去了此跋文。

四 《经义考》与类书

朱彝尊《经义考》搜罗经义目录丰富齐备，对于考订经学著作之内容、流变极具价值。惠栋与此书发生关系，在乾隆十九年（1754）、二十年（1755）卢见曾补刻此书时。

---

〔1〕 漆永祥点校：《东吴三惠诗文集》，第403页。

〔2〕 跋文自称“观生”，姓氏不详，或为吴澄弟子。

〔3〕 吴澄：《易纂言》杂卦传第十，《通志堂经解》本，第3a页。

松崖是校补此书的主要成员，曹江红曾对此事有考订[1]。虽然《经义考》的易类，朱氏早已完成，不在松崖订补范围内；但松崖的披阅，必对其《易汉学》撰作产生了影响。其中有趣的是《易汉学》卷五“火珠林”节的两条：

陈振孙《书目解题》曰：“(余)[今]卖卦者掷钱占卦，尽用此书。”

季本曰：“《火珠林》者出于京房，而为此书者，不知何人。”

今季本之著作如《易学四同》《说理会编》虽论及《火珠林》，但无《易汉学》所引之原文。其实此两条乃录自《经义考》，条目顺序亦同。[2]更有趣的是，四库本《易汉学》并无此两条，而复旦大学所藏抄稿本此条之墨色较淡，显为后补。四库本的底本是光禄寺卿陆锡熊家藏本，此抄本所抄较早。由是可以推测，这两条乃是松崖于卢见曾幕府阅读《经义考》之后补录的。[3]松崖得睹《经义考》在乾隆十九年（1754），而王昶谓其于乾隆二十二年（1757）得《易汉学》定本于松崖，时间上也比较合理。

惠栋考订汉易，颇采宋人类书，如《通卦验》即摘自

〔1〕 曹江红：《惠栋与卢见曾幕府研究》，《中国史研究》2012年第1期。
〔2〕 朱彝尊：《经义考》，上海古籍出版社2010年，第740页。
〔3〕 经训堂本最晚，又补入了《困学纪闻》的一则。

《太平御览》。其他如京房《易占》《周易集林》《摄生月令》皆从此书中来，松崖或未及注明。今具列其所引《太平览》卷次如下。

卷967、944“案《御览》载《易纬·通卦验》九百六十七卷九百四十四卷曰：惊蛰大壮初九”条。

卷25、28“五行休王论《御览》曰：立春艮王”条。按，立春艮王，立夏巽王，不见于今《御览》，唯立秋、立冬见卷25、28。

卷10、722“《东观汉记》曰：沛献王辅”条。

卷12“《易·通卦验》曰：乾得坎之蹇”条。

卷10“《周易集林》杂占曰：占天雨否”条。按，此注曰“《御览·初学记》”，不及卷数。

卷905“《洞林》曰：扬州从事”条。按，此处小注曰“《御览》九百□六”。

卷410“《御览》四百十一卷引《会稽典录》云：虞固，字季鸿”条。按，此见于经训堂本小注。

卷728“梁元帝《金楼子自叙》曰”条。按，经训堂本小注曰“宋本《御览》七百二十八”，复旦抄稿本、四库本未注明。

卷22“《摄生月令》曰”条，惠未注明。

卷13“郦炎对事曰或曰雷震”条，惠未注明。

卷23、25“京房《易占》曰：夏至离王”条，惠未注明。

卷728“邱悦《三国典略》曰北齐”条，惠未注明。

进而考之，则松崖所据《太平御览》有宋本。卷五所引《金楼子自叙》，经训堂本有小注曰“宋本《御览》七百二十八”。《御览》之宋本有多种，[1]松崖所据宋本，后为黄丕烈所藏，黄氏谓：

> 闻郡城香严书屋周君锡瓒家有宋刻残本，遂因友人获交周君，并得请观其书。周君亦知余嗜古之深也，许以是书借校，且相约勿为外人道。……岁甲子冬，议值二百四十金，以余所藏他宋刻书抵其半，酬介者以十金。此书遂归余。……是书出郡中朱文文游家。朱与惠征君栋为莫逆交，惠所著述，大半取材是书，故有“定宇借观”图记。至卷端文渊阁印一方，知是书明时为内府所藏，不知何时散佚。仅存三分之一有强，然即此残帙，已足珍奇。[2]

此书后归陆心源，陆氏谓此版在仁宗时，当为刊本之祖本。傅增湘先生尝于日本静嘉堂阅此书，以为古厚之意已失，虽或在庆元刻本之前，但绝非祖本[3]。据陆氏所述，其

〔1〕周生杰：《〈太平御览〉宋代版本考述》，《开封大学学报》2007年第1期。

〔2〕黄丕烈：《士礼居藏书题跋记》，书目文献出版社1989年，第146页。

〔3〕傅增湘：《藏园群书经眼录》，中华书局1983年，第810页。

书存卷为 1—133，172—200，212—368，424—455；而较黄氏所藏时，又亡失卷 531—535，541—545，726—730。[1] 惠氏谓所引《金楼子自叙》为卷 728，恰在黄氏藏本尚存卷数内（726—730）。惠氏所引《太平御览》其他卷次，据上文统计，有卷 10、12、13、22、23、25、28、410、722、728、905、944、967，其中卷 905、944、967，朱氏所藏宋本残缺。

“《金楼子自叙》”条的首句，复旦藏抄稿本、四库本皆作“初至荆州遇雨，聊附见首木”，按“遇”为“卜”之讹，“木”为“末”之讹。经训堂本皆已改正，与宋本同。且于引文末小注将“有讹脱字”改为“宋本《御览》”。由是亦可推知，惠氏初作《易汉学》时当据俗本《太平御览》，而后于朱文游家得睹此残宋本，遂据以校订修补也。

书中引《稽览图》，有一条取自《玉海》。漆永祥已指出，松崖辑《郑氏周易》，所据底本即元刊《玉海》[2]；则其《易汉学》引据《玉海》，亦当据元刊本也。所谓元刊，指庆元路儒学所刻，此版本经过多次修版，今传世多部，递修情形有别。[3]《易汉学》据《玉海》辑出《稽览图》一段，文字漫漶颇多。今所传世元刻递修本中，国家图书馆所藏一部此处文字并无漫漶，《中华再造善本》据以影印。中国基本古籍库所载元刻递修本书影，则颇多墨丁，与《易汉学》所

〔1〕 陆心源：《仪顾堂集》，见《续修四库全书》第 1560 册，第 568 页。
〔2〕 漆永祥：《惠栋易学著述考》，《周易研究》2004 年第 3 期。
〔3〕 王应麟撰，武秀成校证：《玉海艺文校证》，凤凰出版社 2013 年，第 3—7 页。

录之白框一致，盖即惠栋所据之版本也。

昔王欣夫搜集惠栋所校之书，辑成《松崖读书记》，自列其目曰：

首吴县曹元弼、钱塘张尔田序。次凡例。次目录。卷一至卷二《京氏易传》《李氏易传》《周易义海撮要》。卷三至卷六《毛诗》《韩诗外传》。卷七《周礼》。卷八《礼记》《大戴礼记》。卷九《春秋公羊传》《春秋穀梁传》。卷十《尔雅郑氏注》《尔雅》《经典释文》《广韵》《熊氏经说》。卷十一至卷十四《汉书》。卷十五《后汉书》。卷十六《逸周书》《穆天子传》《水经注》。卷十七《管子》《孔子家语》。卷十八《荀子》。卷十九《吕氏春秋》。卷二十《韩非子》《春秋繁露》。卷二十一《淮南子》《论衡》《蔡中郎集》。卷二十二《渔洋山人精华录笺注》。而以《更定四声稿》残稿四卷、增辑《松崖文钞》二卷附焉。[1]

曹元弼序其书曰：

盖先生博综玄览，潜研深造，于书无所不窥。……当

---

〔1〕王欣夫：《蛾术轩箧存善本书录》，第1316页。按《松崖读书记》藏复旦大学图书馆，仅有目录并曹、张两序及凡例，不见具体内容，甚为可惜。

雍正、乾隆秘书尽出之时，优游玩索，乐道忘劬。故其校雠之详，引证之确，审断之精，为不可及也。先生殁后，零文坠简，散布海内，学者得吉光片羽，珍若球图。今欣夫捃摭荟萃，若是其富，**青青子衿，由此可识读古书之法**，岂非册府之龟鉴、学海之津梁乎？余少见先生所校《周易集解》，正讹补脱，乙衍改错，如拨云雾而见青天，非易学至深者不能。既而友教四方，见先生所校他书，其上方论说，多与《易》相表里，乃知**先生所以博考群书，皆以证明《易》义。千山宗岱，万壑归海，读书虽多，用志不分，博学详说，以反说约**。故其《周易述》引据极博，语详择精。[1]

其实惠栋所读之书不止王欣夫所列，然其读书之博且精，较然可见。本节略取《周易集解》《京氏易传》《易纬》《周易本义辩证》《易纂言》《经义考》《太平御览》之批校稍为考察，可见惠氏读书之勤、学问之日新。且知惠氏读书，如曹氏所谓“千山宗岱，万壑归海”，终归于《易》也。

〔1〕 王欣夫：《蛾术轩箧存善本书录》，第1318—1319页。

本章小结

本章考察惠栋易学著作的各种稿本、抄本、刻本之先后次第，以期呈现惠栋思想的发展过程。惠栋早期易学著作为《周易会最》《汉易考》《周易本义辩证》。始撰《周易会最》时，其考订汉易之作尚名《汉易考》，同时《周易本义辩证》的稿本初稿也在此阶段完成。其后《汉易考》更名为《易汉学》，而后《周易本义辩证》的初稿被传抄者刻入《省吾堂四种》，故此版的《辩证》已经改称《易汉学》。雍正乙卯（1735）惠栋改《九经会最》为《九经古义》，又有修订。《周易古义》(《周易会最》)、《易汉学》(《汉易考》)、《周易本义辩证》各种稿本、刻本的改订和次第，本章皆有论述。

惠栋学术的第二次转进，则是"道味满于胸中"的乾隆十四年，其时年五十三岁。其学术代表作《周易述》也在此时开始撰写。成既济、赞化育之义，明堂大道之构思皆在此后的晚年成立。《周易述》与《易例》的关系，《明堂大道录》之改订及惠栋与江声就此问题的探讨，在本章皆有考察。

结　语

本书始于《易汉学》研究的几篇文章。《易汉学》以其“汉学”之名在清代受到的关注尤高，被视为惠栋学术之代表。这样一本学案体的著作，如何展现惠栋个人的思想呢？抑或他也不过是一个沉溺于纂辑排比之学的老儒而已？近代研究清学者，正是于《易汉学》《九经古义》所下工夫多，于《周易述》《明堂大道录》所用工夫少，从而得出类似结论。

然我们若通贯地研究惠栋易学著作，由《易汉学》而上考其《周易会最》《周易本义辩证》《汉易考》，由之而下考察其《周易述》，则知惠学凡有二变。《汉易考》改名《易汉学》，是为第一变的标志。此前他虽然对宋明易学有批评、对汉学有褒扬，却仍与宋明易学有莫大关联。《易汉学》名义的揭出，意味着惠栋找到了“师法”方法论，以与理学之“道统”相对立，确立起自己的学术道路。第二变在乾隆十四年（1749），五十三岁的惠栋悟到汉儒爻变之正成既济的象数结构，即《中庸》的致中和、育万物、赞天地化育之道；同时，《礼运》之大同、《公羊》之太平，亦皆寓于此天人相参的象数结构之中；此结构之落实，又在于明堂。《周易述》《易例》《明堂大道录》《易大义》《易微言》皆于焉而作。《易汉学》处在惠学中间的位置，而必归于《周易述》《明堂大道录》。

孔子说："述而不作，信而好古。"《乐记》说："作者之谓圣，述者之谓明。"《中庸》说："夫孝者，善继人之志，善述人之事者也。"周公承文王、武王之业，并不是重新把文、武的事业做一遍，而是制礼作乐。故"孝"的根本之义，在于一体而有发扬的绵延。此义表现于思想发展的方法论中，即"师法""家法""道统"。考古之"述"并非纯粹重复往圣先贤之言却又不能与往圣先贤之言划分界限。清代朴学好作新疏，若孙星衍《尚书今古文注疏》、陈奂《诗毛氏传疏》、胡培翚《仪礼正义》、孙诒让《周礼正义》、刘文淇《左传旧注疏证》、陈立《公羊义疏》、刘宝楠《论语正义》、焦循《孟子正义》等，皆广为流传。《周易》之清人新疏为何？不少人以为当推惠栋之《周易述》。若依清人新疏之标准实当选李道平《周易集解纂疏》，《周易述》则略显奇特。李慈铭在评论《尚书集注音疏》时即表达过疑惑："自注自疏，古所罕见，江氏盖用其师惠定宇氏《周易述》家法。"[1]盖考据学之精神注重创获，须区分古人之说与己说，掩袭前人固为陋劣，假托古人亦非上乘。惠栋辑佚经说，若《尚书郑注》《论语郑注》则嫁名王应麟；若重校《尚书大

〔1〕 李慈铭：《越缦堂读书记》，上海书店出版社2000年，第19页。

传》则不言其来源，使后人误以为宋本；[1]若校刻《周易集解》则又托名宋本而好改字，颇为阮元、陈鳣、臧庸所讥。这已与接近现代学术规范的“考据学”精神相去甚远。至于其《周易述》，融冶郑玄、荀爽、宋衷、虞翻诸家，裁剪拼接，以成一家之注，更与后来学术规范要求引用旧说须加引号、引文与原著不得有一字出入的精神完全背离。考据学与现代学术精神皆注重我自己相较于前人有哪些“突破”或新说，故必欲区分旧说与己说；惠栋则承古意，更惧怕己说与古人精神有违背，故竭力以己说成全古人之说。如果从“善述为孝”的绵延意识来看，惠栋的学术特色便不难理解。

王船山评价张载之学时说：“张子之学，无非《易》也。”我们论惠学，亦可谓：“松崖之学，无非《易》也。”然其落实、结穴，则在明堂之道。《明堂大道录》厕入《周易述》中，已使人疑其无理；内中《明堂权舆》一节又以伏羲作八卦为明堂之肇始，尤令考据学家诧异。在考古学家看来，明堂不过是远古时代的“大房子”，如何与《易》相关？这是仅仅把明堂看作古建筑，把《易》看作一部特定典籍而产生的结论。实则伏羲作《易》，意味着先民开始试图以易简的方式把握这个变易的世界，冀以求得不易之道。将此视作中华文明的开始，也非虚言。太一、阴阳、四时（四

〔1〕 侯金满：《雅雨堂本〈尚书大传〉底本来源及成书考实》，《文史》2019年第2期。

方风)、五行等关于宇宙基本结构的理解由此建立。在先秦，易卦系统与式法系统各自独立发展，然广义上仍属于同一思维体系。先民们试图去理解和改造世界的同时，也发现了理解和改造世界的“自己”——人。人便成为天、地之中的第三个法则，三极之道由此确立。若无人极，也就没必要区分天、地。易言之，人意识到自己虽在“自然”之中却又在“自然”之外，即意识到自然也有天地的区分。进而他要效法天、地，以参与“自然”的进程，此之谓赞化育。先民“赞化育”，不是使自己成为神或天地的主宰，而是法天、效地，体察其道而顺成之，“裁成天地之道，辅相天地之宜，以左右民”。天道表现为天象，地道表现为物候，又统一于《易》的阴阳。古人顺应此道而居住、生活、组成社会，迈入人伦和政治的文明。广义的明堂即是那时人们最核心的生活方式和政治展开方式，是效法具体而形上的天道所展开的方式。如果认定三才的意识与阴阳二气周行于四时的意识即作《易》时代的核心内容，则作《易》即为明堂之权舆，又何以是无稽之谈?

欲理解惠栋以《易》与明堂互释背后的关切，还需要将之放在“后理学时代”的背景中来考察。理学流派众多，固然不存在整齐划一的政治主张。就官方所推崇的理学而言，其主张可概述为：宇宙间存在一整全的太极之理，此理具有主宰、神妙、自然、必然、整全等面相；在宇宙中的每个个体皆全禀此太极之理，而圣人则是个体中最灵秀者，能全部觉解此理，故能成为立法者(“立人极”)。此理是可以通过“知”[1]或“体”而为圣人所获得/具有的，同时此理又具有浑全性、普遍性，而无位格意义；圣人因此成为绝对者。道学群体是非常慎重的，他们认为能全体此理的圣人少之又少，且君主不足以当此圣人。但此种逻辑在现实中贯彻时，最终还是会有强力的君主出现，宣称自己体悟、掌握了所有的理，从而自己也达到了绝对的地位。从反面理解此逻辑，则如阳明后学之一派主张此理已为所有人掌握，所有人即成为圣人。

此两种政治构建的思路各有其问题，却共享了一个前见，即唯一整全之理可以由人全部获得，天道与人类之道在天理之外别无秘密，区别只是掌握此理的绝对者在一人或众人而已。惠栋重新考察明堂之道，则试图提出另一种视角。《大戴礼记》说：“明堂，天法也；礼度，德法也。”在惠栋那里，明堂的意义不在于天子何月居于何堂，而在于重新将天人之际纳入政治思考的视域中来。太极之气、六天、五方帝，在惠栋的明堂之法里都是“二五之为十”而已，故《明堂大道录》虽主六天说，却又不完全回到纬书和郑玄的世界。惠栋试图通过重新引入这些前理学时代关于至高存在者的论述，凸显“天理”之外、之上那不可知的至高存在的意义。王船山曾将天区分为在天之天与在人之天，在天之天隐秘而难知，人所能体知者唯在人之天。惠栋固无船山此区

〔1〕宋明理学的“知”当然较认知理性更高一层，但圣人/人与理之间的关系仍然是通过“知”而“获得”的。

分，然在他看来，天当然有隐秘难知者；即使就属人的世界而言，如人类社会、文明之进程，也不是可以猝然领悟、毕其功于一役的。天的隐秘性、人的可错性，使君主不可能仅仅凭自己的皇位和权力便成为绝对者，明堂天法中无所不在的天（后世则变通为最高主权，要之非君主个人）才是政治结构的中心。

但强调天之至高无上、天之神秘、人之不完满，此种思路往前走一步，可能会发展出以人从天、追求彼岸之域的构想。立足于《易经》之教的文明基底则不然。三才之道虽然人人皆知，但它最基本的揭示即在于人既在天地间，为天地所化育、所制约，却又与天地不同；此三才的结构性场域，便是唯一的场域，舍此之外别无绝对完满的天国或者别的什么场域。惠栋强调三才之道，人是天地化育的一部分，人并未穷尽全部的天地之道；但人却又只能以人之知去赞助天地之化育。于是在此文明中，最初仍需要圣人—圣王之奠基。惠栋以气言性情，正视人在现实层面的差异，故在每种文明的源头处，必有“天之笃生”的圣人为后世立法，确定此文明“赞化育”的方式。在惠栋看来，此种方式并非预定的“天理”，亦非“样式”。阴阳推荡交通成六十四卦，爻变之正成既济，这样的象数体系也并非“模范”，而是法象系统；明堂五室、九室、十二室，也是法象系统，故与八卦相为表里。关乎核心者，哪怕是细微的度数也不当变；不关乎核心的法象，即或涉及抽象的法则亦可随时而变。法象系统的确立、传承，即所谓师法，但它与公理—定理的推衍、学习、传承模式是不同的。对人来说，整个存在是巨大而神秘的，人在天地间，如举烛在黑夜。法象系统即是此烛，此系统推衍得愈明，便可愈多照亮一片天地。人切不可因为它已经照亮万里，即觉得天地已了然于胸、洪纤毕现，因为不同烛、灯的制作，皆是法象天地而成的。人对于天地之化育是“赞助”，是成就；人对于存在的参与，是在获得关于存在之一瞥后在此尚不完满的整体视域中帮助存在者实现其自身，所谓天地位、万物育。王船山否认既济卦的重要意义以及汉儒的爻变之正说，以为这是一种机械的目的论。对惠栋而言，既济也只是法象，是永远在这唯一的人世间变动生成的法象。人世间或许不存在一种永恒完美的秩序，但总是在朝着秩序的趋向（而非模型）而努力。然则不考《明堂大道录》无以知惠栋易学之攸归，不通《易》法象之道则误执惠栋之明堂考古为考据而非难其不合“历史事实”。是其书难免乎覆瓿之讥，而必见知于身后也。

附录

附录1　惠松崖先生学行系年稿

惠栋作为汉学宗师，一生思想不断地发展变化。其学术以经学为主，博涉四部、释道，而终归结于《易》。此前不少学者做过惠栋的传记，犹有缺憾。本《系年稿》在前贤的基础上，以惠栋之《易》学研究为主线，旁及惠栋其他著作、文章及其出处、交游，可作为惠栋《易》学研究之旁证。

王昶《惠先生栋墓志铭》，[1]简称“王《铭》”；顾栋高《惠征君松崖先生墓志铭》（代卢见曾所撰），[2]简称“顾《铭》”；陈黄中《惠定宇墓志铭》，[3]简称“陈《铭》”；钱大昕《惠先生栋传》，[4]简称“钱《传》”。王应宪《三惠年谱简编》，简称“王应宪《谱》”。

康熙三十六年丁丑（1697），一岁

惠栋出生。

---

〔1〕王昶：《春融堂集》卷五十五，《续修四库全书》第1438册，第215—216页。

〔2〕顾栋高：《惠征君松崖先生墓志铭》，《万卷楼文稿》第十本，国家图书馆藏稿本，第45—47页。

〔3〕陈黄中：《东庄遗集》卷三，《清代诗文集汇编》第301册，第516—517页。

〔4〕钱大昕：《嘉定钱大昕全集》第9册，第620—626页。

王应宪引《惠氏宗谱》:“生于康熙三十六年丁丑十月初五日辰时。”[1]此年闰三月二十八日，惠栋祖父惠周惕卒，年五十七。其父惠士奇二十七岁。

康熙四十五年丙戌（1706），十岁

顾《铭》:“及十岁，即笃志好学，手抄《五经》《左》《国》《史》《汉》。”

康熙五十五年丙申（1716），二十岁

惠栋补元和县学诸生。

惠栋《王臞庵六十寿序》:“余弱冠与君同补博士弟子生员。”

钱《传》:“自幼笃志向学。家多藏书，日夜讲诵，自经史诸子、百家杂说、释道二藏，靡不津逮。父友临川李公绂一见奇之曰：‘仲孺有子矣’。”

顾《铭》:“年二十，受知学使林公之浚，补博士弟子员，名被一邑中。”

已遵尚古学。

《学福斋集序》:“余弱冠即知遵尚古学。”又云：“皆余四十年通俗穷经而得之者。”[2]此序作于乾隆二十年（1755），时惠栋五十九，上推四十年，则其有志于古学盖亦在弱冠之年。

---

〔1〕王应宪：《清代吴派学术研究》，华东师范大学出版社 2009 年，第 235 页。

〔2〕惠栋：《松崖文钞》卷二，《续修四库全书》第 1427 册，第 278 页。

康熙五十七年戊戌（1718），二十二岁

作《春秋左传补注序》。

见《松崖文钞》及《清经解》本《春秋左传补注》卷首。按此书最早系惠有声之作，一卷，惠栋更为广加缀补而成。序中批评杜预"自杜元凯为《春秋集解》，虽根本前修，而不著其说。又其持论间与诸儒相违"。《清经解》本序文有落款为"戊戌冬日，东吴惠栋定宇序"，《松崖文钞》本无年月。

康熙五十九年庚子（1720），二十四岁

冬，惠士奇任广东学政，惠栋随行，与粤中高才生"惠门四子"论学相交。

钱《传》："学士视学粤东，先生从之任所。粤中高才生苏珥、罗天尺、何梦瑶、陈海六时称惠门四子，常入署讲论文艺，与先生为莫逆交。至于学问该洽，则四子皆自以远不逮也。"钱大昕《惠先生士奇传》："庚子秋，主湖广乡试。其冬，复奉督学广东之命。"

始著《九曜斋笔记》。

漆永祥谓："惠氏以九曜名斋，盖即其随父在广东时所著书也。九曜石据传为太湖灵壁石，五代时运至广东药州，共九石。惠氏《松崖笔记》卷二即有'九曜石题名'条。"[1]今按此笔记之命名或与广东之行有关，但

---

〔1〕 漆永祥：《东吴三惠著述考》，《国学研究》第14卷，第409页。

内中还记载乾隆己巳（1749）张锡爵来访之事，则此笔记系惠栋读书著述之余渖，积累数十年之作。故暂定此年为《九曜斋笔记》始作之岁。

雍正元年癸卯（1723），二十七岁

惠栋母抱病，因发愿注《太上感应篇》。

《松崖文钞》卷二《太上感应篇注自序》："雍正之初，先慈抱病，不肖栋日夜尝药，又祷于神，发愿注《感应篇》，以祈母疾。天诱其衷，母疾有间，因念此书感应之速，欲公诸同好而未果。"此书序在乾隆十四年（1749），盖后来又有修订。

雍正五年丁未（1727），三十一岁

正月二十五日，惠士奇奏对不称旨，被罚修镇江城。惠家生活窘迫，而惠士奇、惠栋父子依然不改其志节。

雍正《朱批谕旨·杨尔德奏折》五年正月二十五日："惠士奇前在粤东，声称籍甚，及见其人，庸平之至。想系随波逐流、与时俯仰、到处逢迎、窃名邀誉之所致耳。此等欺世盗名之行为，断不可效法。"[1]雍正七年五月二十八日载雍正谕："其人甚属巧诈，朕留心细加察访，其在学政任内亦并非一尘不染之人。从前将伊留任三年，竟为所欺矣。似此巧作奸诡之风不可不遏，着交

---

〔1〕 雍正：《朱批谕旨·杨尔德奏折》，五年正月二十五日，转录自王应宪：《清代吴派学术研究》，第242页。

与祖乘衡，令伊修理镇江城垣，效力以赎欺作之罪。”[1]钱大昕《惠先生士奇传》：“丁未五月，奉旨修理镇江城，即束装赴工所，弃产兴役，所修不及二十分之一，以产尽停工罢官。”[2]是修镇江城自五月开始。

王《铭》：“先是，学士从粤归，奏对不称旨，罚修镇江城，用罄其家。先生退居葑门之泮环巷，**樵苏后爨，意豁如也。**”钱《传》：“学士毁家修城，先生往来京口，饥寒困顿，甚于寒素。”陈《铭》：“少红豆前以修城毁家，君迁居城南，闭门读《易》，声彻户外。”

十月十六日，长子嘉学生（《惠氏宗谱》）。

惠士奇舟中题诗寄惠栋或在此年。

梁章钜《国朝臣工言行记》：“进对不称旨，罚修镇江城。舟中题诗寄子，命弃宅田，输县官，复为书曰：犹记康熙六十一年秋，岁试初毕，还省城，与将军管源忠、巡抚杨宗仁燕语。管谓予曰：‘老先生不名一钱，固善，万一日后奉旨当差，如之何？’杨正色曰：‘天理可凭，决无此事，吾能保之。’予摇首曰：‘保不得！保不得！’杨愕然曰：‘何谓也？’予曰：‘男儿坠地时，死生祸福已前定。万一吾命当死，公能保我不死耶？君子惟洁乃心，尽厥职而已，他非所知也。’管左右顾，笑曰：‘好汉！好汉！’予当时已料及此事，君能致其身，即粉骨分所不辞，倘有几微难色，便非好汉。汝当仰体我心，欢欣鼓舞，以乐饥寒，

---

〔1〕 雍正：《上谕内阁》卷八十一，七年五月二十八日，转录自王应宪：《清代吴派学术研究》，第243页。

〔2〕 钱大昕：《嘉定钱大昕全集》第9册，第612页。

则我快然无憾矣。”[1]按“舟中题诗寄子，命弃宅田，输县官”云云，可知是刚刚被罚时所写书信。

雍正七年己酉（1729），三十三岁

六月十二日，次子嘉绪生（《惠氏宗谱》）。

雍正八年庚戌（1730），三十四岁

惠栋始学《易》，在此前后（考证见第六章第一节）。

松崖于乾隆十七年（1752）撰《沈君果堂墓志铭》："余学《易》二十年，集荀、郑、虞诸家之说，作《周易述》。先以数卷就正于君。”据惠氏之子所云，《周易述》始撰于乾隆己巳（1749），以此上推二十年，则1730年，为其始学《易》之岁。

雍正九年辛亥（1731），三十五岁

惠士奇修镇江城，产尽停工，罢官，被清查家产。

时惠栋犹孜孜于学，始著《后汉书补注》。

杨超曾《翰林院侍读学士惠公墓志铭》："丁未，奉旨修理镇江城垣。辛亥，以产尽停工罢官。"[2]

漆永祥谓："今北京大学图书馆藏薛寿校德裕堂刊本《后汉书补注》一部……薛氏所录其第一本末惠氏自

[1] 梁章钜:《国朝臣工言行记》卷十三,《清代传记丛刊》第26册，明文书局1985年，第657—658页。亦参见漆永祥点校:《东吴三惠诗文集》,第375页。

[2] 杨超曾:《翰林院侍读学士惠公墓志铭》,《清代碑传全集》，上海古籍出版社1987年，第246页。

识云：‘雍正九年（1731），缘事查产，对簿之暇，因著此书。十一年成。’第三本末题云：‘缘事查产，写吴中醋坊桥。’第四本末云：‘丁巳（1737）馆尚衣署撰。’第五本末石：‘庚申（1740）寓粤东西湖街撰。’第六本末云：‘辛酉（1741）寓金陵库使署抄。’第七本末题云：‘壬戌（1742）二月艮受丙[1]撰毕。是年，立哄毕，课子弟。’第八本末云：‘壬戌三月巽受辛撰毕。’第九本末云：‘壬戌四月一日撰毕。’据此则可知惠氏注书之年月。时惠栋父士奇因罚修镇江城，故惠栋识语有‘缘事查产’语，其时栋往来镇江、苏州、南京诸地，起居无定，流转他徙，乃一生中最困厄之时期。”[2]

雍正十二年甲寅（1734），三十八岁

惠士奇被查产后，雍正仍不满意，命再修镇江城。

《雍正朝起居注册》十二年九月十六日引《丝纶簿》：“派修镇江城垣，又复迟延推诿，将资财尽为藏匿，只修三千余两之工程，兼欲邀清廉之名，希图脱卸，甚属奸鄙。着仍留镇江，再修二千金之工，该将军奏闻请旨。倘敢怠玩，即行纠参，令加重处。”[3]

夏秋间，始作《古文尚书考》。

惠栋《古文尚书考》卷一：“予少疑后出古文。年大

〔1〕即下弦月二十三日，下句“巽受辛”即十六日，此时惠栋已尊信虞翻之月体纳甲说。

〔2〕漆永祥：《江藩与〈汉学师承记〉研究》，上海古籍出版社2006年，第308—309页。

〔3〕《雍正朝起居注册》第5册，转引自漆永祥：《东吴三惠著述考》，《国学研究》第14卷，第61页小注37。

来文理未进，未敢作书指斥。甲寅夏秋间，偶校九经注疏，作疑义四条、辨正义四条。继又作古文证九条、辨伪书十五条。又先后续出两条。共为一卷。其二十五篇采摭传记，兼录其由来。藏箧衍数年矣。”

雍正十三年乙卯（1735），三十九岁

取资州《李氏易解》反复研求，恍然悟洁静精微之旨。《汉易考》盖成于此时前后（考据见第六章第二节）。

《上制军尹元长先生书》：“十五年前，曾取资州《李氏易解》反复研求，恍然悟洁静精微之旨。”书信作于乾隆十五年（1750），上推十五年，即在此年。

《九经古义》初稿成。是书先名《识小编》，后改《九经会最》，此时改为《周易古义》。

王欣夫谓：“今于苏州文物管理委员会见有《周易古义》手稿一册，序题乙卯，为雍正十三年，则其时长子九岁，次子七岁，定宇盖甫三十有九，半农尚健在，故序又云：‘长闻庭训。’核之无不适合。”[1]

按王欣夫所见稿本，今藏苏州博物馆。其卷端有《述首》，曰“作《九经古义》二十卷……乙卯春日，东吴松崖惠栋识”。其卷端本题“志小录卷一”，端楷，与正文一致；又勾去，于右旁题“九经会最”，墨色稍淡；而“会最”旁又题“古义”二字，大题之左，正文之前，又夹入“周易古义”题。凡“古义”“周易古

〔1〕 王欣夫：《蛾术轩箧存善本书录》，第1317页。

义”皆墨色较浓，行书书写，与《述首》字迹完全一致。知此为乙卯岁新改。

《渔洋山人精华录训纂》或在此年前完成。

郑朝晖据金荣“乙卯秋，于友人处得惠君栋定宇本，喜其该洽，而于当代事颇为周悉，亟录之，以补余所未逮”，以为：“惠栋的《精华录》在1735年已刊行，不久金荣本即出。而后惠栋又撰成《金氏精华录辩讹》一书。《汪氏说铃补注》亦作于此时。”[1]可从。

乾隆元年丙辰（1736），四十岁

乾隆即位，调惠士奇来京，补翰林院侍读。

钱大昕《惠先生士奇传》：“今天子即位，有旨调取来京引见，以讲读用。所欠修城银两得宽免。”

乾隆二年丁巳（1737），四十一岁

作《书蒋盘漪临李少温谦卦后》《河议》。

《松崖文钞》卷一，题下署“丁巳稿”。[2]

从卢见曾处借得《大戴礼记》，校并跋。

《蛾术轩箧存善本书录》之《大戴礼记》：“高安朱文端公刻《藏书》十三种，内有《大戴礼记》一种，序云于年友满制府案头得宋刻善本，录而读之，为正句读

〔1〕郑朝晖：《述者微言——惠栋易学的“逻辑化”世界》，第21页。

〔2〕王应宪《谱》谓《河议》题下署“己未稿”，故系己未年下，未知何据。

而付之梓。则是本乃从宋刻校刊。丁巳季秋从雅雨先生借校一过。松崖。"王欣夫谓："《大戴记》多采古书……而于阐发《易》义及明堂、郊、禘之说，则均为所著《易汉学》《明堂大道录》《禘说》之贮材。"〔1〕按题跋所谓"雅雨先生"，即卢见曾。丁巳岁，卢见曾在两淮盐运任上被控结党营私，七月罢官后，侨居扬州。〔2〕惠栋后来入卢幕，常于文中称"雅雨卢公"。

乾隆四年己未（1739），四十三岁

惠士奇以病告归。

钱大昕《惠先生士奇传》："己未春，以病告归。"

蒋恭棐盛推惠氏四世之学。

《九曜斋笔记》卷二："蒋编修（恭棐）迪甫谓先君曰：'近日吴中四世名山，推公家耳。'盖数自先明经朴庵公以下也。不才如栋，亦厕四世之列，予深愧迪甫之言。"〔3〕考惠士奇乾隆四年以病告归，惠栋此年冬及第二年在闽粤，蒋恭棐乾隆初年任编修不久亦归吴，〔4〕则此语或在乾隆四年。故暂系于此。

为惠士奇代作《募修鹤林禅院疏》，或在此年。

见《松崖文钞》卷二。小注题"代家君"。此寺在镇

---

〔1〕王欣夫：《蛾术轩箧存善本书录》，第385页。

〔2〕胡晓云：《卢见曾年谱》，兰州大学2006届硕士论文，第30页。

〔3〕惠栋：《九曜斋笔记》，《丛书集成续编》第20册，第646页。

〔4〕《同治苏州府志》卷八十八《蒋恭棐传》："乾隆初，再至京，供职充大清会典五朝国史馆纂修官。无何，以原官休致。"

江，或者遂误以为雍正五年罚修镇江城之事。[1]朝廷罚惠士奇修城，何必修寺庙？王应宪据文中有“昔年于役，曾攀戴寺之松；今日归田，尚忆秦潭之月”系在今年告归之后，[2]或可从。

修订《重卦考》。

《松崖文钞》卷一载此文，题下署“己未稿”。然此文初见于苏州博物馆所藏《周易古义》(又名《周易会最》)稿本中，彼稿本《述首》在乙卯（1735)，知此收入《松崖文钞》而署“己未”者，当系修订后单独成篇也。

此篇又在《周易本义辩证》卷末。郑朝晖据此推测《周易本义辩证》在此段时间写就。[3]按《重卦考》既在《松崖文钞》中为独立篇目，又在《周易本义辩证》中，又在《易汉学》中，没有固定归属，说明此篇最早乃独立成篇，后归《周易本义辩证》，后归《易汉学》。不可据此便定为《周易本义辩证》撰作之年。《辩证》中引《易汉学》与《周易述》，当在己巳（1749）后。

冬，往闽中。

《蛾术轩箧存善本书录》之《春秋公羊传注疏》下：“乾隆己未冬，偶见曹通政寅所藏蜀本《公羊》于友人沈君腾友许，借以校六、七、八三卷未毕，适有闽中之行，辍笔而往。”[4]

---

〔1〕李开：《惠栋评传》，第15页。

〔2〕王应宪：《清代吴派学术研究》，第248页。

〔3〕郑朝晖：《述者微言——惠栋易学的“逻辑化”世界》，第23页。

〔4〕王欣夫：《蛾术轩箧存善本书录》，第769页。

乾隆五年庚申（1740），四十四岁

在粤东。

北京大学图书馆藏薛寿校德裕堂刊本《后汉书补注》第五本末录惠氏自识云："庚申（1740）寓粤东西湖街撰。"按松崖去年冬往闽中，今年在粤，盖同一行程。

乾隆六年辛酉（1741），四十五岁

惠士奇去世。

钱大昕《惠先生士奇传》："辛酉三月卒，年七十有一。"

乾隆七年壬戌（1742），四十六岁

二月，课徒自给。

钱《传》："遭两丧，不以贫废礼。中年课徒自给，陋巷屡空。"薛寿校德裕堂刊本《后汉书补注》所录第七本末惠栋题识："壬戌二月艮受丙撰毕。是年，立哄毕，课子弟。"

六月，校《春秋公羊传注疏》。

《蛾术轩箧存善本书录》："壬戌六月十八乙巳始，廿六日癸丑毕。"[1]

乾隆八年癸亥（1743），四十七岁

春，得阎若璩《古文尚书疏证》，进一步修订《古文尚

---

〔1〕 王欣夫：《蛾术轩箧存善本书录》，第769页。

书考》。其自序或作于此时。

惠栋《古文尚书考》："癸亥春，于友人许得太原阎君《古文疏证》，其论与予先后印合。大氐后出古文，先儒疑者不一。第皆惑于孔冲远之说，以郑氏二十四篇为伪书。遂不得真古文要领。数百年来终成疑案耳。阎君之论，可为我助我张目者，因采其语附于后。其博引传记、逸书，别为一卷，亦间附阎说。后之学者详焉。"〔1〕

《古文尚书考自序》，见《湖海文传》卷十九，及《松崖文钞》。未署年月。或此书初稿成，惠栋即序之。

乾隆九年甲子（1744），四十八岁

惠栋乡试以用《汉书》为考官所黜，由是息意进取。

据王《铭》："甲子乡试，以用《汉书》……"

作《易汉学自序》。

参与纂修《苏州府志》。

乾隆《苏州府志》卷首所列纂修为习寯、邵泰、蒋恭棐、王峻；所列协修有四人，内有惠栋，署"元和县学生员惠栋"。〔2〕

雅尔哈善《苏州府志序》："乃请之上官，撰具书币，延吴中诸名宿，于癸亥秋诹日开馆，搜罗旧闻，博采掌故。余亦时为商搉。甲子秋，稿未及半，而余奉命入闽。"傅椿《苏州府志序》："乾隆乙丑四月，余自

〔1〕 惠栋：《古文尚书考》卷上，《续修四库全书》第44册，第67页。

〔2〕 雅尔哈善：《苏州府志》，乾隆十三年刻本，卷首姓名页。

淮安移守苏郡。时前任觉罗雅公延请乡先生纂修郡志，将两年矣。余虽政务倥偬，念此事所系甚巨，稍一因循，恐岁月迁流，难于竣事。爰集诸缙绅勤恳订勉，文移采访，不淹晷刻。去冬诸稿既脱，亟谋付梓。会蒙恩擢任苏松兵备，今年夏告成。余乃得继雅公后记其梗概焉。”〔1〕是此志始撰于乾隆八年。

《蒲褐山房诗话》：“巡抚宗室雅公尝过次山侍御，叩以吴中隐君子。侍御对以客山及惠松厓。公遂往造焉，避而不见，时人两贤之。其后诏征经学，总督黄文襄以松崖荐，亦雅公所推毂也。”〔2〕(《湖海诗传》卷十一)李果《上郡守觉罗雅公书》：“果学力浅陋，年垂七十，心思有限。而同研友有吴县学生惠栋者，学问淹博、旧事颇习，其为人温良诚信，于果并为畏友。……思欲得蔡惠二生引为分纂，必有资于志乘。”〔3〕是惠栋入修府志得力于李果举荐。《苏州府志》虽始撰于乾隆八年，但惠栋未必彼时便参与。

《松崖笔记》卷三“昆山无烈女”条：“乾隆八年，苏州知府雅公纂修府志，行文昆山县，开报列女入传。昆山令读列为烈，详报昆山无烈女。吴人传以为笑。侍御王艮斋峻为予言。”〔4〕然则府志初纂之时，惠栋并未参与。

乾隆十年乙丑（1745），四十九岁

去岁，王鸣盛入紫阳书院学习。今年得闻惠栋之论

〔1〕 雅尔哈善：《苏州府志》，乾隆十三年刻本，卷首序言页。

〔2〕 按《清史列传》之《李果传》误解此句，以为李果亦被举荐经学，盖非。

〔3〕 李果：《在亭丛稿》，《清代诗文集汇编》第244册，第437页。

〔4〕 惠栋：《松崖笔记》，《丛书集成续编》第20册，第607页。

《尚书》，乃有志于撰述《尚书后案》。

钱大昕《西沚先生墓志铭》："肄业紫阳书院……又与惠征君松崖讲经义，知诂训必以汉儒为宗，服膺《尚书》，探索久之……古文之真伪辨，而《尚书》二十九篇粲然具在，知所从事矣。"陈鸿森又据《尚书后案》自序"草创于乙丑"，断定王鸣盛治《尚书》有得在此年。[1]然则王鸣盛闻惠栋论《尚书》亦当在此年。而陈鸿森又将王、惠初见系在上一年（1744），所据为王鸣韶代撰《江慎修先生墓志铭》"年二十后得交于元和惠定宇、吴江沈冠云，而后洞悉其源流"。[2]但并没有直接的证据。故本《谱》仍将惠、王交往定在本年。

又王鸣盛谓："昔吾友惠征士栋仿而行之，采郑氏《尚书注》，嫁名于王以为重。予为补缀，并补马融、王肃二家，入之《后案》。"[3]是惠栋曾辑《尚书郑注》，后来给了王鸣盛。姑系此事于二人初见之下。

乾隆十一年丙寅（1746），五十岁

校读《春秋左传注疏》。

《藏园群书经眼录》卷一"《春秋左传注疏》六十卷"条下载惠栋跋："丙寅三月，以唐石经宋椠本校读一过。家无储粟，忍饥诵经，何物屠沽儿酒食耶！一笑，栋识。"[4]

---

〔1〕 陈鸿森：《王鸣盛年谱》，《史语所集刊》第八十二本，第695页。

〔2〕 陈鸿森：《王鸣盛年谱》，《史语所集刊》第八十二本，第694页。

〔3〕 王鸣盛：《蛾术编》，第41页。

〔4〕 傅增湘：《藏园群书经眼录》，第73页。

乾隆十二年丁卯（1747），五十一岁

惠栋写信与王峻（《与王次山书》），讨论《苏州府志》体例问题。

王欣夫辑《松崖文钞续编》有《与王次山书》，落款六月二十日，未言何岁。考《苏州府志》十二年冬成稿，而书信所论内容可知大体已备，故姑系书信于本年。

秋，惠栋病。

考证见己巳年下引《九曜斋笔记》。

乾隆十三年戊辰（1748），五十二岁

惠栋所参与纂修《苏州府志》刻成（见癸亥岁条下）。

作《周礼会最》或在此年。

漆永祥谓："是书为手稿本，不分卷。格栏左上方有'新修苏州府志'一行，则为当时修志所用稿纸……惠氏是书成于《府志》同时或稍后。"[1]可从。

五月，王昶初识惠栋，从之游。

《述庵先生年谱》："十三年戊辰，二十五岁。五月，见惠定宇秀才栋，因识沈冠云，通三礼，又与客山并以古文称。自是潜心经术。"[2]

王《铭》："余弱冠游诸公间，因得问业于先生。"

---

〔1〕漆永祥：《东吴三惠著述考》，《国学研究》第14卷，第393页。

〔2〕严荣：《述庵先生年谱》，《续修四库全书》第1438册，第335页。

毕沅问学于惠栋。

《弇山毕公年谱》载："(乾隆十三年，1748）时惠征君栋博通诸经，著书数十种，至老弥笃，公叩门请谒，问奇析疑，征君娓娓不倦，由是经学日邃。"[1]

按毕沅对惠栋的学问十分佩服，故其《经训堂丛书》收录惠栋《易汉学》《明堂大道录》《禘说》等书。

乾隆十四年己巳（1749），五十三岁

正月二十一日，惠栋深思《易》理，盖已有所贯通。乃始著《周易述》。

考证见第六章第三节。

又《九曜斋笔记》卷二"道味"条："正月二十一日睡觉，道味满于胸中。数年乐境，唯此为最（己巳正月记)。"[2]所谓"道味满胸中"之快乐，应当是思考《周易》，已经得悟；既然得悟，而后将此理熔铸于经注之中。夫"天地位、万物育"，及刚柔当位之象，乐莫大焉。

紫阳书院人才济济，多从惠栋游。

正月二十八日，惠栋从王鸣盛处得知钱大昕之学。后钱大昕从惠栋受《易》义。

钱大昕《竹汀居士年谱》："巡抚觉罗樗轩公雅尔哈善，闻予名，檄本县具文，送紫阳书院肄业。……青浦王

---

〔1〕史善长:《弇山毕公年谱》,《北京图书馆藏珍本年谱丛刊》第106册，第129页。

〔2〕惠栋:《九曜斋笔记》卷二,《丛书集成续编》第20册，第634页。

兰泉、长洲褚鹤侣、左莪，及礼堂、习庵，皆在同舍，以古学相策励。吴中老宿李客山、赵饮谷、惠松崖、沈冠云、许子逊、顾禄百，亦引为忘年交。”[1]

《九曜斋笔记》卷二“钱吴”条：“嘉定王孝廉（鸣盛）为予言：其同邑诸生钱大昕，字晓征，年少力学，《十七史》皆能成诵（己巳正月二十八日）。”[2]

钱大昕《古文尚书考序》：“予弱冠时，谒先生于泮环巷宅，与论《易》义，更仆不倦。盖谬以予为可与道古者。忽忽卌余载，楹书犹在，而典型日远。缀名简末，感慨系之。乾隆壬子三月既望序。”[3]“泮环巷宅”，即惠栋在苏州的老宅。“楹书犹在”，盖指惠士奇手书的“六经尊服郑，百行法程朱”。钱大昕天资聪颖，博闻强识，修学好古，故惠栋有意传易学于他。钱氏生于雍正戊申（1728），其弱冠即在本年；又计本年至钱氏作序文之乾隆壬子（1792），则有四十四年，所谓“忽忽卌余载”也。

惠栋为沈彤《周官禄田考》作序，沈彤称惠栋为己之桓谭。

序文见《松崖文集》卷一，及《果堂全集》版《周官禄田考》卷首第二篇。

据沈彤《周官禄田考后序》，此书始撰于乾隆七年，至十三年秋始成书。在友人鼓励帮助下，于乾隆十五年

---

〔1〕 钱大昕：《嘉定钱大昕全集》第1册，第10—11页。

〔2〕 惠栋：《九曜斋笔记》卷二，《丛书集成续编》第20册，第635页。

〔3〕 钱大昕：《嘉定钱大昕全集》第9册，第358页。

冬版行。[1]此书卷前有沈德潜序，即署“庚午冬月”；惠栋的序文未注年月，而惠栋作《沈君果堂墓志铭》谓：“君之成《禄田考》也，读者疑信分焉。余为序而辩之。君笑谓余曰：**子吾之桓谭也。**”应该是《禄田考》成书后，沈彤请学友阅读征求意见，有不少人表示怀疑。惠栋得知此情，便在序中替沈彤分辨。故沈彤又有《书周官禄田考后》，谓“惠定宇之序余《周官禄田考》，并读者法数未该之疑而解之矣”[2]。然则惠序当作于十四、十五年间。

四月，惠栋与沈彤书信，论及《周官禄田考》与《周易述》。

王欣夫辑《松崖文钞续编》中《与沈果堂》第一封，言及：“先生学问人品俱是第一流，《禄田考》自是不朽之作。天下后世必有知音，一时恐不即得耳。鄙制乾坤二卦经文，已尘清鉴。近又就二卦彖象。此书若成，可以明道，其理与宋儒不异，惟训诂章句绝不同耳。然都是六经中来，兼用汉法耳。”此书信署四月廿六日。按《禄田考》成于乾隆十三年冬，则必不在十四年之前。惠栋既与沈彤相得，沈书成，尽快请惠氏过目，当在情理之中。且信中提及“鄙制乾坤二卦

〔1〕沈彤：《周官禄田考后序》，《果堂集》卷五，《清代诗文集汇编》第264册，第384页。

〔2〕沈彤：《书周官禄田考后》，《果堂集》卷八，《清代诗文集汇编》第264册，第398页。又见《果堂全集》版《周官禄田考》末。《周官禄田考》当为乾隆十五年刻，乾隆十六年又加以修订。惠栋序当已刻入十五年初刻本中，而沈彤的《书周官禄田考后》似乎是自书于初刻本之后，十六年重修时才刻入。

经文”，即《周易述》。惠栋著《周易述》始于乾隆己巳，故系在此年。

惠栋作《沈君果堂墓志铭》谓：“余学《易》二十年，集荀、郑、虞诸家之说，作《周易述》，先以数卷就正于君。君曰：此书成，道明矣。惜吾不及见也。曩以君言戏耳，孰谓竟成谶耶。”〔1〕盖即上文书信中所言及之事。

秋，惠栋同学好友张锡爵来访，时惠栋大病未已，致力于著书。

《九曜斋笔记》卷二：“张锡爵，字僭伯，嘉定人。康熙五十五年与余同补博士弟子员。乾隆己巳来晤予，握别三十四年矣。赠余诗云：‘三十年前问惠施，翩翩公子擅文词。缥囊缃帙吴欧舫，丹荔红蕉岭外卮。老去相逢霜满鬓，秋来闭阁草侵墀。著书拥鼻名家事，莫厌虚堂病起迟。’盖予丁卯秋病，至己巳尚未已也。”〔2〕

吴泰来自湖北宿松县教谕引疾归里，与王昶、惠栋交游。

王昶：《吴企晋净名轩遗集序》：“君长余二岁。余年二十四，就试于金陵，时君先中甲子副榜，为宿松县教谕，始订文字之交。明年，余在苏州紫阳书院读书，君亦不乐为校官，因病乞归。”然则乾隆九年（1744）吴泰来乡试中副榜，而于乾隆十二年丁卯（1747）与在金陵参加乡试的王昶定交（据《述庵先生年谱》）。王昶序言谓“明年，余在苏州紫阳书院读书，君亦不乐为校官，因病乞归”，所谓“明年”似指定交次年，

〔1〕 惠栋：《松崖文钞》卷二，《续修四库全书》第1427册，第287页。
〔2〕 惠栋：《九曜斋笔记》卷二，《丛书集成续编》第20册，第634页。

即戊辰（1748）。然据《述庵先生年谱》，王昶被选拔入紫阳书院实在乾隆十四年己巳（1749），当以此为准。则吴泰来自楚归吴，当在己巳。又民国修《宿松县志》录该县教谕人名，自乾隆元年丙辰至十七年壬申有五任，其末为孔毓绶，倒数第二位为吴泰来，以三年任期上推，则吴泰来辞归亦在此十四年。《砚山堂集》卷四首诗《自题秋江归兴图》，则其归在此年秋。吴泰来归后即与吴中文士过往，吴家既与惠家累世交好，吴泰来亦与惠栋论交，其年璜川书局刻《半农先生易说》成，抑或吴泰来之力。

过春山卒。

《蒲褐山房诗话》："过春山，字葆中，号湘云，吴县人，诸生。有《湘云遗稿》选二十三首。湘云家居市井，性爱邱樊，独与沙斗初、吴企晋、朱适庭、张昆南诸君为友。博通群籍，尤精于新旧《唐书》，尝为补遗纠误，未及成而卒。惠征君定宇极称之，年才二十有九。"按吴泰来《砚山堂集》卷四有《归里后闻过湘云之讣感悼二首》，其卒或在此年。则过春山生卒年即康熙六十年（1721）至乾隆十四年（1749），长吴泰来一岁，小惠栋二十四岁。因其为惠栋所称许，且文学之余，亦用力于经史之学，盖亦受惠、沈学风影响，故今考订其生卒年，附识于此。

附吴泰来《砚山堂集》卷八《过朱孔林新居，追悼惠松崖、过湘云二处士》："闲云无定迹，寂寞闭柴门。已息尘中驾，还居谷口村。青山君辈在，白社几人存。愁绝黄垆畔，难招千古魂。""弹指惊前梦，凄凉廿载余。郑公还薄宦，杜老未宁居。汐社堪投迹，苏门好结庐。他年寻息壤，把臂狎樵渔。”[1]

吴氏璜川书局刊刻惠士奇《半农先生易说》。

吴英又谓：“惜其为未成之书，故止有六卷，乾隆己巳版镌于予家，而今版皆坏散。”[2]

冬，友人刊刻其《太上感应篇注》，乃自为序。

文见粤雅堂本《太上感应篇注》卷首，及《松崖文钞》卷一。粤雅堂本卷首之序文末署“乾隆十四年冬惠栋序”。

乾隆十五年庚午（1750），五十四岁

三月，重阅《春秋公羊传注疏》。

《蛾术轩箧存善本书录》：“庚午三月初五戊酉重阅。”[3]

四月十六日，沈彤为惠栋作《古文尚书考序》。先是，惠栋与沈彤之书中，论及沈彤《礼禘祫年月说》等文章中夏时的问题，并请沈彤为其《古文尚书考》作序。

今《果堂集》中序文无年月，据乾隆间宋廷弼刻本《古文尚书考》卷首所载沈彤序，署“乾隆十五年岁次上章敦牂四月既望，果堂弟沈彤撰”。

王欣夫辑《松崖文钞续编》中《与沈果堂》第三封信提及“鄙作《古文尚书考》，序乞践息壤之约”，可推

〔1〕 吴泰来：《砚山堂集》卷八，《清代诗文集汇编》第350册，第653页。

〔2〕 吴英：《重刻惠半农先生易说序》，《半农先生易说》卷首，《璜川吴氏经学丛书》本。

〔3〕 王欣夫：《蛾术轩箧存善本书录》，第769页。

知书信当在沈彤作序时间前不久。

先是，朝廷下令访求经师及遗书。是年夏，惠栋被举荐，有《上制军尹元长先生书》。

按钱《传》:“乾隆十五年，诏举经明行修之士。总督尹文端公、黄文襄公交章论荐，有‘博通经史、学有渊源’之称。然先生于两公非有半面识也。”《乾嘉学术编年》系惠栋被荐事在此年。然王《铭》谓:“乾隆十六年，天子诏举经明行修之士，两江总督黄公廷桂、陕甘总督尹公继善，咸以先生名上。会大学士九卿索所著书，未及进，罢归。”顾栋高亦追述曰:“辛未之岁，今天子诏内外官员列荐海内笃志经学、博物洽闻之士，大吏以君名上。会天子慎重遴选，诏大学士九卿核定四人，先生不得与。而余以衰老滥膺恩命。”[1]以为在十六年。

按此实为惠栋人生中一段大事，须详考其始末。据《清高宗实录》，乾隆十四年十一月即有谕曰:“今海宇升平，学士大夫举得精研本业，其穷年矻矻，宗仰儒先者，当不乏人。奈何令终老牖下，而词苑中寡经术士也。内大学士九卿、外督抚，其公举所知，不拘进士、举人、诸生，以及退休闲废人员。能潜心经学者，慎重遴访。务择老成敦厚、纯朴淹通之士以应，精选勿滥，称朕意焉。”

〔1〕 惠栋:《后汉书补注》，影印嘉庆冯集梧刻本，《续修四库全书》第270册，第511—512页。

十年十二月，又有谕，讨论如何制定举荐经学之士的考核标准问题，谓：“各省督抚所举，尚未奏到。应俟到齐之日，合内外所举人员，大学士九卿再行公同核定。无采虚名，以昭慎重。核定后，请旨调取来京引见。”是此时仅收到在京的大学士九卿之保举名单，外省督抚之保举尚未结束。

及至一年后，乾隆十五年十二月，名单已经汇总。《清高宗实录》谓：“十二月己丑，吏部题：据大学士九卿督抚等保举经学人员共四十九员，遵旨核定。查编夏力恕、检讨吴大受、庶吉士鲁曾煜三员，原系翰林，因事回籍，将来原可供职，无庸再行保举。其原任同知吴廷华，因署通判任内计参浮躁降调，奉旨休致。原任笔帖式李锴，因打死家人革职。原任监察御史范咸，因巡视台湾分派供应革职……核其情罪，非敦厚纯朴淹通经术之士可知，应不准保举。并将保举不实之协办大学士吏部尚书梁诗正、兵部侍郎观保、原任工部尚书调镇海将军赵宏恩、内阁学士德龄、陕西巡抚陈宏谋，均照例罚俸九月。”是四十九人中，八人或因已有官职、或因在官获罪，皆被从名单中划除。据此而推，尹继善和黄廷桂保举惠栋，应当在这四十九人之中。

乾隆接到这个保举结果，颇不满意，故于乾隆十六年闰五月辛巳（农历十六日）谕曰：“朕前降旨令九卿督抚荐举潜心经学之士。虽据大学士等核覆，调取来京候试。现在到部者，尚属寥寥。但观此番内外诸臣保举，尚未能深悉朕意。盖经术为根柢之学，原非徒以涉猎记诵为能。朕所望于此选者，务得经明行修、淹洽醇正之士。非徒占其工射策、广记问，文藻词章充翰林才华之选而已。亦非欲授以政事，责其当官之效，如从前各保一人故事。此朕下诏本意也。在湛深经术之儒，原不必拘拘考试。若如内外所举，既有四十余人，即云经术昌明，安得如许绩学未遇之宿儒？其间流品，自不无混淆。岂可使国家求贤之盛典，转开幸进之捷径？势不得不慎重考校以甄别之。闻有素负通经之誉，恐一经就试，偶遇僻题，必致重损夙望，因而托词不赴，以藏拙为完名者。苟如此用心，已不可为醇儒矣，其安所取之？然此中亦实有年齿衰迈，不能跋涉赴考者。伏胜年九十余，使女孙口授遗经于鼂错，其年岂非笃老，何害其为通儒。此所举内，果有笃学硕彦，为众所真知灼见，如伏生之流者，即无庸调试。朕亦何妨降旨问难经义，或加恩授以官阶，示之奖励乎？着大学士九卿，将现举人员，再行虚公核实。无拘人数，务取名实相孚者，确举以闻。如果众所共信，即可不必考试。若仍回护前举，及彼此瞻徇，则尤重负尚经学、求真才之意。独不畏天下读书人訾议与后世公评耶？”乾隆表达了对举荐经学之士的意见：第一，保举的人数太多，盛世之下，哪有如此没被发掘出来的经学人才？第二，品行心术比学问重要，听说有些享有通经之名的人不敢来参加考试，用心奸诈，不可不防。第三，所选者要深孚众望，最好是老成之人。

事实上，恰恰是乾隆这番言辞，使四十余人的名单一下子缩水了。原本是内九卿、外督抚各自保举一人，只要不出现政治错误就可以得到此荣誉的选举盛典，如今却在乾隆的严加申斥之下，仍需激烈角逐，四十多人只是一个入围名单而已。乾隆给了两个标准，一是人数必须少，二是最好为“笃学硕彦”。然则乾隆所谓求贤的初衷，不过是想要几个“硕学老儒”以充当稽古右文之盛世的吉祥物而已。惠栋此时五十多岁，声誉被吴中，在入选之中却算不得“老儒”，在北京亦无声望，其汉学之旗帜也不符合当时的学问主流。翁照也被举荐，最后未入选，其原因可见一斑。沈德潜载翁照之事谓：“乾隆己巳，诏求经学，膺高相国荐，上以所荐过多，询二三大臣举其尤者。大臣无知霁堂学问，因不与。”[1]我们看一下最后选定的名单可知：陈祖范、吴鼎、梁锡玙、顾栋高。[2]其中陈祖范、顾栋高符合乾隆关于“伏生”的设想。但四人中唯顾栋高真为通经之士，其他三人著作虽偶传世，其价值又如何呢？惠栋被黜落，中间有大学士九卿等评委之间的政治角逐，但更因其学问路径在当时仍不被皇帝及官方

〔1〕 王昶编：《湖海文传》卷六十五，《续修四库全书》第1669册，第219页。

〔2〕 据《清高宗实录》，乾隆帝在闰五月壬辰（二十七日）获得了九卿议定后的名单。乾隆帝十六日下谕，十日内大学士、九卿等揣摩旨意，将四十一人砍削为四人。

所认可。不过惠栋即使被选中，入京当一个国子司业，又能如何呢？恐怕更来不及写他的《周易述》了。

王欣夫辑《松崖文钞续编》中《与沈果堂》第四封谓："兹有商者：弟以不才谬与制科之选，本以疾辞，而当事不允。冬春拟作浪游之举。"此书落款为六月十五日，未署何岁。乾隆十六年闰五月已公布评议结果，则非此年。当为乾隆十五年。"冬春拟作浪游"，正是指乾隆十五年惠栋被举荐后，按照当时规定，需要到北京参加考校。而《上制军尹元长先生书》谓"栋老病颓唐，无能为役。计偕期近，长安日远，恐无以仰副德音为惴惴耳"，正即《与沈果堂》中所谓"本以疾辞，而当事不允"。

由此亦可推定，《上制军尹元长先生书》(《松崖文钞》卷一）系惠栋被举荐后的感谢文字，其中提及："阁下搜扬隐逸，追忆昔日临治之区，并无方麹半面之识。下采葑菲，以栋名应诏。"按尹继善于乾隆八年署两江总督，十二年实授两江总督。十三年，入觐，复出署川陕总督，以四川别设总督，命专督陕、甘。十六年，复调两江。[1]黄廷桂则于乾隆十三年，授两江总督；十六年，调陕甘总督。[2]惠栋书信既云"追忆昔日临治之区"，可见其被尹继善举荐时，尹已为陕甘总督。而尹氏知其名，盖在乾隆十二年任两江总督时。

《松崖文钞续编》载惠栋为翁照作《赐书堂诗稿序》："乾隆初，举鸿词科。越十有四年，有诏求淹通经学之

---

〔1〕 赵尔巽：《清史稿》卷三〇七，中华书局 1977 年，第 10504—10548 页。
〔2〕 赵尔巽：《清史稿》卷三二三，第 10806 页。

士，有司再以先生名应诏。”翁照之被举为博学鸿词科，在乾隆元年。越十四年，则在乾隆十五年。惠栋文末题“同岁生惠栋”，即谓与翁照同膺经学之选也。翁照也未能入选，惠栋作此序，必对此事印象深刻。

六月初，惠栋与沈彤书，替某人请沈彤为《天佣子集》撰序。十五日，复与沈彤书，言及被选制科，请沈彤来代替西宾。

王欣夫辑《松崖文钞续编》中《与沈果堂》第四封：“敝馆主宾相得，不忍分携。顷曾言及伯子兄，亦极钦仰，数年前久有虚左之心。但言束修止及大衍之数，殊愧輶亵，未识大贤肯欣然俯就否。”所谓“敝馆主宾相得”及“束修止及大衍”，则大概惠栋此时为汪伯子西宾。书信署六月十五日，至于年岁，前两段已考证。

十一月，校阅《荀子》。

《蛾术轩箧存善本书录》：“《荀子》六册，先君手阅，内阙一册。此册为栋补阅也。庚午十二月谨识。（卷六末）”“庚午十一月十三日阅一过。”〔1〕

余萧客受业称弟子。

江藩《汉学师承记》：“年二十二，以《注雅别钞》就正于松崖先生。先生曰：‘陆佃、蔡卞，乃安石新学，人人知其非，不足辨。罗愿，非有宋大儒，亦不必辨。子读书撰著，当务其大者远者。先生闻之瞿然，遂执贽受业称弟子焉。”〔2〕据任兆麟《余君萧客墓志铭》，余萧

---

〔1〕 王欣夫：《蛾术轩箧存善本书录》，第561页。
〔2〕 江藩著：《汉学师承记笺释》，漆永祥笺释，第225页。

客没于乾隆四十二年某月某日，年四十有九；而江藩则谓四十七。漆永祥以为任说是，[1]余萧客二十二岁，即在本年。陈鸿森亦系余萧客师惠栋事于此年，[2]今从之。

乾隆十六年辛未（1751），五十五岁

元旦，为张君作《周易哲义序略》。

见复旦大学图书馆藏抄稿本《易汉学》，其他版本均被删去。内中论及《易》注变迁，其中谓："惜也程、朱不生于东汉之末也。设程、朱生于东汉之末，用师法以说《易》，则析理更精，而使圣人为《易》之意焕如星日，其功当在荀、虞之上。"

在王耀庵斋中，得识翁照。翁照后亦被举，移疾不赴。

据《赐书堂诗稿序》（见下年）："去年春始遇于余老友王耀庵斋中。先生德性充完，征为和粹，益叹先生才之高，学之优，而养之素也。"翁照字朗夫，江阴人。

作《王耀庵六十寿序》。

见《松崖文钞》。序文云："余与王君耀庵交十五年矣……余年四十，始与君遇于某公许……遂定为金石之盟。先是岁己巳为君六十悬弧之辰，同人多有赠言，余以病弗与。今岁病稍间，君顾谓余曰：子终无一言见及乎？余笑曰诺。"[3]四十定交，下推十五年，惠栋

---

〔1〕 江藩著：《汉学师承记笺释》，漆永祥笺释，第230页。

〔2〕 陈鸿森：《余萧客编年事辑》，《中国经学》第十辑，第68页。

〔3〕 惠栋：《松崖文钞》卷二，《续修四库全书》第1427册，第282—283页。

五十五岁时。而王臞庵六十寿在前岁。

二月，乾隆南巡至苏州。令江浙士子献诗，大学士等评定录用。三月，钱大昕、褚寅亮等被选。

《九曜斋笔记》卷二："辛未三月，皇上南巡。献诗赋者，江苏一百三十三名学臣庄拟取三十五名；安徽三十九名，学臣双拟取十二名。御览，准试三名（翁照、陆遵诗、陆授书）。考中五名：蒋雍植、钱大昕、吴烺、褚寅亮、吴志鸿，奉旨照浙江例特赐举人，授内阁中书，学习行走。考中进士一人：孙梦逵，授内阁中书，遇缺即补。阅卷者三人：渤海相国高东轩斌、少司马汪由敦、少司寇钱陈群。"〔1〕惠栋特在笔记中录此事，彼时盖举荐经学尚未报罢。

五月，吏部考核经学之士，乾隆申斥须慎加考校。所举四十一人最后唯余四人：陈祖范、吴鼎、梁锡玙、顾栋高。惠栋落选。

考证见前。又顾栋高代卢见曾所撰《墓志铭》："中值天子右文，大吏推荐，待命阙下，不为不遇。乃卒不获承明之选，以光圣天子崇重实学之至治，其不重可惜哉。无锡顾祭酒于先生为同岁生，最推服先生。"

乾隆十七年壬申（1752），五十六岁

春，为翁照作《赐书堂诗稿序》。

---

〔1〕 惠栋：《九曜斋笔记》卷二，《丛书集成续编》第20册，第636页。

此序文见王欣夫《松崖文钞续编》。然今考翁照《赐书堂诗稿》之乾隆十六年刻本，卷前分别有杭世骏、毛奇龄、沈德潜、张灿、高斌、顾诒禄、彭启丰、沈廷芳、王鸣盛序，未见惠栋序。盖系赠序，故未刻入。或王欣夫所见别本有此。[1]序文末尾自题“岁次壬申春，同岁生惠栋拜撰”。所谓同岁生，即二人同膺经学之荐。此序文论及经学、诗学之代兴，大致以为：“自孔子论定六经，至东汉末，经师传序共八百年，经学可谓明矣……李唐以诗赋取士，经学之荒未有若李唐者。”

为管凤苞作《读经笔记序》。

《读经笔记序》：“乾隆辛未、壬申间，先生屡至吴门，以其书示栋。且谓栋曰：‘子为我序之。’栋受而卒业焉。”[2]按既是辛未、壬申间以书示惠栋，则惠栋阅完作序，必在壬申。[3]

二月初六，复阅《荀子》毕；十七日，复阅《公羊》毕。九月，校《公羊》。

《蛾术轩箧存善本书录》之《春秋公羊传注疏》下：“壬申二月十七己酉复阅，松崖。”“乾隆己未冬，偶见曹通政寅所藏蜀本《公羊》于友人沈君腾友许，借以校六、七、八三卷未毕，适有闽中之行，辍笔而往。

〔1〕沈彤《书翁霁堂六序册后》记此事云：“其集序，则家少宗伯、李聘君、彭少宰、家观察作也（宗伯两序）。其赠序，则惠征君之作。”（《清代诗文集汇编》第264册，第401页）可知惠栋之序为赠序，非文集之序，故未刻在文集卷端。

〔2〕惠栋：《松崖文钞》卷一，《续修四库全书》第1427册，第272页。

〔3〕王《谱》系在辛未，非是。

此书腾友嗣君鬻诸他氏，遂不见，怅然久之。今岁偶借小山何氏校本，与沈君略同，大喜过望。校毕两卷，因书于后云。乾隆壬申九月卅日记，松崖。”《荀子》下记：“壬申二月初六日，又阅一过。”〔1〕

为许介亭作《耕闲偶吟序》。

序文见《松崖文钞续编》，时间据序文落款“壬申春日”。

惠栋与王昶、王鸣盛等“吴中七子”过往。

《述庵先生年谱》：“十六年辛未，企晋别业遂初园在木渎，擅花木水石之胜。清瑶池馆、小查山阁尤幽秀。先生、定宇、凤喈、晓征、来殷及张古樵、沙斗初诸公往游。文酒之盛，为吴中数十年来所未有。”〔2〕陈鸿森考订此事当在本年，〔3〕可从。

王鸣盛《赠惠定宇》：“空谷斯人在，归山独下帷。穷经惟复古，守道不干时。洞拟题三诏，诗应续《五噫》。我来因听讲，长与白云期。”〔4〕曹仁虎（来尹）《赠惠定宇征君》：“抱影衡门谢世途，长从经义翦榛芜。身通六籍方成博，学贯三才始号儒。老辈典型谁足并，清时文献未全孤。青山底许容高卧，又见蒲轮下帝

〔1〕王欣夫：《蛾术轩箧存善本书录》，第769、561页。

〔2〕严荣：《述庵先生年谱》，《续修四库全书》第1438册，第335页。

〔3〕陈鸿森：《王鸣盛年谱》，《史语所集刊》第八十二本，第706页。

〔4〕王鸣盛：《西庄始存稿》卷六，《嘉定王鸣盛全集》第10册，中华书局2010年，第93页。同卷又有《怀人绝句》之《长洲惠定宇文学》：“红豆风流启后贤，铿铿侃侃腹便便。世人未得窥新著，只爱渔洋有郑笺。”（《嘉定王鸣盛全集》第10册，第104页）

都。"[1]盖惠栋亦与此会而早归，王鸣盛、曹仁虎等为诗以赠别。朝廷征访经学之士，惠栋虽落选，此间诸人犹对他寄予"蒲轮下帝都"的期望。

王鸣盛虽曾闻惠栋之学，今岁与之游，盖更坚定其汉学之心。**时惠栋、沈彤被推举为吴中大儒。**王鸣盛自鄂归，有《礼堂写经图》，王昶、吴泰来为之题咏，王昶《〈礼堂写经图〉为凤喈题》："经师况有沈惠在（谓冠云、定宇两征君），力追北学偕穷论。不朽大业著艺苑，会看通德来题门。"（《春融堂集》卷三）吴泰来《王凤喈归自楚中见示〈礼堂写经图〉为题四十韵》："吾乡有大儒，松崖（惠征君栋）与果堂（沈征君彤），纷纶井大春，纵横周宣光。君来共晨夕，大雅相扶将。"[2]

为吴泰来作《古香堂集序》。

序文见《松崖文钞》卷二。[3]按此序载于吴泰来《砚山堂集》卷端，题曰"砚山堂集序"。然《砚山堂集》卷八《净名轩草》尚有《过朱孔林新，居追悼惠松崖、过湘云二处士》，是《砚山堂集》刊刻颇晚，而其初当为《古香堂集》也。[4]沈德潜于乾隆十八年编选此集时，版心即

---

〔1〕沈德潜编：《七子诗选》卷十三，《续修四库全书》第1449册，第103页。

〔2〕吴泰来：《砚山堂集》卷五，《清代诗文集汇编》第350册，第616页。

〔3〕惠栋：《松崖文钞》卷二，《续修四库全书》第1427册，第279页。

〔4〕又金兆燕《棕亭诗抄》卷六有《登舟濒发，吴企晋遣人持札赍赆为别，且以所著〈古香堂诗集〉嘱订，余与企晋盖初识面也，倾倒之意一至于此，孤篷独酌，感赋短歌》一首，知其初名《古香堂集》也。古香堂为吴氏别业遂初园中之一处。赵文哲有《遂初园杂题为吴企晋作》，其第一首为《古香堂》（《七子诗选》卷九，第9页）。

名《古香堂集》，其后印本版心刓改为《砚山堂集》。[1]吴泰来示惠栋者尚非定稿，惠栋为之序，亦仅言“若干卷”，不具言其卷数。此序文或作于惠栋第二次入卢见曾幕前，与七子相交甚欢之时。且乾隆十八年《古香堂集》已入《七子诗选》，此集之成当在《七子诗选》前，惠栋作序也当在此前。故暂系此年。

十月二十五日，惠栋好友沈彤去世，年六十五。十二月，惠栋为作《墓志铭》。

《沈君果堂墓志铭》：“乾隆十七年十月二十五日，吴江沈君果堂以疾卒。越两月孤子培本将葬君于邑之朱村先垄，乞余铭其墓。君行谊卓绝，经传治熟，推为纯儒。余与君交虽晚而契独深。数年来，以道义相勖，学业相证。知余者莫君若，知君者亦莫余若也。”[2]

乾隆十八年癸酉（1753），五十七岁

二月，校何焯手校本《公羊》。

《蛾术轩箧存善本书录》之《春秋公羊传注疏》下：“壬申九月，得吴江沈君所藏小山何氏本校，仅五册。

---

〔1〕今上海图书馆所藏乾隆刻本《七子诗选》（线普长310175-78），所收吴泰来诗在卷三、卷四，版心刻“古香堂集”；而哈佛燕京图书馆所藏本，虽板框多同，但版心“砚山堂集”之“砚山”二字位置、字形皆不协调，显系后印时刓改。更明显者，其第一页前半页录诗为《上之回》，颂乾隆平回武功；哈佛燕京所藏本则替换为《芳树》，字体虽尽力模仿，仍与卷题字体不协调，亦系后来刓改替换。是知吴泰来初名其集为《古香堂集》，沈德潜选编时犹是此名；后吴泰来易己集名《砚山堂集》，此《七子诗选》又刓改更易。

〔2〕惠栋：《松崖文钞》卷二，《续修四库全书》第1427册，第286页。

今岁春始获何氏手校足本校定，遂成完璧。癸酉二月下浣又记，松崖。”[1]

六月，校《礼记正义》，作《北宋本礼记正义跋》。

《北宋本礼记正义跋》末尾题云：“癸酉六月，用北宋本《正义》校一过。”据跋文，吴拙庵购得此本，以示惠。跋文又谓：“拙庵家世藏书。嗣君博士企晋，尝许余造璜川书屋，尽读所藏，余病未能。息壤在彼，请俟他日。因校此书，并识于后云。”[2]吴拙庵即吴用仪，其子即吴泰来字企晋。吴氏四世藏书万卷，在木渎遂初园中。

七月，作《翁君霁堂暨配李太孺人合寿序》。

《湖海文传》卷六十五，沈德潜《征士翁霁堂传》：“乙亥三月遘疾卒，年七十有九。”又曰“配李淑人，持家勤俭，使霁堂无内顾忧。先一年卒”。[3]然则李氏卒于十九年甲戌（1754）。考松崖序文谓：“今年七月，为太孺人七十诞辰。先是，丙寅年君年七十，余以交最晚，弗获为先生寿。今幸值太孺人设帨，因为文以寿太孺人，而并以寿君焉。”[4]又谓“先生两举大科”，是此序必在十六年报罢之后。当在十七年、十八年间。今《松崖文钞》中此序既次《吴母程太恭人八十寿序》前，因暂系于此年。

---

〔1〕 王欣夫：《蛾术轩箧存善本书录》，第769页。

〔2〕 惠栋：《松崖文钞》卷二，《续修四库全书》第1427册，第276页。

〔3〕 王昶编：《湖海文传》，《续修四库全书》第1669册，第219页。

〔4〕 惠栋：《松崖文钞》卷二，《续修四库全书》第1427册，第283页。

八月，为吴拙庵母作《吴母程太恭人八十寿序》。

见《松崖文钞》卷二。上段已引及惠栋从吴拙庵处借书之事。序文谓“两世论交，有纪群之好”，可见其情谊。故八月吴拙庵母八十大寿，惠栋为作寿序。文中言及“岁昭阳作噩壮月，为八秩设帨之辰”，[1]即癸酉年八月。故知此序之作在此稍前。

十月，复校《荀子》二卷。

《蛾术轩箧存善本书录》之《荀子》下：“癸酉十月，又取何氏校景定本校此二卷。松崖。”[2]

冬，复校《公羊》。

《蛾术轩箧存善本书录》之《春秋公羊传注疏》下：“有曹通政寅所藏宋本《公羊》，合何氏所校宋椠官本、蜀大字本及元版注、疏，并参以《石经》，用朱墨别异。癸酉冬月，惠栋识。”[3]按此数年中，惠栋校阅《公羊注疏》尤勤，以其独能得汉学大义故也。《周易述》中亦屡引及《公羊》义理。

乾隆十九年甲戌（1754），五十八岁

卢见曾延聘惠栋入幕。二月，惠栋到扬州。

按《松崖文钞》卷二《秋灯夜读图序》云：“甲戌之岁，余馆德水卢使君斋。讲授之暇，篝灯撰著。”学术编年

〔1〕 惠栋：《松崖文钞》卷二，《续修四库全书》第1427册，第284页。

〔2〕 王欣夫：《蛾术轩箧存善本书录》，第561页。

〔3〕 王欣夫：《蛾术轩箧存善本书录》，第769—770页。

多据此，以惠栋是年入幕，然皆未详何月。《秋灯夜读图序》所述者，为沈大成秋日入幕之事，则惠栋入幕当在此前。今考《松崖文钞续编》最后一篇为《与王臞庵书》，云："弟自去岁二月抵扬。"则惠栋二月到扬州。[1]

为卢见曾撰《征选山左明诗启》。

启文见《松崖文钞续编》。通篇以骈文写就，博雅工整，极费心血。故《与王臞庵书》谓："弟自去岁二月抵扬，适居停以《山左前明诸家》访求书目见诿，并为撰《征书启》一篇。**原委诠次，颇劳心神。四月以后，便不思饮食**，微疾缠绵数月，至今尚未脱体。"

三月会试，钱大昕、王鸣盛、王昶、纪昀、朱筠等皆中进士。

闰四月，为卢见曾代作《啸村诗序》，卢有删改。

见《松崖文钞》卷二。序文云："癸酉冬，余再至扬州。君以故人时时造余。一日，裒其生平所著三体诗，就余论定，且乞余序。"[2]王《谱》盖据"癸酉冬"，系于去岁[3]。然癸酉乃卢见曾至扬州之时，非作序文之时也。尤可异者，卢见曾收入《雅雨堂文集》及乾隆丙子所刻《啸村集》卷首之序，较于惠栋代笔之序，已然面目全非。序文落款"乾隆甲戌闰四月上浣二日"，内中又言"甲戌乃复来兹土"，故知此事当系本年。

---

〔1〕又按，王应宪《清代吴派学术研究》所附年谱，误引《秋灯夜读图序》"甲寅之岁"为"甲寅之秋"，遂误系惠栋入幕于秋季。

〔2〕惠栋:《松崖文钞》卷二,《续修四库全书》第1427册，第281页。

〔3〕王应宪:《清代吴派学术研究》，第254页。

至于惠序何以未被全用，两序对比，可知惠栋代笔之序通篇写李啸之不遇，盖寄托己不遇之悲。如谓："夫以君之才，当为时用。乃数困于场屋，又两扼于制科。岂天丰其才而故啬其遇耶。""顾其人方轮囷抑塞，未能自拔于洿涂。幸而有物色者掖而致之，青云不难，则往往再起再蹶而迄无所就。故夫士有才而不遇，与垂遇而见抑，皆可为太息。"惠栋自己最初"有才而不遇"，又"垂遇而见抑"。卢见曾读完盖觉不妥，故又删改。

此年顾栋高在卢见曾处与惠栋相识。四月，惠栋出所抄陈启源《毛诗稽古编》，顾栋高为之跋；惠栋又示以《后汉书补注》，顾栋高于六月为此书作序，盛赞惠氏的学行。顾栋高还为卢见曾多篇序文代笔。

顾栋高《书陈氏毛诗稽古编后》："吴江陈长发先生著《毛诗稽古编》三十卷，长洲惠子定宇抄撮其尤精且要者，都为一帙。辱以示余，余受而卒读……**乾隆甲戌之四月中浣九日，书于扬州使院。**"[1]是惠、顾相晤当在四月前。按顾栋高被举褒奖后，年老不能赴任，赐国子司业衔，掌教淮阴。盖顾氏时来卢见曾官署中，得晤惠栋也。又按是年沈起元以《周易孔义集说》寄卢见曾，卢见曾为作序文，谓"甲戌，同年沈子敬亭以所著《孔义集说》见示"[2]，未著何月。而此序文实顾栋高代笔，故《万卷楼剩稿》载此序文，落款为"乾隆闰四月中浣五

---

〔1〕 顾栋高：《万卷楼剩稿》，《清代诗文集汇编》第245册，第596—597页。

〔2〕 卢见曾：《雅雨堂文集》卷一，《续修四库全书》第1423册，第450页。

日同年弟德州卢□□书”。甲戌岁有闰四月。然此文虽顾栋高撰，而收入《雅雨堂文集》者又有改动。要之顾栋高此年常与卢氏过从，而沈起元亦应卢见曾之邀请，明年主安定书院[1]。

《后汉书补注》卷首序，序文末落款“六月上浣二日”。

秋，沈大成入卢见曾幕，与惠栋切磋经术。

见《松崖文钞》卷二《秋灯夜读图序》。

惠栋与袁枚论辩汉学考据与文章优劣，或在此年。

《小仓山房文集》卷十八有《答惠定宇书》《答惠定宇第二书》两封，《乾嘉学术编年》系书信于此年，谓：“是年，袁枚游扬州。与惠栋辩学书札二通，或写于此时。”[2]这仅仅是揣测，暂且附于此年下。考《小仓山房文集》卷十八《答程鱼门书》谓：“书来道稚威、定宇化为异物，病中闻此，悲何可支。**惠子湛深经术，爱**

---

〔1〕 附考：《周易孔义集说》，卢见曾作序称“甲戌，同年沈子敬亭以所著《孔义集说》见示”，而顾栋高之代笔，落款在闰四月。然实际情况并非如此，据《敬亭公年谱》，沈起元先前在济南的泺源书院任教，乾隆癸酉时，卢见曾便已见到此书，所谓“（癸酉）卢抱孙……见余所集，极服。今为长芦运使，寄书蒙涯劝助余付梓。遂于三月开镌，九月，《易经》告竣。”（沈起元：《敬亭公自订年谱》，《北京图书馆藏珍本年谱丛刊》第92册，第657页）而至甲戌岁八月，沈起元自济南归太仓，九月初八日至家，“归时过扬州，卢年兄即邀主讲扬州安定书院，余未之许。卢再三书至，遂受其聘，订来春就院。”（《北京图书馆藏珍本年谱丛刊》第92册，第664页）也就是说，沈起元回家路过扬州晤卢见曾，在八九月之交，家中有变故，行程十分仓促。顾栋高的代笔闰四月写就，大概沈起元在刻成《周易孔义集说》后，便寄给了卢见曾，并乞为序，此即序文所谓的“甲戌，同年沈子敬亭以所著《孔义集说》见示”。

〔2〕 陈祖武：《乾嘉学术编年》，河北人民出版社2005年，第128页。

而未见；稚威则少相狎，长相敬也。”[1]是袁枚未尝与惠栋会晤，仅有书信往来。既未会晤，则二人不必然在卢见曾幕中相识。书中提及惠栋给袁枚示以《大礼议》《六宗说》两种，今惠栋著作中未见，当入《松崖文钞》中。《明堂大道录》卷四有《六宗》一篇，或据《六宗说》改写。

按此书信至为重要，性灵学派与考据学之争端，或肇于此。今不见惠栋之书，而袁枚答书谓："来书恳恳以穷经为勖，虑仆好文章，舍本而逐末者。然比来见足下穷经太专，正思有所献替。而教言忽来，则是天使两人切磋之意，卒有明也。""闻足下与吴门诸士厌宋儒空虚，故倡汉学以矫之，意良是也。第不知宋学有弊，汉学更有弊。宋偏于形而上者，故心性之说近玄虚；汉偏于形而下者，故笺注之说多附会。"[2]第二封答书谓："覆书道士之制行非经不可，疑经者非圣无法云云。仆更不谓然……姑毋以说经自喜也。"[3]可见此次争论甚为激烈。惠栋质朴而执着，袁枚轻飘而好奇。两人气质既迥异，学问又殊途，自然不可能相合。此后，袁枚以嘲笑讥讽汉学、考据学为能事。孙星衍弱冠时曾被袁枚目为奇才，后来学考据，袁枚以为其文学性情大受摧残，故作书规劝，谓"形上谓之道，著作是也；形下谓之器，考据是也"。孙星衍覆书辩解，以为著作也是器，当由器求道；袁枚则分道器为二，并云

〔1〕袁枚：《小仓山房文集》卷十八，《袁枚全集新编》第6册，浙江古籍出版社2015年，第337页。
〔2〕袁枚：《小仓山房文集》卷十八，《袁枚全集新编》第6册，第346页。
〔3〕袁枚：《小仓山房文集》卷十八，《袁枚全集新编》第6册，第346—348页。

"惧世之聪明自用之士误信阁下之言，不求根柢之学，他日儒者之耻"[1]。袁枚回信甚为不悦，多讥讽。又其诗集卷三十一有《考据之学莫盛于宋以后，而近今为尤，余厌之，戏仿太白嘲鲁儒》诗，谓："或争《关雎》何人作，或指明堂建某处。考一日月必反唇，辨一郡名辄色怒。干卿底事漫纷纭，不死饥寒死章句。……雄词必须自己铸。待至大业传千秋，自有腐儒替我注。或者收藏典籍多，亥豕鲁鱼未免误。招此辈来与一餐，锁向书仓管书蠹。"[2]极尽嘲讽谩骂之能事。其中"或争《关雎》何人作，或指明堂建某处"，皆袁枚与惠栋书信所论内容。

为程廷祚作《晚书订疑序》，或在此年。

序文见乾隆刻本《晚书订疑》卷首，及《松崖文钞续编》。此文未署年月。考程廷祚《尚书古文疏证辨》谓："丙子（1756）季夏，蕺园始携至金陵。时余书已成四载矣。"[3]据此推知，《晚书订疑》成书约在癸酉（1753），此年惠栋在苏州，而程廷祚为金陵人，彼时二人无交往。然则二人之相会，或在卢见曾幕中较为合理，故系于本年。

又惠栋序文谓自己的《古文尚书考》与程书"如闭门造车，不谋而合辙"，又盛赞程廷祚"兼诗赋、经义之长，固今日之通才"。其实二人学术旨趣差距甚大。盖程廷祚尚有文士性情，与袁枚颇为相得。袁枚为其

〔1〕 孙星衍：《答袁简斋前辈书》，《问字堂集》，中华书局1996年，第92页。
〔2〕 袁枚：《小仓山房诗集》卷三十一，《袁枚全集新编》第4册，第789页。
〔3〕 程廷祚：《青溪文集》，《清代诗文集汇编》第269册，第49页。

作《墓志铭》曰："其言曰：墨守宋学已非，有墨守汉学者为尤非。孟子不云：君子深造之以道，欲其自得之乎。"[1] 程廷祚之学术渊源，可见王汎森的研究。[2]

又程廷祚《书近刻〈尚书大传〉后》："盖本书既亡，后人捃摭遗文，加以撰造，再举而愈失其真。此不待智者而后能辨析也。近日元和惠氏特取而表章之。夫以惠氏之多闻博辨，而谓其识不足以及此，余何敢。然而不闻出一言以为论定，非意在欺人，则以支离附会杂然而并进者为汉学。是皆不可以不辨。"[3] 惠栋为程氏作序，推许之意如此之盛；程廷祚评惠氏校刻雅雨堂本《尚书大传》，则如此之苛。此亦颇堪玩味者。

程廷祚有侄曰程晋芳，作《周易知旨编序》谓："三十年来学士大夫复倡汉学，云《易》非数不明，取辅嗣既扫之陈言一一研求。南北同声，谓为复古。**使其天资学力果能上逮九家，吾犹谓之不知《易》也，况复好奇骋异，志在争名，徒苦其心，自堕于茫忽之域，不可叹耶**。且六十四卦象既备矣，《系辞》《说卦》所发挥可知矣，而学者必欲于所既有之外阐所本无，曰不知数无以知来也。噫，诸君子穷极汉学，果克知来也耶。"[4] 则是直指惠氏之易学。

《述庵先生年谱》载："乾隆二十二年，六月，（王昶）复往江宁寓袁子才明府随园，见总督尹公。时程绵庄

---

〔1〕 袁枚：《小仓山房文集》卷四，《袁枚全集新编》第5册，第80页。

〔2〕 王汎森：《程廷祚与程云庄：清代中期思想史的一个研究》，见氏著《权力的毛细管作用》，北京大学出版社2015年，第469—498页。

〔3〕 程廷祚：《青溪文集》，《清代诗文集汇编》第269册，第114页。

〔4〕 王昶编：《湖海文传》卷十九，《续修四库全书》第1668册，第567页。

征士通《易》，颇不喜象数。先生与之申郑虞之说，无以难也。”[1]王昶即用惠氏之学与程廷祚辨也。嗟乎，汉学之难知也。

乾隆二十年乙亥（1755），五十九岁

春，惠栋间或在家。三月二十四日，撰《与王朦庵书》。又有《与朱文游书》。

两封书信皆见《松崖文钞续编》。按《与王朦庵书》提及“去岁二月抵扬适居停”，知书信在今年写就。内中提及：“祗以饥寒谋食，终岁作客，味同鸡肋。老病颓唐，离家四百里外，沉疴渐作，去留无计。暮境之苦，真不堪为知己告也。”可见惠栋晚年之凄苦。而凄苦中尤矻矻经术，其卓绝非常人所能及。

又按，信中谓“昨造斋奉扣，知驾节中始可暂归。弟以范阳两次见招，不得已再往，不克在家图晤”，可知惠栋三月时在吴中，欲访王朦庵，适逢他外出。因卢见曾又不停地催促，惠栋即将返回扬州幕中。

《与朱文游（朱奂）书》谓：“昨弟与克翁奉候，不值。此时想已自松陵还矣。”即《与王朦庵书》中造访不遇之事，而彼信中“特留札朱三哥，许代悉种种”，即指朱文游。

三月下旬，惠栋返回扬州。五月，校《春秋繁露》于卢见曾官署中。

---

〔1〕 严荣：《述庵先生年谱》，《续修四库全书》第1438册，第337页。

《蛾术轩箧存善本书录》之《春秋繁露》:“乙亥五月，借周幔亭本校。内有朱笔，王嵝堂在前校，与此略同。幔亭云：此书校雠系建康前辈及其先世集狐而成，诸公名字，幔亭犹能记忆。愚案此本是定处颇多，而臆见亦复不免。竟以是为定本，则吾岂敢。乙亥五月望后一日，松崖书于运使署中之闻政轩。”〔1〕

秋，钱大昕与王昶书信，盛推惠栋之汉学。

《湖海文传》载钱大昕《与王德甫书》(其二):“《周易》李氏集解，搜罗荀虞之说最多，古法尚未尽亡。松崖征君《周易述》，摧陷廓清，独明绝学。谈汉学者无出其右矣。”据陈鸿森先生考证，此书当撰于本年秋间，〔2〕可从。按此时王昶正在家中丁母忧，而雅雨堂本《李氏易传》明年方付梓。盖王昶从惠栋处得知其方校勘《李氏易传》，又得其《周易述》数篇，故与钱大昕言及惠栋之学(甚或借阅《周易述》草稿予钱氏)，而钱氏复书如此。附辨:《乾嘉学术编年》据陈鸿森先生考证，系《与王德甫书》(其二)于本年下，却又将《与王德甫书》的另一封信系于此下，以“其后”来引出。〔3〕信中言及:“惠氏《易汉学》，鹤侣大兄现在手抄，此时尚未付还。来春当邮致吴门，决不遗失也。”按王昶所藏《易汉学》乃惠栋离开卢见曾幕时所赠，时在丁丑。而钱大昕、褚寅亮之借抄亦当在惠栋殁后(详

〔1〕 王欣夫:《蛾术轩箧存善本书录》，第401页。
〔2〕 陈鸿森:《钱大昕潜研堂遗文辑存》,《嘉定钱大昕全集》第11册，第239页。
〔3〕 陈祖武:《乾嘉学术编年》，第132页。

见第六章第二节所考《易汉学》之版本)。

自九月至岁暮，校《周礼注疏》。

《蛾术轩箧存善本书录》之《周礼注疏》:“乙亥九月十五日校毕。俗冗牵率，心绪棼如，不知何所立命也。松崖。(卷七末)”“阳月小雪后三日，灯下比校讫，时昏鼓已逾晨戒矣。(卷三十九末)”“雅雨卢公得宋椠本经注《周礼》，将以进御。因装潢之暇，校阅一过。书共十二卷，每卷一册。时乙亥十二月小除夕前一日。松崖。”“乙亥岁暮校，时四儿承跗病狂易，朝夕防护，心绪甚恶，而不辍业。然《乐师》以下，除夕迨新正始校毕。《诗》云:‘风雨如晦，鸡鸣不已。’殆余之谓欤? 松崖。(卷二十七末)”〔1〕读此诸条校记，可见惠栋校阅经籍，常过半夜。盖游幕生涯，白日俗务缠身，只得挑灯夜读以卒业。

此年江声师事惠栋。

江声《尚书集注音疏》:“年三十五，师事同郡惠松崖先生，见先生所著《古文尚书考》，始知古文及《孔传》皆晋时妄人伪作。于是搜集汉儒之说以注二十九篇，汉注不备则旁考它书，精研诂训，以足成之，并为之音，且为之疏，非敢云纂述也。”〔2〕据漆永祥引闵尔昌之考证，江声乾隆五十四年卒，时年六十九，〔3〕则其年三十五即在乾隆二十年。

---

〔1〕 王欣夫:《蛾术轩箧存善本书录》，第734页。

〔2〕 江声:《尚书集注音疏》,《皇清经解》卷三九〇，第2页。

〔3〕 江藩著:《汉学师承记笺释》，漆永祥笺释，第247页。

江声注经之体制，受《周易述》影响很大。此时江声盖已获睹惠栋《周易述》之部分稿件。《尚书集注音疏·后述》谓："吾师惠松崖先生《周易述》，融会汉儒之说以为注，而复为之疏，其体例固有自来矣。"[1]

与朱稻孙论学，修订朱彝尊《经义考》。

《蒲褐山房诗话》："稼翁少孤，其祖抚之……稼瓮以名人之后，所至人倾慕之。乙亥、丙子间，年近七十，游扬州，为卢雅雨运使上客，因出其祖所撰《经义考》后半未刻者，雅雨为刻其全。"[2] 卢见曾《经义考序》："乾隆癸酉，余以转运再至淮南。明年三月，始得其未刻之本于先生之孙稻孙，乃与同志授之梓而为之序。"是知此书刻于此年。这里的"同志"，当指惠栋。卢见曾的许多序文为惠栋代笔，王欣夫辑《松崖文钞续编》时有判定。不过《经义考序》王欣夫却未录，而是录了后面署名为惠栋的跋。兹从王欣夫。惠栋的跋文鲜明地表达了其学术立场："古训不可改也，经师不可废也。"并盛赞"篇中'义理胜而家法亡'一语，道破前人之陋，为之称快"。

惠栋《周易集解》眉批："崔氏探元，谓崔憬探元理而为此言，非书也。朱竹垞撰《经义考》，列崔氏《探元》为一书，尝以语竹垞之孙介翁，讽其改正。而介翁以为先人之误，当仍其误，可发慨也。"（卷十四第 2b 页）按此处所谓介翁，盖即稼瓮。据《朱彝尊年谱》，朱氏有二孙，曰桂孙（初名桐孙，1672—1711）、

〔1〕 江声：《尚书集注音疏》后述，《皇清经解》卷四〇二，第 15 页。
〔2〕 王昶编：《湖海诗传》卷六，《续修四库全书》第 1625 册，第 591 页。

稻孙（1682—1760）。[1]稻孙字稼瓮。

乾隆二十一年丙子（1756），六十岁

《雅雨堂丛书》诸书付梓，惠栋校勘工作告一段落，其中多篇序文为惠栋代笔。

王欣夫纂《松崖文钞续编》，其中多载《雅雨堂丛书》之序文，盖以此诸文虽署卢见曾，实松崖代笔。其中题为“乾隆丙子”者，有《郑氏周易》《李氏易传》《周易乾凿度》《尚书大传》《战国策》《匡谬正俗》《唐摭言》《北梦琐言》《文昌杂录》。其他几种付梓之时间或在此前后，如《大戴礼记》（戊寅）、《北梦琐言》（乙亥）、《渔洋山人精华录训纂》（丁丑八月）。

三月前，已成《荀子微言》。

今上海图书馆藏《荀子微言》抄本，末题“丙子三月清明后三日阅，松崖”。[2]则此书之成，当远在此时前。考《荀子微言》中语多被《易微言》所采择，则其本即为《易微言》搜集材料也。

夏，成《明堂大道录》。

上海图书馆藏《明堂大道录》稿本，末题“丙子夏脱稿，男承绪校”。前又有诸锦序，末题“乾隆丁丑八月辛酉”。

此后，惠栋专心撰述《周易述》（及《易例》）。

---

〔1〕张宗友：《朱彝尊年谱》，凤凰出版社2014年，第4页。

〔2〕惠栋：《荀子微言》，《续修四库全书》第932册，第483页。

据卢见曾《周易述序》："先生六十后力疾撰著。"盖惠栋校勘《雅雨堂丛书》特别是其中的《李氏易传》完毕，乃集中精力从事自己的撰著（即《周易述》）。

为沈大成作《学福斋集序》。

序文见乾隆三十九年刻本《学福斋文集》卷首，及《松崖文钞》卷二。按此序文未著年月，唯序文中称"余弱冠即知遵尚古学……四十年未睹一人""四十年通俗穷经"，[1]自弱冠推十年，即五十九、六十岁时也，故暂系本年。《学福斋文集》本序言落款"芜城寓斋"，即在扬州转运使官署中也。按此序文尤能表现惠栋治经之思想，所谓"明于古今，贯天人之理"，所谓"通俗穷经"。惠栋取纳甲、太乙、谶纬论经术，非欲索隐行怪，乃所以证经，并会通雅俗、古今。

沈大成所临惠栋校本甚多。王欣夫谓："沃田于乾隆戊子与定宇同客扬州卢雅雨运使署，遍借定宇所校经子，传录于自校本上。"[2]然乾隆戊子（1768）惠栋已卒，岂得与沈相晤？此盖源于王昶误记，王应宪已指出。[3]其实沈大成已于甲戌（1754）入幕。惠栋半生漂泊，虽读书万卷，批校无数，奈何生前身后书籍零落，幸有朋辈、弟子等临摹传抄。

冬，王昶至卢见曾幕，晤惠栋（考证见乾隆二十二年）。

---

〔1〕惠栋：《松崖文钞》卷二，《续修四库全书》第1427册，第278—279页。

〔2〕王欣夫：《蛾术轩箧存善本书录》，第566页。

〔3〕王应宪：《清代吴派学术研究》，第256页。

乾隆二十二年丁丑（1757），六十一岁

馆于扬州。

与戴震相晤于转运使官署。

漆永祥谓："《题惠定宇先生授经图》：'前九年，震自京师南还，始觌先生于扬州之都转盐运使司署内……'东原是文作于乾隆三十年，然则东原与惠氏相见论学在二十二年。《年谱》亦明记矣。而《行状》谓'先生于乾隆乙亥北上京师，见惠于扬州，一见订交'。则隶在乾隆二十年。考二十年戴氏已在北京，故《行状》之误显然。"〔1〕戴震同时还结识了沈大成。

《易汉学》定稿，王昶录其副本。

王《铭》："丙子、丁丑，先生与余又同客卢运使见曾所，益得尽读先生所著。尝与华亭沈上舍大成，手钞而校正之。故知先生之学之根抵，莫余为详。"

《述庵先生年谱》："丙子。冬，将释服，乃赴扬州运使之招。"〔2〕按乾隆十九年十月，王昶丧母，此后一直于家中丁母忧。由上文《惠定宇先生墓志铭》可知，其客卢见曾幕乃在丙子、丁丑。

《春融堂集》卷四十三《易汉学跋》："夫汉儒诸家之说，今略见于李鼎祚《易传》。颇恨其各摘数条参差杂出，不获见其全，因不能推而演之也。定宇采掇排次，**稿凡五六易**。丁丑与余客扬州，始定此本，命小胥录

〔1〕江藩著：《汉学师承记笺释》，漆永祥笺释，第528页。

〔2〕严荣：《述庵先生年谱》，《续修四库全书》第1438册，第337页。

其副，以是授余，盖其所手书者，今下世已十年矣。”[1]

惠栋有疾病，汪棣费劲心力钱财为之调护，惠栋感激，遂将《后汉书补注》手稿赠予汪氏。

李保泰跋文曰：“先生中年后，在扬日多，客卢都转署中最久。仪征汪对琴比部好古嗜学，尤倾心于先生。先生尝病旅次，为亲视药饵，危而复安，所费殆及千金，不以告也。先生心感其意，因举是书稿本缮本尽诒比部，遂不自有之。”[2]惠栋十年来一直疾病缠身，这次或病得很重，幸亏得汪氏调护。但未必治愈，所以只得回家调养。下段引陈黄中《铭》称“以疾辞归”。盖惠栋自感来日不多，又欲归家，因将手稿托付好友故交，不仅为报调护之恩也。他将《易汉学》稿赠王昶，心境亦类似。

为卢见曾代作《修治扬州城水道碑记》。

见《松崖文钞》卷二。《记》中谓工程“始乾隆二十年乙亥十月初七日，竣于二十一年丙子五月。”又曰：“是年（丙子）夏秋，时雨大至……明年（丁丑）水潦益甚，行于途者旷然无垫隘之苦。”[3]然则序文当作于乾隆二十二年夏秋之后。此盖惠栋临别前最后一次给卢见曾代笔。

惠栋以疾归家。

陈《铭》：“两淮卢运使馆之官舍，居三年后，以疾辞

〔1〕王昶：《春融堂集》，《续修四库全书》第1438册，第108页。

〔2〕惠栋：《后汉书补注》卷首，影印德裕堂刊本，《二十四史订补》第4册，第396页。

〔3〕惠栋：《松崖文钞》卷二，《续修四库全书》第1427册，第285—286页。

归。丁丑除夕病中，以书抵余，拳拳论学术人才之升降，其识趣高迈，又雅不欲仅以经师自命也。”所谓居三年后，即甲戌、乙亥、丙子三年之后。而卢见曾在《周易述》序中谓“余与先生周旋四年”，则计丁丑岁在内。是其以疾归，在此年。他把《易汉学》交给王昶，大概也是临别相赠。

惠栋在扬州，已染疾病，其于乙亥岁撰《与王朦庵书》云：“（甲戌）四月以后，便不思饮食，微疾缠绵数月，至今（乙亥）尚未脱体……沉疴渐作，去留无计。”但为了谋生计，惠栋还是不得已客于卢见曾馆中。他现在要回家，肯定是疾病已经到了不能忍受的地步。同时，《雅雨堂丛书》基本校勘完成，惠栋要专注自己的著述，也不方便一直在卢见曾幕中。

八月，诸锦为《明堂大道录》作序。

上海图书馆藏《明堂大道录》卷首有诸锦手书序文：“著述莫难于经，三礼尤难之难也。锦读学士半农前辈之《礼说》矣，叹其于《十三经注疏》之外，原始于《苍》、《雅》、《说文》、金石碑版，出入于逸经子史，旁及于天文钟律、方术本草、小说虞初。凡先秦古书、宋雕未误之本，靡不钩赜。索隐抉心，执权贯串，奥博精深，卓乎圣朝之鸿编，经解之拔萃。所谓能读三坟五典、八索九丘，能道训典以叙百物者，学者匪独不能为，亦不能解也。今接读定宇先生所著《明堂大道录》，辨四庙七庙之制，小《记》为周初，《王制》《荀子》为晚周之记礼。又禘之说周、鲁不同，吉禘、时禘，名禘实祫；方明为六宗之位。推所自始，自朝日以迄献俘，皆本于明堂。融洽戴德、蔡邕之说，而去取于孔安国、郑康成、刘歆、袁准诸家。虽汉儒复起，有喙三尺，无以相难也。说者谓《月令》明堂、禘祭原有成说，何乃乖反，徒取好异？不知举业则遵令甲，说经则通汉儒。果有发明，为礼经之羽翼者，即洛闽大儒亦所心许也。独是先生以经师、人师困于诸生，十试锁闱，报罢；两举宏词经学，刺史不能荐，天子不闻名声。俯首铅黄，淹留过日，而先生年亦已六十矣。往者上以本朝经学之书延访，锦于经史转对之日，曾以公之《礼说》及安溪相国《诗所》、德清胡氏渭《禹贡锥指》经目进。今又得公之子所著，自砚溪先生以来，素业三世不坠。圣天子按年省方南国，翘材擢隐，存殁与荣。必有汲古尊经，在帝左右，为之上闻者，当以惠氏之书为拱璧矣。然千秋绝学，并在一家，用则施诸人，舍则传诸其徒。视五相三公，亦无以过也。锦在都门，亲炙前辈之光辉，久序定宇之书，并以为当代读书种子，劝使学者知所祈向，因连而及之如此。乾隆丁丑八月辛酉，同学弟秀水诸锦谨序并书。”〔1〕

与王昶论祢字。

《春融堂集》卷三十《与惠定宇书》：“日者在广陵常侍履綦，得备闻绪论为幸。”〔2〕广陵即指扬州。可知此书信写于惠栋离开扬州之后。惠栋回信，见《湖海文传》卷四十《与王德甫》（王欣夫收入《松崖文钞续编》）。

---

〔1〕 按此序文亦见于《湖海文传》卷二十三，然无落款。今据上海图书馆藏稿本《明堂大道录》卷首所附。

〔2〕 王昶：《春融堂集》卷三十，《续修四库全书》第1438册，第5页。

除夕，与陈黄中书信，论学术人才之升降。

陈《铭》："丁丑除夕病中，以书抵余，拳拳论学术人才之升降，其识趣高迈，又雅不欲仅以经师自命也。"

乾隆二十三年戊寅（1758），六十二岁

五月十二日，惠栋卒。

陈《铭》："君以乾隆二十三年五月十二日卒，年六十二。娶张氏，有妇行。子五人：承学、承德先卒，承跗后君半岁卒，承绪、承萼。孙一：廷凤。君卒之明年三月某日，其孤将葬君于某所。"
惠承萼："先子研精覃思，于汉儒易学凡阅四十余年，于乾隆己巳，始著《周易述》一书，手定为四十卷。如《易微言》《易大义》《易例》《易法》《易正讹》《明堂大道录》《禘说》，俱以与《易》互相发明，故均列卷内，不谓书未成而疾作。命不肖辈曰：'余之精力，尽于此书。平时穿穴群经，贯串周秦汉诸子之说，因得继绝表微，于圣人作《易》本旨庶乎有合。独以天不假年，未能卒业为憾。今已脱稿者，惟《明堂大道录》及《禘说》两种耳。下经尚缺十有四卦与《序卦传》、《杂卦传》俱未脱稿，而《易微言》采辑十有七八，《易大义》止有《中庸》一种，《易例》则粗有端绪。然皆随笔记录，为未成之书。知音者希，真赏殆绝，汝其录而藏之，毋致迷失可也。'"[1]

---

〔1〕 惠承萼：《周易述序》题记，乾隆间雅雨堂刻本《周易述》卷首。

附录2　王欣夫《松崖文钞续编》校理

复旦大学图书馆所藏王欣夫先生辑《松崖文钞续编》，半页十行，行二十五字。欣夫先生从学于曹叔彦，远祧惠、张，于吴中三惠之学，可谓尽心焉而已。彼裒辑松崖批校，成《松崖读书记》，惜仅存序言。幸所辑《松崖文钞续编》（以下或简作《续编》），犹藏庋阁，颇多佚文。今特录出，并作考证，以传其学。

因本书体例及字数限制，凡《续编》中易见之文，但存其目，并标明来源。又漆永祥教授点校《东吴三惠诗文集》，辑《惠栋遗文》，未及见欣夫先生此编。《遗文》有与欣夫先生《续编》同者，有《续编》不备者。读者相互参验，则松崖遗文可略备矣。

1.《明堂大道录》总论

（见《明堂大道录》卷首总论）

2.《郑氏周易》序（代）

（见《雅雨堂文集》卷一及《雅雨堂丛书》之《郑氏周易》序）

3.《李氏易传》序（代）

（见《雅雨堂文集》卷一及《雅雨堂丛书》之《李氏易

传》序）

4.《周易乾凿度》序（代）

（见《雅雨堂文集》卷一及《雅雨堂丛书》之《周易乾凿度》序）

5.《尚书大传》序（代）

（见《雅雨堂文集》卷一及《雅雨堂丛书》之《尚书大传》序）

6.《晚书订疑》序

（见乾隆刻本《晚书订疑》卷首）

7.《大戴礼记》序（代）

（见《雅雨堂文集》卷一及《雅雨堂丛书》之《大戴礼记》序）

8.《战国策》序（代）

（见《雅雨堂文集》卷一及《雅雨堂丛书》之《战国策》序）

9.《匡谬正俗》序（代）

（见《雅雨堂文集》卷一及《雅雨堂丛书》之《匡谬正俗》序）

10.《封氏闻见记》序（代）

（见《雅雨堂文集》卷一及《雅雨堂丛书》之《封氏闻见记》序）

11.《唐摭言》序（代）

（见《雅雨堂文集》卷一及《雅雨堂丛书》之《唐摭言》序）

12.《北梦琐言》序（代）

（见《雅雨堂文集》卷一及《雅雨堂丛书》之《北梦琐言》序）

13.《文昌杂录》序（代）

（见《雅雨堂文集》卷一及《雅雨堂丛书》之《文昌杂录》序）

14.《金石三例》序（代）

（见《雅雨堂文集》卷一）

15.《渔洋山人精华录训纂》序（代）

（见《雅雨堂文集》卷二）

16.《赐书堂诗稿》序[1]

经学明于两汉，诗学盛于三唐。二者代为兴也。古者大夫登高能赋，春秋以后，学诗之士逸在布衣，而诗始衰。然自孔子论定六经，七十子之徒转相授受，至东汉末，经师传序共八百年，经学可谓明矣。西汉乐府皆奏之郊庙，东汉建安始有拟作古诗，及苏李录别之类是也。魏黄初、正始之间，五言盛兴，盖至是而两汉之经师始亡。何晏、王弼以黄老乱圣经，王肃、袁准之辈改师法以毁郑、服。而其时二陆、三张、两潘、一左，方以诗赋雄于晋代；六朝鲍、谢、

〔1〕按今翁照《赐书堂诗稿》之乾隆十六年刻本（《清代诗文集汇编》第238册影印《赐书堂集》），卷前分别有杭世骏、毛奇龄、沈德潜、张灿、高斌、顾诒禄、彭启丰、沈廷芳、王鸣盛序，未见惠栋序。或欣夫先生所见版本有之。

徐、庾丽典新声，更奏迭唱。诗之盛，其经之晦乎。然南北诸儒如徐仙民、刘昌宗、沈重、皇侃等数十人，或通古音，或成疏义，经学虽微而犹未沫也。沿至李唐，以诗赋取士，而进士一科尤为时尚，诗学称为极盛。是时虽明经并举，止以帖诵为功，罕穷旨趣。通经之士不过如孔颖达、贾公彦等数人而已。其后啖助、赵匡、陆淳诸人，排抵先儒，并及七十子。助唱于前，匡、淳从而和之，古义纷更，是非淆乱，经学之荒未有若李唐者。吾故曰：经学与诗学代为兴也。暨阳翁霁堂先生，少通经术，旁及声韵，积学所致，咸诣至极。乾隆初，举鸿词科。越十有四年，有诏求淹通经学之士，有司再以先生名应诏。当是时，先生才掩群雅，学富两生，固宜以博物备顾问，以经术佐明时。而先生两举制科，皆移疾不赴，人咸为之扼腕太息。余以为先生固不朽，不在遇合。且两汉训故之儒，未见载工篇什；三唐吟咏之士，不闻又擅通经。先生以一人而兼汉唐之学，亦足以豪矣。遇与不遇，岂为先生轩輖哉。余少耳先生名，弗获行相见礼。去年春始遇于余老友王臞庵斋中。先生德性充完，征为和粹，益叹先生才之高，学之优，而养之素也。因为叙经学、诗学之代兴，而先生兼擅之美，以为先生赠。乾隆岁次壬申春同岁生惠栋拜撰。[1]

---

〔1〕 按《九曜斋笔记》卷二有“经学诗学”与“孔颜”两条，盖作于此时：“经学盛于汉，汉乐府皆奏之郊庙。东汉始有拟作。汉末建安七子及魏以后黄初、正始之间，五言始兴。六朝尤盛，唐以后则有专攻诗者。诗学盛而经学衰，则始于魏以后也。唐人诗学最盛，孔颖达、颜师古二人通经史，独无诗名。”

17.《咏归亭诗钞》序[1]

（《咏归亭诗钞》，见《四库全书存目丛书》第9册，第333页）

清庙之瑟，朱弦而疏越，壹唱而三叹，有遗音者矣；大飨之礼，尚玄酒而俎腥鱼，大羹不和，有遗味者矣。延平周希圣解之云：传曰，有声者，有声声者，有味者，有味味者。声之所声者闻矣，而声声者未尝发；味之所味者尝矣，而味味者未尝呈。是故清庙之瑟有遗音者，贵其未发之音也；所谓未发者，无音之音也。大飨之礼有遗味者，贵其未呈之味也；所谓未呈者，无味之味也。愚谓清庙、大飨，明堂配天之祭祀。天尚质，故不极音，不致味。诗文之至者亦然。读在亭之诗，如朱弦之有遗音，所谓无音之音也；读在亭之文，如玄酒之有遗味，所谓无味之味也。此惟知音知味者方可与之言诗，与之言文。莽卤之人何足以知之。元和惠栋。

18.《耕闲偶吟》序[2]

（《耕闲偶吟》，见清嘉庆刻《许氏巾箱集》）

许丈介亭为余祖姑夫云武先生同产弟，二十年前，岁

---

〔1〕李果（1679—1751），字硕夫，号客山、在亭，长州人，忍饥诵经，长于诗文。乾隆初举博学鸿词科，不就。有《在亭丛稿》十二卷，《咏归亭诗钞》八卷。《清史列传》卷七十一有传。李果与惠栋相知，其《上郡守觉罗雅公书》谓："果学力浅陋，年垂七十，心思有限。而同研友有吴县学生惠栋者，学问淹博、旧事颇习，其为人温良诚信，于果并为畏友。……思欲得蔡惠二生引为分纂，必有资于志乘。"（《清代诗文集汇编》第244册，第437页）是惠栋入修《苏州府志》得力于李果之举荐。

〔2〕许徐翀，字圣皆，光福人，长州诸生。两应秋试不中，即弃举子业，肆力为诗。惠士奇、惠栋皆亟称之。沈钦韩为作传。许徐翀为惠士奇表叔。

时过从，未尝不相对移日，出诗相示，一觞一咏，流连忘倦。迄今忆之，犹如昨日事，而先生之殁已十数年矣。夫人幼而壮，壮而老，其间目所见，耳所闻，身所阅历，石火电光，事过情迁，无足深恋。独于骨肉之际、交游之间，聚者散，存者亡，抚今追昔，有不胜掩抑者。生存华屋处，零落归山邱，此亦人世所无如何，而古今所同慨者也。今其嗣君禹占将梓遗集，属余为序。余读其诗，尤不忘畴昔之日，从容握手时也。白日既西匿矣，安得鲁阳之戈以挥之。至其诗大约翦剔超诣，灌辟钻利，其光沈沈。曩日先大夫已备论之，仍述数语以为后序。乾隆岁次壬申春日，惠栋撰。

19. 校本《汉书》跋

此先王父百岁堂读书也。朱笔为先君阅本，墨笔及注乃栋参也。余家世通汉学，尝谓乱《左传》者杜预，乱《汉书》者颜籀。故《左传》扶贾服，《汉书》用古注。一经一史，淆乱已久，他日当为两书删注，以存古义、诏后学耳。松崖栋识。

20.《华阳国志》跋

东汉赵邠卿撰三辅名臣悊士，自建武以来至桓灵之际，皆为韵语。晋挚仲任就而注之，谓之《三辅决录注》。常道将用其体撰《华阳国志》，于先贤士女或分或合，每人皆有讃语。明人刻是书者悉为削去，殊失古意。余家有蜀刻，颇仍旧观，是本从钱叔宝家钞补，义门何丈为之校正，他日当怂恿有力者梓而行之。戊辰十二月，松崖惠栋识。

21. 徐龙友注《李义山诗》跋

故友长洲徐君夔字龙友，为何丈义门高弟。性倜傥，诗才清丽。先君视学粤东，延之入幕，时雍正甲辰也。明年秋，以病卒于高凉，身后遗书，疾革削牍属友人为流布，无人应者。余感其遭命，因续成其所注《精华录》刻之，又留其《笺义山诗》，将为之合尖问世，而未果。余友沈兄学子爱其书，为录一通藏之，此副本也。大较本之何丈。其笺《锦瑟》一诗，远胜石林长孺。然“望帝春心”一句，竟成谶语。盖龙友卒时年才五十耳。书毕，为之泫然流涕云。东吴惠栋识。

22. 雅雨堂文跋〔1〕

（1）**《经义考序》** 汉人传经有家法，当时备五经师，训诂之学皆师所口授，其后乃著竹帛。故汉经师之说立于学官，五经出于屋壁，多古字古言，非经师不能辨。经之义存乎训，识字审音，乃知其义。是以古训不可改也，经师不可废也。后人拨弃汉学，薄训诂而不为，即《尔雅》亦不尽信。其说经也，往往多凭私臆。经学由兹而晦。篇中“义理胜而家法亡”一语，道破前人之陋，为之称快。末幅言通经

〔1〕 按《雅雨堂丛书》诸书序文，有惠栋为卢见曾代作者，既已见录于前矣；又有卢见曾之序，而松崖附识，载于《雅雨堂文集》者，即此下八篇是也，故欣夫先生名之曰“雅雨堂文跋”。

之法，真悬诸日月而不刊之论。**士人苟奉此说为圭臬，则经学明而人才盛，人人尽通达国体，岂止变学究为秀才耶。**

(2)**《周易孔义集说序》**以十翼解释二篇之义者，西汉费直，东汉荀爽。今所传之《易》乃费氏本，而其说不传。唯荀氏九家注犹存，颇得圣人之旨。虞翻论《易》，斥诸家为俗儒，独推荀氏。先生潜心于《易》学有年，而其论与费、荀同，真卓识也。邵子先天，原本老氏"有物混成，先天地生"而来，先生据干令升注驳之，此皆发前人所未发者。

(3)**《司马相如遗稿序》**叙死生离合处，笔墨不多，令读者无限感慨。先生笃于气谊，故字字从真情发露，文章简贵，妙在能留。

(4)**《李啸村三体诗序》**通篇以穷字贯，文情往复，掩抑多姿。以视庐陵《梅都官诗序》，冰寒于水矣。

(5)**《张榆村平山诗草序》**序诗而不专主于诗，若即若离。作者实得诗人妙悟之旨。

(6)**《重修天津府儒学碑记》**先生勤于吏治，所至皆有殊绩。其在津门，奏课之余，修理学宫，创立书院，以身为士子表率。所以扬厉而鼓舞之者，虽文翁之化蜀郡，何武之治扬州，不是过也。碑记简洁，不支不蔓，后之莅是土者读是文，可以窥见先生之文章政绩云。

（7）**《重修天津府武庙碑记》**以发扬蹈厉归到主敬工夫，直是看得义理透彻，使洛闽诸儒见之，当亦首肯。

（8）**《问津书院碑记》**末段大致从扬子“经营四渎，终归大海，否则沦汉入沔”意来，而文更曲折有味。

23. 吴县张昆南冈《古樵诗钞》题词

熟复君诗，纯是唐音，如月之曙，如气之秋。吴宫桐叶之篇，洞庭白云之句。每一微吟，令人神远。缘天分本高，又得孔林、葆中、企晋诸子相与上下古今，讨论风雅。渔洋一灯，四十年来，于今不灺，端在诸君也。鳍门弟惠栋。

23. 征选山左明诗启（代）

（见《雅雨堂文集》卷二）

24.《与王德甫书》

（见《湖海文传》卷四十）

来教以“祖祢之祢”不可作祧，反复辨论。仰见蕴负之深，甚为折服。第尚有未尽者。鄙人幼时见陈可久《礼记集注》，于《文王世子》“守于公祢”，改祢为祧，最为纰缪。古人正读，必于声之相近者。祢、祧二字音义不通，缘何可读？宋以后人根柢浅薄，往往蹈此。鄙人常以《左传》“先君之祧”与“丰氏之祧”二则辨《祭法》“远庙为祧”之误。又常考《说文》无祢字，当从马季长古文《尚书》作尼。《高宗肜曰》云：“典祀无丰于尼。”《尸子》“无避远尼”，又“悦尼来远”，皆作尼。而陆氏《释文》误从梅氏作“昵”。马注云：“尼，考也。谓祢庙也。乃礼反。”盖尼古文，祢今文，二字声相近。故马读从之。《士虞礼》曰：“献毕未彻，乃饯。”郑注云：“饯送行者之酒。《诗》曰：‘出缩于泲，饮饯于祢。’尸旦将始袝于皇祖，是以饯送之。”是缩泲、饮饯在《礼》为袝祖前一日事，在《诗》为遣女告庙之事。康成先通《韩诗》,《诗》作坭，刘昌宗《仪礼》作泥，并从尼声，皆古文祢也。康成注《礼》，犹用韩《诗》；至笺《诗》始，遵《毛传》。小同《郑志》所载分明，改缩为宿，以泲祢为地名，故祢字古义古文遂不可考。赖三《礼》注及《释文》犹存，方悟《说文》无祢字之义。祢字至吕忱《字林》始有,《说文》新附，从《字林》也。第前此辨祧、祢二字之说未有成书，因执事垂问，故尔及之。[1]

25.《与沈果堂书》

（1）书斋聚首，饫聆教益，发蒙解蔽，所获良多。别后经旬，尔惟道体顺适，曷胜欣慰。先生学问人品俱是第一流，《禄田考》自是不朽之作。天下后世必有知音，一时

〔1〕 按王昶书信见《春融堂集》卷三十《与惠定宇书》：“日者在广陵常侍履綦，得备闻绪论为幸。至所谕祢字当作祧字……”

恐不即得耳。鄙制乾坤二卦经文，已尘清鉴。近又就二卦《彖》《象》。此书若成，可以明道，其理与宋儒不异，惟训诂章句绝不同耳。然都是六经中来，兼用汉法耳。未知大雅以为何如。拙文四篇遵谕录上，系十余年前所作，不堪寓目也。顺候

台安不具。　果堂先生有道。　学小弟惠栋顿首。　四月廿五。

（2）廿三日在芳兄斋中，极欲畅谭，迫于俗冗，弗获终聆教益为怅。《郑世子书》拙庵面许，接来谕知已送到，极慰悬悬。西河《经问》三册，昨从敝馆中检出，藉使送上。此系友人书，先生阅过，祈即掷还。伯子兄尚未归。归时，当致尊意也。《释氏要览》一本，系赠芳兄者，不及另札，并候不具。　果堂有道先生师事。　学小弟栋顿首。　廿六日。

台驾旋里在何日，道远不及送，殊悒悒也。又拜。

（3）二作皆可传，第二篇尤搜剔无剩义也。[1]僭阅缴上，乞恕不恭。此外有质疑一条，《左传》二至不称冬夏，以周时二至在春秋之孟也。《周礼·大司乐》有冬日至、夏日至之文，神位亦云，岂经有正岁正月，兼用夏时？此条据夏时乎？抑如俗儒改月不改时之说乎？乞示知为祷。　果堂先生

〔1〕 盖指《礼禘祫年月说》，见《果堂集》卷一。

师事。 学小弟栋顿首。

鄙作《古文尚书考》，序乞践息壤之约，[1] 原书上册并送阅。《后汉补注》当托朱文兄转呈，又拜。

《周礼》所称冬夏至，乃祭享之事，《逸周志》所云巡狩祭享则犹是夏周礼，岂据夏时乎？乞指教为幸。

（4）[2] 月初有一札奉候，并菲仪一函呈到，想已达记室矣。迩惟兴居节适为慰。兹有商者：弟以不才谬与制科之选，本以疾辞，而当事不允。冬春拟作浪游之举。惟是敝馆主宾相得，不忍分携。顷曾言及伯子兄，[3] 亦极钦仰，数年前久有虚左之心。但言束修止及大衍之数，殊愧辖亵，未识大贤肯欣然俯就否。特嘱笔转致，惟裁示为幸，不具。

---

〔1〕 乾隆本《古文尚书考》卷首所载沈彤序，署乾隆十五年四月既望，可推知此书信在此前不久。

〔2〕 此书信当作于乾隆十五年惠栋被举荐经明行修之士后。

〔3〕 黄丕烈著、潘祖荫辑《士礼居藏书题跋记》载《嵇康集》题跋："前不知汪伯子为谁何，今从他处记载，知其人乃浙籍而寄居吴门者，家饶富，喜收藏骨董。郡先辈如李克山、惠松崖皆尝馆其家，则又好文墨者也……伯子号念贻云，余友朱秋厓乃其内侄也。故稔知之。"（《士礼居藏书题跋记》，书目文献出版社 1989 年，第 181 页）又钱吉泰《记两汉书校本》："闻吴门汪君念贻尽得义门书塾善本。盖先生门人沈丈冠云下榻汪氏所留遗也。"（《甘泉乡人稿》卷十四）惠栋与汪伯子有宾主之谊，其《铁围山丛谈叙》谓："余近从吴中汪伯子借得宋蔡绦《铁围山丛谈》六卷，乃嘉靖庚戌雁里草堂写本，即《敏求记》中书有宗伯及遵王印记，首尾完善，犹是当时之书。今《稗海秘笈》所刻止四卷，残缺错误，几不可读。乃知善本之可贵，为刊布以公同好。"又《九僧诗序（代）》："余友汪伯子以重价得之，乃虞山毛斧季影宋钞本。"

董氏夫子撰集《尚书大传》三卷[1]，颇见苦心，浙西有人，迥非吴下比也。但其中搀杂今文《大誓》，而书传略说当另编一卷，《洪范五行传》不及寒家本之全备。又兼采孙氏之书，此书向曾见过，脱略多而并有滥取，无用之书也。拟为钞出，另校一过，与寒家本参合成书，便为全璧。但需时日，未知可否。 月初之札，本欲求先生代撰艾千子《天佣子集序》一篇，乃系友人乞弟作序而弟转求者。前札若尚未到，恳祈先生为构就。并寄到《天佣子集》首本奉览，将来求与大作一并寄还为感。序文祈于书到十日见寄，尤感感。又拜。 果堂先生大人师事。 学小弟栋顿首。 六月十五日清辰。

26.《与王次山书》[2]

前蒙指驳数十条，已遵谕改正，可商者数条耳，仍候酌定付钞。承教以“流寓”另编，第鄙制既于书目下注明某籍寓某处，似可不再为区别。且从前面谕，有不必另编之说。故当日止加注释耳。今“流寓”仍依前稿，未知台寓以为何如。至“宦吴著述”已削去，止存与苏州有关会者数十种，入“吴中故实”。来教谓“吴中故实”应将本籍人所著归入各人名下，而以他处人所撰分数类编次云云。前鄙意所以另立此名者，原为后日修志有所考据耳。若归并各人名

〔1〕 按《果堂集》卷五有《尚书大传考纂序》，未署年月。

〔2〕 按此书信或作于乾隆丁卯（1747），时惠栋参与雅尔哈善领衔、王峻主持的《苏州府志》撰写，《府志》始撰乾隆八年，乾隆十三年付梓。

下，则所剩数十种寥寥无几，似难分类编次。且书虽数十种，亦非数类所能尽，如《吴越春秋》《绝纽录》诸书，不在此数类中。删之则不备，存之则无所附丽。故鄙意谓不如仍载本籍人，而广其类以别之。至如从前之参错，则似可存也。再有启者，吴中四姓知名三国，后来著籍颇多，故柳芳论氏族，亦称吴姓。《广韵》载吴郡著姓十余家，皆本何承天《姓苑》。顾亭林与人论从祀，引卢教谕《氏族》一卷为证，则氏族所关甚巨。今闻新志无此一门，未知何故。盖有氏族而后有谱牒，而后郡志有所据，国史有所考。则氏族者，志乘之所不废；谱牒者，艺文之所当载也。今谱牒一类仍存而不去，并撰氏族一卷，盖因卢教谕之书而广之。阁下倘以为可用，不妨编入卷中。阁下直谅多闻，顷与容翁言，近日乡先生中未见其偶。故不惮率胸怀奉扣，统候大裁酌夺，诸容面颂，不备。次翁老先生大人阁下。[1] 后学惠栋顿首。 六月十二日。

27.《与朱文游书》[2]

此刻邵宾王在馆中候驾至，酌定裱法。昨弟与克翁奉候，不值。此时想已自松陵还矣。立候不一。 文兄同学先生。 学弟栋再拜。

---

〔1〕 今考（乾隆）《苏州府志》卷七十六“艺文”一门，“流寓”另列，而“吴中故实”下有“谱牒”而无“氏族”，是知王峻未采纳惠氏建议。

〔2〕 此书可与下一封配合读。下一封提及“留札朱三哥”，即指此“昨弟与克翁奉候，不值”。

28.《与王臞庵书》

弟自去岁二月抵扬，适居停以《山左前明诸家》访求书目见诿，并为撰《征书启》一篇。原委诠次，颇劳心神。四月以后，便不思饮食，微疾缠绵数月，至今尚未脱体。一切应酬脱略。夏间承札至，即匆匆作答，以后并未有启事，疏嫚何如。阔别岁余，弗克握手一叙。清风朗月，辄思元度。衹以饥寒谋食，终岁作客，味同鸡肋。老病颓唐，离家四百里外，沉疴渐作，去留无计。暮境之苦，真不堪为知己告也。冬间始知文旌就东海之聘，相隔一衣带水，弗获偶通音问。中怀如结，意高贤亦同此耿耿也。迩维尊体胜常，昨造斋奉扣，知驾节中始可暂归。弟以范阳[1]两次见招，不得已再往，不克在家图晤，怅悒盈怀。特留札朱三哥，许代悉种种。天气渐热，祈保卫率此奉达，并候兴居。不备。 臞庵兄大人。 愚弟期惠栋顿首。 三月廿四日。

〔1〕 范阳，代指卢见曾。卢氏为范阳著姓。

附录3　松崖文集补遗四则

（一）惠栋与江声论《明堂大道录》书

上海图书馆所藏《明堂大道录》稿本，其末附有江声致惠栋书信及惠栋回信，论及《明堂大道录》稿本衍脱等事，[1]今特录出，以见古人著书之谨、商榷之密。且惠、江师弟授受之嘉会，亦可见焉。

卷三　明堂象魏

“《周礼·太宰》”云云。此举六象，以证象魏之义，小司马、小司寇即大司马、大司寇也，似不必重出，可以不载。

卷四　明堂门数

原稿门数本无次第，后依先郑之说，由外及内，始皋门而终毕门。如此则先载者全录经传，后载者注明“见上”。贤友酌量书之可也。

---

〔1〕江声或参与刊刻《经训堂丛书》的《明堂大道录》，详见第六章第三节。

卷五　明堂建官

此条录郑注遗落，来札补入，极是。

明堂清庙

案语内载《正义》，是原稿遗落，应增入。

卷六　明堂治历

“闰月定四时成岁”，原稿脱“月”字，应增入。

又案语“四月值离”云云“故云大正所取法也”：“然则孔子所云《夏时》，乃《大正》也。《戴氏传》传诸周秦先师，知当时有《大正》之书。故云大正所取法也”云云。原稿如此。

仲冬注所录原注无“阴阳”二字，而此增者，以揔录注于传下，欲其易晓。故录传文增“阴阳”二字。此卫正叔《礼记集说》之例，于理亦无伤也。

卷七　明堂耕耤

《周语》系节录，当时语构匆匆，或于义有不属者。贤友酌增可也。

《晋语》二条已入《明堂内治》，应删。

明堂养老

“汲郡纪年”一条，亦是武丁养老之事案耖？无此书，故未录，应补入。[1]

附　江声来札

卷三　明堂象巍

《周礼·太宰》曰“正月之吉，始和”云云“挟日而敛之”，下双行补录云“大司徒垂教象，大司马垂政象，大司寇垂刑象，小宰、小司徒正岁帅属观治象之法、教象之法、刑象之法”。声案，《周礼·小司马》阙，小司寇亦正岁帅属观刑象，今未及小司寇，未识当补入否？今空数行，候示知补录。

卷四　明堂门数

应、库、皋、雉四门，原本首应门，次库门，次皋，次雉。“《周书·明堂》”云云及“《唐会要》颜师古议”云云，夫子载入应门节内；而于库、皋、雉三门不但注云“见上”，略其文不载。今夫子更其次，首皋门，次雉，次库，次应，则《周书·明堂》及《唐会要》云云，似当载皋门节内。然“《周书·明堂》”云云之下，注有“应门当在南”五字，则此条又似宜仍载应门节内，而于皋门节内当注云“见下”。又《明堂位》“雉门天子应门”二句原本与“九采之国”云云

〔1〕江声来信提及《明堂大道录》底稿此处有“汲郡纪年曰”五字一行。今《明堂大道录》刻本已删去此句。按今本《竹书纪年》武丁六年有“命卿士傅说，视学养老”一句，盖即惠栋所谓“武丁养老之事案”。

并载应门节内。今雉门列应门之前，则此二句疑当载雉门节内。然应门节内有“九采之国”云云数语，若略“雉门天子应门”二语，而但于“北面东上”之下空一字，注“又见上”一笔，终不见分晓。似于应门节内仍不可略此二句。 以上二条，未知当如何抄法。今是卷既已抄完，但于此处空二十四行候示明补抄。

卷五 明堂建官

“天子之六工”云云，“注：土工，磬人也；木工，轮舆弓庐匠车梓也”云云。声案，土工非磬人，疑是抄者误脱数语。当云“土工，陶旊也；金工，筑冶凫桌段桃也；石工，玉人、磬人也”。声处无郑注《礼记》，校对未知是否。

明堂清庙

“《左传》臧哀伯谏内郜鼎”后案语内载孔氏《正义》之言曰“郑《觐礼》注云”云云，“是衮有度也。衮冕、鷩冕裳四章”云云。声案，孔氏《正义》“有度也”下有云：“黻则诸侯火以下，卿大夫山。是黻有度也。珽则玉象不同，长短亦异。是珽有度也。”然后接“衮冕、鷩冕裳四章”以下。今不载所解“黻珽”云云，岂抄者误脱欤？抑或夫子以孔氏所解黻珽误以藏膝之韨为黼黻之黻，天子搢珽之珽为玉笏象笏之等，故删之欤？

声案，黻是九章之一，不可以该山、龙之等。黻斑之黻当是蔽膝，字当作市，或作韨。《说文》云："市，韠也。上古衣蔽前而已，市以象之。天子朱市，诸侯赤市，大夫葱衡。从巾，象连带之形。韨，篆文市。从韦从犮。"案"天子朱市"云云，是韨之度。又《玉藻》云："天子搢珽，方正于天下也。诸侯荼前诎后直，让于天子也。大夫前诎后诎，无所不让也。"是珽之度。

卷六　明堂治历

古文《尧典》"以闰正四时成岁"。声案，"闰"字下本有"月"字，今无之，岂抄者误脱欤，抑古文本无之欤?

"《礼运》孔子曰我欲观夏道"云云，"《周语》单襄公曰夏令曰"云云。后案语内"然则孔子所云《夏时》乃《大正》也"二句，未知当接"故云《大正》所取法也"之下，抑或在"知旧时有《大正》之书"之下?

"《月令》孟春之月，日在营室。昏参中，旦尾中"云云"岁且更始"，"郑氏注云"云云。声案，此录《月令》之文，载其经，载其注。"仲夏"节内载"日长至，阴阳争，死生分"三句，后录郑注云"阴阳（郑注本无此二字，未知当删去否？）争者，阳方盛，阴欲起也。分，犹半也"。仲冬"日短至，阴阳争，诸生荡"之下郑注有云"争者，阴方盛，阳欲起也。荡，谓物动将萌芽也”数语。今但录经文“日短至”云云，未录其注，不识当补录否？

卷七　明堂耕耤

“《周语》宣王即位不耤千亩”一条内，“上帝之粢盛于是乎出”下删五句；“土膏其动”下删三句；“王既齐宫”下删“百官御事，各即其齐三日”二句。意夫子所节省欤？抑或抄者误脱欤？又“庶民终于千亩”，一本民作人。声窃疑作“人”者由唐时避讳，故改“民”为“人”，其实本当作“民”欤？又“司徒省功”，《国语》本作“省民”，声案，上有“后稷省功”之文，此当作“省民”。疑是抄者误作“省功”尔。又“宰夫陈飨”之下，本有“膳宰监之”句，今脱去此句，疑当补入。

“《鲁语》公父文伯母曰入监九御”云云，“《楚语》观射父曰”云云。“案禘，明堂配天也”云云。又“《穀梁传》天子耕以共粢盛”。此数条又载于后“明堂内治”之下，而于此处夫子用墨笔勾去，上标明“删”字。意谓既见于彼，此似当删去矣。然每行之上夫子又用朱笔尖圈摘出，则又似当仍存之，不识究竟当删当存？

明堂养老

“《尚书大传》武丁明养老之道”一条之后，“《王制》曰凡养老”之前，有“汲郡纪年曰”五字一行，未有所载，不识此五字是衍文欤？抑或失载其文，当补入欤？

录呈

老夫子览。祈一一教示之。

（二）天官升降考

《明堂大道录》卷五“明堂建官”条，有按语一段，末题曰“松崖文集”，可知惠栋晚年已自辑文集。钱大昕为惠栋所作传记提及了“《松崖文钞》二卷”，《国朝汉学师承记》因之。此盖惠氏遗稿。其后此文稿辗转流传，光绪间由刘世珩刻入《聚学轩丛书》。刘氏追述所得《松崖文钞》之经过谓：

据甘泉江藩《国朝汉学师承记》本传所著群书行世之外，本有《文集》二卷，世无刊本。余访求有年，迄未有得。前年秋，桐城萧敬孚丈来金陵过访，余旋至其寓，见行笥有《惠松崖文钞》一册，凡三十一篇。询其由来，乃同治间馆于沪滨，见同事新阳赵君静涵元益所藏旧钞本，假录之将为刊布。余大喜过望，即乞其本，将刊入所辑丛书二集中。原钞零杂，余稍加整理。敬孚丈复于他处搜得八篇，共三十九篇，仍分二卷，以符江氏所载之数。[1]

〔1〕 萧穆：《敬孚类稿》卷二，《清代诗文集汇编》第729册，第604页。

由是可见，刘氏所刊《松崖文钞》虽源自惠栋底稿，但辗转传抄，已多散佚。是故“明堂建官”条所录此篇文字虽注明来自《松崖文集》，而不见于今《松崖文钞》中。漆永祥教授《东吴三惠诗文集》辑录惠栋遗文，亦未及此篇，今特据上海图书馆所藏《明堂大道录》稿本加以整理。文章在《松崖文集》中当有题目，今且据文意妄拟曰《天官升降考》，以备标引。

> 余考少昊之纪官，而知殷以前犹循其制也。《曲礼》载殷之制曰：“天子建天官，先六大，次五官，次六府，次六工。”六大（大音泰）犹五鸟也，五官犹五鸠也，六工犹五雉也，六府犹九扈也。少昊纪官，先历正，司分以下属焉。殷时建官，先天官，大史以下属焉。五鸟班五鸠之上，六大居五官之首，先天地而后人事也。自颛顼以来，不能纪远，而以五行命官，谓之五官。制少变于前矣。然犹命南正重司天以属神，火正黎司地以属民。司天者，五鸟之职也；司地者，五鸠之职也。而使木正、火正为之，其兼官之始与。尧之羲和主历象，仲叔主四时，初不异于少昊也。四时之官，分宅四方，谓之四岳，位在稷、契之上，尧舜求禅、命官则咨之。《周官》六卿，亦分天地四时，但冢宰天官无司历之事，唯春官之属太史掌之，下大夫之职也。然《顾命》太史序太宗之上，《春秋传》谓天子之日官居卿以底日，古制犹未泯也。盖上古天官

斟酌元气，典调阴阳。故生为上公，没为贵神，是尊是奉。及夫羲和湎淫而废时日，程伯失官而为司马。自是以后，周有苌宏，鲁有梓慎，晋有卜偃，郑有裨灶，宋有子韦，楚有唐都，皆有其术而无其德，不闻加之诸卿之右也。汉武稽古，置太史公，位在丞相之上，其犹凤鸟司历、日官居卿之义乎。然当时谓“文史星历，近乎卜祝之间，主上所戏弄，倡优畜之”。苟非其人，道不虚行。虽复古何益哉。(《松崖文集》)

(三)《月令》五神考

《明堂大道录》手稿本卷五末有《明堂五人帝》《明堂五人神》两篇，其按语末注“《松崖文集》”。然此两篇观点为惠栋后来所不取，故《明堂大道录》手稿此篇天头批校曰“不写”。其后刊刻，此两篇亦削去。然初稿文末既注曰“《松崖文集》”，则知《松崖文集》初编有此文，或早年之作。然《松崖文集》中所收，为完整的《明堂五人帝》《明堂五人神》两篇，抑或仅为篇末按语？则不能断定。根据上一篇的体例，这里也应仅是文末按语。今且录出，拟题曰《〈月令〉五神考》，以存《松崖文集》之旧貌。

《月令》五神，先儒皆以为颛顼五官，非也。五德之君，为皇者三，为帝者二，世次悬殊，岂有配食五神，独取颛顼一代者哉。古者配食，必以当时之臣，句芒以下，似先代已有其人。后世宠而神之，遂以名其五官耳。玄冥之于颛顼，固是矣。《系辞》称庖牺氏为网罟，神农为市，《世本》乃云句芒作网，祝融作市。则句芒为庖牺臣，祝融为神农臣，明矣。《管子》述黄帝六相，一曰后土，少皞之子。该为蓐收，孔颖达谓佐少皞于秋也。准此而言，则一帝一臣，皆据当时之君臣言也。或曰：祝融为颛顼、高辛之官，经传有明文，以之属神农，可乎？应之曰：《外传》称黎为高辛氏火正，光照四海，故命之曰祝融。是必古之火正有是人，故举以明之耳。且古有祝诵氏，在伏羲之后，见《武梁碑》。以古文审之，即祝融也。岂亦颛顼高辛之官耶？（《松崖文集》）

（四）六宗说

袁枚《答惠定宇第二书》言及“前赐读《大礼议》《六宗说》，俱精确”，[1]可见惠栋有《大礼议》《六宗说》二文。考虑到《明堂大道录》中有以《松崖文集》之议论置入的例子（如上文《明堂五人帝》《明堂五人神》标“《松崖文集》”），则此《六宗说》或即《明堂大道录》卷四《六宗》之按语（或有改写）。故今录文如下，以充《松崖文集》。

神农法八卦而立明堂，于是有十二室。《说卦》先言“帝出乎震”，次言“神妙万物”。盖帝者主宰，神

〔1〕 袁枚：《小仓山房文集》卷十八，《袁枚全集新编》第6册，第346页。

者用事。故有六天、有六宗。六宗，助阴阳变化者。《月令》五帝，又有五神，亦此义也。主四时者谓之帝，变化于四时之中者谓之神。故《说卦》前陈八卦为明堂之位，后言六子叙成物之功。六子共成万物，实乾坤之变化为之。《荀子》所谓“不见其事而见其功，故谓之神也”。刘邵据《老子》，以太极中和之气为六宗。太极中和，即坎离也。乾坤交而为坎离，坎上离下，二五为中和。太极中和之气，即欧阳、夏侯“实一而名六之”说，《礼正义》所云“指其尊极清虚之体，其实是一；论其五时生育之功，其别有五。以五配一，故曰六天”。义并得通，兹并载之。至刘歆驳欧阳、夏侯之说，刘邵改六子为中和之气，皆不知二五之为十者也。

参考文献

惠栋著作及其相关批校本

《周易古义》(《周易会最》)，苏州博物馆藏手稿本

《九经古义》，上海图书馆藏手稿本，《贷园丛书初集》本

《周易本义辩证》，上海图书馆藏叶景葵跋六卷手稿本（线善 T00474），上海图书馆藏叶景葵跋五卷稿本（线善 T00452），北京大学图书馆藏红豆斋抄本（《续修四库全书》第 21 册影印），复旦大学图书馆藏翁方纲批抄本，常熟蒋光弼《省吾堂四种》刻本，日本享和二年江户官刻本

《易汉学》，《文渊阁四库全书》本，复旦大学图书馆藏稿本，《经训堂丛书》本

《易汉学新校注》，谷继明校注，中国社会科学出版社 2020 年

《易例》，《文渊阁四库全书》本，《贷园丛书》本

《周易述》，乾隆间雅雨堂刻本

《古文尚书考》，影印乾隆宋廷弼刻本，见《续修四库全书》第 44 册

《范氏后汉书训纂》，朱邦衡抄本，见《二十四史订补》第 3 册，书目文献出版社 1996 年

《荀子微言》，影印稿本，见《续修四库全书》第 932 册

《太上感应编笺注》，《粤雅堂丛书》本

《松崖文钞》，影印《聚学轩丛书》本，见《续修四库全书》第 1427 册

《松崖笔记》，影印《聚学轩丛书》本，见《丛书集成续编》第 20 册，新文丰出版公司

《九曜斋笔记》，影印《聚学轩丛书》本，见《丛书集成续编》第 20 册，

新文丰出版公司
惠士奇:《易说》,清道光刻《璜川吴氏经学丛书》本
京房:《京氏易传》,复旦大学图书馆藏朱邦衡临惠氏批校本
李鼎祚:《易传集解》,国家图书馆藏朱邦衡临惠士奇、惠栋批校本
漆永祥点校:《东吴三惠诗文集》,“中研院”中国文哲研究所 2006 年

其他古籍及整理本

王弼、韩康伯注,孔颖达疏:《周易正义》,北京大学出版社 1999 年
李鼎祚:《周易集解》,乾隆《雅雨堂丛书》刻本
李鼎祚:《周易集解》,中华书局 2016 年
李衡:《周易义海撮要》,《通志堂经解》本
朱震:《汉上易传》,上海古籍出版社 2020 年
吕祖谦:《古易音训》,影印复旦大学图书馆藏嘉庆刻本,见《续修四库全书》第 2 册
胡炳文:《周易本义通释》,《通志堂经解》本
胡一桂:《周易本义启蒙翼传》,中华书局 2019 年
吴澄:《易纂言》,《通志堂经解》本;《易纂言导读》,王新春点校,齐鲁书社 2006 年
胡渭:《易图明辨》,齐鲁书社 2004 年
毛奇龄:《毛奇龄易著四种》,中华书局 2010 年
毛奇龄:《仲氏易》,《毛西河先生全集》,嘉庆刻本
张惠言:《周易虞氏义》《周易虞氏消息》《周易郑荀义》《易图条辨》,影印复旦图书馆藏清嘉庆八年阮氏琅嬛仙馆刻本,见《续修四库全书》第 26 册。
李锐:《周易虞氏略例》,影印复旦图书馆藏清光绪十九年刻《聚学轩丛书》本,见《续修四库全书》第 28 册
姚配中:《周易姚氏学》《周易通论月令》,影印道光活字本,见《续修四库全书》第 30 册
李道平:《周易集解纂疏》,中华书局 1994 年

焦循:《雕菰楼易学五种》,凤凰出版社 2012 年
曹元弼:《周易集解补释》,吴小锋整理,上海人民出版社 2019 年
扬雄著,范望注:《太玄》,《四部丛刊》影宋本
阴长生注:《周易参同契》,影印《(正统)道藏》第 20 册,上海书店出版社 1988 年
彭晓:《周易参同契分章通真义》,影印《(正统)道藏》第 20 册,上海书店 1988 年
陆西星:《周易参同契口义》,《藏外道书》第 5 册,巴蜀书社 1992 年
伏生等:《尚书大传》,影印《雅雨堂丛书》本,广陵书社 2016 年
(伪)孔安国注,孔颖达疏:《尚书正义》,北京大学出版社 1999 年
江声:《尚书集注音疏》,道光《学海堂经解》刻本
毛亨传,郑玄笺,孔颖达疏:《毛诗正义》,北京大学出版社 1999 年
孙诒让:《周礼正义》,汪少华整理,中华书局 2015 年
郑玄注,孔颖达疏:《礼记正义》,北京大学出版社 1999 年
宋翔凤:《大学古义说》,影印湖北省图书馆藏清刻本,见《续修四库全书》第 159 册
方向东:《大戴礼记汇校集解》,中华书局 2008 年
黄以周:《礼书通故》,中华书局 2007 年
张惠言:《仪礼图》,浙江古籍出版社 2016 年
庄述祖:《明堂阴阳夏小正经传考释》,光绪间《珍执宧遗书》本
杜预注,孔颖达疏:《春秋左传正义》,北京大学出版社 1999 年
何休注,徐彦疏:《春秋公羊传注疏》,上海古籍出版社 2014 年
陈立:《公羊义疏》,中华书局 2017 年
皇侃:《论语义疏》,广西师范大学出版社 2018 年
刘宝楠:《论语正义》,中华书局 1990 年
戴望注,郭晓东疏:《戴氏注论语小疏》,华东师范大学出版社 2014 年
赵岐:《孟子赵注》,影宋蜀大字本,广西师范大学出版社 2018 年
朱熹:《四书章句集注》,中华书局 2011 年
陆德明:《经典释文》,影印宋元明递修本,上海古籍出版社 1985 年

朱彝尊:《经义考新校》，林庆彰、蒋秋华等主编，上海古籍出版社 2010 年
皮锡瑞:《驳五经异义疏证》，中华书局 2015 年
王引之:《经义述闻》，虞思徵等点校，上海古籍出版社 2016 年
皮锡瑞:《经学历史》，中华书局 2011 年
永瑢等:《四库全书总目》，中华书局 1965 年
邵晋涵:《尔雅正义》，中华书局 2017 年
段玉裁:《说文解字注》，上海古籍出版社 1988 年
王念孙:《广雅疏证》，上海古籍出版社 2016 年
王应麟撰，武秀成校证:《玉海艺文校证》，凤凰出版社 2013 年
安居香山、中村璋八辑:《纬书集成》，河北人民出版社 1994 年
赵在翰辑:《七纬》，中华书局 2012 年

司马迁:《史记》，中华书局 2014 年
班固:《汉书》，中华书局 1962 年
范晔:《后汉书》，中华书局 1965 年
魏收:《魏书》，中华书局 2018 年
魏征等:《隋书》，中华书局 1973 年

王先谦:《荀子集解》，中华书局 2012 年
苏舆:《春秋繁露义证》，中华书局 1992 年
陈立:《白虎通疏证》，中华书局 1994 年
河上公:《老子道德经河上公章句》，王卡点校，中华书局 1993 年
郭象注，成玄英疏:《南华真经注疏》，中华书局 1998 年
王明:《太平经合校》，中华书局 1960 年
王先慎:《韩非子集解》，中华书局 2013 年
王应麟:《困学纪闻》(全校本)，上海古籍出版社 2008 年
萧吉撰，中村璋八注:《五行大义校注》，汲古书院 1984 年

王弼著，楼宇烈校释:《王弼集校释》，中华书局 2009 年

周敦颐：《周敦颐集》，中华书局 2009 年
程颢、程颐：《二程集》，中华书局 2004 年
张载：《张子全书》，林乐昌编校，西北大学出版社 2015 年
张栻：《张栻集》，中华书局 2015 年
朱熹：《朱子全书》，上海古籍出版社 2010 年
王守仁：《王阳明全集》，吴光等编校，上海古籍出版社 2011 年
王艮：《王心斋先生全集》，江苏教育出版社 2001 年
刘宗周：《刘宗周全集》，吴光主编，浙江古籍出版社 2012 年
王夫之：《船山全书》，岳麓书社 2011 年
黄宗羲：《黄宗羲全集》，浙江古籍出版社 2012 年
顾炎武：《顾炎武全集》，上海古籍出版社 2012 年
顾炎武著，陈垣校注：《日知录校注》，安徽大学出版社 2007 年
顾栋高：《万卷楼文稿》，国家图书馆藏清抄本
王鸣盛：《蛾术编》，上海书店出版社 2012 年
钱大昕：《嘉定钱大昕全集》（增订本），凤凰出版社 2016 年
王昶：《春融堂集》，影印嘉庆间塾南书舍刻本，见《续修四库全书》第 1438 册
王昶编：《湖海诗传》，影印嘉庆三泖渔庄刻本，见《续修四库全书》第 1625—1626 册
王昶编：《湖海文传》，影印道光经训堂刻本，见《续修四库全书》第 1668—1669 册
戴震：《戴震全书》，黄山书社 2010 年
段玉裁：《经韵楼集》，上海古籍出版社 2007 年
阮元：《揅经室集》，中华书局 1993 年
焦循：《焦循诗文集》，广陵书社 2009 年
罗振玉编：《昭代经师手简》，华东师范大学出版社 2014 年
法式善：《陶庐杂录》，中华书局 1959 年
孙星衍：《平津馆文稿》，见《清代诗文集汇编》第 436 册（上海古籍出版社 2010 年）

孙星衍:《问字堂集》，中华书局 1996 年
汪中:《新编汪中集》，田汉云点校，广陵书社 2005 年
陈黄中:《东庄遗集》，影印乾隆大树斋刻本，见《清代诗文集汇编》第 301 册
皮锡瑞:《皮锡瑞全集》，中华书局 2015 年
康有为:《康有为全集》，中国人民大学出版社 2007 年
章太炎:《章太炎全集》，上海人民出版社 2014 年
刘师培:《刘申叔遗书》，江苏古籍出版社 1997 年
蒙文通:《蒙文通全集》，巴蜀书社 2015 年
江藩著，漆永祥笺释:《汉学师承记笺释》，上海古籍出版社 2006 年
江藩:《国朝汉学师承记 · 国朝宋学渊源记》，中华书局 1983 年
方东树、豫师:《汉学商兑 · 汉学商兑赘言》，北京联合出版公司 2017 年
章学诚著，叶瑛注:《文史通义校注》，中华书局 1985 年
黄丕烈:《士礼居藏书题跋记》，书目文献出版社 1989 年
傅增湘:《藏园群书经眼录》，中华书局 1983 年

研究著作

陈伯适:《汉易之风华再现——惠栋易学研究》，文史哲出版社 2006 年
郑朝晖:《述者微言——惠栋易学的“逻辑化”世界》，人民出版社 2008 年
江弘远:《惠栋易例研究》，花木兰文化出版社 2010 年
赵晓翠（赵敬仪）:《惠栋易学研究——以范式转移为视角》，山东大学 2018 届博士论文
陈修亮:《乾嘉易学三大家研究》，山东大学 2005 届博士论文
王应宪:《清代吴派学术研究》，华东师范大学出版社 2009 年
赵四方:《吴派与晚清的今文学》，复旦大学 2016 届博士论文
李开:《惠栋评传》，南京大学出版社 2006 年
朱伯崑:《易学哲学史》，昆仑出版社 2009 年
屈万里:《先秦汉魏易例述评》，学生书局 1985 年
廖名春:《〈周易〉经传与易学史新论（修订版）》，中国人民大学出版社

2014 年
丁四新:《周易溯源与早期易学考论》,中国人民大学出版社 2017 年
刘玉建:《两汉象数易学研究》,广西教育出版社 1996 年
林忠军:《象数易学发展史》,齐鲁书社 1994 年
林忠军:《周易郑氏学阐微》,上海古籍出版社 2005 年
唐纪宇:《程颐〈周易程氏传〉研究》,人民出版社 2016 年
张克宾:《朱熹易学思想研究》,人民出版社 2015 年
李秋丽:《元代易学史》,齐鲁书社 2021 年
林忠军、张沛等:《清代易学史》,齐鲁书社 2018 年
崔丽丽:《毛奇龄易学研究》,中国社会科学出版社 2016 年
段熙仲:《春秋公羊学讲疏》,南京师范大学出版社 2003 年
曾亦、郭晓东:《春秋公羊学史》,华东师范大学出版社 2017 年
钟肇鹏:《谶纬论略》,辽宁教育出版社 1991 年
陈苏镇:《〈春秋〉与"汉道":两汉政治与政治文化研究》,中华书局 2011 年
徐兴无:《经纬成文:汉代经学的思想与制度》,凤凰出版社 2016 年
任蜜林:《汉代秘经:纬书思想分论》,中国社会科学出版社 2015 年
葛瑞汉:《论道者:中国古代哲学论辩》,张海晏译,中国社会科学出版社 2013 年
李景林:《教化的哲学——儒家思想的一种新诠释》,黑龙江人民出版社 2005 年
王中江:《简帛文明与古代思想世界》,北京大学出版社 2011 年
徐复观:《两汉思想史》,九州出版社 2014 年
黄铭:《推何演董:董仲舒〈春秋〉学研究》,生活·读书·新知三联书店 2023 年
陈来:《朱子哲学研究》,生活·读书·新知三联书店 2010 年
张学智:《明代哲学史》,中国人民大学出版社 2012 年
杨国荣:《王学通论:从王阳明到熊十力》,华东师范大学出版社 2003 年
吴震、吾妻重二主编:《思想与文献:日本学者宋明儒学研究》,华东师

范大学出版社 2010 年
吴震:《明末清初劝善运动思想研究》，上海人民出版社 2016 年
东方朔:《刘蕺山哲学研究》，上海人民出版社 1997 年
邓志峰:《王学与晚明的师道复兴运动》，社会科学文献出版社 2004 年
何俊:《西学与晚明思想的裂变》，上海人民出版社 2013 年
梁启超:《中国近三百年学术史》，上海三联书店 2006 年
梁启超:《清代学术概论》，上海古籍出版社 1998 年
杨向奎:《清儒学案新编》，齐鲁书社 1994 年
钱穆:《中国近三百年学术史》，商务印书馆 1997 年
郑宗义:《明清儒学转型探析》，香港中文大学出版社 2000 年
林庆彰:《清初的群经辨伪学》，华东师范大学出版社 2011 年
陈鸿森:《清代学术史丛考》，学生书局 2019 年
漆永祥:《乾嘉考据学研究》，北京大学出版社 2020 年
陈居渊:《汉学更新运动研究》，凤凰出版社 2013 年
乔秀岩:《义疏学衰亡史论》，生活·读书·新知三联书店 2017 年
乔秀岩:《学术史读书记》，生活·读书·新知三联书店 2019 年
华喆:《礼是郑学：汉唐间经典诠释变迁史论稿》，生活·读书·新知三联书店 2018 年
周启荣:《清代儒家礼教主义的兴起》，毛立坤译，天津人民出版社 2017 年
张寿安:《十八世纪礼学考证的思想活力》，北京大学出版社 2005 年
张涛:《乾隆三礼馆史论》，上海人民出版社 2015 年
吴根友:《戴震、乾嘉学术与中国文化》，福建教育出版社 2015 年
孙邦金:《乾嘉儒学的义理建构与思想论争》，中国社会科学出版社 2018 年
黄进兴:《李绂与清代陆王学派》，郝素玲、杨慧娟译，江苏教育出版社 2010 年
余英时:《论戴震与章学诚》，生活·读书·新知三联书店 2005 年
陈徽:《性与天道：戴东原哲学研究》，中国文史出版社 2005 年
张素卿:《清代汉学与左传学：从“古义”到“新疏”的脉络》，里仁书局 1996 年

罗检秋:《清代汉学家族研究》，中华书局 2019 年
艾尔曼:《从理学到朴学》，赵刚译，江苏人民出版社 2012 年
杨念群:《儒学地域化的近代形态》，生活·读书·新知三联书店 2011 年
汪晖:《现代中国思想的兴起》，生活·读书·新知三联书店 2008 年
尚小明编著:《清代士人游幕表》，中华书局 2005 年
牟润孙:《注史斋丛稿》，中华书局 2009 年
陈启云:《中国古代思想文化的历史论析》，北京大学出版社 2001 年
萧汉明:《周易参同契研究》，上海文化出版社 2001 年
卢央:《中国古代星占学》，中国科学技术出版社 2007 年
刘大钧:《纳甲筮法》，学林出版社 2012 年
田天:《秦汉国家祭祀史稿》，生活·读书·新知三联书店 2015 年
薛梦潇:《早期中国的月令与政治时间》，上海古籍出版社 2018 年
张一兵:《明堂制度研究》，中华书局 2005 年
徐峰:《清代明堂学研究——从惠栋到阮元》，同济大学 2020 届博士论文
杨鸿勋:《杨鸿勋建筑考古学论文集》，清华大学出版社 2008 年
刘小枫:《儒教与民族国家》，华夏出版社 2007 年
张志强:《朱陆·孔佛·现代思想》，中国社会科学出版社 2012 年
陈赟:《周礼与“家天下”的王制——以〈殷周制度论〉为中心》，中国人民大学出版社 2019 年
郭齐勇:《现当代新儒学思潮研究》，人民出版社 2017 年
吴飞:《人伦的解体：形质论传统中的家国焦虑》，生活·读书·新知三联书店 2017 年
唐文明:《隐秘的颠覆：牟宗三、康德与原始儒家》，生活·读书·新知三联书店 2012 年
刘小枫:《共和与经纶》，生活·读书·新知三联书店 2011 年
王柯:《从“天下”国家到民族国家：历史中国的认识与实践》，上海人民出版社 2020 年
渡边信一郎:《中国古代的王权与天下秩序》(增订本)，徐冲译，上海人民出版社 2021 年

干春松：《重回王道：儒家与世界秩序》，华东师范大学出版社 2012 年
汤用彤：《汤用彤学术论文集》，中华书局 2016 年
胡适：《胡适全集》，北京大学出版社 2013 年
潘雨廷：《潘雨廷著作集》，上海古籍出版社 2016 年
熊十力：《新唯识论》，上海古籍出版社 2019 年
熊十力：《读经示要》，上海古籍出版社 2019 年
熊十力：《乾坤衍》，上海古籍出版社 2019 年
杨国荣：《道论》，北京大学出版社 2011 年
陈来：《仁学本体论》，生活·读书·新知三联书店 2014 年
杨立华：《一本与生生》，生活·读书·新知三联书店 2018 年
丁耘：《道体学引论》，华东师范大学出版社 2019 年
王欣夫：《蛾术轩箧存善本书录》，上海古籍出版社 2021 年
《续修四库全书总目提要》，中华书局 1993 年
柏拉图：《蒂迈欧篇》，谢文郁译注，上海世纪出版集团·上海人民出版社 2005 年
奥古斯丁：《忏悔录》，周士良译，商务印书馆 1963 年
李猛：《自然社会：自然法与现代道德世界的形成》，生活·读书·新知三联书店 2015 年
伊利亚德：《神圣的存在：比较宗教的范型》，晏可佳译，广西师范大学出版社 2008 年
埃里克·沃格林：《新政治科学》，段宝良译，商务印书馆 2020 年

论文

漆永祥：《东吴三惠著述考》，《国学研究》第 14 卷，北京大学出版社 2004 年
漆永祥：《惠栋易学著述考》，《周易研究》2004 年第 3 期
赵四方：《〈九经古义〉与惠栋汉学思想的形成》，《学术月刊》2016 年第 3 期
张素卿：《惠栋〈周易古义〉稿本及其学术价值》，“第六届中国古典文献

学国际学术研讨会”宣读论文
张素卿：《从典范转移论惠栋之〈周易本义辩证〉》，《国文学报》第53期
於梅舫：《惠栋构筑汉学之渊源、立意及反响》，《中国哲学史》2014年第3期
於梅舫：《汉学名义与惠栋学统——〈汉学师承记〉撰述旨趣再析》，《南京大学学报》2016年第2期
樊宁：《惠栋〈春秋左传补注〉版本考述》，《文献》2020年第6期
石立善：《清代儒学家与〈太上感应篇〉——惠栋〈太上感应篇笺注〉与俞樾〈太上感应篇缵义〉的比较考察》，《2012国际儒学论坛论文集》
刘祖国、桑萌春：《注释学视野下的〈太上感应篇〉研究——以惠栋、俞樾对〈太上感应篇〉的注释为例》，《古籍研究》2020年第1期
陈鸿森辑：《江声遗文小集》，《中国经学》第4辑，广西师范大学出版社2009年
陈鸿森：《王鸣盛年谱》，《史语所集刊》第八十二本
陈鸿森：《余萧客编年事辑》，《中国经学》第10辑，广西师范大学出版社2012年
张涛：《论惠士奇之理学与乾隆初年汉宋学态势》，《台大文史哲学报》2009年
陈岘：《对惠士奇汉学的再认识》，《宏德学刊》第11辑，商务印书馆2020年
张学谦：《〈易纬〉篇目、流传与辑佚的目录学考察》，《古典文献研究》2017年第1期
徐兴无：《汉代人性论中的魂魄观念》，《南京大学学报》2010年第2期
陈壁生：《周公的郊祀礼》，《湖南大学学报（社会科学版）》2018年第4期
褚叶儿：《郑玄明堂五室说考议》，《经学文献研究集刊》第24辑，上海书店出版社2020年
褚叶儿：《郑玄的六天说与阴阳五行》，《中国哲学史》2020年第4期

"古典与文明"丛书

第一辑

义疏学衰亡史论　乔秀岩　著

文献学读书记　乔秀岩　叶纯芳　著

千古同文：四库总目与东亚古典学　吴国武　著

礼是郑学：汉唐间经典诠释变迁史论稿　华　喆　著

唐宋之际礼学思想的转型　冯　茜　著

中古的佛教与孝道　陈志远　著

《奥德赛》中的歌手、英雄与诸神　〔美〕查尔斯·西格尔　著

奥瑞斯提亚　〔英〕西蒙·戈德希尔　著

希罗多德的历史方法　〔美〕唐纳德·拉泰纳　著

萨卢斯特　〔新西兰〕罗纳德·塞姆　著

古典学的历史　〔德〕维拉莫威兹　著

母权论：对古代世界母权制宗教性和法权性的探究

〔瑞士〕巴霍芬　著

“古典与文明”丛书

第二辑

作与不作：早期中国对创新与技艺问题的论辩 〔美〕普 鸣 著

成神：早期中国的宇宙论、祭祀与自我神化 〔美〕普 鸣 著

海妖与圣人：古希腊和古典中国的知识与智慧

〔美〕尚冠文 杜润德 著

阅读希腊悲剧 〔英〕西蒙·戈德希尔 著

蘋蘩与歌队：先秦和古希腊的节庆、宴飨及性别关系 周轶群 著

古代中国与罗马的国家权力 〔美〕沃尔特·沙伊德尔 编

学术史读书记 乔秀岩 叶纯芳 著

两汉经师传授文本征微 虞万里 著

推何演董：董仲舒《春秋》学研究 黄 铭 著

周孔制法：古文经学与教化 陈壁生 著

《大学》的古典学阐释 孟 琢 著

参赞化育：惠栋易学考古中的大道微言 谷继明 著

“古典与文明”丛书

第三辑

礼以义起：传统礼学的义理探询　吴　飞　著

极高明与道中庸：补正沃格林对中国文明的秩序哲学分析　唐文明　著

牺牲：子学到经学时代的神话与政治　赵丙祥　著

知其所止：中国古代思想典籍绎说　潘星辉　著

从时间来到永恒：《神曲》中的奥古斯丁传统研究　朱振宇　著

地生人与“雅典民主”　颜　荻　著

希腊人与非理性　〔爱尔兰〕E. R. 多兹　著

古代创世论及其批评者　〔英〕大卫·塞德利　著

自由意志：古典思想起源　〔德〕迈克尔·弗雷德　著

希腊神话和仪式中的结构与历史　〔德〕瓦尔特·伯克特　著

古代思想中的地之边界：地理、探索与虚构　〔美〕詹姆斯·罗姆　著

英雄的习性：索福克勒斯悲剧研究　〔英〕伯纳德·M. W. 诺克斯　著

悲剧与文明：解读索福克勒斯　〔美〕查尔斯·西格尔　著